兰州大学哲学社会科学文库

Philosophy and Social Sciences Library of Lanzhou University

《清实录》甘青史料辑录

卷四

武沐 主编

兰州大学出版社

LANZHOU UNIVERSITY PRESS

图书在版编目（CIP）数据

《清实录》甘青史料辑录：六卷 / 武沐主编. --
兰州：兰州大学出版社，2024.7
ISBN 978-7-311-06604-8

Ⅰ．①清… Ⅱ．①武… Ⅲ．①甘肃－地方史－史料－
清代②青海－地方史－史料－清代 Ⅳ．①K294

中国国家版本馆CIP数据核字(2024)第023754号

责任编辑　李丽　宋婷
封面设计　张友乾

书　　名　《清实录》甘青史料辑录(卷四)
作　　者　武沐　主编
出版发行　兰州大学出版社　（地址:兰州市天水南路222号　730000）
电　　话　0931-8912613(总编办公室)　0931-8617156(营销中心)
网　　址　http://press.lzu.edu.cn
电子信箱　press@lzu.edu.cn
印　　刷　北京联兴盛业印刷股份有限公司
开　　本　787 mm×1092 mm　1/16
总 印 张　187.5(插页12)
总 字 数　2965千
版　　次　2024年7月第1版
印　　次　2024年7月第1次印刷
书　　号　ISBN 978-7-311-06604-8
定　　价　988.00元(全六卷)

目 录 _{卷四}

宣宗道光皇帝实录

《清道光实录（一）》

嘉庆二十五年（1820年）八月庚子

以青海会哨出力，予知县周廷芬、参将刘印景等议叙。

（卷3　104页）

嘉庆二十五年（1820年）八月丙午

陕西河州镇总兵官富明阿以疾解任，调甘肃宁夏镇总兵官多隆武为河州镇总兵官，以步军统领中军副将史善载为宁夏镇总兵官。

（卷3　107页）

嘉庆二十五年（1820年）十一月丙寅

贷甘肃渭源、秦、清水、两当、泾、崇信、灵台、镇原、灵、徽十州县灾民两月口粮，并缓征灵、狄道、灵台、河、镇原五州县新旧额赋。

（卷8　183页）

嘉庆二十五年（1820年）十二月丙戌

拨甘肃提标五营马兵五十名、步兵一百名移驻梨园营。肃州镇标并所属各营马兵二十五名、步兵三十五名移驻红崖堡。马兵十五名、步兵二十五名移驻清水堡。从总督长龄请也。

（卷10　201页）

嘉庆二十五年（1820年）十二月戊戌

调江西布政使嵩孚为山西布政使。山西布政使邱树棠为江西布政使。命直隶布政使祝庆承来京。调甘肃布政使屠之申为直隶布政使。以湖北按察使卢坤为甘肃布政使。擢陕西西安府知府邓廷桢为湖北按察使。

予浙江出洋捕盗伤毙兵丁金高松等五名、福建被水淹毙兵丁吴标等六名、甘肃擒盗被伤兵丁徐彪一名、遇贼伤亡兵丁唐吉伏等五名赏恤如例。

（卷 11　214 页）

嘉庆二十五年（1820 年）十二月癸卯

喀尔喀贝勒索诺木多布沁等八人，青海扎萨克辅国公伊什达尔济等二人，察哈尔旗分绰罗斯三等台吉喇特纳巴咱尔等四人，并琉球国使臣向邦正等二人于神武门外瞻觐。

（卷 11　217 页）

嘉庆二十五年（1820 年）十二月甲辰

命湖北布政使麟祥、湖南按察使敦良来京。以已革山东按察使温承惠为湖北布政使。调甘肃按察使诚端为湖南按察使。以江苏淮扬道徐承恩为甘肃按察使。

（卷 11　217 页）

道光元年（1821 年）正月戊午

贷甘肃皋兰、宁远、伏羌、西和、安化、宁、秦安、礼、肃、安西、中卫、固原十二州县及肃州州同所属上年被水、被雹灾民口粮、籽种有差。

（卷 12　229 页）

道光元年（1821 年）正月辛未

谕内阁："长龄奏陕甘两省绿营马兵较多，请酌改步兵一折。前经降旨饬令各督抚详察地方情形，酌裁兵额。兹据长龄查明陕甘两省额设兵九万五千五百余名，内有马兵三万六千三百三十五名，较各省多逾数倍，且陕甘山岭崎岖，马兵不如步兵得力，请将马兵裁减十分之一，共三千六百三十名，俱以步兵改补，统限一年办竣。著即照所议办理，所有节省银七万余两即于每岁估拨案内照数扣除。至该省绿营红白赏恤银两向系动用正项，仍著照旧支销，以省更张。该部知道。"

（卷 12　236 页）

道光元年（1821 年）二月庚寅

命甘肃凉州镇总兵官博勒忠阿来京。以督标中军副将马腾龙为凉州镇总兵官。

（卷 13　252 页）

道光元年（1821年）二月己亥

举行嘉庆二十五年大计。直隶卓异官十四员，罢软官一员，年老官八员，才力不及官二员。南河卓异官一员，年老官一员，有疾官一员。安徽卓异官八员，年老官四员，有疾官一员，才力不及官二员。江西卓异官十一员，不谨官四员，罢软官一员，年老官二员，有疾官一员，才力不及官一员，浮躁官一员。浙江卓异官十一员，不谨官二员，罢软官一员，年老官二员，有疾官一员，才力不及官三员，浮躁官一员。福建卓异官十员，不谨官三员，年老官四员，有疾官三员，才力不及官一员，浮躁官一员。湖北卓异官九员，罢软官一员，年老官四员，有疾官一员，才力不及官一员。湖南卓异官十员，不谨官一员，年老官六员，有疾官一员，才力不及官一员。东河卓异官一员，才力不及官一员，浮躁官一员。山西卓异官十二员，不谨官二员，年老官五员，有疾官三员，才力不及官二员，浮躁官二员。甘肃卓异官八员，不谨官一员，年老官五员，有疾官一员。四川卓异官十五员，不谨官一员，罢软官一员，年老官九员，有疾官五员，才力不及官三员，浮躁官一员。广东卓异官十三员，不谨官二员，罢软官一员，年老官五员，有疾官六员，才力不及官二员，浮躁官一员。广西卓异官七员，罢软官二员，年老官五员，有疾官一员，才力不及官一员，浮躁官一员。云南卓异官九员，不谨官一员，罢软官一员，年老官二员，才力不及官一员，浮躁官二员。贵州卓异官十员，年老官一员，才力不及官三员。分别议叙处分如例。

（卷13　257页）

道光元年（1821年）二月庚子

加陕甘总督长龄太子少保。

（卷13　259页）

道光元年（1821年）三月己未

贷甘肃宁夏、宁朔、平罗、狄道、陇西五州县上年被灾贫民两月口粮。

（卷14　275页）

道光元年（1821年）三月丙子

改铸甘肃西宁镇总兵官关防，从总督长龄请也。

（卷15　289页）

道光元年（1821年）四月癸巳

赏前任西宁办事大臣那尔松阿蓝翎侍卫在大门上行走。

（卷16　307页）

道光元年（1821年）四月戊申

以故甘肃平番县属西陆渠土司何廷相子万策袭职。

（卷18　324页）

道光元年（1821年）五月丙辰

谕内阁："长龄奏陕甘各营调拨并骑缺马匹请免著赔一折。川楚军需案内陕甘各营自嘉庆元年军兴之日起，至大功告成之日止，调拨军营并出征官兵骑缺马共一万六千八百三十匹。部议准销五成，著赔五成。兹据该督查明，原领弁兵率多伤亡残废，其家属亦俱贫寒，力难赔缴。著加恩将前项著赔马匹全予豁免，用示朕体恤戎行至意。该部知道。"

陕甘总督长龄奏报皋兰等州县得雨分寸。得旨："尽人事以感天和，毋忘敬畏之心。"

（卷18　327页）

道光元年（1821年）五月戊午

又谕："素纳奏，据玉舒番子鄂纳车楞等呈报，该番子等去夏贸易回牧，行至玉舒呼喇地方被四川所管格尔族番贼古萨尔旺扎勒父子合果洛克番贼瓦喇木滚蕴端等十余人为首，纠约千余人，抢去元宝三百六十七锭、驮牛四千五百七十只、马二十三匹，以及茶布各物，并伤毙番人十二名。伊等逃避回牧后，探明贼首，呈请办理等语。玉舒番族每年前来甘省交纳贡银，即在边境贸易。今被川省格尔族、果洛克番贼聚众抢劫，伤毙番人十二名，劫去赃银一万数千两，实属目无法纪。著蒋攸铦迅即派委干员前往该处，将伤毙番人之贼犯按名查拿，并将抢去银两牛马原赃逐一查起。审明按律办理，如格尔族等有抗拒情事，即派大员带兵前往弹压，务获赃贼，以儆凶顽而安行旅。将此谕令知之。"

（卷18　329页）

旌表守正被戕甘肃通渭县民赵忙忙子妻马氏。

（卷18　330页）

道光元年（1821年）五月乙亥

赏前任甘肃凉州镇总兵官博勒庄阿头等侍卫在大门上行走。

（卷18　343页）

道光元年（1821年）五月丙子

以直隶提督徐锟为西安将军。调甘肃提督杨芳为直隶提督。以陕西陕安镇总兵官齐慎为甘肃提督。安徽安庆协副将达凌阿为陕安镇总兵官。

（卷18　343页）

道光元年（1821年）七月壬子

予陕甘奉差淹毙外委杨增贵、捕贼被戕兵丁薛福赏恤如阵亡例。

（卷21　375页）

道光元年（1821年）七月乙丑

以陕西静宁营副将熊德谦为贵州古州镇总兵官。

（卷21　384页）

道光元年（1821年）八月壬辰

谕内阁："长龄奏边疆道府请改为在外题缺一折。直省道府无题缺之处甚多，若纷纷陈奏，将请旨之缺改为在外题补，未免事涉更张。如谓地方紧要，恐新任人员措施未当，嗣后简放之员，该督抚果察看人地未宜，或拣员对调，或甄别改补，均可随时秉公办理，总期治理得人，非必改由本省升擢，始堪胜任也。所有长龄奏请将巩秦阶道、西宁府二缺改为在外题补之处，著不准行。"

（卷22　400页）

道光元年（1821年）九月甲子

缓征甘肃河、狄道、金、靖远、灵、宁夏、宁朔、平罗、平番九州县被旱、被雹、被水村庄新旧钱粮草束厂租。贷皋兰、渭源、安定、会宁、岷五州县及红水县丞所属灾民一月口粮，并缓征新旧钱粮草束。

（卷23　420页）

道光元年（1821年）九月庚午

协办大学士、陕甘总督长龄奏报得雨分寸。得旨："河州等八州县秋雨甚少，禾稼曾否收获，应行查勘。"

命协办大学士、陕甘总督长龄来京陛见。以陕西巡抚朱勋署陕甘总督。甘肃布政使卢坤署陕西巡抚。

（卷23　422页）

道光元年（1821年）九月癸酉

以故甘肃土指挥同知何大臣子瑄袭职。

（卷23　424页）

道光元年（1821年）十月壬午

赏甘肃换防遇水淹毙弁兵银。

（卷24　431页）

道光元年（1821年）十月乙酉

命新授驻藏帮办大臣那丹珠仍留原任。西宁办事大臣素纳、乌里雅苏台参赞大臣达禄、库尔喀喇乌苏领队大臣佛住来京。赏内阁侍读学士保昌头等侍卫，为驻藏帮办大臣。太仆寺卿松廷副都统衔，为西宁办事大臣。伊犁协领穆克登布头等侍卫，为库尔喀喇乌苏领队大臣。以头等侍卫八十，为乌里雅苏台参赞大臣。

（卷24　433页）

道光元年（1821年）十月辛丑

谕军机大臣等："长龄等奏驱逐河北番帐情形一折。循化、贵德所属野番常有抢掠蒙古之事，若任听在河北插帐居住，则相距密迩。该蒙古等势本孱弱，益难防范。本年夏间，该督等派令官兵赴口外沿河一带驱逐番帐，路遇番贼竟敢拒捕接仗，幸官兵奋勇剿捕，毙贼十名，并将被掳蒙古及马匹、牛羊夺回。惟时助勒盖偷住之汪什代克等九族番子及盐池一带挖盐之番户，均经具结，情愿俟冬令冰结搬移过河，已先退至恭额尔格及阿苏拜山根暂住。现在已交冬令，该督等当饬知该厅、营一俟冰坚可渡，即催令该番族等遵照前约迁移，其余散处插帐之番，次第设法驱逐。倘该番等狡黠延挨，届期背约，该督等察看情形，应如何押令搬徙之处，再行奏明办理。将此谕令知之。"

（卷25　447页）

道光元年（1821年）十一月丙辰

协办大学士、陕甘总督长龄奏："甘肃官兵出征借项，现奉恩诏豁免。

查司库尚有扣存银一万七千九百九十四两零，阅岁既久，原借官兵多已升迁事故，且扣收在先，未便发还。致滋影射之弊，请一律报部拨用。"从之。

（卷26　459页）

贷甘肃靖远、秦、清水、礼、泾、灵台、静宁、宁、平番、中卫十州县被灾贫民两月口粮，并沙泥州判所属灾民一月口粮。

（卷26　460页）

道光元年（1821年）十一月甲子

缓征甘肃宁、陇西、武威、古浪、镇原、中卫、洮、静宁、西宁、灵台十厅、州、县被灾歉收新旧钱粮草束，并给灵、泾二州灾民口粮，房屋修费。

（卷26　468页）

道光元年（1821年）十二月戊子

命署山西巡抚、陕甘总督长龄来京。以江西布政使邱树棠为山西巡抚。湖北按察使邓廷桢为江西布政使。山东运河道陆言为湖北按察使。

命山西按察使程赞清来京，以四品京堂候补。以甘肃安肃道常文为山西按察使。

（卷27　484页）

道光元年（1821年）十二月丁酉

又谕："朱勋奏，汪什代克等九族番子及盐池一带挖盐之番户，遵俟冰桥结冻后，饬令尽数渡河。惟今夏驱逐番帐之时，有蕴依、双勿二族闻风远窜，屡至沿边一带，并窜至大通县边界抢掠。觅踪追捕，剿毙多名。明岁春融，再行设法驱逐。倘盐池等处各番狡黠延挨，必须多派官兵，押令迁徙等语。循化、贵德所属野番插帐居住，亟应押令回巢。其闻风远窜之蕴依、双勿两族沿边抢掠，尤当严行驱除。著该署督等饬知各厅营一俟冰桥结冻，催令汪什代克等九族及盐池盘踞之番户，遵照前约，迁移渡河。蕴依、双勿两族亦即次第设法驱逐。如该野番迟逾背约，著即察看情形，会同酌派官兵，如期押令搬徙。总当熟筹妥计，相机办理，勿使再来抢劫。固不可草率从事，有名无实，亦不可操之过急，激成事端。将此谕令知之。"

（卷27　491页）

道光元年（1821年）是年

旌表孝子，直隶等省田墀等二十二名。孝妇，湖南等省万蓝氏等二口。孝女，江苏等省吉淑媛等四口。顺孙，甘肃刘世延一名。

（卷28　498页）

道光二年（1822年）正月癸丑

命协办大学士、陕甘总督长龄署直隶总督。福建布政使徐炘暂护巡抚。

（卷28　501页）

道光二年（1822年）正月甲寅

贷甘肃中卫、灵、宁夏、宁朔、平罗、靖远、皋兰、渭源、安定、会宁、岷、平番、西宁、宁、陇西、武威、古浪、镇原、洮、静宁、泾、灵台、通渭、西和、华亭、安西、敦煌二十七州县并王子庄州同所属上年被水、被旱、被雹灾民籽种口粮。

（卷28　501页）

道光二年（1822年）正月丙辰

署陕甘总督朱勋复奏操演情形。得旨："认真训练断不可稍形废弛。第一赏罚公平，使皆乐于从命，是为至要。各项技艺务期精纯可用，慎勿徒尚虚文也。"又奏："向来绿营兵丁步箭三四力弓居多，马弓则不过两力，临阵不能杀贼，即技艺娴习亦属无益。"批："现在除东三省外，皆染此习，可恶之至。"又奏："臣标马步兵丁总以六力为率。"批："人之气力强弱不一，六力为率原属旧制，但马上、步下均能用四五力弓且能有准。即可制胜。"又奏："绿营鸟枪虽施放娴熟，而临阵时往往枪口过高，实因前后手不稳所致。"批："绿营通病，非手不稳，生疏之故也。"又奏："另制十五斤重枪，分给操演。"批："鸟枪非炮可比，原不必论以轻重。朕自幼练习，深知此法。五斤至七八斤均可，总看人之技艺何如耳。若以十五斤为率，徒增笨重，转不适用。打枪之法全在随机智巧，非尚膂力也。所论近迂。"又奏："南山路径崎岖曲折，炮位难以施用。现以过山鸟令兵丁抬放，甚为便捷。"批："因地制宜，必应如是。"又奏："向遇征调，领兵之将备与队伍之兵丁，或竟不知姓名。临阵每致误事。"批："兵不识将，将不识兵，乌能得力。"又奏："臣标备战兵六百名，现分五队，每队以枪箭矛手匀配。平旷之区原可并为一队，设旁路有警，则按队分兵，不致紊乱。平日每队造花名册一本，专派千把或外委一名常川操演。设遇征调，即以原操之千把管领本队之兵丁。散饷后即可起身，不致耽延时日。官兵联为一气，临阵可期制胜。"均报可。

（卷28　502页）

道光二年（1822年）正月辛未

谕内阁："三载考绩乃国家激扬大典。朕仰承皇考付畀之重，兢兢业业，与内外诸臣恪遵成宪，共图郅治。兹届京察之期，吏部将京外各大员开单具奏。朕详加披阅，酌中核定。虽间有年老之人，察其精力尚不至衰颓，有误职守，仍堪留任。大学士曹振镛、户部尚书黄钺办理部务，本属妥协。又自简任军机大臣以来，敬共所事，实力匡襄。礼部尚书文孚在军机处行走有年，小心勤慎，克尽厥职。大学士伯麟人品端方，管理部务甚属尽心。吏部尚书卢荫溥在军机处行走多年，恪恭匪懈，前因管理吏部顺天府需人特旨调用，亦能尽心。户部尚书英和管理部旗内务府事务，均臻妥善，且于步军统领衙门尤能不避嫌怨，管辖严明。礼部尚书汪廷珍品学兼优，承办实录底本，勤慎通达，尽心纂辑。两江总督孙玉庭、陕甘总督长龄、四川总督蒋攸铦均能整理地方，察吏安民，克副封疆重任。江南河道总督黎世序宣力多年，一切河务经理得宜。永奏安澜之庆，俱著加恩交部议叙。吏部侍郎那彦宝屡受皇考重恩，不知洁己报效，先后办理河工，声名甚属平常，著降为头等侍卫，前往吐鲁番更换宝兴回京，不准具折请训。礼部侍郎善庆粗率无能，不胜侍郎之任，著回副都统之任行走。兵部侍郎吴芳培年力衰迈，著以原品休致。左都御史顾德庆人属平庸，著以侍郎降补。余著照旧供职。特谕。"

（卷28　511页）

谕军机大臣等："本日理藩院奏，据西藏年班堪布贡噶扎木巴等禀报喇嘛等进贡。自藏起程于上年九月二十六日行至西宁当噶尔地方，将自备牛只、骡马赶赴草厂牧放。至当噶尔城外二十余里，被番贼二百余人抢去牛只、骡马、帐房等物。当经报明西宁办事大臣、陕甘总督各衙门在案。今差旋在迩，恳转行该处速行严缉等语。喇嘛进贡赴京，沿途被抢，既经报明，该督等自应即行查究。著朱勋、松廷严饬文武官弁，迅速查缉。现届该喇嘛等差旋在迩，务须妥为筹办，俾得遄行无阻，用副朕轸恤远人之意。将此谕令知之。"

（卷28　512页）

道光二年（1822年）正月癸酉

又谕："据朱勋等奏，河北插帐之循化等处九族野番及盐池一带挖盐番户，均狡黠背约，抗不回巢。又蕴依、双勿两族勾结循、贵及四川野番盘踞抢掠等因，现已令松筠接署直隶总督，著长龄将印务暂交屠之申，即行驰驿回任。会同松廷将如何设法驱逐之处相机办理，不可张皇其事，亦不可稍涉因循。总须熟筹妥计，速令迁移。朱勋另片所奏添派卡防官兵及每日酌给银两之处，均照所请行。原折片著发给长龄阅看，将此谕知长龄并谕朱勋、松廷知之。"

命协办大学士署直隶总督长龄回陕甘总督任。以吏部尚书松筠署直隶总督。刑部尚书那彦成署吏部尚书。

（卷28　515页）

道光二年（1822年）二月丁丑

协办大学士、陕甘总督长龄奏："交卸直隶总督印务，驰回甘肃。会同松廷查办河北循化等处九族野番情形，并会同提督齐慎酌带官兵数千名前往。"得旨："齐慎原系可靠之人，卿可督同妥速办理，慎勉为之。松廷初膺外任，于西宁办事是否相宜，留心察看。"

（卷29　517页）

道光二年（1822年）二月辛丑

又谕："据徐锟复奏改买马匹章程一折。西安满营历年赴归化城购买马匹，每致例毙缺额，众兵扣银过多，未免苦累。兹据查明嘉庆年间节次赴宁夏等处买补之马，经久尚耐操乘。该处程途既近，水草亦便，自应随时变通办理。著照所请，嗣后西安满营买补额马，改就宁夏府、洮州、岷州等处采买，务期膘壮足额，以裨戎政。其一切纳税查验之处，仍照旧例行。"

（卷30　537页）

道光二年（1822年）三月己酉

免甘肃各提镇协营出征川楚军需案内官兵借支俸装银。

（卷31　546页）

道光二年（1822年）三月庚午

以凉州副都统穆兰岱为甘肃西宁镇总兵官。西宁镇总兵官庆廉为凉州副都统。

（卷31　559页）

道光二年（1822年）三月乙亥

旌表守正捐躯甘肃泾州民梁撰妻张氏。

（卷32　564页）

道光二年（1822年）闰三月丁丑

以故甘肃平番县属硖口土司鲁纪文子显袭职。

（卷32　565页）

道光二年（1822年）闰三月甲午

命工部尚书文孚、内阁学士辛从益驰往甘肃查办事件。

（卷32　577页）

道光二年（1822年）四月庚戌

谕军机大臣等："长龄等奏官兵剿捕番贼情形一折。所办好。刚咱等族番贼一闻官兵临近，皆向西南逃窜。现据长龄督率将弁驰赴托里地方，截击袭剿，连获胜仗，歼毙番贼一百三十余名，活捉二十余名，夺获贼畜马牛羊无算。讯据番贼供称，该两族头目商量前往贡额尔盖一带会合别族野番，显有抗拒情形。长龄等派委各镇，将带兵分途剿捕，惟当趁番贼逃窜主意未定之时，相机策应，赶紧办理，以期迅速藏事，勿任蔓延。至西宁口外寒瘴最大，粮运颇难，该督等奏请将打仗夺获牲畜一半分赏出力官兵，以一半抵支口粮，著即照所议办理，以示鼓励。将此由四百里谕令知之。"

（卷33　592页）

道光二年（1822年）四月辛酉

谕军机大臣等："长龄等奏官兵进剿番贼连获胜仗一折。各路将弁带兵进剿野番，连获胜仗，歼擒番贼多名，夺获牛羊、马匹、器械甚多。该督等督兵自东北赶至青海西南，齐慎等带兵紧顾西北，向前进剿。该野番等抛弃锅帐分头逃窜，势已穷蹙。调度甚属妥协。朕心深为欣慰。著赏给长龄寿字松石翎管一个、四喜白玉搬指一个、黄辫大荷包一对、小荷包四个，以示嘉奖。发去洋瓷翎管十个、鲨鱼皮小刀五把、玉柄回子小刀五把，著长龄等分赏出力官弁。其各路已获牛羊及嗣后续获牲畜，除犒赏出力官兵外，无庸抵支军粮，即传示各蒙古王、公、扎萨克台吉等，查明报抢原案，将存剩牛羊均匀给领，俾资生计。各路伤亡弁兵即著查明咨部照例议恤。长龄等务督饬各路官兵赶紧剿捕，克期蒇事，方为完善。将此由四百里谕令知之。"

（卷34　606页）

道光二年（1822年）四月辛未

谕军机大臣等："长龄等奏官兵歼毙番目，余贼穷蹙散窜，现仍赶紧搜捕一折。各路镇将带兵追剿野番，并力攻击，或夜袭贼营，或用炮轰击，连获胜仗，歼擒番贼数百人，夺获牛羊万余只，余贼俱向雪山一带逃匿。长龄等虑及余贼西窜，饬令副将丁永安等紧顾西北，知会提督齐慎移师南来。该提督探有番贼藏匿，连夜带兵进发，该匪等恃险抗拒，即分布将弁亲督官兵，直冲山梁，复歼毙番贼二百数十人，夺获牛马羊只五千三百有奇，生擒噶布古等十六名。讯据供出刚咱族大头目乙旦木已被官兵歼毙。现将割取首级及所穿棉甲令喇嘛蒙古等辨认属实，所办甚好。览奏实深嘉慰。提督齐慎著赏给松石寿字翎管一个、白玉搬指一个、大荷包一对、小荷包四个，以示嘉奖。外发去珐琅翎管五个、洋瓷鼻烟壶五个、文竹搬指套五个、玉柄回子小刀五把，著长龄等分赏出力官弁。所有带伤官弁四员、兵九名、阵亡兵三名，著即咨部照例恤赏。现在击散番贼俱向雪山一带窜匿，该处寒瘴最甚，断难久延。该督等当督率官兵趁此天时暖热，赶将零匪搜捕净尽，迅速蒇事，用副委任。将此由四百里谕令知之。"

（卷34　616页）

道光二年（1822年）四月癸酉

又谕："卢坤奏文县地方地震，摇塌房屋七十余间，压毙男妇二十名口，过客三名，受伤男妇二十余名口等语。览奏深为可悯，该藩司现已委员查勘，分别抚恤，捐资办理。第恐被灾人民或致失所，著再行确查，如有应行动项接济之处，即据实奏明办理，毋稍讳饰。将此传谕知之。"

（卷35　618页）

道光二年（1822年）五月壬午

谕内阁："长龄等奏剿捕番贼已就肃清一折。青海口外野番抗不回巢，经该督等率领官兵奋力追剿，屡获胜仗。该野番分窜雪山。长龄督饬镇将不避艰险，入山搜捕，尽数歼除，迅速蒇功，甚为可嘉。览奏欣慰，允宜渥沛恩施。长龄著加恩赏戴双眼花翎，交部从优议叙，并亲书御制诗扇一柄赏赐，用昭优眷。"

以剿捕番贼功予提督齐慎优叙。西宁办事大臣松廷，总兵官马腾龙、穆兰岱议叙。赏总兵官多隆武，道员杨翼武，副将德克登额，参将如柏、徐华清，游击存住，都司周佐胜、何斌伏、托克通阿、守备王国辅、米兆元花翎，都司刘秉均等蓝翎，余加衔升擢有差。

再贷剿捕番贼各官半年俸银并兵丁银。

（卷35　624页）

道光二年（1822年）五月甲申

谕军机大臣等："昨据长龄等奏，官兵捕搜野番，旬日均可肃清，已降恩旨分别奖赏矣。此次河北插帐野番，狡黠背约，抗不回巢，希图盘踞抢掠。今经官兵大加剿戮，穷搜殆尽。黄河以北悉就肃清，俾蒙古边氓各安生业。该督等自已将善后事宜详筹妥议。第思青海、蒙古素本怯懦，不能自固藩篱，以致该番族心生觊觎，肆其剽掠。屡经官兵代为擒捕，并加晓谕，该蒙古等总未能力图振作。著长龄等再行通谕青海蒙古王、公、扎萨克等以尔等部落列入版图以来，世受天朝渥恩，豢养生成。因尔等不能自振，每遇番族滋扰，辄调集官兵驱逐惩创，不惜重费帑金，为尔等曲加保护。现因刚咱等族野番盘踞抢掠，业经痛加剿除，并将所获牛羊牲畜交尔等分领，俾资生计。嗣后当知感知奋，勉思保卫，并当于属下之人优加体恤，使之各饶生计，严行管束，务令各守法律，永承恩泽。如仍不知奋励，再有番贼扰及之事，岂能调集官兵常为办理。尔等将何以自为捍卫耶。如此剀切晓谕，俾蒙古等渐知奋勉自强，边圉永臻安谧，方为妥善。将此谕令知之。"

（卷35　626页）

道光二年（1822年）五月甲午

予广东出洋淹毙兵丁李荣光、甘肃擒贼伤亡兵丁张法赏恤如阵亡例。

（卷36　637页）

道光二年（1822年）五月丙申

甘肃布政使卢坤奏报粮价及四月得雨情形，并陇西、伏羌、静宁、宁州、安化等州县有被水、被雹、被霜村庄。得旨："陇西等五州县是否成灾，明白查勘据实奏闻，毋稍讳饰。"

（卷36　637页）

道光二年（1822年）五月己亥

又谕："长龄等奏番贼悉数歼除，青海全就肃清一折。长龄等此次剿办野番，甫经两月，将蕴依等二十三族野番抗拒者尽数馘俘，不留遗孽。逼胁者咸从宽赏押回原处，恩威并用，国法丕彰。现在黄河以北全境肃清。蒙古边氓悉皆安堵。办理妥善可嘉。览奏甚为欣尉（慰）。前已降旨令长龄等晓谕蒙古王、公等勉思振励，自相保卫。此时须将善后事宜筹划周妥。该督等当计及久远，详慎定议，俾边圉永臻安谧，方为不负委任。将此由四百里谕令知之。"

（卷36　642页）

协办大学士、陕甘总督长龄等奏："各路官兵夺获牛羊除犒赏外，分给蒙古王、公、扎萨克、台吉等并代据情谢恩。"报闻。

（卷36　643页）

道光二年（1822年）六月己未

又谕："那彦成著驰驿前往陕西署理巡抚事务，并会同辛从益审办柳全璧一案。文孚著即驰驿回京。那彦成俟程祖洛到任后，前赴甘肃署理陕甘总督。长龄俟那彦成接署后，即来京供职。

又谕："长龄等奏青海地方全就肃清移住蒙番防守一折。循化、贵德野番前此盘踞助勒盖、克克乌苏一带，原系蒙古贝勒特里巴勒珠尔等六旗游牧地方。现经大兵将野番剿除净尽，该督等谕令该贝勒等各归原牧。金以移居青海已久，人少势孤，不愿复业。该游牧地方宽阔，若强令迁回，势不能固守藩篱。著照所议。助勒盖一带即令察罕诺们汗移居，克克乌苏一带饬回阿里克大百户住牧。均各给予执照，俾垂久远。每岁河冰结后，责令分段防河，并于冬春两季赏给该诺们汗及阿里克大百户置备口粮银各一千两，用示体恤。现在阿里克大百户欢布他拉已故，其子喇沁纳木扎尔尚未承袭，系欢布他拉之弟乙达木代管其事。乙达木著赏给六品顶带，及身而止。俟喇沁纳木扎尔袭职后，仍责成佐理，以资防守。其向年会哨之兵即行停止。至察罕诺们汗失察属下勾结野番屡次抢掠，本有应得之咎，姑念此次随营出力，又将该旗贼犯查拿送究。著加恩免议。"

协办大学士、陕甘总督长龄奏："筹议青海善后章程八条：一、令蒙古体恤属下以期庶富。一、正蒙古衣冠以防诡混。一、严查蒙、番歇家以清盗源。一、急筹蒙古生计以免流离。一、严禁野番渡河以靖边围。一、选立野番头目以资约束。一、令野番垦种田地以裕生计。一、番地严禁硝磺以重军火。"得旨："允行。"

（卷37　661页）

以剿办贵德、循化野番功，赏千总朱贵等蓝翎，余升叙有差，予阵亡已革游击胡文秀赏恤如守备例。

（卷37　662页）

道光二年（1822年）六月壬戌

以协办大学士、陕甘总督长龄为阅兵大臣。肃亲王敬敏署镶黄旗蒙古都统。以署镶蓝旗蒙古都统绵志署正黄旗领侍卫内大臣。贝勒奕绍为总理行营大臣。

（卷37　663页）

道光二年（1822年）六月甲子

户部议准协办大学士、陕甘总督长龄疏报："古浪县开垦地五顷四十九亩有奇，照例升科。"从之。

（卷37　665页）

道光二年（1822年）七月壬辰

大学士、陕甘总督长龄复奏操演章程："督标五营并城守营定为每月分双、单日操演枪箭，逢十合操阵式，并演打大炮。前剿办川楚教匪，目击长矛最为得力，爰于六营专设矛手，复令各营步兵兼习长矛，间日操演，分别劝惩。数年来颇见功效。现行知各提镇一体加操，俾成劲旅。"报闻。

（卷38　686页）

道光二年（1822年）七月癸巳

谕内阁："长龄奏酌筹生息银两贴补州县捐款一折。甘省地当孔道，差务殷繁，各州县每年摊捐款项势所必需，自应酌筹调剂。著照所请，准其于司库存贮草价项内提银八万两、兵饷建旷项内提银十二万两，以十万两饬交甘肃藩司、十万两解交陕西藩司，均各发商生息。所得息银，甘省由府按季解司，陕西由该省藩司遇便搭解甘肃。仍将一半归还原款，一半为苦瘠州县摊捐公用。俟原款尽数提还后，每年所得息银二万两即作为通省摊捐公用之费。所有收支银款，著无庸报部查核，以归简易。"

（卷38　686页）

道光二年（1822年）八月戊申

命闽浙总督庆保来京。以广西巡抚赵慎畛为闽浙总督。甘肃布政使卢坤为广西巡抚。浙江按察使朱桂桢为甘肃布政使。调福建按察使吴荣光为浙江按察使。以江西督粮道苏成额为福建按察使。

（卷39　700页）

道光二年（1822年）八月己未

谕军机大臣等："长龄奏野番一千数百人复过河北，抢劫察罕诺们汗牲畜，并杀伤男妇十数人，现已前往赶办。并称察罕诺们汗不能抵御，亟须另筹防河事宜等语。青海野番滋事，前据长龄等奏报大加剿戮，黄河以北全就肃清，并筹议善后章程。赏给察罕诺们汗等银两，以资防守。彼时该督等所保人数过多，朕因其办理迅速概予准行，并未斥驳一人。其所议章程亦俱准令照办。乃撤兵甫经两月，该番贼复过河北抢掠，可见前次办理不善。所奏该处地方全就肃清之言竟不可信。即此次具奏野番一千数百人杀伤男妇十数人，亦恐不止此数。前因该蒙古等不能固守藩篱，该督以察罕诺们汗移居助勒盖一带足资防守。每年赏给银两，置备口粮，其向年会哨之兵即行停止。今又称察罕诺们汗不能抵御，另议防河，是长龄于此事毫无把握，致前后所奏自相矛盾。该督现已前赴西宁，著即会同松廷督兵妥速剿办，务期边围迅就肃清，俾番贼知所儆惧，不敢再出滋扰，尚可稍赎前愆。倘仍办理不善，致番贼于撤兵后又复前来肆行抢劫，扰及内地，惟该督等是问，恐不能当此重咎也。将此谕令知之。"

又谕:"前因兵部于文移内拆出匿名揭帖,声言青海番贼复出抢掠。特降旨令那彦成驰往查办,自已起程前往。今据该督奏,番贼复过河北只有一千数百余人,抢劫察罕诺们汗,恐所奏番贼及杀伤人数均未确实。已降谕旨饬令长龄妥速剿办,稍赎前愆。著那彦成于到西宁后遵照前旨严密确查,将现在情形据实具奏,毋稍徇隐。其匿名揭帖之人亦须细加查访,务期弋获,以凭究办。将此谕令知之。"

(卷40 712页)

道光二年(1822年)八月戊辰

旌恤遇盗捐躯甘肃静宁州贡生岳琬并岳发秀妻贾氏如例。

(卷40 719页)

道光二年(1822年)八月庚午

谕军机大臣等:"那彦成奏遵旨前赴西宁查办贼番复出肆掠一案。据称察罕诺们汗即系白佛僧,亦即蒙古二十五旗之一。原牧在循化边外,后移居黄河之南,今又潜住河北。时与野番勾结为奸,移之则驱而为贼,留之则引贼作贼,所论甚是。那彦成于野番情形熟悉,著即交那彦成办理。必须筹划万全,妥为安置,勿使仍前窝贼分赃,方称至善。其匿名揭帖字识务向各营汛访拿,正犯到案,如比对笔迹,确有可凭。虽该犯讦告得实,亦按律治以应得之罪。至所称现届九月,西宁地方正值大雪封山之时,未便议剿。惟严饬各提镇查明各卡隘、山口额定兵数,照例支给口粮、柴薪。派令副参等官带赴各卡隘分扎驻守。各提镇来往会巡,严密稽查,使野番无由阑入内地,并盘查汉奸代为销赃,禁止商民私贩茶叶、火药,以防为剿等语。该野番本系乌合之众,纠聚抢掠只为谋食,果能实力防制,使之无以为生,日久渐形穷蹙,正可不剿自溃。著即照那彦成所奏办理。倘察看情形必须进剿,俟明岁春融时再厚集兵力痛加剿办,断不可存畏难苟安之见。惟青海蒙古王、公、台吉等臣服已久,迥非外夷可比。若如那彦成所奏仅将各沿边卡伦移驻官兵防守,竟置该蒙古等于不问,该野番等或于秋冬间乘隙往彼抢掠,以致该蒙古不能自存,亦非安边抚驭之道。况青海一带为通藏要路,去年即有进贡堪布被劫之事,如该野番等故智复萌,道路稍有梗阻,殊属不成事体。那彦成亦不可不为筹及也。将此谕令知之。"

(卷40 720页)

道光二年（1822年）八月辛未

命大学士、陕甘总督长龄来京供职。以刑部尚书那彦成署陕甘总督。

赏候补三品京堂廉敬头等侍卫，为西宁办事大臣。

（卷40　723页）

道光二年（1822年）九月丙子

以新授西宁办事大臣廉敬亲老，命留京。调喀什噶尔参赞大臣武隆阿为西宁办事大臣。赏喀什噶尔帮办大臣秀堃三等侍卫，为参赞大臣。调乌什办事大臣徐锟为喀什噶尔帮办大臣。

（卷41　728页）

道光二年（1822年）九月癸未

谕军机大臣等："长龄等奏，酌拟西宁沿边各营汛移驻官兵，以资防剿等语。著那彦成悉心体察该处情形，是否系要隘地方，必须添设官兵防守。详细查明，据实具奏。又长龄另折奏，请以刘印景升补镇海营副将，卢亨调补大通营游击，马进忠调补镇番营游击。镇海营界连蒙古番地，必须谙练之员方克胜任。著那彦成到任后秉公察看刘印景等是否人地相宜，据实奏闻，再降谕旨。长龄等折单一并抄给阅看。将此谕令知之。"

（卷41　732页）

道光二年（1822年）十月壬寅

缓征甘肃静宁、灵、渭源、靖远、西宁、碾伯六州县被水、被雹、被霜村庄新旧额赋，并赈河州被水灾民。

（卷42　749页）

道光二年（1822年）十月戊申

署陕甘总督那彦成奏报到任。得旨："所奏俱悉。自谓知识短浅，疏忽舛误，未免过当。卿受皇考屡次训迪深恩，刻不可忘。惟思一力奉公，为国宣猷。从前不逮之处，全行湔洗。卿之敢于任事，不与世俗浮沉，朕所素知。勖卿者所谓不自大其事，不自尚其功，高明柔克，永矢毋忽。以期常承恩眷，佐朕以治也，懔之慎之。"

（卷42　755页）

道光二年（1822年）十月己酉

又谕："前因青海野番滋事，特令长龄带兵前往督办。嗣据奏报黄河以北全就肃清，并筹议善后章程具奏，概予准行。迨甫经凯撤，野番仍复过河抢掠。当降旨交那彦成前往确查。兹据查明，长龄自凯撤后又有野番十余族移向河北贡额尔盖及盐池一带插帐。至抢掠蒙古，虽较前稍熄，然自夏徂秋尚未尽绝等语。长龄前在青海剿办野番，两次大获胜仗，朕因其办理迅速，加恩赏戴双眼花翎，保奏各员，亦未经斥驳。乃凯旋甫经两月，番贼复过河抢掠，办理不善，咎无可辞。长龄著撤去双眼花翎，准戴用单眼花翎，仍交部议处。"寻议革职。得旨："著加恩改为降四级留任。"

又谕："那彦成奏熟悉西宁情形之知府参将请调赴甘肃差委等语。直隶候补知府屠之申，著即调赴甘省交那彦成差遣委用。如果奋勉出力，遇有相当知府缺出再行奏补。江西宁都参将邵能，著该督于甘肃参将中酌量一员奏明对调。"

谕军机大臣等："那彦成奏确查青海现在情形并酌安卡隘严拿汉奸一折。据称长龄剿办野番，屡获胜仗，所奏尚非虚捏。惟撤兵太早，且察罕诺们汗实系野番中祸种雄媒，长龄反为捍护，草率轻忽。已明降谕旨，将长龄撤去双眼花翎，准戴单眼花翎，仍交部议处矣。野番冥顽成性，蒙古虐其属下，其属下反投野番谋生，因导引抢掠其主。至内地歇家奸贩，贪利潜往贸易。无事则教引野番渐扰边境，有兵则潜与报信。近年番势渐张，弊实在此。蒙古、回民、汉奸皆能为番子衣冠，始仅勾结乡导，继或冒名肆掠。欲除外患，自应先绝内奸。其西宁之丹噶尔、哈拉库图及贵德、循化、巴燕戎格各属回、汉民人并熟番私贩茶叶、火药、口粮潜往贸易者，悉属汉奸。至各属蒙古、番子、歇家，择山僻处所私开小店，销变赃物，亦所不免。此等回民、熟番与内地奸民抢劫成风，甚属可虑。那彦成所奏乃正本清源之道，然必须办理周妥，计出万全，以期一劳永逸，不可稍有疏失。其请分饬提镇，查明毗连番地卡隘，通衢要路，酌增防兵，多不过百名。山僻小路增防兵二三十名。其路径丛杂，即挖断以防偷越。野马川一带暂驻备兵数百员名，俱照所议行。倘番贼仍前占踞，明岁春融即厚集兵力痛加驱剿。至屯田一节，俟河北肃清后再行妥议具奏。其各旗户下相近察罕诺们汗居住及与野番杂处者，率皆从贼之人，不值复为庇护。所有蒙古口粮向准在青海大臣衙门起票换买，惟每票定限一年缴销。现据那彦成与松廷筹议，著照所请，每票准用一次，所请用若干口粮，即注明粮数、人数及牲口数目，按程途远近定以期限缴销。至另折奏，查办匿名揭帖控造各款内，惟蒙古贝子喇特纳什第属下被抢牛羊及察罕鄂博卖运米面驮子被抢属实。其所称西宁孳生马厂及凉属内地村庄被掠之处，均属子虚。至番贼抢劫肃州孳生马厂并蒙古人等牛羊一节，肃州蒙古并无报案。该厂弁兵尚未提到，情节未能遽定。著该督即提到该厂弁兵严行确审，如果亏短马额，捏报被抢，即将该镇及牧弁等严参。至所控西宁马厂、凉州村庄二案，现虽查无其事，仍恐该管员弁匿报在先，狡不吐实。俟获犯再行严讯。至匿名揭帖之人于贼匪分股，何由得知。其为甘凉一带随营未得好处之弁兵，匿名揭告已无疑义。著那彦成分饬严密查访务获，按律惩办。将此谕令知之。"

实授那彦成陕甘总督。

（卷42　756页）

道光二年（1822年）十月癸亥

旌表守正捐躯甘肃狄道州民任文栋妻师氏。

（卷43　769页）

道光二年（1822年）十月乙丑

又谕："庆廉奏将凉州、庄浪二处官员军政考验，所有逾岁官员请旨留任一折。著交兵部查核原册，照例办理。惟折内并未将逾岁应留官员共计若干及何名年岁若何之处声明，甚属疏慢之至。嗣后凡遇应奏事件，务期开注明晰，慎勿含混。"

（卷43　770页）

道光二年（1822年）十一月丁丑

谕内阁："那彦成奏复审部驳之回民马噶奴一案，请仍照长龄等原奏问拟等语。此案马噶奴胆敢纠约庄邻番回二十四人，置备口粮杂货，持械潜运口外，向野番易换羊皮等物。通番济匪，大干法纪。除马如世一犯业经病故外，马噶奴著即处绞。嗣后有情节似此者即照此定拟。若审有勾通煽惑重情仍加以枭示，以儆奸宄。俟边疆静谧后再照常例办理。该部知道。"

谕军机大臣等："那彦成等奏擒获抢掠扑卡之蒙古、番子审明正法并筹定各章程一折。所办均是。此次贼番百余人扑犯窝卜图卡，经那彦成督饬署游击丁玉柱率领官兵奋勇直前，伤毙贼番十余名，生擒二名。现据讯明正法。又守备爱隆阿因闻知贼番抢劫，赶至黑河东岸枪伤十余名，淹毙无数。出力弁兵俱著该督等分别记名奖赏鼓励。至甘、凉、肃州所属边地，请拨兵分安各要隘。其河南循化、贵德两厅属请派兵严密巡防。又河州镇属二十四关，添设卡兵，俱著照所请办理，惟沿边移驻官兵系一时权宜之计，日久恐滋糜费。务须于春融后剿捕肃清，即行裁撤。至西宁各城内向设官歇家，容留蒙、番。近复于山僻小路分开私歇家，销赃易粮，私买军火。自应严行查禁。嗣后城关歇家无论官、私，一律造具花名清册，并循环印簿，由地方官详报备查。其各旗蒙古请票易粮，每粮一石配茶二封，著于粮票内注明。如买粮不买茶及无力粮、茶并买，俱著由西宁办事大臣衙门酌给印票，填注数目。如有浮冒请领者，查明治罪。又河南安分生、野番族易买粮、茶，即著各寺喇嘛并各族晓事番子报明户口计买，均照蒙古之票办理，就近在贵德、循化厅营呈请。如番族中有作贼者即不准代请。现在占据河北野番，俟归回河南，方准请票易买粮茶。仍著该督等速筹章程，赶紧办理。所有西宁办事大臣额设通事，日久滋弊，著即全行裁革。遇有案件由各衙门传唤应差。倘查有舞弊者，即从严治罪。至察罕诺们汗窝贼分赃已久，断不可姑息容留。如能将属下贼犯按名擒献，迁回河南原牧，尚可贷其重罪。若稍涉抗违，明春即行剿办。所有长龄原请每年赏给察罕诺们汗及阿里克银二千两之处，即著停止。其占住河北野番亦多作贼之人，俟查有实在情形即行具奏。又另片奏，据署永安营游击之都司周佐胜等擒获麻木沟一犯，已供认多案，著即穷究党羽，务尽根株。都司周佐胜等俟定案时奏请鼓励。出力兵丁酌予奖赏。至此案匿名揭帖人犯尚未得有确据，著严密查访，务将私拆口袋装入揭帖之人查出端倪，磨对笔迹，严行惩办，毋稍枉纵。将此谕令知之。"

（卷44　782页）

添设西宁镇海营副将一员、都司一员、守备一员、千总二员、把总二员、外委七员、兵九百四十一名。哈拉库图尔营都司一员、把总一员、兵一百五十九名。镇海堡千总一员。大通营游击一员。永安营属黑石头汛千总一员、兵一百名。双俄卜营守备一员、把总一员、外委二员、兵二百名。白塔营属黑林口汛把总一员、外委一员、兵一百名。武胜沟汛把总一员、外委一员、兵一百名。哈玛尔托亥营都司一员、把总一员、外委二员、兵二百名。拨科营守备一员、把总一员、外委一员、兵二百名。裁镇海营游击一员。镇海堡守备一员、外委一员、兵九十九名。大通营副将一员、都司一员。永安营属黑石头汛把总一员。拨入新添额内，余在西宁镇标前、中、左、右、后五营，北川营，甘肃提标，宁夏、凉州、河州、肃州各镇标照数移拨。从前任陕甘总督长龄请也。

（卷44　784页）

道光二年（1822年）十一月丙戌

陕甘总督那彦成奏谢实授恩。得旨："所奏均悉，虚心实行四字乃朕自励者也，特书与卿，时加省察，毋忽。"

（卷45　792页）

道光二年（1822年）十一月丁亥

甘肃肃州镇总兵官李廷臣以年老休致，赏给全俸。调陕西汉中镇总兵官刘瑞为肃州镇总兵官。以陕西潼关协副将吕天俸为汉中镇总兵官。

缓征甘肃皋兰、狄道、宁、金、安定五州县及沙泥州判所属歉收贫民新旧钱粮。

给甘肃河、狄道、渭源、靖远、洮、静宁、安化、秦、清水、灵十厅、州、县及沙泥州判所属灾民口粮。

（卷45　793页）

道光二年（1822年）十二月壬寅

工部议准前任陕甘总督长龄疏请："开采甘肃安西州普城山铅厂，以备军储。"从之。

以磺斤足敷储备，封闭甘肃玉门县牛尾山矿厂，从总督那彦成请也。

（卷46　812页）

道光二年（1822年）十二月丁未

谕内阁："那彦成奏参才具平庸之道员请交部严议一折。甘肃安肃道瑞林于回民田全呈控麻木沟等偷挖金沙一案，并未禀知该督，又不即时会营查拿，迟逾数月之久，以致巨案未能早结。此等疲玩不职之员断难姑容。瑞林著先行开缺，交部严加议处。"

谕军机大臣等："陕甘总督那彦成等，奏察罕诺们汗率属悔罪，愿归河南原牧。现押令过河，并妥为清厘安插一折。察罕诺们汗伙同野番勾结汉奸，作贼已久。此次经该督将粮、茶断绝，立见穷蹙，愿归原牧。不劳兵力，不延岁月，易于反掌，办理认真，实属可嘉之至。该诺们汗既已悔罪投诚，自可宽其一线。其属下头目人等向不遵奉约束，自应加以严惩。经该督将同来之图萨拉克齐小完冲等重责锁禁斥革，并将该旗所管二十族分为左、右两翼，照该旗蒙古旧例，每翼设员管束稽查。择诚实头目另行充补。其诺们汗献出之抢劫蒙古贼犯丹达勒等三名，业经分别惩办，并委署副将刘印景等押令渡河。惟渡河以后必须妥为安插，俾统束严明，互相钤制。令抢劫故智不敢复萌，方为经久善策，不可将就藏事，以致别滋事端。又另折奏清厘河南番族并河北贼番情形。现在河南循、贵番贼尚知安分，自应趁其畏惧之时立法约束。该督现传到各番众，面加晓谕，如各族内有逃至河北勾结贼番者，即著擒献，毋许隐匿。其河北野番过河以后，查系伊等族内之人，自行管束，如系汉奸，立即捆献。所有各番族头目准其按计户口，百户一人，每管百户。至三百户归一千户管理。百总一人，每管五十户，两百总归一百户管理。十总一人，每管十户，至五十户归一百总管理。令其公举诚实公直之人充补。其千户等著照例给予顶带，俟三年无过，发给印照号纸作为实缺。至易换粮茶章程，每年准买两次，由千户给呈，该厅营给予照票。如实系良番方准发铺照买。所需布线等项亦于票内注明，一同换买。此时河北野番势成孤立，该督仍严查卡隘粮茶，赶筹肃清。至河北番族应趁其过河之时，查明安插，均著照河南之例办理，俾不致疑惧。该督仍察看情形，再行妥议具奏。又另折奏，审拟汉奸盘踞，务尽根株并筹定巡防会哨及稽查山内保甲章程。首犯麻木沟经该督等严讯，多在甘州之边境野马川一带结党盘踞，其中之野牛沟、八宝山等处产有金沙，奸民潜行偷挖。现据该督全行封禁，窑洞窝铺概予填塞拆毁，所办甚是。其麻木沟等犯供出伙党，除现获各犯归案办理外，即饬属迅速严拿务获，毋任漏网。所有沿边失察文武各员，现当缉拿吃紧之时，如能获要犯，尚可功过相抵。倘仍前疲玩，著即严参治罪。其所请提镇副参、带兵会哨，道、府、州、县编查保甲，俱著照所议行。至麻木沟等犯著暂缓正法，俟续拿余党，逐案质审，再行办理。又另片奏汉奸私歇例无明文，著照所请，嗣后西宁地方拿获私歇家，除审有不法重情，实犯死罪外，其但在山僻小路，经年累月开设私歇家者，将为首之犯照私通土苗例，拟发边远充军。为从之犯拟杖一百，徒三年。所有现获各犯即照此例严办。将此谕令知之。"

（卷46　814页）

道光二年（1822年）十二月戊午

改甘肃西宁县丹噶尔主簿为要缺。皋兰县河桥主簿为选缺。从总督那彦成请也。

（卷47　829页）

道光二年（1822年）十二月辛酉

又谕："那彦成奏甘省经征草束处分请酌量变通一折。甘肃各厅、州、县每年额征草四百五十七万余束，因征变不力，经前督臣长龄奏请照地丁钱粮完欠分数参处。兹据该督查明，山径丛杂，硗瘠之区产草间有不丰，完纳艰于驮载。自严定章程之后仍不能年清年款，自系实在情形。且草束不过供喂马之需，即变价津贴公费亦与正赋不同。所有甘省经征草束未完处分，著改照杂项钱粮之例参处，以示区别。该督仍督饬藩司及该管道府实力稽查，如有以完作欠，征多报少及变价迟延等弊，即据实严参究办，毋稍徇隐。该部知道。"

（卷47　832页）

道光二年（1822年）十二月戊辰

谕内阁："那彦成等奏玉舒番族每岁马贡折银请循旧例交纳一折。青海大臣衙门所管玉舒番族向有马贡折银，由该番目自赴西宁交纳。嗣于乾隆三十一年改派主事通丁前往催收。各番族供应较繁，殊滋扰累。那彦成等请循照旧例办理，用示体恤。著照所请，嗣后此项贡马折银著仍循旧例。责令该总管千百户等照数凑齐，于每岁九月间交该处贸易番目，自赴西宁交纳。仍著青海大臣会同西宁镇派员兑收贮库。所有主事通丁催征之例永行停止。至该主事前往会盟之年，如有自备土仪，致送番族及客商私带货物，一并查明究办，以除积弊。"

谕军机大臣等："那彦成等奏审明装番肆劫之重犯即行正法一折。此案麻木沟等假装野番，骑马持械，肆行抢劫，不法已极。那彦成等业将先后拿获各犯审明按律办理。各案逸犯赵牙信、韩百林、赵五等，著仍开列年貌住址，严饬各该属严缉务获，毋致一名漏网。其黄魁添、蒋家娃二犯讯明均止叠次行窃，并未与麻木沟等伙抢，应分别拟军，著即照例咨部核办。至所称二十四旗中惟郡王沙克都尔属下偷窃抢劫之案为多，甚至其台吉藏根等均犯抢劫，又贝勒尖巴礼属下抢窃亦多，拟俟查明，将该王、贝勒斥革，另议承袭，以示惩戒等语。蒙古等被汉奸勾引，窃劫犯案滋多，该郡王、贝勒不能严加约束，咎有应得。如果查明实有豢贼窝赃确据，则是该郡王等作奸犯科，不遵法律，自应从重惩治。若其咎止于失察，遽将该王、贝勒斥革，另议承袭。该督等虽为整饬边务起见，但似此办理，未免过当，不足以服蒙古之心。著那彦成等详悉斟酌。该王、贝勒于所属窃劫之案是否仅止失察，务须查明定例奏明，办理不可稍有偏倚。将此谕令知之。"

（卷47　841页）

道光二年（1822年）十二月庚午

上御保和殿。筵宴朝正外藩：科尔沁、苏尼特、浩齐特、阿巴噶、翁牛特、阿鲁科尔沁、喀喇沁、乌珠穆沁、阿巴哈纳尔、喀尔喀、鄂尔多斯、敖汉、土默特、巴林、杜尔伯特、青海、茂明安、和硕特、绰罗斯王、贝勒、贝子、公、额驸、台吉、塔布囊等及琉球、暹罗正副使等随文武大臣依次就坐。诸乐并作，上进酒。召左翼：科尔沁扎萨克卓哩克图亲王噶勒藏栋罗布、科尔沁达尔汉亲王布彦温都尔瑚、苏尼特郡王喇特纳什第、浩齐特郡王额林沁诺尔布、阿巴噶郡王玛呢巴达喇、喀喇沁扎萨克辅国公额外侍郎吗哈巴拉。右翼：喀尔喀扎萨克图汗布呢喇特纳、喀尔喀土谢图汗卫多布多尔济、杜尔伯特汗齐旺巴勒楚克、喀尔喀亲王车登多尔济、喀尔喀扎萨克亲王玛呢巴咱尔、喀尔喀郡王达克丹多尔济、科尔沁郡王额驸索特纳木多布斋、回部内大臣郡王衔贝勒哈迪尔喀喇沁贝勒托恩多、土默特扎萨克贝子固伦额驸玛呢巴达喇等至御座前，赐酒成礼。

（卷47　844页）

道光三年（1823年）正月辛未

又谕："本年朕于元旦御殿受贺，闿惠覃敷，左右近臣，允宜特加恩泽。

庄郡王绵课因军政保列年老官员，降一级留任一案，著加恩宽免。大学士托津，协办大学士、尚书英和，尚书黄钺、禧恩，侍郎穆彰阿、陆以庄、张映汉因议复仓场以放代盘，措置失宜，各降一级留任一案，俱著加恩宽免。大学士曹振镛，尚书卢荫溥，侍郎穆克登额、王以衔、陆以庄失察承修工程司员，各降四级留任。侍郎穆彰阿降三级留任，俱著加恩宽免二级。其降一级留任之尚书那清安、侍郎裕恩俱著加恩宽免。大学士戴均元、尚书韩崶、侍郎张映汉因德胜门失落木植不能究出正贼，各降三级留任一案，前已宽免二级，此次俱著加恩全行宽免。大学士长龄前在山东巡抚任内奏增帮价，降一级留任。又前在乌里雅苏台参赞大臣任内收受伊犁馈马，降二级留任。又前在陕甘总督任内奏销不及分数，降职一级。共三案，俱著加恩宽免。尚书蒋攸铦前在两广总督任内违例请升直牧，降二级留任。又历控案悬未结，降二级留任。共二案，俱著加恩宽免。侍郎汤金钊议奏仓场代盘章程，降一级留任一案，著加恩宽免。侍郎恩铭前在马兰镇任内查勘工程未协，降四级留任一案，著加恩宽免三级。内务府大臣广泰因太常寺奏告祭仪注错误，降一级留任一案，著加恩宽免。侍郎张映汉前在湖北布政使任内失察假印给照，降二级留任。又盐引行销地界奏请更改成例，降二级留任。又失察书役舞文弄法，降二级留任。共三案，俱著加恩宽免。副都统福勒洪阿因保荐步箭平常之参领，降三级留任一案，著加恩宽免二级。用示朕履端行庆至意。"

（卷48　846页）

道光三年（1823年）正月癸酉

谕军机大臣等："那彦成等奏河北野番及察罕诺们汗全数回巢并酌移河南四旗蒙古各一折。青海黄河以北屡经番族占据，察罕诺们汗一旗复勾结汉奸伙同抢掠，经那彦成等设卡防堵，断绝粮茶，并访获汉奸巨盗及偷挖金沙各犯，分别惩治。现据察罕诺们汗稽颡乞命，所属蒙、番全数押回河南贵德原牧。各族野番势已穷蹙，自可宽其一线。惟河北不可复留野番一人，使汉奸、蒙古无可假借，方为正本清源之道。所有偷住河北之贵德、循化各番族共一万七八千人，现已全数回巢。著该督等派委干员，即将河南各族野番逐一编查，设立千户、百户等分别管辖。仍各按户口与蒙古一律易买粮茶。由各族千户就近代为请票，如有为匪不法及偷渡河北之人，即不准请票易粮，并著于野番南渡时查明本系何族，即交该族千、百户递管安插。各处渡口分派把守，倘有一人私渡，即将该千、百户一律治罪。该番族经此次惩创之后，管束既严，门户亦别，其势愈分，其力愈弱，自属一劳永逸之计。其请将该番族比照玉舒番子之例，立定贡马章程，于约束之中仍寓羁縻之意。著即妥议章程具奏。至另折奏河南四旗蒙古扎萨克郡王达什仲鼐等，较河北各旗稍为富强，因屡被野番贺尔族侵掠，不遑安居，请迁居河北助勒盖一带，酌给口食，并派循、贵营员沿途护送等语。该四旗蒙古游牧河南已久，此时若令移居河北，是先示番贼以弱。如移驻后该蒙古不能自固藩篱，或番贼复行渡河抢掠，仍恐不能相安。此事务当筹划万全，不可轻议更张，致将来又滋流弊。其河北原住二十四旗蒙古，除台吉恩开巴雅尔一旗尚堪自卫外，余二十三旗扎萨克大半避入内地，并有散处边内，插帐住牧及沿途乞食者，自应妥为安置。所有各旗蒙古散失户口，著该督即饬令各府、州、县于编查边内居民保甲时，查明该蒙古姓名旗分，分起押交各该旗王、公、台吉领回住牧。其实系穷苦无依者，如捐赏口食银两。尚有不敷，即著奏明，酌发赏需以资接济。该督等务须妥为经理，使内地不得存留蒙古，亦不使蒙古界内私藏汉奸，俾各安生业，永靖边陲，方为不负委任。将此谕令知之。"

（卷48　849页）

陕甘总督那彦成等奏："查西宁、甘、凉、河、肃一带先后安设卡兵四千余名，现在野番全数回巢，自应撤回，以节经费。惟刻下查拿汉奸及将来蒙古归牧均须官兵弹压。所有河州、洮州、巴燕戎格各处卡兵自应全撤，其甘、凉、宁、肃一带于岁底撤十分之五，二月再行全数撤回。"报闻。

福建巡抚叶世倬年老休致。调安徽巡抚孙尔准为福建巡抚。以安徽布政使陶澍为巡抚。甘肃按察使徐承恩为安徽布政使。浙江盐运使蔡炯为甘肃按察使。

（卷48　850页）

道光三年（1823年）正月戊寅

贷甘肃静宁、西宁、洮州、秦、狄道、宁、安定七厅、州、县上年地震灾民粮石。

（卷48　855页）

道光三年（1823年）正月乙酉

陕甘总督那彦成奏谢赏军器。得旨："所以颁赐军器者，示卿以肄定戡武，我君臣共享承平之福也。"

（卷48　858页）

道光三年（1823年）正月甲午

又谕："本年系应行查阅直隶、山西、陕西、甘肃、四川营伍之期。直隶著即派颜检，山西著即派邱树棠，陕西著即派卢坤，甘肃著即派那彦成，四川著即派陈若霖，逐一查阅，务各认真简校，如查有训练不精、军实不齐者，即将废弛之将弁据实劾参，毋得视为具文。"

（卷48　861页）

道光三年（1823年）二月壬寅

谕军机大臣等："那彦成等奏，据循、贵文武各委员将回巢之察罕诺们汗属下及野番各族逐细编查，已查出历年抢窃官马赃物及熟番妇女。现将渡口交各番头目看守，并遵旨将河南四旗蒙古仍留原牧等语。回巢各番散处河滨，欲其不渡河北，全在地方文武员弁实力稽查，周详妥善，俾野番自然慑服，乃可历久相安。那彦成等此次督饬查办，河北实已肃清，其叩头悔罪，看守渡口之番目等承充户总，并未赏给顶带，亦未另予赏号，著俟一二年后如果野番绝迹，再行奏请赏给顶带，并著嗣后责成西宁镇、道于春秋二季轮往循、贵点验门牌户口。如有一户逃亡，即尚该管户总严追下落。倘系潜渡河北，询明住所，飞报西宁大臣、总督衙门，立往擒拿，严切究办。编查番族为边疆要务。那彦成等务当按照奏定章程，饬属奉行勿怠，不可日久视为具文，以致番族觊觎复行偷渡也。将此谕令知之。"

（卷49　865页）

道光三年（1823年）二月丙辰

调甘肃凉州镇总兵官马腾龙为陕西陕安镇总兵官。以候补总兵官德克金布为凉州镇总兵官。

（卷49　873页）

道光三年（1823年）二月丁巳

除甘肃陇西、岷、灵、宁夏、宁朔、中卫、平罗、西宁、高台、玉门十州县及西固州同所属水冲沙压民屯地九百四十三顷有奇正耗银粮草束。

（卷49　875页）

道光三年（1823年）二月壬戌

谕军机大臣等："那彦成等奏各旗蒙古全数出口仍严拿贼犯并请赏口粮以示怀柔一折。青海野番伙劫，经那彦成等先将汉奸巨盗麻木沟、赵牙信等查拿净尽。察罕诺们汗亦皆驱逐过河，其蒙古贼犯除分别拟罪鞭责管束外，尚有未获各犯三十余名，著那彦成等分饬将弁前往各旗，将逸犯名字开单坐索，务令擒献，毋任一名漏网。其丹木扎等旗献出贼犯曲古等七名，著那彦成等照例办理。至郡王车凌端多布等二十四旗扎萨克请借银数万两，以为赈恤之用，仍在应领俸银内分年扣还。经那彦成等面加驳斥，所办甚是。惟作贼之蒙古法所必惩，被害之蒙古情尤可悯。甘肃沿边州县仓贮青稞甚多，每石例价不过五钱，除出借籽种、口粮外，不能搭放兵粮。将来总归减价粜卖。著将青稞三万石赏给贫苦蒙古。那彦成等即行文各旗扎萨克王、公、台吉等，令将贫穷蒙古据实册报，委员复查，发给赈票，并酌量沿边附近州县，将仓贮青稞运至卡伦，设厂放领。运脚厂费及陆续散放炒面均著核实支销。其贫穷蒙古大口酌给青稞一石，小口酌给青稞五斗，著派道将大员即在各卡伦监放，妥为经理。倘有赢余青稞，仍归仓存贮，事竣报部核销可也。将此谕令知之。"

（卷49　878页）

道光三年（1823年）三月庚午

谕军机大臣等："那彦成等奏，请定商民与蒙古贸易章程，并封闭边外金厂。西宁、凉州等处向来商民携带货物，由西宁办事大臣衙门给票出口，径赴蒙古游牧贸易。既不指定地方，去来亦无期限，以致汉奸混杂，并夹带违禁器物，于边陲大有关系。惟念蒙古以游牧为业，若将羊客禁绝，诚恐生计日艰。如漫无稽察，又复诸弊丛生。该督等请严立章程，明定地界，自应如此核实办理。嗣后毋论何州县羊客与河北蒙古及河南蒙古、番子交易，即以现定地界为限，不许径赴蒙、番游牧处所收买。至甘、凉、肃州羊客准由野马川沿边一带行走，先行报明西宁办事大臣衙门，分别发给大票、小票，逐一注明，严定期限。由西宁府知会各提镇，饬知守卡弁兵据实查验，无许浮冒。其蒙古羊只每年定以四月至九月按照指定处所售卖，事竣不准逗留，以杜弊端。至河南番族出售羊只并饬循、贵两厅于贸易时，照给票之例办理。此外，甘州之野牛沟、肃州之赤金湖等处向有汉奸偷挖金砂，现经该督等严拿查禁。惟大通县属之札马图官金厂，该匪徒等难保不乘间潜往开采，著即严行封闭。所有应纳正撒课金二十八两零，即停其交纳。此项人夫纠聚已久，该督等务须妥为安插，无致流而为匪。倘经理不善，仍有匪徒溷迹偷挖，致生事端，惟该督等是问。将此谕令知之。"

又谕："那彦成等奏，堪布喇嘛并玉舒德尔格等番族进口出口，严查携带汉奸一折。西藏班禅额尔德尼及达赖喇嘛每年遣使堪布入都进贡，呈递丹书克。其商上人等所带货物、人数本有定额，近来奸徒夹带，并有蒙古、番子勾结滋事之弊。现当惩办汉奸，驱逐番帐，自不容听其溷迹。嗣后堪布等进京，由驻藏大臣饬将正、余各包及货物照例造册，仍将同行喇嘛及跟役并商上人等先期咨会陕甘总督及西宁办事大臣，俟到丹噶尔时，该主簿具报。该督等会同委员按册查点，方准进口。回藏时亦饬令造册查点出口，不许逗留夹带。该堪布到藏，由驻藏大臣照册查点，如有汉奸蒙混，即照无票出口例办理。该督等接奉此旨，即咨明驻藏大臣一体遵照。其玉舒德尔格等番族贸易，将货物交官歇家售卖，更易滋弊。该督等奏请嗣后番族到口，由丹噶尔主簿报明委员，会同营弁带领歇家查明人数，方许进口。仍令出具甘结，其出口时委员查点放行。奸民夹带除严办本犯外，歇家等一体治罪。俱著照所议行。将此谕令知之。"

（卷50　884页）

道光三年（1823年）三月辛未

调巴里坤镇总兵官张拱辰为甘肃河州镇总兵官。河州镇总兵官多隆武为巴里坤镇总兵官。

（卷50　887页）

道光三年（1823年）三月辛巳

谕内阁："那彦成等奏请赏给野番各族千户、百户、百总并防河蒙、番青稞一折。循化、贵德野番向系分族而居，本无统束，故易于偷渡河北，散漫无稽。现据那彦成等编查户口，分立千户、百户、百总，令其递相管辖，稽察各族番子。易买粮茶由该千、百户等，代为请票，遇有为匪不法者责令擒献究办。兹该督等奏称，野番之千、百户等，现在均知管束番众，复献贡马。察其情词肫恳，洵为慑伏归诚，自当量予恩施。所有该番目等，果能始终不懈，著每年千户一名赏给青稞十二石，百户一名赏给青稞八石，百总一名赏给青稞四石。至循、贵黄河渡口二十处，责令察罕诺们汗旗下图萨拉克齐等及野番千、百户等把守，亦当分别赏罚，以示劝惩。其最要渡口，如果一年无偷渡之人，赏给青稞二十石。次要渡口赏给青稞十五石，又次要渡口赏给青稞十石。倘防守疏懈，致有偷渡，又匿不举报者，查出由何渡口偷渡，即将把守之图萨拉克齐及千、百户等斥革严办。该野番千、百户及防河图萨拉克齐等，经此次特加优赉，生计有资，当知感知畏，认真效力，方得长邀恩赏也。懔之。"

（卷50　892页）

以办理番案妥速，予陕甘总督那彦成议叙，余升用赏衔有差。

（卷50　894页）

道光三年（1823年）三月乙酉

陕甘总督那彦成以其祖阿桂配飨太庙，谢恩，并请陛见。得旨："嗣后倍当黾勉夙夜，无忘忠诚二字，永远宣力国家，佐朕治理，以副朕之厚望。下及子子孙孙，务期克绍家声，受禄无穷。勉之，无庸为此来京叩谢。"

（卷50　895页）

道光三年（1823年）四月壬子

青海郡王沙克都尔因病告替，以其子棍楚克济克默特袭爵。

（卷51　912页）

道光三年（1823年）四月癸丑

以甘肃番案事竣，命发往甘肃差遣之降调直隶布政使屠之申仍回直隶，以道府用。

（卷51　912页）

道光三年（1823年）四月丁卯

旌恤遇贼被戕甘肃河州镇标右营守备孔登元父沛、叔楷、母唐氏如例。

（卷51　923页）

道光三年（1823年）五月壬申

陕甘总督那彦成奏谢番案议叙恩。得旨："嗣后事事倍当奋勉，以期永承恩眷。在卿则有光于前人，在朕则不失知人之名，实有厚望焉。所奏具见丹忱。"

（卷52　927页）

道光三年（1823年）五月壬午

命西宁办事大臣武隆阿来京。以内阁学士松廷为西宁办事大臣。

（卷52　932页）

道光三年（1823年）五月乙未

又谕："那彦成奏，酌支西宁防兵行装分例一折。西宁口外新设换防官兵，前经该督奏明按年更换，除沿途应需盐菜、车辆等项并官员借支俸银均照新疆换防旧例办理外，所有兵丁行装一项，该处气候较寒，尚无兵房栖止。每兵一名著准其暂给银五两，俾御寒有资，以示体恤。俟兵房修建完竣，仍照旧支银三两，附入新疆防兵案内一并报销。该部知道。"

（卷52　941页）

道光三年（1823年）六月己亥

又谕："向来各处访寻呼图克图之呼毕勒罕，俱由蒙古、番子等幼孩内访查，将名送至西藏，入于金奔巴瓶内掣签。上年西宁办事大臣松廷并未循照旧章办理，率由栋廓尔呼图克图之徒弟呈报，将当噶尔民人王志之子桑济扎布咨送西藏掣出，甚属非是。除将此次掣出民人王志之子不准作为呼毕勒罕外，嗣后务照旧章，断不准在民人幼孩内寻访。"

（卷53　943页）

道光三年（1823年）六月戊午

（喀喇沙尔办事大臣徐锟）又奏："乾隆年间平定新疆之后，凡内地民人出关，定例赴肃州知州衙门领取印票，到关查验放行，至南北各城验收前票，另换各大臣印票。每票向该民人索取普尔钱五文，以资办公。查新疆地方每年例领帑银百数十万，何得以办公无款辄向过往细民索取锱铢，请严行禁止。"从之。

（卷53　957页）

道光三年（1823年）七月戊寅

户部议准陕甘总督那彦成疏报："甘肃靖远县开垦荒旱地二顷七十九亩有奇，照例升科。"从之。

（卷54 972页）

道光三年（1823年）七月壬午

又谕："文干所出驻藏大臣员缺，著松廷调补，即由西宁驰驿前赴新任。穆兰岱著补放镶黄旗汉军副都统，授为西宁办事大臣。所遗西宁镇总兵员缺紧要，著那彦成于陕甘两省总兵内拣员奏请调补，如拣选无人，即秉公保奏一员，候朕简用。西宁镇总兵未经简放以前仍著穆兰岱兼署。"

（卷55 974页）

道光三年（1823年）七月甲申

予浙江巡缉被淹巡检黄湄、陕西剿办野番病故把总王瑞驺祭葬恤荫如例。

（卷55 975页）

道光三年（1823年）七月乙未

又谕："英惠奏巴里坤厂马亏缺，请将串同隐匿之总兵游击革职拿问一折。此案河州镇总兵张拱辰，前于济木萨营革兵牛吉洲控告该营将弁舞弊案内，讯出该镇有私调济木萨厂马匹解赴巴里坤东厂之事，当经降旨解任质审。兹据英惠奏称，该镇前任巴里坤总兵时，串同游击富克精阿亏空正额厂马五千七百八十一匹之多，并抑勒接任之员不准禀报，请旨革审。张拱辰与富克精阿于该厂亏缺马匹，通同一气，匿饰迁延，难保无授意分肥情弊，必应从严究办。所有现调河州镇总兵前任巴里坤总兵张拱辰、现任中营游击前署镇标左营游击富克精阿，俱著革职拿问。该厂牧弁杨成、王延泰、李瓛、杨贵、万英等著一并革职，交该都统提集人证，详细研讯，据实具奏，毋稍徇隐。"

（卷55 990页）

道光三年（1823年）八月戊戌

又谕："那彦成奏，参兵部题补武职违例舞弊一折。所奏甚是。著兵部堂官将那彦成单开违例各案先行明白回奏，并著派托津、英和、汪廷珍调取兵部题补甘肃武职稿件，秉公查办，据实具奏。"寻奏上，得旨："前据那彦成奏参兵部题补武职违例舞弊各款，经朕特派托津、英和、汪廷珍调取该部稿案，秉公查办。兹据托津等查明，该督误引别省三缺一轮之例，不知甘省自有专条，而以兵部掣补富森布等四员为违例，又误以千总李元魁等、都司岳兴阿等同为军营出力人员，不知兵部系分别应升即补班次，遵照新例办理。兵部于此二款并无错误，惟于大靖营守备一缺，不以即补之朱永福拟补，而准陕甘总督所题之王一凤系属错误。又西宁城守营都司一缺，兵部遵照新例，以即补之徐福拟补。徐福籍隶西宁，例应回避，本内未经声明拣员对调，亦属疏漏。所有兵部堂司各官，著吏部查取职名分别议处。该督虽未知专用预保新例，惟于本省六缺一轮历久遵办专条并未详查，辄援他省三缺一轮通例，以该部违例舞弊指参，亦属不合。那彦成亦著交部议处。朱永福一案，该督是否越次保题，著那彦成将接到部文月日，查明咨部，以凭核办。至兵部所引专用预保人员之例，系乾隆年间历经遵办，何以迟至嘉庆二十二年始行纂入，所有办理迟延之兵部堂司各官，著吏部查取职名议处，并著兵部迅将现行新例颁行各省，以肃铨政。其承办王一凤、徐福二案之该部书吏，违例漏叙，是否有心蒙混，著交刑部讯明具奏。"

（卷56　993页）

道光三年（1823年）八月庚子

又谕："庆祥等奏新疆行茶格碍情形，请仍循旧章一折。回疆各城向准商民贸易，以茶易粮，历久称便。前据陕甘总督以甘司官引滞销，奏请严禁私贩。经部议准后，茶商不能运往该处售卖，以致兵民回众均形竭蹷，实属格碍难行。著照庆祥等所议，嗣后新疆地方仍准商茶由北路运售，与乌里雅苏台、科布多一体办理，如有私带附茶者仍严拿治罪，以期夷民两有裨益。至该将军等请于安徽、江苏、湖北、山西出茶省份酌添行销引张，定立税课，听北路商人由归化城贩运出口销售，以抵甘肃续增引数。其甘肃续增之引量予裁撤一节，著户部即行核议具奏。"

（卷56　997页）

道光三年（1823年）九月辛未

又谕："户部议复庆祥等奏，新疆行茶情形，请照陕西、甘肃之例办理。

山西一省向不产茶，江苏、安徽、湖北等省只有坐销之引，并无行销之引，且距新疆甚远，未便酌添行引。令商贩行销，转致坐引壅滞。著照陕西、甘肃设有茶商由引之例，即添在新疆地方令该商人承领输课，引内有'新疆'字样，自可杜朦销而疏积滞。其议增添引目，因杂茶未经试销，每年应添引若干，征课若干难以悬定。著该将军会同陕甘总督及各处大臣查明确数，妥议具奏。至新疆各处既另立官商，则甘司运茶地方较狭，不特续增之引应行裁撤。其额定引目有无壅滞，著陕甘总督会同各该将军大臣一并查明，妥议具奏。"

（卷58　1024页）

道光三年（1823年）九月戊寅

谕军机大臣等："本日据刑部奏，审讯承办王一凤、徐福二案之兵部书吏俞家凤，据供陕甘总督将王一凤题补时，查出尚有千总朱永福系即补之员，当将原案一并回明司官定夺，均言应行准补，不必议驳。遵谕办稿，并不是有心蒙混。其徐福违例漏叙一案，因查例内陆路条下并无五百里以内应令总督调补之语，所以未经声明。经总督参奏，详细查例，水师条例内注明陆路水师如员缺与本员距籍在五百里以内，应令调补。因甘省并无水师，遂未详查此例，以致漏叙，实系一时疏忽等供。恐系悖无质证，强词抵饰等语。案关部中书吏题补违例，未便据该吏一面之词，遽信为并无贿嘱，致滋轻纵。现将俞家凤暂行监禁，著那彦成详查该弁等，如果俞家凤实有书信往来，辗转贿嘱情弊，即取具王一凤确切供词，将该员等奏请解任，派员押解到部以凭质对。如并无贿嘱情事，亦即据实复奏。将此谕令知之。"

（卷58　1027页）

道光三年（1823年）九月己卯

谕内阁："那彦成奏，甘省人员亏项请扣除停追日期，展限著追一折。甘肃各员亏项，前因恩诏查免，嗣经部驳，除该员等陆续完过银两，尚有未完银一十一万七千四百六十七两零。因前此请免之后，至未准部驳之前，停催两载有余。若仍照原限勒追，未免力有不逮。著照所请，准将该员等未完各项以本年二月初七日接准部驳日起，距限在一年以外者仍各按年限催追，其限满不远在一年以内者，准其展限一年，务当依限追缴。毋任再有延宕。"

（卷58　1028页）

道光三年（1823年）九月庚寅

谕内阁："正白旗满洲奏，原任道瑞林所兼骑都尉恩骑尉世职，或留本身，或另行承袭之处请旨一折。瑞林前在甘肃道任内系因公获罪革职。伊所兼世职骑都尉恩骑尉，著仍留瑞林本身。"

（卷59　1036页）

道光三年（1823年）九月辛卯

赏前任西宁办事大臣武隆阿副都统衔，署镶白旗汉军副都统。

（卷59　1037页）

道光三年（1823年）九月甲午

以故青海扎萨克辅国公喇特纳什第子察哈巴克袭爵。

（卷59　1040页）

道光三年（1823年）十月庚子

陕甘总督那彦成奏："蒙、番、回众均极安谧，并将公呈译奏。"得旨："蒙、番、回众果能长此畏威怀德，边徼无事，则是长龄同卿莫大之功也。嗣后仍当随时留意，相机料理，以期永靖边陲。慎勉而行。"

以查办番案出力，赏苏拉喇嘛罗布藏达喇嘛职衔。

（卷60　1044页）

道光三年（1823年）十月壬寅

以甘肃督标中军副将德楞额为四川建昌镇总兵官。

（卷60　1047页）

道光三年（1823年）十月己酉

以前任西宁办事大臣武隆阿为内阁学士，兼礼部侍郎衔。

（卷60　1049页）

道光三年（1823年）十月壬子

分青海、蒙古、河北二十四旗为左、右翼，每翼添设正、副盟长各一员，每六旗设扎奇鲁克齐一员，每三旗设梅楞一员，每旗设扎兰一名。从陕甘总督那彦成请也。

（卷60　1050页）

道光三年（1823年）十月甲子

谕内阁："前据刑部奏，审讯承办陕甘武弁王一凤、徐福二案之兵部书吏俞家凤供词狡展，当经降旨，交那彦成详查该弁等有无与俞家凤书信往来贿嘱情弊。兹据该督查明，王一凤补缺时并未接过部中书吏信函，惟徐福到案时，即行呈出兵部书吏俞蔼堂寄伊信一封，并查出千总黄建元由部题补守备时，俞蔼堂亦寄有信一封，均系索赃实据。将原信呈览，请旨查办。著交原派大臣托津、英和、汪廷珍会同刑部堂官，将书吏俞家凤严行审讯，毋任强词抵饰。兵部司员难保无通同舞弊，朋比分肥情事。著一并向该书吏等严密根究，据实奏参惩办。"

（卷60　1058页）

道光三年（1823年）十一月乙丑

以前任云南鹤丽镇总兵官薛升为甘肃河州镇总兵官。

（卷61　1060页）

道光三年（1823年）十一月癸酉

谕军机大臣等："托津等奏会审兵部书吏索赃舞弊大概情形。据俞家凤即俞蔼堂供称，伊在选司承办甘肃题推事件，道光二年六月间，陕甘总督奏请鼓励军营出力官兵，伊想徐福、黄建元均系即补人员，起意撞骗。于去年八月写给黄建元信一封，说他推升守备，现有机会，必需银八百两。因黄建元并未寄银，又写信一封催他。后来黄建元寄银一百两，伊因银少，又写信一封。至徐福曾写给三次书信，信内索银六百两，总未给过回信。复将该犯严讯，此外有无书信。据供，尚有寄过马天赐、张步先、李元魁书信三封。马天赐信内写明需银三百两，张步先、李元魁信内各写明需银一百五十两。马天赐并未回信。张步先、李元魁回信，俱有来京尽情之说。张步先等回信业经烧毁，所寄各信俱在未经出缺之前等语。著那彦成严查俞家凤即俞蔼堂所寄徐福、黄建元各信，是否三封。马天赐、张步先、李元魁有无寄与俞家凤银两之事，并将俞家凤所寄马天赐等各原信一并查出。讯取供词，仍密查此外曾否尚有该犯索银书信。迅速奏明，以凭究办。将此谕令知之。"

（卷61　1065页）

道光三年（1823年）十一月庚辰

陕甘总督那彦成六十生辰，赏御书扁额、福寿字并珍玩文绮。

（卷61　1070页）

道光三年（1823年）十一月癸未

贷甘肃皋兰、陇西、伏羌、通渭、漳、静宁、隆德、安化、平罗、秦、秦安、清水、礼、泾、崇信、灵台十六州县被灾贫民口粮。

（卷61　1072页）

道光三年（1823年）十一月戊子

缓征甘肃皋兰、安定、陇西、静宁、隆德、宁、安化、宁夏、宁朔、中卫、平罗、碾伯、灵台十三州县歉收村庄新旧钱粮草束。

（卷61　1076页）

道光三年（1823年）十一月癸巳

理藩院奏："蒙古现行例内抢劫轻于偷窃，而抢夺又与强劫不分，请嗣后青海及各蒙古地方强劫案件，有杀人放火重情，照刑律不分首从皆斩立决，仍于犯事地方枭示。其余盗劫之案，照刑律分别正法发遣，应免死发遣者俱发烟瘴充当苦差。应拟流者发福建、湖广等省。其抢夺未经伤人得财，数在三人以下者不分首从，发烟瘴充当苦差。如四人以上至九人者，不分首从俱改发伊犁，分给察哈尔及驻防官兵为奴。但有伤人及捆缚事主者，将喝令下手之犯拟绞监候。杀人者拟斩立决。其抢夺牲畜在十匹以上者为首拟斩监候。纠伙至十人以上者，无论伤人与否，为首者拟斩立决，为从均拟绞监候。秋审时，核情定以实缓，均籍没其产畜给付事主，仍将该管及地方官照例议处。"从之。

（卷61　1081页）

改铸甘肃西宁镇属镇海营副将并副将中军都司、大通协营游击、哈拉库图尔营守备关防条记。从总督那彦成请也。

（卷62　1082页）

道光三年（1823年）十二月癸卯

命拨山西地丁银十八万五千七百两有奇解往甘肃，以济兵糈。

（卷62　1089页）

道光三年（1823年）十二月乙巳

又谕："前据那彦成奏，兵部补缺条例参差，当交托津等会同兵部堂官详查妥议。兹据查明例案并无参差弊混，惟嘉庆二十四年闰四月兵部通行文内摘叙陆路、水师、题补三缺一轮通例，而于陕甘省行文内未将该省专条一并列入，实属疏漏。所有办理此案之兵部堂司各官，著交部分别议处。至朱永福等以应升之缺即补。该省既于上年七月间接到部文，该督系接管之员，自不得诿为不知，乃于十月间将千总王一凤越次保题。那彦成亦著交部议处。"

（卷62　1089页）

道光三年（1823年）十二月丙午

又谕："那彦成等奏审拟番子谋杀本管百户一折。此案塔绪格系百户洛藏端住本管熟番，辄敢挟仇蓄谋，将该百户用刀扎毙，实属胆大藐法。该督于审明后即应恭请王命，明正典刑，俾番众咸知儆戒。可毋庸请旨定夺，塔绪格著即处斩枭示。"

（卷62　1091页）

道光三年（1823年）十二月辛亥

以青海扎萨克郡王车凌端多布、棍楚克济克默特为正盟长。贝子喇特纳什第、辅国公伊什达尔济为副盟长。

（卷63　1095页）

道光三年（1823年）十二月甲子

上御保和殿，筵宴朝正外藩：科尔沁、喀喇沁、敖汉、翁牛特、苏尼特、四子、扎赉特、土默特、茂明安、巴林、阿巴哈纳尔、鄂尔多斯、郭尔罗斯、扎鲁特、阿拉善、土尔扈特、哈密、喀尔喀、青海、绰罗斯王、贝勒、贝子、公、额驸、台吉等及朝鲜、缅甸国正、副使等随文武大臣依次就坐。诸乐并作，上进酒。召左翼：科尔沁扎萨克卓哩克图亲王噶勒藏栋罗布、喀喇沁扎、萨克亲王衔都楞郡王和硕额驸满珠巴咱尔、科尔沁郡王多克默特、敖汉扎萨克郡王达尔玛济尔第、敖汉郡王干咱巴拉、翁牛特扎萨克郡王喇特纳济哩第、土默特扎萨克贝勒济克默特扎布、郭尔罗斯扎萨克镇国公固噜扎布、喀喇沁扎萨克辅国公额外侍郎玛哈巴拉。右翼：喀尔喀车臣汗阿尔塔什达、阿拉善扎萨克亲王玛哈巴拉、喀尔喀扎萨克亲王车林多尔济、喀尔喀扎萨克郡王蕴端多尔济、土尔扈特扎萨克郡王那木扎勒车登、喀尔喀扎萨克贝子伦布多尔济、喀喇沁贝勒托恩多、科尔沁贝子济克默特、土默特扎萨克贝子固伦额驸玛呢巴达喇、回部哈密扎萨克郡王衔贝勒伯锡尔、郡王衔贝勒哈迪尔至御座前，赐酒成礼。

（卷63　1106页）

《清道光实录（二）》

道光四年（1824年）正月己巳

贷甘肃皋兰、陇西、安定、会宁、通渭、秦、武威、中卫、安西、敦煌十州县上年灾民口粮、籽种有差。

（卷64　3页）

道光四年（1824年）二月癸丑

举行道光三年大计。直隶卓异官十六员，不谨官三员，浮躁官四员，罢软官二员，年老官六员，有疾官二员，才力不及官五员。奉天卓异官二员，有疾官一员。热河卓异官一员，浮躁官一员。江苏卓异官十一员，不谨官三员，浮躁官一员，年老官二员，有疾官一员，才力不及官二员。南河卓异官一员，年老官一员。安徽卓异官七员，年老官二员，才力不及官三员。江西卓异官十一员，不谨官一员，浮躁官二员，罢软官一员，年老官三员，有疾官二员，才力不及官一员。浙江卓异官十二员，不谨官七员，年老官二员，才力不及官一员。福建卓异官十员，不谨官四员，浮躁官二员，年老官四员，有疾官一员，才力不及官一员。湖北卓异官十员，不谨官二员，浮躁官一员，年老官三员，才力不及官三员。湖南卓异官十员，不谨官一员，浮躁官一员，年老官三员，有疾官二员，才力不及官二员。河南卓异官十二员，罢软官一员，年老官四员，有疾官五员。东河卓异官一员，才力不及官一员。山东卓异官十二员，不谨官五员，罢软官一员，年老官六员，才力不及官四员。山西卓异官十二员，不谨官二员，罢软官二员，年老官二员，有疾官三员，才力不及官二员。陕西卓异官九员，不谨官一员，浮躁官二员，年老官二员，有疾官一员，才力不及官一员。甘肃卓异官七员，浮躁官一员，罢软官一员，年老官六员，才力不及官一员。四川卓异官十五员，不谨官一员，浮躁官二员，年老官十员，有疾官五员，才力不及官二员。广东卓异官十二员，不谨官一员，浮躁官三员，罢软官一员，年老官四员，有疾官一员，才力不及官一员。广西卓异官七员，不谨官一员，浮躁官三员，罢软官一员，年老官三员，有疾官一员，才力不及官一员。云南卓异官十员，不谨官三员，罢软官一员，年老官四员，有疾官一员，才力不及官三员。贵州卓异官六员，浮躁官一员，年老官二员，有疾官一员，才力不及官一员。分别议叙处分如例。

（卷65　30页）

道光四年（1824年）三月癸未

旌表守正捐躯甘肃秦安县民李芳彦女卓女子。

（卷66　49页）

道光四年（1824年）三月辛卯

谕内阁："陕甘两省绿营马兵前经奏准酌减十分之一。兹据那彦成奏，查明肃州镇属之安西、沙州、靖逆三营及巴里坤镇原设马内向有摘缺缓补，不足一兵一马之额。若照兵裁马，于各该营巡缉差操实属不敷，应请免照兵数统裁等语。著照所请，准其于安西、沙州、靖逆三营裁马六十一匹。巴里坤各营裁马七十九匹。所有各该营实存马匹，该督务随时点验，毋许稍有短缺，俾资操防。"

（卷66　54页）

道光四年（1824年）四月丙午

补行道光三年大计。甘肃卓异官九员，罢软官一员，浮躁官一员，才力不及官一员，年老官六员。分别议叙处分如例。

（卷67　65页）

道光四年（1824年）四月庚戌

陕甘总督那彦成奏："遵旨查访已革总兵张拱辰自缢一案，已密提案册并管事营书详查研诘。"得旨："办理庶政，贵得其平。若情罪失当，岂止人命攸关，又将何以服众耶。英惠办理此事有无失错，必要细心查核，断不可惑于救生不救死之谬论也。"

（卷67　66页）

道光四年（1824年）五月甲戌

又谕："那彦成奏边远各省提镇请酌展入觐年份一折。各省提镇大员每届三年，奏请陛见。原与督抚无异。朕于召对时察其才具，兼可询风土民情。其本任派员署理不致遽旷职守，该员等三年一次，何致遽形赔累，且该提镇于奏请陛见时，朕本随时酌量批示，原非概令其仆仆道途也。所请展限入觐之处著不准行。"

（卷68　81页）

道光四年（1824年）六月癸巳

予甘肃因公淹毙千总王聪及立功后病故守备李文魁祭葬恤荫，兵丁卜兴等三十五名赏恤如例。

（卷69　90页）

道光四年（1824年）六月戊申

以故青海扎萨克贝勒扎木巴勒多尔济子那木喀旺扎勒袭爵。

（卷69　99页）

道光四年（1824年）六月庚戌

修建甘肃新设贵德厅照磨、循化厅主簿衙署，从总督那彦成请也。

（卷69　101页）

道光四年（1824年）六月乙卯

又谕："那彦成奏，查明已革总兵亏马自缢等情一折。前因已革总兵张拱辰亏马拟遣，尚未赴配，遽尔轻生，恐有凌虐及屈抑情事。降旨交那彦成严密访查。兹据奏称，查明张拱辰实系自怀愧悔，并虑赔缴无资，遂尔轻生，尚无别故。惟查张拱辰到任时，已据厂员报明短马四千三百余匹，英惠并未详核卷案，切实根讯，将旧短、新亏分晰声叙，实属草率。至本厂所短马匹已令张拱辰照数罚赔，由杖罪加以遣戍。其调拨济木萨厂马抵补亏短，该都统未予分别仍作亏数，一并罚赔，办理殊未平允，且各省短少马匹例应著落游击、都司、守备、总兵各半分赔，今派总兵分赔六成。上年正届均齐之年，既讯无盗卖侵肥情弊，又不归入均齐案内，三厂通融摊补亦觉过当。英惠及承审委员镇迪道昌炽、主事凤鸣，著一并交部分别议处。其承审之印房行走原任布政使朱锡爵系效力废员，并无职任，著改发伊犁效力。至张拱辰等应赔马价仍著该督再行按数核明，另行咨部分别著追。"

（卷69　104页）

道光四年（1824年）闰七月辛丑

谕内阁："本日吏部将侯际清赎罪案内前任刑部堂司各官分别严议议处。那彦宝等于道光元年五月内具奏时并未查出红供，又于司员书吏得赃毫无觉察。韩崶业经革职，在万年吉地工程处效力赎罪。那彦宝等同为堂官，率行画诺，厥罪惟均，虽韩崶有嗣子知情，亲戚撞骗情事，然定稿同在一堂，若专恃韩崶，又安用诸侍郎为耶。著照部议，头等侍卫那彦宝著于职任内降四级用。盛京刑部侍郎海龄、江苏巡抚韩文绮著降四级调用。候补主事张映汉著于补官日降四级用。戴均元等仅画八月奏稿一次，惟未能查出弊端，亦属疏漏。致仕大学士戴均元著降顶带一级。陕甘总督那彦成著加恩改为降二级留任，其失察书吏舞弊之原任直隶口北道德恩著于补官日降三级用。广西左江道重伦、河南河北道邹锡淳俱著降三级调用。原任广东惠潮嘉道惠丰并未听从嘱托，咎止谎言回复，著降一级留任。均不准其抵销。"

（卷71　130页）

又谕："那彦成等奏酌添边要塘汛一折。西宁镇属千户庄汛至贵德营相距遥远，自应添设塘汛，以重边防。著照所请，自千户庄至阿什贡著添塘汛一处，拨南川营属兵丁十名防守。阿什贡至贵德官渡著添塘汛三处，拨贵德营兵三十名巡缉。此次新添墩塘，现据那彦成等奏明，由营捐修，嗣后岁修之需仍照例归地方文员办理，以昭画一。该部知道。"

又谕："那彦成等奏蒙古喇嘛出口，请酌定章程一折。青海地方自上年驱逐野番后，恐有汉奸私贩粮茶，经该督等奏定章程，沿边各营卡严禁无票之人不准出口。惟北口各部落蒙古喇嘛十人以下，无票赴藏熬茶者甚多。若概令由原处请票，非所以示体恤。然现当立法严禁之时，亦未可令无票之人任意出入。著照所请，嗣后凡有北口各部落蒙古喇嘛赴藏熬茶，十人以上者，仍留原处请票。十人以下无票出口者，由西宁何处营卡行走，即责令该营卡官弁详细查验人畜包物数目，报明青海衙门，核给执照。一面移咨驻藏大臣查照，将票缴销。回时由驻藏大臣发给路票，在青海衙门查销，以免繁扰而昭慎密。"

（卷71　131页）

道光四年（1824年）闰七月甲辰

谕内阁："庆祥等议奏新疆运茶，请仍循旧章一折。前因新疆各城茶运该将军等请酌添行销引张，经户部奏令照陕西、甘肃之例，添在新疆地方。令商人承领，照茶输课。当即降旨交该将军会同陕甘总督、各处大臣查明妥议。兹据庆祥等确核情形，酌筹具奏。新疆回夷口食茶粮最关紧要，自乾隆年间通商以后，历久相安，未便率更成例，且各城并无土著殷实之户，遽令承充官商必至运课两误。古城一处所驻官兵仅止二千，居民数亦无几，断不能销售砖茶至七千余箱。茶粮既不流通，商货因而滞塞，殊于夷民日用有碍。著照所请，准令北路运售杂茶之商民照旧运售，严禁私行夹带附茶，并在北路总口古城地方设立税局，由陕甘总督派员前往抽分税课，查验茶箱，听其售卖。所收税银责成镇迪道于年终解归甘肃兰州。茶商汇报，以税抵课，每箱以一百斤为率，俟试行三年，再行定额。其古城纳税若干，著户部核定具奏。北商专行杂茶至附茶，仍由甘司茶商照常运销，以符定制。无庸另于新疆立商增引，致滋纷扰。该部知道。"

（卷71　133页）

道光四年（1824年）闰七月己酉

以甘肃皋兰县粮价增昂，命平粜仓谷。

（卷71　136页）

道光四年（1824年）八月甲子

又谕："前因庆祥等议奏新疆运茶事宜，已降旨照庆祥所奏，仍循旧章办理矣。其古城纳税若干，当交户部核定。兹据奏称，未经亲历，各该处情形轻重难以悬断。著伊犁将军、陕甘总督及新疆各城大臣、公同妥议具奏。

至甘肃去古城较远，若由陕甘派员前往收税，恐多未便。其古城税务仍专责镇迪道就近抽收之处，亦著该将军等会同一并妥议具奏。"

又谕："那彦成奏筹补省会仓粮积贮一折。甘肃省城向有专款封贮粮石，嗣经出借籽种、口粮，陆续动用，尚未征还，自当预筹积贮，以备缓急之需。著照所请，准其于预买兵粮项内，按动缺备贮之粮，照数拨还原款，永远封贮。如遇急需，奏明方准动用。其寻常借粜等事，一概不准擅动。动则勒令赔补，以杜弊混。仍俟出借籽种、口粮陆续征完，即将预买兵粮之项照数补还。"

（卷72　149页）

道光四年（1824年）九月乙未

翰林院奏："遵旨请将嘉庆十四年以后出洋阵伤淹毙各官兵，并云南南甸、南兴、永北、四川峨边、瞻对、陕、甘、青海仔牙墩等案阵亡弁兵一体办传。"报闻。

以拿获番贼出力，赏甘肃百总三坠千户顶带并蓝翎。

（卷73　168页）

道光四年（1824年）十月癸亥

又谕："那彦成奏酌增青海酬赏银两一折。西宁办事大臣衙门额设酬赏银一千两，现据该督查明，每年办理蒙古、番子事务及巡查兵役并缉拿贼匪，均须厚赏鼓励，需费数倍于昔。额设之项实属不敷。该管大臣因措办维艰，支用养廉，殊非经久之道。自应量为增益，俾资办公。著照所请，于司库存贮各属旧草变价款内提出银二万两发交西宁府，就近发商生息。按年一分可得息银二千两，以一千两解缴司库，统限二十年归还原款。以一千两解交西宁道库，供支青海酬赏之需，仍由青海衙门归于酬赏案内造册咨部核销。该部知道。"

（卷74　183页）

道光四年（1824年）十一月庚寅

谕内阁："那彦成等奏酌派总兵巡哨番地，并派兵防河一折。河北蒙古游牧地方水草茂盛，现值冰桥冻结之时，野番尤易偷渡，虽设有防河千百户等，仍须官兵巡缉。据该督等奏，除照上年防河章程派拨西宁、河州二镇属兵丁四百名，选派弁数员分布河干防范外，并酌派西宁、河州二镇各带弁兵百名亲赴番地，抽查保甲，游巡渡口。至冰桥融化后再行撤回。办理甚属周密。著该督等严饬该镇认真会哨，随时稽查，毋任该千百户等稍有疏懈，以杜奸萌而靖偷渡。不可有名无实，日久视为具文也。"

（卷75　205页）

道光四年（1824年）十一月壬子

缓征甘肃皋兰、河、狄道、靖远、金、渭源、陇西、西和、安定、会宁、通渭、宁远、静宁、隆德、武威、古浪、平番、西宁、碾伯、大通、灵二十一州县及沙泥州判，庄浪、东乐二县丞所属灾区新旧额赋。

（卷75　220页）

道光四年（1824年）十一月乙卯

贷甘肃皋兰、渭源、靖远、陇西、会宁、西河、安定、通渭、隆德、静宁、宁、清水、山丹十三州县及东乐县丞所属灾民口粮。

（卷75　224页）

道光四年（1824年）十二月癸酉

以甘肃渭源县粮价增昂，命减价平粜仓谷。

（卷77　236页）

道光四年（1824年）十二月甲申

又谕："那彦成奏请酌量动用预买常平粮石一折。甘肃各营道光五年份兵粮，除估仓贮外，尚有不敷向于年前购买。惟本年岁收歉薄，市粮较少，若全行采买，恐价值益增，有妨民食。除三岔州判、西固州同、肃州州同仍照数采买，皋兰县一半发银，一半动用预买外，其余各属著照原派粮数，准其先行发价二成饬令采买，其余之数即在各属预买常平二项粮内暂为拨用。所有八成粮价银两，著存贮司库来年粮集价平，即照数买补还仓。该部知道。"

又谕："松廷等奏呼毕勒罕坐床呈进贡物一折。第穆呼图克图之呼毕勒罕阿旺罗布藏吉克美甲木瑳坐床后，恩请差人呈进例贡，著准其呈进。该处明岁正值前藏年班堪布进京之期，著仍照向例，随同前藏年班堪布由青海一路行走。"

（卷77　248页）

道光四年（1824年）十二月戊子

上御保和殿，筵宴朝正外藩：科尔沁、巴林、喀喇沁、奈曼、敖汉扎鲁特、喀尔喀、杜尔伯特、阿巴噶、郭尔罗斯、乌拉特、苏尼特、阿巴哈纳尔、乌珠穆沁、阿拉善、鄂尔多斯、青海土默特、扎哈沁、和硕特、绰罗斯王、贝勒、贝子、公、额驸、台吉、塔布囊等，并朝鲜、琉球国正、副使随文武大臣，以次就坐。诸乐并作，上进酒。召左翼：科尔沁扎萨克土谢图亲王诺尔布林沁、科尔沁扎萨克卓哩克图亲王噶勒藏栋罗布、乌珠穆沁扎萨克车臣亲王多尔济济克默特纳木济勒、巴林扎萨克亲王衔郡王索特纳木多尔济、喀喇沁扎萨克亲王衔都楞郡王和硕额驸满珠巴咱尔、科尔沁扎萨克冰图郡王林沁扎勒赞、奈曼扎萨克郡王阿宛都瓦第扎布、敖汉郡王干咱巴拉、鄂尔多斯扎萨克郡王巴保多尔济、阿巴噶郡王那木萨赖多尔济、郭尔罗斯扎萨克镇国公固噜扎布、喀喇沁扎萨克辅国公额外侍郎玛哈巴拉。右翼：喀尔喀土谢图汗卫多布多尔济喀尔喀扎萨克亲王玛呢巴咱尔、阿拉善扎萨克亲王玛哈巴拉、喀喇沁贝勒托恩多、土默特扎萨克贝子固伦额驸玛呢巴达喇至御座前，赐酒成礼。

（卷77　250页）

道光四年（1824年）是年

旌表：孝子，直隶等省王国桢等十六名。孝义，甘肃生员潘性敏等二名。……各给银建坊如例。

（卷77　251页）

道光五年（1825年）正月甲午

贷甘肃狄道、静宁、固原、安西、河、秦、泾、肃、抚彝、皋兰、渭源、靖远、金、伏羌、安定、会宁、通渭、宁远、漳、隆德、安化、张掖、山丹、武威、永昌、古浪、平番、中卫、平罗、西宁、碾伯、大通、秦安、礼、徽、灵台、镇原、崇信、高台三十九厅、州、县，并肃州州同、庄浪、毛目、东乐各县丞所属灾民口粮、籽种有差。

（卷78　256页）

道光五年（1825年）正月辛亥

又谕："那彦成等奏喇嘛庇贼惑众，请革去职衔发遣一折。喇嘛伊什多尔济前因随同办理番案微劳，曾经赏给扎萨克职衔。乃该喇嘛志意骄纵，种种不法，胆敢于缉捕时勒索银钱，呵斥厅营，并私通信字，受贿包庇抢劫青盐贼犯，恣肆妄为，情殊可恶。伊什多尔济著革去扎萨克职衔，剥取黄衣，发往两广极边充军，以示惩儆。"

（卷78　263页）

道光五年（1825年）二月庚申

又谕："那彦成奏请留吏目差遣等语。前任甘肃省吏目陆陶庆曾于丁忧后游幕到甘肃，随在军营差委。现今番地早已肃清，该员又因服阕铨选四川眉州吏目，例应前赴新任。何得以办理番务需人借词奏留另补，所请著不准行。"

（卷79　269页）

道光五年（1825年）二月癸亥

又谕："那彦成奏会哨事宜，请专责成一折。甘肃沿边一带山多路杂，每年每季令提镇大员等前往会哨，自应实力巡查。据该督奏称，近来会哨各员往往惮于跋涉，即由平坦大道前行，诚恐日久偷安，渐致有名无实。著照所请，嗣后每年每季会哨时于派定地方后，即责成甘州提督就近实力稽考，如有任意怠玩者，由该提督揭报，著该督随时指名参办。仍令不时派人密查，倘有前项情弊，提督不行揭报，即一并严参。统俟一年会哨完竣，再将有无潜匿汉奸、偷挖金砂之处于次年春间令该提督自行汇奏。以重边防。"

（卷79　270页）

道光五年（1825年）二月癸未

旌表守正捐躯甘肃静宁州民赵希柱妻杨氏。

（卷79　281页）

道光五年（1825年）二月乙酉

谕内阁："青海蒙古年班扎萨克遇有事故，例准本旗协理台吉代替。乃玛吉格策楞因患病未愈，辄敢私令别旗章京顶替。旺扎尔多尔济车布腾又复包揽代往，致有贻误，均属不合。扎萨克台吉玛吉格策楞、旺扎尔多尔济车布腾俱著交理藩院议处。"

（卷79　281页）

道光五年（1825年）二月丙戌

谕内阁："那彦成奏甘省应行解部捐监银两，请于长芦应解甘省协饷银两内就近交部抵收等语。甘肃省收捐监生银九万八千一百九十两零，已据该督于捐监余平项下提银一千八百余两，凑足十万两解部。本年长芦亦有应解协甘兵饷银三十万两，著照所请，即将此项应解甘省银内拨银十万两就近解部抵收捐款。其甘省应解之款即拨归兵饷项下支放，俾免辗转差解之烦，该部知道。"

（卷80　282页）

道光五年（1825年）三月癸巳

改铸甘肃按察使司狱兼管兰州道茶库大使、兰州府经历兼管司狱河桥印信，从总督那彦成请也。

予喀什噶尔阵亡侍卫护军校花山布、甘肃外委贾贵祭葬世职，阵亡兵丁苏清额等二十二名、受伤兵丁绰尔敏阿等二名赏恤如例。

（卷80　286页）

道光五年（1825年）三月丁酉

以被贼失散西宁玉舒族土百户诺尔布加木错兄吉默特袭职。

（卷80　287页）

道光五年（1825年）三月辛丑

以防守甘肃西宁哈拉库图尔口外察罕托洛亥、阿什汉水二处城堡出力，实授刘印景镇海协副将，千总怡兰等下部议叙。

（卷80　288页）

道光五年（1825年）三月癸卯

又谕："吏部奏，那彦成请将例应推升之理事、通判留于甘肃升补，与例不符。甘肃凉庄理事、通判宝瑛，前据那彦成以该员熟悉地方情形，甘肃旗缺较多，差委乏人，奏请暂停推升，留甘另行酌补。当经降旨允准。兹据吏部奏称，理事、同知、通判例应与京员较俸升转，不得在外题升。历经奏驳有案，著照吏部所议，宝瑛仍照例以员外郎推升，毋庸留甘升补。"

（卷80　290页）

道光五年（1825年）三月庚戌

贷甘肃洮州、循化、静宁、宁、靖远、陇西、西和、漳、隆德、环、永昌、古浪、平番、清水、两当、灵台、礼十七厅、州、县及庄浪县丞所属上年灾歉贫民口粮有差。

（卷80　296页）

道光五年（1825年）三月丙辰

以休致甘肃碾伯县土指挥同知阿进廷子英贤袭职。

（卷80　301页）

道光五年（1825年）五月辛卯

旌表守正被戕甘肃碾伯县民吴发伏妻李氏。

（卷82　320页）

道光五年（1825年）五月丁酉

直隶大名镇总兵官李东宣因病解任。调甘肃河州镇总兵官薛升为大名镇总兵官。以服阕总兵官张起鳌为河州镇总兵官。

（卷82　323页）

道光五年（1825年）五月戊戌

除甘肃张掖县属上沤波渠沙压地一十七顷四十二亩有奇额赋。

（卷82　323页）

道光五年（1825年）五月辛亥

以缉捕出力，赏甘肃贵德番子札细从九品顶带。

（卷82　330页）

道光五年（1825年）五月丙辰

添建甘肃西宁镇属镇海协并哈拉库图尔营衙署兵房，从总督那彦成请也。

（卷82　333页）

道光五年（1825年）六月辛酉

铸给甘肃提属察汉俄博营都司关防，从总督那彦成请也。

（卷83　337页）

道光五年（1825年）六月戊辰

又谕："那彦成等奏边要地方请拨添弁兵增设塘汛一折。甘肃西宁镇属之康家寨堡为汉、回、番民杂处之区，且山后插帐野番往往勾结熟番乘间出没，地方最为紧要。据该督等查明，该处旧设弁兵除分拨屯防守卡分巡外，该营堡存兵无多，不足以资防缉。著照所请，准其在该镇属标路各营抽拨经制外委一员，马步守兵五十名，连原设额外外委马步守兵共有一百一十五员名，于控制缉防两有裨益。其巴燕戎格厅属之日兰木地方为河北渡口要津，南岸野番尤宜加意防范，并著准其于该处添设塘汛一处，就近派拨巴燕戎格营外委一员、兵十名，随时更换稽查，务期周密，毋得日久生懈。余著照所议办理，该部知道。"

（卷83　344页）

道光五年（1825年）六月己卯

谕内阁："庆祥奏筹办不敷官茶一折。新疆官茶向由甘肃积贮陈茶内拨运，于官兵应领饷下按月搭放，扣价归款。自嘉庆十三年以后，遇闰之年并未加调，皆将下年之茶垫放。历闰既多，支垫愈伙，现不敷茶四万四千九百余斤。若仍由甘肃补调，运脚等项转多糜费。伊犁茶价现在平减，著照所请，自本年为始，每岁以两个月散放全饷，令官兵自行买食，毋庸搭放茶斤。统计三年，将不敷之茶全数补足。所有每年应扣茶价饷银一千五百余两，既不搭放茶斤，即应由正项发给。著先于积存兵饷项下支放。仍将道光元年兴办河工，借项生息，奏准八年归款之本银二万两，准其展限生息四年，至道光十三年再将本银归款。其多得息银，按年收入正项造报。嗣后官茶著年清年款，遇闰毋庸搭放，即以全饷支发。亦毋庸加调茶斤，以归划一。该部知道。"

（卷84　354页）

道光五年（1825年）九月乙酉

命陕甘总督那彦成来京陛见。以陕西巡抚鄂山署总督。布政使邓廷桢护巡抚。调大学士云贵总督长龄为陕甘总督。闽浙总督赵慎畛为云贵总督。以福建巡抚孙尔准为闽浙总督。调云南巡抚韩克均为福建巡抚。以前任山东巡抚伊里布署云南巡抚。调江西巡抚武隆阿为山东巡抚。以云南布政使韩文绮为江西巡抚。湖南按察使王楚堂为云南布政使。河南河北道吴光悦为湖南按察使。

（卷88　406页）

道光五年（1825年）九月壬辰

又谕："那彦成奏筹办各属义仓以资储备一折。甘省山多地旷，旸雨稍不应时，即致收成歉薄。而边民又拙于生计，夙鲜盖藏。本年二麦普收，秋禾亦称大有，自应乘时亟筹储备。据该督奏请劝办义仓，俾积贮饶多，专为备荒之用。所有口内各厅、州、县除安西、玉门、敦煌等处设处关外，情形与内地不同，其余州县虽地方饶瘠不齐，而设法劝捐，多寡总有裨益。现经该督及司道等分别捐廉买粮，以为倡率，并通饬所属各就该处情形出示晓谕，剀切劝导，令民间量力捐输，并就其所捐粮数分别予以奖赏。各属民情踊跃，办有成效者已得三十余处，其余各厅、州、县可期年内一律办竣。所有议定规条，著照所议办理。即交长龄饬属实力奉行，以期经久无弊。嗣后每届年终，将一岁收除动存各数目，由各州县开送藩司，核报该督汇奏一次。其劝捐各州县如果办理审勉，认真妥速。事竣后著该督择其出力人员，奏请议叙。以示鼓励。"

（卷88　412页）

道光五年（1825年）十月壬申

贷凉州、庄浪驻防官员二年俸银、兵丁一年饷银，修理衙署兵房。

（卷90　451页）

道光五年（1825年）十月庚辰

以大学士、陕甘总督长龄署伊犁将军。陕西固原提督杨遇春署陕甘总督。命署陕甘总督鄂山回陕西巡抚任。调湖南提督杨芳为陕西固原提督。以前任湖北提督阎俊烈为湖南提督。

（卷90　459页）

道光五年（1825年）十月辛巳

命大学士、直隶总督蒋攸铦来京。以前任陕甘总督那彦成为直隶总督。

命甘肃按察使蔡炯来京，以四品京堂候补。调湖北按察使源溥为甘肃按察使。以山西归绥道岳祥为湖北按察使。

（卷91　460页）

道光五年（1825年）十一月己丑

缓征甘肃皋兰、金、陇西、安定、岷、平罗、灵台、宁夏八州县被水、被雹村庄新旧额赋，并给皋兰、金、陇西、岷、平罗、灵台六州县灾民口粮。

（卷91 465页）

道光五年（1825年）十一月丙午

改铸直隶枣强县主簿、甘肃安定营守备条记，从总督蒋攸铦、那彦成请也。

（卷91 472页）

道光五年（1825年）十二月癸丑

以防河出力赏青海蒙古兵彦疋尔等蓝翎。

（卷92 484页）

道光五年（1825年）十二月丙辰

调西安右翼副都统乌尔卿额为凉州副都统。宁夏副都统卓尔珲保为西安右翼副都统。以河南城守尉福克精阿为宁夏副都统。

命叶尔羌办事大臣常德、乌什办事大臣和桂、和阗帮办领队大臣哈丰阿回京，赏头等侍卫。印登额副都统衔为叶尔羌办事大臣。以凉州副都统庆廉为乌什办事大臣，仍带副都统衔。赏头等侍卫桂斌副都统衔，为和阗帮办领队大臣。

（卷92 489页）

道光五年（1825年）十二月辛酉

署陕甘总督杨遇春奏报抵任日期。得旨："两省事务殷繁，地方紧要，断不可因署任稍不尽心。其两省营务汝所熟悉，无待朕言。至于地方公事，务要认真办理，洁己率属，破除情面，一秉大公，诚心实力，方为不负委任。勉之慎之。"

（卷92 494页）

道光五年（1825年）十二月癸亥

除直隶迁安县水冲地四十亩、甘肃皋兰县水冲地十顷一亩有奇额赋。

（卷92 495页）

道光五年（1825年）十二月甲戌

谕内阁："那彦成奏直隶营伍需人，请调陕甘将备以资整饬一折。直隶各营员由部推选者居多，不尽得力，自应亟筹整顿。惟拣调过多，转致无缺可补。所有甘肃大靖营游击兴安保、陕西白土营游击马明、泾州营都司万祥，俱著准其饬调直隶差遣，遇有相当缺出，由该督酌量奏补。该省所遗员缺著该署督拣选妥员另行请补。直隶为畿辅重地，此系因时创行，各直省不得援以为例。至该督自甘肃来京陛见时所带千总以下等弁，俱著饬令回营归伍。该部知道。"

（卷93　504页）

道光五年（1825年）十二月壬午

上御保和殿，筵宴朝正外藩：科尔沁、喀喇沁、敖汉、浩齐特、阿巴噶、翁牛特、喀尔喀、阿巴哈纳尔、乌珠穆沁、乌喇特、归化城土默特、鄂尔多斯、阿拉善、杜尔伯特、青海和硕特、土尔扈特、土默特、绰罗斯王、贝勒、贝子、公、额驸、台吉及朝鲜国王副使，随文武大臣依次就坐。诸乐并作，上进酒。召左翼：科尔沁扎萨克土谢图亲王诺尔布尔沁、卓哩克图亲王噶勒藏栋罗布、达尔汉亲王布彦温都尔瑚、喀喇沁扎萨克亲王衔都楞郡王和硕额驸满珠巴咱尔、科尔沁扎萨克图郡王敏珠尔多尔济、敖汉郡王干咱巴拉、浩齐特扎萨克郡王额林沁诺尔布、阿巴噶扎萨克郡王阿尔塔什第、翁牛特扎萨克贝勒蒙古济雅、敖汉镇国公固山额驸那木扎勒多尔济、喀喇沁扎萨克辅国公额外侍郎玛哈巴拉。右翼：喀尔喀车臣汗阿尔塔什达、扎萨克亲王车林多尔济、阿拉善扎萨克亲王玛哈巴拉、科尔沁扎萨克郡王僧格林沁、回部郡王衔贝勒哈迪尔、喀喇沁贝勒托恩多、科尔沁贝子济克默特、土默特贝子固伦额驸玛呢巴达喇至御座前，赐酒成礼。

（卷93　508页）

道光六年（1826年）正月戊子

贷甘肃皋兰、金、陇西、岷、安定、会宁、华亭、平罗、秦安、清水、宁夏、崇信十二州县上年被水、被雹灾民两月口粮并籽种。

（卷94　512页）

道光六年（1826年）正月甲辰

修甘肃凉州、庄浪驻防官员衙署并坍塌兵房，从署总督杨遇春请也。

（卷94　523页）

道光六年（1826年）正月丁未

谕军机大臣等："杨遇春等奏委员会办四川德尔格土司头人干预西宁所管玉舒巴彦囊谦番族分管人户一案。仍行狡赖，请由四川派员查办等语。西宁番目诺尔布前此呈请将所管三百人户交伊侄孙千户官木都克拉尔加立统管。经穆兰岱查明，诺尔布懦弱无能，且此项人户本非四川土司所管，不便任其投往。惟诺尔布之妻噶尔麻才尔吉等尚在四川土司地方，由该处土司递来番词，内称如将诺尔布所管人户归巴彦囊谦族千户管束，定要与巴彦囊谦族滋事等情。当经该督等派员会同四川委员查办，所有投依四川土司之玉舒巴彦囊谦族百长仲巴丹增成立、喇嘛噶尔角第巴二名业已投回本族，惟诺尔布之妻子已由德尔格族潜回四川热窝切族，投依该番妇母家居住。该土司复差番目呈递番字，语多狡展。该委员仍照前奏，将诺尔布所管人户断归该千户统管。该番目高耸七力帕牙才登辄带领多人向其拦阻，声称总要将此项人户仍归诺尔布弟兄等语。经委员等反复开导，抗不遵循。西宁委员呼应不灵，自应由川省另委大员查办。著瑚松额等另行遴委熟习番情之明干大员前往该处明白开导，永绝葛藤，毋任该土司妄行干预，以息争端而绥边境。将此谕令知之。"

（卷94　524页）

道光六年（1826年）二月癸酉

以拿获逸贼，予甘肃游击丁玉柱议叙。赏阿里克百户拉沁纳木济勒蓝翎。

（卷95　547页）

道光六年（1826年）三月戊子

署陕甘总督杨遇春奏："请将甘肃滞销茶引二万八千九百九十六道，分年带销完课。"从之。

（卷96　555页）

道光六年（1826年）三月壬寅

谕内阁："杨遇春等奏审办偷渡番贼一折。河北番贼自悉数驱逐后，仍有偷渡抢劫之案，均经随时拿获于审明后立行正法。兹据该署督等奏称，拿获偷渡番贼却什布加一名，请照历次成案办理。是否业经正法，未据声叙明晰。如该犯尚在羁禁，著该署督等即委员监视处决，仍枭首传示河南察罕诺们汗旗地方，以昭炯戒。该部知道。"

（卷96　565页）

道光六年（1826年）四月丙辰

调甘肃凉州镇总兵官德克金布为河州镇总兵官。以步军统领巡捕营副将高明德为凉州镇总兵官。

（卷97　573页）

道光六年（1826年）四月庚申

以故甘肃碾伯县属土指挥同知祁肇衍子寿山袭职。

（卷97　575页）

道光六年（1826年）五月己酉

署陕甘总督杨遇春奏："请裁撤嘉峪关外按月会哨弁兵，以节糜费。"从之。

（卷98　603页）

道光六年（1826年）六月乙卯

又谕："杨遇春等奏筹议西宁口外防河巡哨经费章程一折。西宁口外地方辽阔，路径纷歧。前因野番甫经回巢，尚须稽察防范。每年六、七、八、九等月，酌派防所官兵三四十员名，在青海东南一带小游巡数次。夏、冬二季于新设察罕托洛亥驻防兵内挑派三百余员名，在青海南北一带大游巡二次。嗣将夏季游巡裁撤，其冬季仍复派巡。巡毕之后，把守冰桥渡口。仍于西宁、河州两镇派拨官兵四百余员名，分布河干防守，俟冰桥融化撤回。又每年四、七、十月，派令循化、贵德二厅营出口前往河南番地，编查保甲门牌，会哨稽巡。所有一切官兵口食、驮脚等项，将原设会哨经费银五千两留存支销。兹据该署督奏明，历年支销每形短绌。河南各族野番近来颇知敛迹，河北地方亦就肃清。筹议裁减章程，著照所请，将冬季大游巡一次即行停止，小游巡照旧按月派防外，其余八个月仍令防所弁兵每月游巡一次。前定驮载银两无庸删减。至冬令防河官兵，西宁、河州二镇著少派兵二百名，即在防所兵内多派二百名，以符定数。循化、贵德二厅出口稽巡，前定每年各给银五百两，著减为四百两。统自道光六年为始。按照现定章程，每年以五千两为率，不准逾额，以示限制。其节年不敷之项，除筹捐外，惟道光三年份动支李世修货物变价，报部充公银三百四十六两零。著准其开销。该部知道。"

（卷99　607页）

道光六年（1826年）七月癸巳

又谕："喀城回子全行变乱，现在分股猖獗，道路不通。除降旨飞饬各城大臣严密防范外，著颁给钦差大臣关防一颗，交杨遇春迅速驰驿前往查办。陕甘总督已降旨令鄂山驰驿前往署理。杨遇春接奉此旨，即于陕甘两省自提镇以下及满汉官兵听杨遇春择其曾历行阵，得力精锐者，一面调遣分起前进，督率起程。一面由驿驰奏，出嘉峪关后须多设侦探，务得逆匪确实踪迹，于南路扼要处所驻扎，相机堵剿。总期慎重，不可轻率。道路辽远，运饷维艰，经过地方尤须加意体恤。所有军需、粮饷、驮载等项先与藩臬两司妥商酌定，交鄂山随时妥速筹备。该署督老成历练，特资倚任。诸事务当计出万全，朕亦不为遥制也。将此由六百里加紧谕令知之。"

又谕："现派杨遇春酌带官兵驰赴回疆，堵捕逆回张格尔等。著鄂山迅即驰驿前赴甘肃，署理陕甘总督。杨遇春起程后，一切应用军需、粮饷、驮载等项已有旨令，杨遇春与藩臬两司妥商酌定。鄂山到甘，即随时妥速筹备接济。陕省亦著徐炘一体筹备，均毋得稍有迟误。鄂山接奉此旨，即将陕西巡抚关防交徐炘护理，迅速起程。仍将起程日期由驿奏闻可也。将此由六百里加紧谕令知之。"

（卷100　638页）

道光六年（1826年）七月甲午

谕军机大臣等："昨有旨著鄂山驰驿前往署理陕甘总督。杨遇春起程后，一切应用军需、粮饷、驮载等项最关紧要。鄂山即于陕甘两省拣派明干道府大员专司其事，随时妥速拨运，务须源源接济，不可稍有短绌迟误。将此由五百里谕令知之。"

（卷100　639页）

道光六年（1826年）七月丙申

又谕："恒敬等奏筹备军粮、马匹一折。前据庆廉等先后驰奏，喀城回子全行变乱，分股猖獗。当经降旨令杨遇春为钦差大臣，选带精锐官兵往剿。又据长龄奏调甘肃兵三千名，即令杨遇春统带，齐慎不必前往。杨遇春计日驰抵哈密，所需一切口粮，该大臣等即饬宽为预备，到日照例支给。其骑驮马匹据称原设屯差马匹，未便动拨，著将现存备拨马二百匹，拨给添补。如有不敷，即就近在巴里坤孳生厂内咨调应用，务须选择膘壮以利军行。至官兵前进所过地方，应支盐粮，并著移咨各处，早为筹备。总期源源接济，勿致临时迟误。此为至要。将此由六百里加紧谕令知之。"

（卷101　645页）

道光六年（1826年）七月己亥

又谕："本日据杨遇春奏，接据长龄知会，哈密为新疆咽喉要地，必须重兵驻扎，以为各城援应。已饬令甘州提督齐慎带兵三千名前往驻守等语。前经降旨派杨遇春驰赴哈密驻扎，筹办剿堵事宜，齐慎不必前往。长龄所请调派陕甘兵三千名，即交杨遇春统带，仍遵前旨，饬令齐慎即回本任。此时尚未得喀什噶尔、英吉沙尔、叶尔羌实在情形，该署督当一面相机调度，驰抵哈密，确探妥筹。查附和逆回多系布鲁特番贼，素能以枪马剽掠，务当加意慎重，以期战则必克，不可轻率前进。其所奏动拨甘肃藩库银二十万两，著准其拨解安肃道库收贮，以备军需供应。将此由五百里谕令知之。"

（卷101　651页）

道光六年（1826年）七月辛丑

又谕："杨遇春奏，接据恒敬等及巴哈布咨会筹办逆回情形，请前赴肃州驻扎，随时调度，并派格布舍及固原提镇各属带兵前往等语。前已降旨令杨遇春总统军务，迅赴哈密暂驻督办。甘肃控制新疆最为扼要，所派绿营官兵五千五百名应于陕甘两省酌调，无致后路空虚，如察看尚不敷用，即飞咨成都将军、四川总督、提督于四川官兵内酌定数目调往，并将素知得力之将弁指调。一面奏闻，现据奏派固原提督杨芳、汉中镇总兵吕天俸带兵往剿，如杨芳等业已启程。陕甘两省提督未便俱带兵远出。著仍遵前旨，令齐慎即回本任，俾资弹压。现降旨交吉林、黑龙江将军各挑备精兵一千名，派副都统管带前进，及前所调伊犁等处官兵不下一万数千名，总须厚集兵力，势出万全。朕亦不为遥制。该署督职司总统，将军、参赞、都统一切均应咨商，提镇以下悉听节制。应于何处驻扎大兵，即在该处会齐，俾得养精蓄锐，为一鼓扫除之计。惟当加意慎重，无许冒昧轻进，即飞行前途各路带兵官一体遵照。倘有侦探不确，粮运不继，贪功深入，致有疏虞，即当治以轻率偾事之罪。不可不慎之又慎也。所有总督关防已派鄂山驰往接署，其提镇印务俱著照所奏分别署理。应用粮饷准其于陕西藩库内拨银四十万两解至甘省备用，并饬部臣赶紧筹拨，自能源源接济也。将此由六百里加紧谕令知之。"

（卷101 653页）

又谕："现在喀什噶尔回众变乱，势渐蔓延，已派杨遇春为钦差大臣带领甘肃精锐兵丁五千五百名前往剿办。哈密为新疆咽喉要地，必须大员带兵在彼驻扎，以壮声威。著宁夏将军格布舍挑派精锐满营官兵五百名，凉州、庄浪满营官兵五百名，宁夏镇属官兵一千名，前往驻扎，以资防守。该将军遇事与杨遇春筹商妥办，毋得冒昧前进，慎之又慎。将此由六百里谕令知之。"

（卷101 655页）

道光六年（1826年）七月乙巳

命前任陕西巡抚卢坤驰往甘肃，会同署陕甘总督鄂山总理军需粮饷事宜。

命前任甘肃甘凉道英启、山东巨野县知县李天锡驰赴甘肃，听候鄂山、卢坤差委。

（卷101 661页）

道光六年（1826年）七月丁未

谕军机大臣等："本日鄂山奏调办理军需各员，已经准行。至该署督请于酌定章程后移驻肃州，设局督办。自系尚未知派令卢坤前往会办。昨已降旨令卢坤驰驿速赴甘肃，所有一应军饷等项事宜，该前抚到彼商筹周妥，即著卢坤专驻肃州督办一切。鄂山现署督篆，兼辖两省，仍应驻扎省城，调度策应，较为妥便。该署督当与卢坤遇事和衷商榷，督饬委员及地方官迅速转运，源源接济，毋得短绌迟误。切不可因专驻督办有人，稍存观望也。将此由五百里谕令知之。"

署陕甘总督鄂山奏："请调陕西盐法道查廷华、宁陕厅同知朱绍颖、宁羌州知州诸能定、澄城县知县伍敏、山东兖沂曹济道杨翼武，赴甘肃帮办军务。"允之。

道光六年（1826年）八月辛亥

调浙江处州镇总兵官哈丰阿为甘肃凉州镇总兵官。凉州镇总兵官高明德为处州镇总兵官。

道光六年（1826年）八月壬子

谕军机大臣等："前据杨遇春奏，令宁夏将军格布舍带满、汉兵二千名前赴哈密驻扎，以壮声援。已降旨准其调遣前往。朕闻宁夏满营及凉州、庄浪满营官兵向来打仗不甚得力，糜费较汉兵远甚。著长龄、杨遇春察看。如果该处满兵不能得力，或即撤回另调，或暂留防守哈密。著长龄、杨遇春再行筹酌。一面奏闻，一面办理，以期得实用而免虚糜。将此谕令知之。"

道光六年（1826年）八月癸丑

伊犁总兵官珠勒亨因病解任。以甘肃督标中军副将如柏为伊犁总兵官。

道光六年（1826年）八月戊午

谕内阁："鄂山奏筹办军需一折。前已降旨特派前任陕西巡抚卢坤驰赴甘肃，总理军饷。将如何派员分段经理与该署督商筹周妥。卢坤即专驻肃州督办，鄂山仍驻省城调度策应。兹据该署督奏称，肃州距阿克苏道里遥远，仅于哈密派员督办，尚恐鞭长莫及，拟在吐鲁番、库车两处设立粮台，专派大员分驻，并多设腰站，委员催前提后，递相接运。镇迪、安肃二道属存粮较多，足敷拨运。驮载脚价由镇迪道属雇觅，如有不敷，再由口内雇觅拨往。著照所请，妥速办理。卢坤到甘后，仍遵前旨，与该署督及局员悉心筹议，即驰赴肃州督办。所有米面等项一应食物均责成专司粮台之道府大员随时筹备，迅速转运，毋稍迟延短绌。至军火器械最关紧要，著于武职内拣派明白谙练之员，责令逐件点验配制，务期应手得用，以收实效。至应需饷银，已据户部奏拨陕甘两省，并飞拨各省银共四百万两，均可陆续解到。现在仍令该部随时续行筹拨，自能源源接济。该署督等惟当详慎筹办，督饬委员及地方官随时解运，不可稍有迟误，亦不可稍有虚糜。又另片奏，军需头绪繁多，请再调陕省人员等语。陕西绥德直隶州知州陈元煦、孝义厅同知云麟、陇州知州石珩、西乡县知县张廷槐、西乡县县丞罗廷表、略阳县县丞陆铨均，著徐炘饬令迅速交卸，前赴甘省，并再派佐杂八员一同前往，交该署督等差遣委用。"

（卷102　683页）

道光六年（1826年）八月壬戌

谕军机大臣等："杨遇春奏，统计现调大兵一万八千五百名，用剿即不敷防，留防又不敷剿。请添调西安满兵一千名，固原、甘州提属，延绥、宁夏、西安、肃州、凉州镇属各兵共六千一百名及四川附近陕甘标营添调三千名，统共续添兵一万一百名以资进剿等语。现在贼势猖獗，必须厚集兵力，用敷调遣。杨遇春酌量情形，预为添调官兵，飞行各处，期于迅速调集。所见极是。本日据果良额、达凌阿奏，达凌阿已于二十三日赶抵库车，适接沙雅尔阿奇木伯克伊萨克禀称，前带回兵赴和阗一带救援，因逆裔现经扰及阿克苏所属之柯尔坪卡伦，伊闻信未敢前往和阗，随令锡伯兵三百名前赴柯尔坪会同防堵，并闻英吉沙尔业已失守，又长清咨称所属之都齐特军台被焚。回户变乱，参将王鸿仪被围，该逆已到浑巴什军台，距城八十里。库车城内只有兵二百名，与回子杂处，更觉可虞。请将达凌阿所带官兵内留一千名防守库车，现已降旨准其截留，以资堵御。看来此时不但喀什噶尔、英吉沙尔救援不及，即叶尔羌之失守与否尚在未定。刻下紧要机宜，总以严守东四城为要。阿克苏尤为适中扼要地方，更应加意固守。该署督当一面饬知达凌阿，催齐乌鲁木齐续到官兵速赴阿克苏。一面檄知齐慎将前带官兵三千名，亦即径赴阿克苏，协同前到各路官兵，等候该署督到彼相机调遣。固原地方紧要，必须杨芳在彼坐镇，务即饬令速回本任。又据另片奏，饬行副将胡超、李士林等，将齐慎所带官兵分起带领赴克里雅沙里雅可通库车地方，择其扼要驻扎，并令游击武光琳将所带西宁兵六百名驰赴吐鲁番，暂归多隆武管带驻守之处。此时情形，总以大兵会集阿克苏再行相机调度。杨遇春即当迅速驰往，务于过哈密后侦探前路情形，应于何处驻扎，何处应添防，何处可援剿，总须相度军情，随宜办理。长龄俟德英阿到任后方能前赴军营。此时杨遇春即便宜行事，不必专候长龄会商酌办，致误事机。现畀该署督以参赞军务重任，自能仰体朕意，勉副委任也。将此由六百里加紧谕令知之。"

（卷103　691页）

道光六年（1826年）八月甲子

谕内阁："新疆逆回滋事，调派大兵剿办。军需、粮饷、驮载等项事宜必须分段筹办。前经谕令鄂山驻扎省城，卢坤驻扎肃州，至哈密为新疆咽喉要地关外粮饷，向有哈密办事大臣经理。恒敬前在四川军营曾经办理粮饷，著在哈密督办一切。转饬派出之道员等及地方官迅速转运，源源接济，毋得短绌迟误。"

（卷103　693页）

道光六年（1826年）八月辛未

又谕："鄂山奏，大兵进发，沿途州县应付，饬局预为筹办。吐鲁番、库车等处各设粮台，顾拨牛马驼只，酌商英惠筹办。哈密为官兵必由之境，军粮亦应多备。现由安肃道属磨面运往。惟各路官兵所骑之马，远道难免疲乏。除英惠截留伊犁拨补内地营缺马四百七十一匹，杨遇春札调马五千匹，陕甘两省额马有三万余匹。核计营中差操之外，尚可酌量动拨，已行知各营，加意喂养，以备续调。杨遇春所调火药、铅丸、战箭等项，业经照数拨运。现又饬局多为制办，并制帐房、马鞍等件。乌鲁木齐调经费二十万两，现又拨银三十万两，委解安肃道库，咨明英惠就近调拨。又据片奏，陕西司库尚可筹拨银五十万两，其数不在户部指拨之内，已飞咨徐炘委员解甘备用各等语。军行马匹最关紧要，必须先期调集，喂养壮健，方可克期应用，不致贻误。现在所调陕甘各兵陆续进发。武隆阿带领京营劲旅，并吉林、黑龙江兵及四川所调之兵接续经过，该署督当通盘核算，将陕甘两省额马三万匹内除应留差操之外，实可调拨马若干匹。是否足敷各项官兵乘骑之用，速即行知各营挑其膘壮者，预行调赴肃州、哈密一带，加意喂养，俾马力充裕，足供驰骋，以便随时拨用。其所奏添设粮台、磨备面斤、制备军械，均著照所议办理，务当妥为经划，不许稍有迟误。至所请由陕省拨银五十万两，已谕知徐炘迅速委员解甘矣。将此由五百里谕令知之。"

又谕："据徐炘奏，甘省应需军火粮饷，必须宽为储备。应否将陕西司库筹备银五十万两委员解甘等语。本日又据鄂山奏明，前所筹拨银五十万两，其数不在户部指拨之内，飞咨解甘备用。著徐炘迅将陕西司库筹备银五十万两速即解往甘肃备用，毋得迟误。俟各省解甘银两过陕，再行截留归款。将此由五百里谕令知之。"

（卷104　711页）

道光六年（1826年）八月甲戌

谕内阁："恒敬等奏接济官兵银两催令起程一折。齐慎带领之官兵三千六百名，前经奏明留西宁镇属兵六百名驻守哈密。兹据奏称，前项官兵业已先后抵城，惟西宁程途较远，迎催未到，著暂留凉州镇属兵五百名驻守，俟西宁官兵到时，即令起程。其余兵二千五百名现已分限按起前进。此项官兵已有旨令其速赴阿克苏。所有照例更换马匹，准其于备拨项下如数拨给，其各营留换疲乏马匹，著交牧厂喂养，病废之马照例变价。至盐菜、口粮及草料、军火、器械等物，均著按城供支，随营运送，无得短绌迟误。再向例出征官兵，除俸饷外，仍有借支银两。该官兵等在本营借项无多，著照所请，不分马步，每兵各借银四两，共银一万二千两零，各官借一年俸银，共一千三百两零，俱准其即时发给，俾资接济。照例核销。"

（卷104　714页）

又谕："前据鄂山奏，肃州距阿克苏道里遥远，仅于哈密派员督办粮运，尚恐鞭长莫及。拟在吐鲁番、库车设立粮台，专派大员分驻。当经降旨准行，并派恒敬在哈密督办矣。本日据英惠奏，接长龄来信，以乌鲁木齐为后路粮台，应行筹备粮饷，就近调拨。前经咨调甘肃等处银五十万两备用，一切支发并各处调用军火器械等项，必须设局委员经理，仍随时督察，务令撙节等语。乌鲁木齐非官兵经过处所，但该处为口外省会地方，各处粮石聚集，且较之由内地运往，路途近至过半，诸为便捷。倘于该处设台作为协济，运至吐鲁番，仍归喀喇沙尔至库车大路是否可行，至吐鲁番乃乌鲁木齐属城，相距仅止五站，若于乌鲁木齐设台，则吐鲁番粮台应否一并设立，或竟归为一处，著鄂山等悉心筹议。如果乌鲁木齐设台，于粮饷更为有裨，即一面奏闻，一面飞咨英惠照办。该处现有甘肃等处调往银五十万两，是否足敷支应，著鄂山等体察情形具奏，并报明长龄、杨遇春、武隆阿可也。将此由五百里谕知鄂山、卢坤，并谕英惠知之。"

（卷104　716页）

道光六年（1826年）八月乙亥

又谕："据杨遇春奏官兵一至阿克苏，如得机会即须进剿。大员不敷分派，请仍将杨芳带往等语。朕因甘省地方必须大员镇守，是以节经降旨谕令该署督于齐慎、杨芳二员内酌留一员回任弹压。嗣据齐慎奏恳随往堵剿，并据该署督奏称，派令杨芳驰往接管首先出关官兵，复经降旨以该二人俱系向来带兵得力之员，此时均已出关，无庸回任。其固原及河州一带回民杂处，关系紧要。业据该署督奏明，派德克登额署理固原提督，并令德克金布回河州镇本任。该署督必深悉此二人，足资弹压，自可放心前进，不致有内顾之虞。著即遵照前旨，饬令齐慎、杨芳均驰赴阿克苏，相机防剿，俾资得力。又另片奏，原任浙江湖州府知府方士淦、归安县知县马伯乐行至肃州，呈请随营效力。该二员均系检验德清县徐蔡氏命案不实发遣新疆，获咎甚重，尚未到配。著不准随营当差，仍饬各赴配所效力赎罪。其原任甘肃赤金营把总李福原拟徒罪，据该署督奏称系乡勇出身，打仗可期得力，著准其带往。将此由五百里谕令知之。"

（卷104　718页）

道光六年（1826年）九月庚辰

予广东、福建出洋淹毙千总林桂芳、庄贵宝祭葬恤荫。兵丁何汉彰等四十七名，水手苏田等六名，福建、甘肃阵亡马兵陈得保等七名，并湖北巡江淹毙兵丁马清标，赏恤有差。

（卷105　723页）

道光六年（1826年）九月辛巳

又谕："鄂山奏，固原提督杨芳、甘肃提督齐慎俱赴军营带兵。甘州提督事务请以现署固原提督西安镇总兵德克登额改署。其固原提督请调何占鳌署理等语。前因甘省控制新疆，地方紧要，不可无大员镇守。节经降旨令杨遇春于杨芳、齐慎二员中酌派一员回任。嗣因齐慎先抵哈密，吁恳随同堵剿，并据杨遇春奏，杨芳业已出关，是以俱令前往。其固原、河州地方回民杂处，俱关紧要。已据杨遇春奏明德克登额署固原提督。德克金布回河州本任。兹据鄂山奏请调署各缺，自系为慎重地方起见。惟古北口与固原相距辽远，到任需时，且直隶提督亦关紧要。前经降旨派特依顺保为阿克苏办事大臣。现在达凌阿业已到彼。齐慎、杨遇春亦不日可到，计特依顺保月内尚未出关，已有旨令署甘州提督印务。其现署固原提督西安镇总兵德克登额，著鄂山留心察看，是否胜任，即行奏闻。至宁夏镇总兵史善载调赴军营，即著靖远协副将富桑阿署理可也。将此由六百里谕令知之。"

署陕甘总督鄂山奏，筹办现在军需情形。得旨："诸凡与卢坤妥商办理，一切军需断不许稍有迟误，更不可稍存推诿之意。勉之又勉。无负委任。"

（卷105　725页）

道光六年（1826年）九月癸未

又谕："据长龄奏，大兵分路进剿，后路粮饷更为紧要。请饬前任甘凉道英启驰驿赴阿克苏，分办后路粮饷、军火事宜等语。前经卢坤奏令英启随同赴甘，计已将次抵省。著鄂山即传知英启，速即驰驿前赴阿克苏听候派委。其关内外一切粮饷、军火、马匹，务当会同卢坤妥筹宽备，并随时咨会英惠、恒敬商办妥协。源源滚运，无致短绌迟误，以利军行。将此由六百里谕令知之。"

（卷105　731页）

道光六年（1826年）九月戊子

又谕："杨遇春奏接奉节次谕旨并现在筹办情形。览奏俱悉。本日复据长龄奏报，德英阿于八月内行抵伊犁，俟交卸后即由那拉特卡伦草地越过达巴罕，由库车驰赴阿克苏督办。彼时杨遇春计已先期赶到。齐慎、杨芳带领官兵谅已早经至彼。该参赞即同长龄和衷商办，分派将弁以堵为剿，并探明喀什噶尔各城实在情形及进兵路径，俟大军云集，遵照节次谕旨办理，固不可坐失事机，亦不可轻率前进，总须计出万全。擒除首逆，方为不负委任。武隆阿刻始行抵甘境。吉林、黑龙江兵三千名，计九月内皆可由京起程，须冬腊月方能赶到阿克苏。如川、陕、甘肃续调官兵到齐，兵力已厚，粮饷已足，即会商长龄、武隆阿相机进剿，不必久待。至各路军台被贼抢劫，多系该处应差惰兰回子及附近军台各村回民附和胁从。该参赞到彼据实详查，分别办理。总兵德克登额等现已饬令署任回任，顷复有旨令特依顺保驰赴甘州署理甘肃提督矣。将此由五百里谕令知之。”

道光六年（1826年）九月庚寅

命前任甘肃按察使方载预驰赴甘肃听候差委。

道光六年（1826年）九月辛卯

谕军机大臣等：“据御史宝瑛奏请申明行军纪律。将乾隆年间颁发议定十条开单呈览，并以甘肃向用纸张制造火绳，久经饬禁，恐旧习相沿未能尽除，请一并申禁等语。行军纪律自乾隆年间议定十条颁发通行。原以简明切当，俾众易知。第恐承平日久，将弁等视为具文，未能时加讲习。该将军等皆久历戎行，自己于兵行所在，先期告诫。今该御史既有所奏，著将开缮原单发交阅看，再行出示剀切申谕，务期摧敌致忾，整肃严明，用副朕谆谆告诫至意。其火绳一项，久已改用麻料，当无俟再三申诫也。将此附报便谕令知之。”

道光六年（1826年）九月癸巳

又谕：“前因军务需用孔急，两次经户部奏准于直省各藩库动拨银四百万两，解往甘肃备用。本日据长龄奏，接到鄂山来信，各省所拨之项，均尚未解交甘省藩库。现在长龄、杨遇春将次可抵阿克苏。大兵即日云集，一切供支给发刻难停缓。所有前项拨银，著河南、山东、山西、湖北、江西、四川各督抚将未起解者，迅即委员解送。已起解者，速行饬令前进，并著鄂山、徐炘飞饬沿途妥为照料，俾得早解甘省，以便陆续转递，源源接济，万勿稍有刻迟，是为至要。将此由五百里各谕令知之。”

旌表守正捐躯甘肃秦安县民周本哥子妻郑氏。

道光六年（1826年）九月乙未

又谕：“前因阿苏系回疆要隘，当防堵吃紧之际。念及长清未历新疆之事，故以特依顺保为阿克苏办事大臣，长清作为帮办大臣。现在长清指挥官兵防守城卡，调度悉合机宜，实堪胜任。今特依顺保既已署理甘肃提督事务，无庸赴阿克苏。长清即作为阿克苏办事大臣，益当始终奋勉，以副朕委用之至意。"

谕军机大臣等："据英惠奏，乌鲁木齐存贮粮石除酌留本处供支外，可支征兵两年之需。前已奏明动拨五万石，请再调拨二十五万石，连前共计三十万石。该处距阿克苏三十余站，以三十万石计需运价银二百数十万两等语。该处存贮粮石既尽足敷用，较之内地运往省便实多，惟军行久暂，难以预定，固须宽为预备，亦只可陆续转运，断无一时需用银二百数十万两之理。著英惠会同鄂山、卢坤等通盘筹划，该处存粮足敷兵食，即无庸由内地买运。其筹拨运费必当核实妥办，著约计现调兵数，每月实需粮若干石，每石实需运价若干两，核明确数，开单具奏。至需用官兵盐菜及调拨军火什物等项，前调陕甘等处银五十万两尚未解到，此后需用运价，请再调银五十万两。现据徐炘奏，各省拨解饷银均已陆续入境，足资接济。著鄂山等即于解到甘饷内迅即如数拨解，无稍延误。至官兵应备马匹，前据哈密存备拨马二百匹，陕甘两省共调满汉旗营马五千匹，伊犁共调官马八千余匹，塔尔巴哈台现调马五千匹。本日该都统奏，共挑备马二千三百余匹，统计调拨二万有余，自已足敷应用。鄂山、卢坤再与长龄、杨遇春咨商筹备，无致缺乏。又据奏，阿克苏请拨饷五万两，经该都统飞咨赓音岱，俟乌鲁木齐所调甘饷路过该处时截留转解，所办尚好。其需用纸札等项，并著英惠如数置办，交派往阿克苏废员潘煜星速运往，统俟事竣报销。所奏废员张金办理汉文事件尚无贻误，著加恩赏给从九品职衔，仍随时察看。如果始终奋勉，俟年满再行具奏。至英惠另片请将张文浩派赴喀喇沙尔，朱锡爵派赴库车，常川驻扎，经理运粮事宜。前据鄂山等奏，已派镇迪道汤彛在吐鲁番，安西直隶州知州赵宜暄在喀喇沙尔，宁夏道瑞庆在库车安台督办，无须张文浩、朱锡爵前往办理。昨已有旨谕知长龄，饬交英惠酌量差遣，不必管理粮台矣。将此各谕令知之。"

道光六年（1826年）九月丙申

谕军机大臣等："杨遇春奏提督杨芳、齐慎均遵旨赶赴阿克苏。其乌什地方经达凌阿等击退逆回，道路疏通。长清等调派扎木防兵五百名计早赶到。览奏欣慰。格布舍所带宁夏、庄浪、凉州满汉官兵二千名，现在兵力未厚，著照所请拨留庄浪、凉州满兵五百名，派协领管带驻守哈密，归恒敬调遣。其满汉兵一千五百名仍令格布舍带领随进，俟至吐鲁番、喀喇少尔、库车、拜城等处，随地布置。惟该处满兵开销太多，又不得力，将来续调陕甘精兵云集，足敷堵剿，即将宁夏、凉州、庄浪满兵撤令回营为是。至另片奏，天气寒冷，请照例马兵借银十两，步兵借银六两，以纾兵力。俱照所请行。再逆裔张格尔年岁若干，系何状貌，并伊出身家属，长龄等自必遵照前旨，侦探明白。著再就现获各犯内逐细讯明，以便辨认。仍遇便奏闻，将此由六百里谕令知之。"

又谕："杨遇春等奏筹办续调满汉官兵应需车辆事宜。据称每一千兵一起，需车二百余辆。口外口内，车辆俱形短绌，请于口内有车处所定数派买双套铁脚马车，每车一辆，马二匹，定价四十两，合计买车四千辆。自肃州至阿克苏计程五十八站，按雇车需银二十六万余两，按买车除费价银一十六万两，草料价银六万四千八百余两，通盘计算尚可有盈无绌等语。现在大兵陆续出关，口外车辆不敷雇用，该参赞奏请买车运送较为节省，若能如此办理，甚属得宜。著鄂山、卢坤查照所议，飞饬口内各州县迅速购买四千辆，即交就近驿站，俟官兵过境，照数拨给，无稍迟误。此项车辆马匹即责成带兵官妥为照料，到日交总理粮饷处查收，即为挽运粮石之用。前拨各省饷银四百万两，现计均可陆续抵甘，本日复有旨拨内库元宝银二百万两运解赴甘。军饷既裕，该署督等务须妥为经理，源源接济仍当加意撙节，勿任稍有浮糜，以副委任。将此由六百里各谕令知之。"

（卷106　753页）

道光六年（1826年）九月癸卯

新调甘肃凉州镇总兵官哈丰阿奏报交卸浙江处州镇总兵篆务，即日遵旨驰赴新任，并恳恩准令前往军营，随同杨遇春剿捕逆回，勉图报效。得旨："调任原系紧要之缺，小心镇守，毋庸前赴军营。"

（卷106　759页）

道光六年（1826年）九月戊申

又谕："鄂山奏承办兵差截用上站车马之州县请摘去顶带一折。现在军行紧急，车马最关紧要，必须各送各站方不致贻误。兹据奏甘肃署泾州知州罗文楷等承办兵差，将上站长武县车马辄行截用过站。若非长武县设法赶办，则后起之差转致延搁。署泾州直隶州知州、渭源县知县罗文楷、署平凉县知县候补知县张琼均著摘去顶带，责令嗣后各按程站妥为备办。如仍有截用情事，即著严参。护平庆泾道甘州府知府景福、署平凉府知府洮州厅同知周廉督办未能周妥，俱著交部议处。"

（卷106　763页）

道光六年（1826年）十月己酉

又谕："据特依顺保奏，提督印信经提臣齐慎带赴军营，所有提署应办公文事件，现在钤用中军参将关防等语。甘州提督齐慎既将印信带赴军营，其固原提督印信杨芳曾否带往。陕甘两省提督军务较繁，钤用参将关防不足以昭慎重。至军营应办事件或借用印信，或另给钤记，著杨遇春妥为酌量，饬令遵行。所有前经带往之提督印信，遇便送回，交各该署提督钤用。将此谕令知之。"

（卷107　769页）

道光六年（1826年）十月辛亥

又谕："英惠奏大营官兵到齐后不下四万名，每月需用粮一万五六千石。以现设之十二台滚运，每台须驼二千五六百只。按日周转三次，庶可挽运足用。现只有驼五六百只，运过粮一万石，尚不敷用。咨照鄂山在口内备驼二万只，以资挽运。再前请由陕甘调拨银一百万两，迄今尚未解到。现在应发运粮脚价等项用款浩繁，立等支发。挪款垫用，将来即一百万两全数解到，除归补外，所余无几。又咨鄂山俟各省银两解到时，再拨二百万两，随时饬解备用。如有余存，即可留抵本处兵饷等语。粮台供支一切，用度繁多，固应宽为筹拨。惟军行久暂不能预定，断无用银二三百万，一时运送两年兵粮之理。即据该都统奏，官兵到齐，不下四万，每月需粮一万六千石，纵再加以官弁跟役人等，以五万人计口授食，亦不过每月再加数千石，足敷支放。其转运驼只，何以需用二万？无论购备维艰，亦足见该都统筹算未能切当。

昨据鄂山等奏，已于七月、九月间分起解送银一百万两，计可陆续到彼。此后鄂山等惟当体察情形，源源接济。所有京外拨解银两，岂能尽归乌鲁木齐一处？俟其多余，留为兵饷耶。又据奏，官兵骑驮马匹出口，例不支应料草。此次官兵由口内远来，天寒草枯，难令牧放，自系实在情形。所有出口各路官兵马匹至哈密迤西，准照口内地方供应之例，每匹日支草十斤，料三仓升，按站供支。现经该都统将吐鲁番一带所需草料饬令该同知妥备，其喀喇沙尔至阿克苏一带，派令委章京庆云、阜康县知县周庆曾采办，并咨喀喇沙尔、库车，派员逐站帮同照料。著鄂山等体察情形，如该二员未能筹办裕如，即当添派妥员前往帮同购办。英惠等经朕委任，自必力图撙节。惟向闻乌鲁木齐习尚繁华，该都统所用委员既多，未必人人可信，或不免有借端浮混之弊，当随时严密查察，无任稍有冒滥。总之，口外各路粮台转运一切事宜须由甘肃总局核实定断，不得各行奏请，转致歧误。所有分段派员若干，何员经理何事之处，均应详悉造具名册，咨报鄂山、卢坤、总办军需局，以备查考。如朱锡爵、张文浩等，皆不得经手钱粮也。将此由五百里谕令知之。"

（卷107　772页）

道光六年（1826年）十月壬子

谕内阁："武隆阿奏参沿途滋事之侍卫，请革去顶带一折。乾清门二等侍卫固英阿，前在豫省安阳县于跟役殴打办差家人，漫无觉察，已有应得之咎。及抵甘肃永昌县住宿，该侍卫亲赴庖厨，打散厨役，攫取食物。行至山丹，复赴该县署中索要骡价，恣意肆闹。御前头等侍卫桂成屡次纵容跟役滋事，复于平凉县住宿时，因未另备公馆，自行鞭责办差家人，皆属任性妄为，本应按军法严惩。念系行军之始，固英阿、桂成俱著从宽革去侍卫作为披甲，交武隆阿带赴军前打仗效力，如再不知愧奋，即奏明从重治罪。容安据实揭报，武隆阿仅请革去顶带，未免失之轻纵。嗣后该参赞务当破除情面，再行谕饬该侍卫官兵等各宜懔遵纪律，安静遄行。现值大兵络绎出关，经历军台回部地方尤当严明约束，除照例供顿外，不得丝毫扰累，如再有敢违犯者，即著严行参奏，悉照军法办理，不能再邀宽典也。"

（卷107　773页）

道光六年（1826年）十月乙卯

谕军机大臣等："理藩院奏阿拉善额鲁特扎萨克亲王玛哈巴拉呈进马一百匹、驼一千只，已另降谕旨加恩赏收矣。前据鄂山等奏请购备驼只，协济军需，已降旨令福绵购驼六千只，徐炘购驼二千只。昨英惠复以各台挽运军粮，每台需驼二千五六百只。咨照鄂山在口内备驼二万只，当以该都统筹算未能切当，交该署督等核议。此次玛哈巴拉呈进马、驼，可备挽运之用。著鄂山等体察情形，或应解至兰州，抑或径解肃州，即咨明该王迅速解往应用。现在既有此项马匹、驼只，前山西、陕西所购之驼是否可以减少，并著通盘筹划，可减则减，以归核实。将此由五百里各谕令知之。"

（卷107　779页）

道光六年（1826年）十月丙辰

谕军机大臣等："理藩院奏，据宁夏司员富惠呈报，伊克昭正盟长鄂尔多斯扎萨克贝勒索诺木喇布斋根敦因西路现在筹办军务，恭进骟马一千匹，应于何日备用，并备送何处地方接收等语。前据鄂山等奏，军营所需马匹经长龄在伊犁等处挑拨一万三千匹，英惠在巴里坤等处调拨二千三百余匹，杨遇春、鄂山前后共调内地营马一万匹，复准于甘州、肃州、西宁三处孳生马厂内，确查出群生马，尽数交附近各营分领饲养，其余短缺之数由各城领价采买，是军营所拨各处马匹，已足供官兵乘骑、续调之用。此次索诺木喇布斋根敦请进骟马一千匹，著毋庸赏收。鄂山等即咨照该旗，以该贝勒情殷报效，具见悃忱。现在军营马匹充裕，足资征剿，无须该旗预备呈进也。将此谕令知之。"

（卷107　779页）

道光六年（1826年）十月己巳

又谕："鄂山奏提督现丁父忧。甘肃提督齐慎久历戎行，素称勇干，现已驰抵阿克苏，随同长龄等剿办逆回。当军务吃紧之时骤难更换。齐慎受恩深重，亦必不肯以私情废公，遽请回籍。著仍留军营带兵进剿，无庸开缺，俟军务告竣，再令回籍，补行守制。所有甘肃提督印务仍著特依顺保署理。"

（卷108　795页）

道光六年（1826年）十月庚午

谕军机大臣等："福绵奏各属已办驼一千余只，先拨驼一千只解往肃州，其余驼只仍饬上紧购备一折。现由乌鲁木齐转运粮石，需用驼只甚多，即将各处所调所买所进驼只全数解往，尚恐不敷轮转。此时阿克苏大兵云集，兵糈至为紧要。乌里雅苏台相距遥远，恐不能如期速解，且该牧厂孳生驼只未必尽皆膘壮。若解不足数，则辗转又延时日。著福绵仍遵前旨，一面饬属赶紧购备，分起解往，一面咨商鄂山等，俟其通盘筹计，究竟需驼若干，再定确数。勿得观望，致滋延误。将此由五百里谕令知之。"

（卷108　798页）

道光六年（1826年）十月壬申

谕军机大臣等："徐炘奏雇备健驼四千只，附载局钱军装等项解赴肃州济用一折。现由乌鲁木齐转运军粮，所需驼只甚多。该署抚既于陕省雇驼四千只，自较发价采买更觉省便，办理甚为得宜。惟各驼内附载军装等项是否只解肃州，抑径解阿克苏。其按日照例给予雇价，口内应发若干，口外应发若干，自已酌定。将来陆续附载局钱军装交卸后，是否即可随时迅解乌鲁木齐以备转运粮石之用。该署抚即一面复奏，一面飞咨鄂山等，令其将各项应需驮载，筹计盈绌，妥为应付可也。将此由五百里谕令知之。"

（卷108　799页）

道光六年（1826年）十月癸酉

谕内阁："长龄奏齐慎丁忧，请给假七日成服，假满即驰赴阿克苏听候调遣等语。前已降旨该提督毋庸开缺，俟军务告竣令其回籍补行守制。齐慎急公图效，著加恩赏银二百两，令程祖洛由河南藩库提取，委员赍交该提督家中以为治丧之费，并著长龄传旨嘉奖。该部知道。"

（卷108　800页）

道光六年（1826年）十月乙亥

谕内阁："福绵奏购备驼只，除起解一千只外，现在牧厂尚有四千余只，请再解数千只等语。甘肃现当转运吃紧之际，所有山西牧养驼只，著即分起迅速解往，以应急需。前经阿拉善王进驼一千只，由鄂山等咨明迅解，复据徐炘筹雇健驼四千余只陆续解往。本日复据福绵奏称，除解去驼一千只外，尚有牧厂四千余只，即令赶紧解往，通计现在起解之驼共有一万余只，较前此鄂山等请购驼数已有赢余，自可足敷转运。著鄂山等通盘筹计，咨明该抚办理。"

（卷108 802页）

道光六年（1826年）十一月壬午

山西巡抚福绵奏："前准鄂山等来咨办解铁锅二千口。晋省存营生铸铁锅，体质笨重，不利炊爨，不便携带。若俟造齐再解，恐致贻误。查各营向有存贮铜锅，挑拨一千数百口，同已造熟铁锅解往，庶应急需。现值收驼候解，拟每驼带运四口，较为省便。各属禀报买就驼只，除前解甘省一千只外，尚存厂四千余只。省厂所存驼六百只，复加挑验，分起先后解赴甘省。其余朔州等三厂所收驼只，现复飞催赶紧解厂，以便分运解往。"报闻。

（卷109 813页）

道光六年（1826年）十一月甲申

谕内阁："德英阿奏，易换哈萨克牲畜所需布匹，请暂由甘省采买布六万匹内分拨径运塔尔巴哈台一万匹，其余五万匹运至伊犁，以备哈萨克贸易之用。又请将伊犁钱炉二座，以一座鼓铸制钱，搭放兵饷。以一座仿照阿克苏普尔钱模式鼓铸，运往回疆备用等语。阿克苏前因铜厂官兵赴城防守，暂停鼓铸。嗣据长清奏，大兵云集，钱价骤昂，业经开局铸钱。并委员赴各路采买铜斤，添炉宽为赶铸。应否再由伊犁鼓铸运往之处，著一并交户部速议具奏。"

（卷109 813页）

护陕西巡抚徐炘奏："陕省雇觅驼只较便，若采买转致迟延，是以雇备四千只解交甘肃交卸，再由肃州分拨前进。其雇用价值，议定闲住每日给予银三钱，放空行走每日给银四钱，负重每日给银五钱。兰州以西闲住与放空均日给银三钱，如有疲瘦倒毙，均随时删减扣除。"报闻。

（卷109 816页）

道光六年（1826年）十一月丙戌

库车帮办大臣果良额奏："据参赞大臣杨遇春带领官兵过境，面商库车地方紧要，必须留兵防守，随即将带来之肃州、吐鲁番等处官兵四百七十四员名派往沙雅尔驻扎，并据咨称库车地方有通和阗捷境，最为紧要。前经奏明以宁夏将军格布舍带领宁夏满、汉官兵一千一百名留驻防守，尚需时日。兹又札饬署参将张作友等，将督标兰州城守各营官兵八百名带领前往沙雅尔扼要地方，协同前到官兵并力防守。统俟宁夏官兵到日再行更替前赴大营。臣当即遵照来咨，饬令粮员支给该官兵盐菜、口粮，迅速驰赴防守。"报闻。

（卷109　819页）

道光六年（1826年）十一月丁亥

谕军机大臣等："前据德英阿奏，伊犁需用布匹请暂由甘省采买，并采办铜斤，加铸钱文各事宜。当交户部核议。兹据奏，伊犁所需布匹现在各城不能应时交纳，应准其由甘省购办布六万匹内分拨径运塔尔巴哈台一万匹，其余五万匹运至伊犁，以备哈萨克贸易之用。著交鄂山即查照部议办理。惟回布一匹计长二丈，向来购买牲畜并官兵领用，每匹作价银四钱，足敷袍料一件。现由内地采买，较之回布宽狭悬殊。若每匹仍止二丈，恐不敷用，事关外夷贸易，总须筹备周妥，断不可草率从事。鄂山即查明所买布匹长短宽狭是否相等，价值是否与四钱之数不致相悬。将来如何作价扣还归款，并如何节省筹运之处，即一面详查妥酌，核定报部，毋致迟误，并咨商德英阿办理。至伊犁现存棉花一万四千余斤，自可暂缓筹办。其鼓铸钱文既据该将军奏明，伊犁山场现有铜苗，著派委妥员，俟春融后，招熟谙工商采办，加卯鼓铸，以期兵民均有裨益。将此由五百里各谕令知之。"

（卷109　820页）

道光六年（1826年）十一月戊子

又谕："昨吏部带领引见人员内，原任甘肃兰州道吕嘉言，自降旨令其来京引见，迟至六年之久，始行赴部。虽因患病回籍，察其精力并非病体初痊，本应照规避革职，念尚无实在劣迹，著降为通判休致。"

又谕："户部具题甘肃省报销各属供支本内有回目伯克入觐回巢字样，自系相沿书写，惟外藩皆有该游牧部落可称，嗣后或称游牧，或称部落，或称该处，不必沿用回巢字样。

（卷109　821页）

道光六年（1826年）十一月癸巳

谕内阁："福绵奏现解收养驼只，并查明正支杂费各一折。前因甘省转运紧要，令福绵将收养驼只迅速解往，并将各款银数分晰具奏。兹据称，该省挑定驼只按四百只为一运，前后共解五千二百只，照原派六千只之数，尚不敷八百只，仍饬赶紧购备，凑成两运，听候鄂山等咨会办理等语。甘省需用驼只，前经阿拉善王进驼一千只，徐炘筹雇四千余只，现据福绵解送五千二百只，合之鄂山等原奏，令山西、陕西购办驼八千只，为数已多。前降旨令鄂山等酌量催解停调，所有山西省未解驼八百只。如未经购备即著停止，无庸再行运解，以节糜费。其单开办驼应支正杂各款银数，现难一律约计，著俟事竣后分别造册核实报销，无稍冒滥。该部知道。"

（卷110　827页）

道光六年（1826年）十一月乙未

谕军机大臣等："前经降旨令总理粮饷大臣通盘筹划各项支发银数，台站有无添改裁并，绘图贴说具奏，备奏销时核对。兹据户部议复鄂山等会筹军需章程，逐款分晰开单呈览。朕详加披阅，其乌鲁木齐运送大营口粮运脚等项一款，据户部奏，七月内英惠曾奏拨银二十万两，今两次咨调一百万两，其前调二十万两是否在内？著该署督等查明报部。所调银两系备给运送大营粮饷运脚及制办绳袋等项之需，究竟应需若干，著鄂山等妥定章程具奏。其兵丁加增口粮、银两一款，此次调派东三省官兵，经那彦成以官兵给银五分不敷食用，请每日给银一钱。该署督等援照直督奏准成案，笼统请加，并未分晰。著将东三省兵丁每日准加银五分，其各路兵丁仍照定例支领盐粮，毋稍糜费。其官兵马匹出口筹给料草一款，现在战马二万余匹，已全行买运供支。其运费必倍蓗于兵粮，或于官兵行走时，将本营干银就近官为采买，按台预备，似可节省运脚。其抵营以后，应如何撙节办理，著鄂山等咨明长龄等妥定章程具奏，并严饬各粮台员弁就近采买料草，以免多糜运脚，并将何处买备若干，运送若干，查明报部备查。其营马缺额买补备调一款，陕、甘二省预备军营续调马已有三千匹，此外，调拨当亦无多，其甘州、肃州、安西各厂道光二年均齐案内，共取驹马二万六千余匹，孳生马八千余匹，以之补额裕如，无需另买，著该署督等核实办理。其请拨陕西制钱一款，前经降旨准行。已据该护抚徐炘雇驼运往，其雇用车马请给到站回空守候等价一款。雇车运送军物，口内外虽有区别，但自一钱五分遽增四钱，而雇马则口内外均给三钱，又无区分，即以每百里给银一钱五分核算，运粮数十万石，路经数千里，即需数百万两。该署督等既欲照例雇运，尚恐例价不敷，而守候回空一节又系例外增添，糜费更无底止。该署督等议置官驼、官车，应早置备，详定章程。倘偶需添雇，仍应大加搏节，并著将运送军火等项随时报部备查。其雇护台民夫一款，从前办理川楚贼匪，恐其扰及粮台，是以添雇民夫。今大营后路各粮台均已酌驻官兵，是否足资防护，著鄂山等转行咨明长龄等再行体察情形具奏。其征兵给皮衣、皮帽，并预备牛羊、茶叶、银牌一款，现据内务府广储司库存令牌奖武牌，昨经降旨，转解军营备用。其黑龙江等处官兵前经降旨每名赏给羊皮马褂一件，并谕长龄等满汉兵丁应制御寒之具，又要奔驰便利，亦应妥办，俾三军咸资挟纩。至赏号名目，本应遵照乾隆、嘉庆年间历奉谕旨，永远革除。念此次出征外域与内地不同，是以前经降旨允准，今已发去备赏银牌。其回子、布鲁特等，如有效顺立功之人，仍准酌赏银两。此外，牛羊、茶叶等赏项自可无需，以防冒滥。著鄂山等咨明长龄等妥酌办理。该署督等皆系朕所信任，应用者固不可拘泥迟误，断不可稍滋浮费也。将此由五百里各谕令知之。"

（卷110　829页）

道光六年（1826年）十一月辛丑

缓征甘肃皋兰、河、金、安定、漳、平凉、武威、灵台、渭源、陇西、中卫、靖远十二州县歉收地方新旧银粮、草束。贷皋兰、渭源、伏羌、安定、西河、隆德、宁夏、宁朔、平罗、秦、礼、崇信、镇原十三州县，暨东乐县丞所属灾民口粮。

展缓甘肃供应兵差之狄道、伏羌、通渭、岷、西和、会宁、宁远、洮州、固原、静宁、华亭、安化、合水、环、宁、山丹、永昌、古浪、平番、西宁、碾伯、大通、循化、秦、秦安、清水、礼、徽、泾、崇信、肃、高台、安西、敦煌、隆德、盐茶、张掖、抚彝、巴燕戎格三十九厅、州、县，暨沙泥州判、红水、庄浪、东乐县丞、西固州同所属节年未完额赋。

（卷110　836页）

道光六年（1826年）十一月壬寅

署陕甘总督鄂山奏："筹拨银二十万两备伊犁转运粮石。"报闻。

又奏请："留甘肃按察使源溥驻肃州帮办局务。"允之。

（卷110　839页）

道光六年（1826年）十一月乙巳

旌表守正捐躯甘肃永昌县民侯见德妻张氏。

（卷110　843页）

道光六年（1826年）十二月壬子

护陕西巡抚徐炘奏："此次陕西代甘肃购制布匹、军装、军械、军火，并雇骡驼，均系因甘肃总局备办不及，垫款代办，以应急需。所用工价银两若由陕西另请开销，不惟事涉纷歧，且彼此镣辖，转难稽考。应请由甘肃拨还，统由总局并案核实报销。"下部速议。寻议奏："并案报销之处，事多窒碍，复与成案不符。应仍令各归各省核实报销。以归简易。"从之。

（卷111　850页）

道光六年（1826年）十二月癸丑

以甘肃布政使杨健为湖北巡抚，仍留甘肃办理军需。未到任前，命湖广总督嵩孚兼署。

（卷111　854页）

道光六年（1826年）十二月乙卯

谕内阁："瑚松额等奏，查明德尔格忒土司与玉舒巴彦囊谦族交涉情形一折。此案四川德尔格忒宣慰司与西宁玉舒巴彦囊谦族本属一家。从前乾隆年间因囊谦弟兄不和，经西宁大臣断分三百户，令诺尔布之父索诺木旺尔吉分管。原系该土司之祖调处给有执照。今小囊谦诺尔布因头人不服，避入大囊谦地方，意图归并大囊谦，而番目成立尔多等不愿归并，向该土司投诉。诺尔布之妻噶尔麻才尔吉亦不愿归并，带领其子逃回母家内五齐番族。大囊谦千户又不敢亲往质对，其为大囊谦意图占据小囊谦已无疑义，自应俯顺舆情，各清夷界，遵照断案，永杜葛藤。著仍照乾隆年间原断，将小囊谦三百户分设番目，令成立尔多暂行代管。并著成立尔多亲至边界，将土妇噶尔麻才尔吉及都尔吉旺母子一并领回，毋致失所。仍俟都尔吉旺年长交还承管。

其诺尔布听其自便，嗣后玉舒巴彦囊谦不得觊觎小囊谦户口。德尔格忒土司亦毋许干预邻封事件，以息争端而绥边境。该衙门知道。"

（卷111　855页）

道光六年（1826年）十二月丙辰

又谕："据那彦宝奏，肃州前起兵丁出关后因无车马更换，遂全行越站直至大营。而后起踵至者赶办不及，以致积聚至三四千人之多。该地方官几至束手无策。约计吉林、索伦并川陕兵丁分起启程，恐岁底尚不能全到军营，兼之粮饷等项同时并举，以至临期拥挤，不能随到随行等语。现在将军参赞已先后齐抵大营，专候吉林、黑龙江及各路官兵到齐，方能克期进剿。乃官兵出关后，因车马不能应付，聚积至三四千人之多，且将车马全行越站，该地方官所司何事，著鄂山等即严行饬催赶办，无误军行。此时不但军行紧要，即粮饷等项亦须随到随行，不得稍滋延误。前据该署督等奏，所办铁脚车已办就九百余辆，其余已饬停办。自系车脚驮载已敷应用，何以又致临事周章。现距那彦宝奏报之期又及一月，是否车驼已敷轮转，官兵粮饷等项仍否如前拥挤，即行据实具奏，以慰廑注。至所奏由冰岭转运伊犁粮石一节，已经长龄等奏明，雇觅回子在冰岭接运，无须再用民遣也。又据恒敬奏，请将赵宜暄仍留哈密，其喀喇沙尔转运事宜另委昌吉县知县吴景王前往办理等语。喀喇沙尔有转运粮石事宜，较之哈密专办兵差尤属繁剧。吴景王现往喀喇沙尔，能否办理裕如。赵宜暄于兵差过竣，是否仍须留于哈密，并著鄂山等体察两处情形，酌量调遣可也。将此由五百里谕知鄂山、卢坤。并谕那彦宝、恒敬知之。"

（卷111　857页）

道光六年（1826年）十二月丙子

上御保和殿，筵宴朝正外藩：科尔沁、巴林、喀喇沁、敖汉、翁牛特、苏尼特、扎赉特、扎鲁特、土默特、茂明安、喀尔喀、阿巴哈纳尔、鄂尔多斯、郭尔罗斯、阿拉善、青海、伊克明安、和硕特、土尔扈特、绰罗斯王、贝勒、贝子、公、额驸、台吉及朝鲜、琉球国正、副使土司等随文武大臣依次就坐。诸乐并作，上进酒。召左翼：科尔沁扎萨克土谢图亲王诺尔布林沁、卓哩克图亲王巴图、巴林扎萨克亲王衔郡王索特纳木多尔济、喀喇沁扎萨克亲王衔都楞郡王和硕额驸满珠巴咱尔、科尔沁郡王多克默特、敖汉扎萨克郡王达尔玛济尔第、翁牛特扎萨克郡王喇特纳济哩第、苏尼特扎萨克郡王齐旺扎布、郭尔罗斯镇国公固噜扎布、喀喇沁扎萨克辅国公理藩院额外侍郎玛哈巴拉。右翼：喀尔喀扎萨克亲王车登多尔济、阿拉善扎萨克亲王玛哈巴拉、喀尔喀扎萨克郡王楚克苏木扎布、青海扎萨克郡王棍楚克济克默特、科尔沁扎萨克郡王僧格林沁、喀喇沁贝勒托恩多、科尔沁扎萨克贝子济克默特回部郡王衔贝勒哈迪尔至御座前，赐酒成礼。

（卷112　877页）

道光七年（1827年）正月辛巳

贷甘肃洮州、皋兰、渭源、会宁、西和、伏羌、张掖、武威、古浪、平番、宁朔、西宁、秦、秦安、礼、两当、镇原十七厅、州、县上年被水、被雹灾民口粮，籽种有差。

（卷113　883页）

道光七年（1827年）正月甲申

署陕甘总督鄂山等奏："野番乘隙偷渡黄河，抢劫青海蒙古牲畜，现在酌派官兵追捕驱逐。"报闻。

（卷113　884页）

道光七年（1827年）正月己亥

谕内阁："本年系应行查阅直隶、山西、陕西、甘肃、四川营伍之期。直隶著即派那彦成、山西著即派福绵、四川著即派戴三锡，逐一查阅，务各认真简校，如查有训练不精、军实不齐者，即将废弛之将弁据实劾参，毋得视为具文。其陕西、甘肃二省官兵现在调赴回疆军营较多，著照例暂停，俟大军凯旋再行派员查阅。"

（卷113　893页）

道光七年（1827年）二月辛亥

谕军机大臣等："本日据理藩院奏，后藏年班堪布谢呼嘉木赞呈报，接据西宁栋廓尔地方留牧牲畜之喇嘛等信称，上年十月突有番贼无数，将喇嘛等牧放之牦牛、骡马三千八百余头匹，尽行抢去，并抢帐房等物。牧放牲畜之喇嘛、俗人等间被枪伤等情。喇嘛等年班事竣，差旋在迩，恳速行严缉等语。前据鄂山、穆兰岱奏野番偷渡，分股抢掠各蒙古牲畜，并劫夺进京堪布留该处牧放之牛只，业经添派总兵荣玉材等跟踪追剿，杀贼一百五十余名，夺回马、牛、羊、驼三万有奇，已逾原报所失赃数十分之六七。传令各事主均匀分领。该堪布此次呈报自系尚未得信，或未经全数追给，著鄂山、穆兰岱再行确查该喇嘛原报所失牦牛、骡马三千八百余头匹，并帐房等物是否全数追获给领。如尚未全获，即严饬员弁，勒限追捕务获。该堪布等不日起程，务先期妥为筹办，俾得随到随行，毋许稍有延玩。倘搜捕不力，致令远人失所，必将鄂山等惩处不贷。将此各谕令知之。"

（卷114　902页）

道光七年（1827年）二月乙丑

举行道光六年大计。奉天卓异官二员，有疾官一员。直隶卓异官十二员，罢软官三员，浮躁官二员，才力不及官四员，有疾官二员，年老官八员。江苏卓异官九员，不谨官二员，浮躁官一员，才力不及官一员，有疾官一员，年老官二员。安徽卓异官六员，不谨官二员，浮躁官二员，才力不及官一员，有疾官一员，年老官三员。江西卓异官十三员，不谨官二员，浮躁官一员，才力不及官二员，有疾官一员，年老官二员。浙江卓异官九员，不谨官六员，浮躁官一员，有疾官一员，年老官二员。湖北卓异官八员，不谨官二员，浮躁官一员，有疾官一员，年老官四员。湖南卓异官九员，不谨官三员，浮躁官二员，才力不及官三员，有疾官二员，年老官二员。河南卓异官十三员，罢软官一员，才力不及官一员，有疾官三员，年老官二员。山西卓异官十二员，不谨官二员，浮躁官一员，有疾官二员，年老官六员。陕西卓异官七员，不谨官二员，浮躁官二员，才力不及官二员，有疾官三员，年老官二员。甘肃卓异官五员，才力不及官一员，有疾官二员，年老官一员。四川卓异官十四员，不谨官三员，浮躁官三员，才力不及官二员，有疾官五员，年老官五员。广东卓异官十二员，不谨官二员，罢软官一员，浮躁官一员，才力不及官三员，有疾官二员，年老官一员。广西卓异官六员，不谨官一员，罢软官一员，浮躁官一员，才力不及官二员，有疾官一员，年老官一员。云南卓异官八员，不谨官一员，罢软官二员，浮躁官二员，才力不及官四员，年老官二员。分别议叙处分如例。

（卷114　910页）

道光七年（1827年）二月丁卯

　　谕军机大臣等："本日鄂山等奏，军营克期进京，转饷愈远，请续筹银两备用。此次回疆军需前经发给饷银六百万两。据鄂山等节次拨解大营军饷及乌鲁木齐等处运粮备用脚费，省局各属雇买车驼，备供兵差，暨官兵借支俸装养廉等银，共发过银六百三十八万八千八百六十九两零。现在大兵云集，分路进剿，支发盐菜草干等项，每月约需银三十余万两。指日大兵奏凯，办理善后事宜，经费浩繁，尤应宽为筹备。前据琦善等奏，先行筹垫淮南商捐银一百万两。李鸿宾等奏，粤东洋盐二商公捐银一百一十万两。刘彬士奏，两浙垫解商捐银一百万两，共银三百一十万两，俱应迅解甘省，以济要需。所有两淮未经起解银两著即遴委妥员，分起管解，迅速前进。浙江、广东筹拨银两计已起运在途，著催令赶紧行走，均不许稍有迟误。并著经过之江苏、安徽、江西、湖北、河南、陕西各督抚饬属一体催趱，妥为照料，毋任贻误。仍将起程及沿途经过日期随时奏闻。至此项协济银两一时未能赶到，著徐炘先于陕西司库存贮款内就近拨银五十万两，委员即行解甘备用。俟粤东解运洋盐二商银两经由陕省时再行扣留归款。将此由五百里谕知各督抚并传谕张青选知之。"

（卷114　911页）

　　又谕："鄂山等奏参玩视紧要军需之知州一折。安西州为关外孔道，现值军兴之际，供支各路官兵转运军火、粮饷，在在均关紧要。该署督等先经发给该署州王世焯军需银十万三千两，原为备办各项之用。又拨给双套铁轮车一百辆、营马二百二十匹、驼六百余只，自已足资驮运，且自上年十一月以后出关官兵由内地拨给长车、长驼直抵阿克苏大营，惟军火、器械由各处陆续起运，所需脚力已属无多。何以该署州竟敢玩延，并不转运，积压至十五起之多？又内地协济乌鲁木齐运粮驼只由肃州裹料出关，沿途只须供支草束。该署州亦多不应付。续调末起川兵所带驼马经过该州四站亦不给与喂养，实出情理之外，显系将所领银饷恣意侵吞，坐视贻误，必应彻底严行究办。署安西直隶州事候补知州王世焯著革职拿问，交鄂山提省严审。一面遴委干员前往接署，并严查王世焯经手军需各项，如有浮冒亏短情弊，著即将该署州任所资财严密查抄。一面奏闻并将伊原籍家产飞咨该省，一体查封备抵，无许丝毫隐匿。俟讯明后即按律从重定拟具奏。仍拨给驼只，饬令接手之员将所积军火各件赶紧趱运，毋再迟误。至另片奏留之捐职府经历张同惠系鄂山等带往襄理文案之人，与无故投效者不同，著准留该处，酌量差委，以资熟手。此外不得援以为例。将此谕知鄂山并谕卢坤知之。"

署陕甘总督鄂山奏请将前任甘凉道英启留于兰州总局，会同办理军需。从之。

（卷114　913页）

道光七年（1827年）二月癸酉

谕军机大臣等："本日据理藩院奏，甘肃洮州厅生员杨宗贤控告伊堂弟土司杨宗基教串架捏，不准伊子番僧杨昂望宗柱充当僧纲一案，已明降谕旨交鄂山审办矣。此案据该生员控称，杨宗基以番僧还俗，欲袭土司。屡经涉讼。杨宗基竟于巩秦阶道衙门约费数万金，公行贿赂，护理土司。迨僧纲出缺，又不遵断案，各守各业，另行举充，唆串僧人、书吏暂行兼摄。虽系该生员一面之词，事关贿通书吏，恃强霸业，必应彻底严究，以成信谳。著鄂山亲提人证卷宗，秉公讯断，如官吏受贿听嘱属实，无论前任现任即当严参惩办，断不准瞻徇讳饰。将此谕令知之。"寻奏："杨宗贤先与杨宗基争嗣有隙，现又因杨宗基不准伊子充当僧纲，心愈忿恨，遂捏称杨宗基贿嘱舞弊。现已讯明，全属诬控。杨宗贤依律拟军，照土番初犯例枷责，免其迁徙。杨宗基因伊嫂罗氏另行择继，多方阻止，居心奸诈，照律降三级调用。土官照例降一级留任，按其品计俸罚米。"下部议。从之。

（卷114　918页）

道光七年（1827年）三月辛巳

以故甘肃平番县属西伍渠土百户杨万昌子国宝袭职。

（卷115　923页）

道光七年（1827年）三月乙酉

署陕甘总督鄂山等奏："偷渡野番全数驱逐回巢，现在河北地方极其静谧。"报闻。

（卷115　924页）

道光七年（1827年）三月壬辰

乌什办事大臣那彦宝奏："乌什西南一带直通喀什噶尔、叶尔羌等处，为大军后路。西北一带俱系布鲁特游牧。该部落等赋性凶顽，习尚抢掠。自张格尔滋事以来从逆背叛者多，均须加意防范。臣于二月初九日亲往卡伦查阅，并先期知会提督齐慎，约至巴什雅哈玛卡伦会晤，商定于西南要隘适中地方，齐慎带领甘州兵弁二千余员名防堵；其偏南柳树泉一带游击武光琳带领西宁兵六百名堵御；西北一带地方辽阔，多贵带领乌鲁木齐兵五百名并伊犁、察哈尔兵三百名驻扎，就近弹压布鲁特。其余山路小径隘口亦酌量分布卡伦，多设侦探，并拨兵守护城垣仓库。惟乌什地方较小，仓贮粮石面斤，合计留防后路官兵四千四百余员名，每日支放需粮十四五万斤之多，仅敷两月之用。臣已饬令陆续采买，妥为筹备。"报闻。

（卷115　928页）

道光七年（1827年）三月丙申

贷甘肃平番、宁夏二县并东乐县丞所属上年歉收贫民两月口粮。

（卷115　933页）

道光七年（1827年）四月丙午

谕内阁："长龄等奏部驳筹办军需各款，会同体察情形熟商妥议，请仍照原议章程撙节办理以昭核实一折。此次回疆用兵远在口外，一切军行驮载供支等事原与腹地不同，前经户部以鄂山等所议军需各款多与定例不符，逐款议驳。当降旨令该署督等会商长龄等体察情形，妥酌办理。兹据逐款确核，分晰陈奏，朕详加披阅。如乌鲁木齐办运大营军粮脚费等项及关内、关外供支哈密调拨驻防官兵口粮一款，此项应需拨银若干，动碾麦面若干，遽难截数。著俟粮运事竣，再将乌鲁木齐前后拨解银两用款及安西、肃州等州县动碾仓米，并伊犁协运兵粮各费一并分别报销。又兵丁加增口粮一款，甘肃食物昂贵，口外经行戈壁，买食愈难，东三省兵丁既于例领口粮外，按日加增。所有各路调集征兵著照东三省一律给发，口内日给银一钱，口外日给银一钱、白面一斤，以示体恤。又官兵骑驮马匹出口筹给草料一款，此项出口行走马匹，官为采办草料，及抵营后分别留防日给干银，进剿日给马料之处，前已准令照办。著于事竣后将采买草料实价及留防日给干银细数核实报销。又买补缺额营马备调一款，各营调赴军前马匹一万二千有余，自应预行买补，以备凯旋时续调。现据查明，甘肃各属牧厂孳生之马，逐年拨补各营例倒马匹外，仅有应行出群马一千七百余匹，尽数拨补，尚不敷额。著先发例价交各营酌买十分之六七，俾免缺额，俟军务告竣，撤回原马归营，即以此项酌买马匹为常年拨补之用，勿任虚糜。又雇用车驼请给守候回空等价一款，该署督等既系援照旧例办理，著仍照例给发，其守候回空例准临时奏请，亦著准其酌给半价。至军需项下买备各物，现值军兴，诸物腾贵，自系实在情形，著准其照案办理，核实报销。又雇募护台民夫一款，系为沿途慎重防守起见，现在大兵进剿，营垒日移，后路粮饷尤关紧要，著准其援照川楚成案，大台募夫七十名，小台募夫四十名，以资防护。又颁给征兵皮衣皮帽并预备赏需牛羊、茶叶等项一款，除皮衣、皮帽前已准其颁赏，所需银牌亦经由内库发交备赏，其牛羊、茶叶等项本系例所不准，姑念回子暨布鲁特随营效用者，在在均资其力，该将军等体察回情，较赏给银两尤为鼓舞，著准其以此项备赏，不得另立赏号名目。又酌定程站里数一款，口内口外山路崎岖陡险，且有戈壁间阻，若悉以百里为一站，恐多窒碍，著照所请，自肃州出关后，凡运送军火兵饷等项，由驿站行走者，仍以百里为一站，如无驿站处所，由军台滚运者，按程核算，不计里数。若有一百四五十里之戈壁，以一站改为两站，给予脚费。其口内遇有崇山峻岭、溪河间隔处所，断难日行百里者，准照例核减，以七十里为一站，其余仍照常办理，以归核实。又据另片奏，前后计办勒鞹三万一千一百有余，除已分赏进征兵丁外，其余留备分赏吉林、索伦、山东、四川等兵之用。此项制办价银亦著准其与前赏皮衣、皮帽、银两一并核销，此皆例不准行之事。朕因此次军兴道途遥远，一切供支非内地可比，格外加恩俞允，概不得援以为例。该将军等当力加撙节，勿任稍滋浮冒。该部知道。"

（卷116　940页）

道光七年（1827年）五月丙子

以陕西按察使颜伯焘为甘肃布政使。服阕按察使林则徐为陕西按察使。

（卷117　964页）

道光七年（1827年）五月癸巳

以甘肃西宁缉捕贼番出力，予永安营游击马鸣谦等加衔升叙。畏葸不前之左营守备任飞熊等，革降有差。

（卷117 976页）

道光七年（1827年）五月己亥

调江宁布政使张志绪为山西布政使。以陕西按察使林则徐为江宁布政使。前任甘肃按察使方载预为陕西按察使。

（卷117 980页）

道光七年（1827年）闰五月己酉

户部议准署陕甘总督鄂山疏报："甘肃正宁县开垦地八十亩，照例升科。"从之。

除甘肃皋兰县被水冲刷地十顷一亩有奇额赋。

（卷118 987页）

道光七年（1827年）六月己丑

以甘肃兰州道萨迎阿为按察使。

（卷120 1017页）

道光七年（1827年）六月庚寅

谕军机大臣等："昨据鄂山奏，甘肃按察使源溥因病出缺，已降旨将萨迎阿补授矣。萨迎阿现署该省按察使，是以将伊补放，著鄂山察看该员人品才具能否胜任，倘不称职即据实具奏，不得因系特旨简放之员稍有迁就。将此谕令知之。"

（卷120 1017页）

道光七年（1827年）六月丙申

予故青海扎萨克辅国公格呼克喇布济祭如例。

（卷120 1022页）

道光七年（1827年）七月戊辰

免应付本处官兵及供应兵差过境兼办粮运军需之伊犁、乌鲁木齐、哈密、吐鲁番、巴里坤各城、甘肃各州县上年本年额赋，并协济军需及应付兵差之甘肃、陕西各州县十分之六。盛京、吉林、黑龙江、顺天、直隶、河南、四川兵行过境各州县十分之四。已征者，均准抵下年额赋。

（卷122 1048页）

道光七年（1827年）七月庚午

谕内阁："上年逆裔张格尔入卡滋事，朕命将出师，声罪致讨。天戈所指，四城立克，若能即日擒渠，朕功全蒇，则扬威将军长龄等宜如何论功行赏。殊勋伟绩自不待言矣，乃张逆先期遁去，至今迄未就获，实由长龄等办理不善所致。今当凯撤竣功，在事出力人员均应叙绩加恩，其中亦不能不略示区别。长龄前因三战皆捷已赏加太子太保衔，此时无可施恩。俟拿获首逆再降恩旨。参赞大臣杨遇春于克复喀什噶尔后亲自带兵收复英吉沙尔、叶尔羌二城，并派杨芳等攻取和阗，调度得宜，杨遇春著赏还太子太保衔，仍交部从优议叙。其子都司杨国佐著赏加游击衔。参赞大臣武隆阿前因患病回喀什噶尔后，甫出图舒克塔什卡伦，又复因病折回，并无出力之处，无可施恩。今已授喀什噶尔参赞大臣，著随同长龄办理善后事宜，并严缉张格尔务获，以观后效。参赞大臣杨芳上年在柯尔坪前敌著有劳绩，本年收复和阗，一切布置俱合机宜，并生擒贼目噶尔勒，伊本兼云骑尉世职，著加为骑都尉，并挑乾清门行走，仍交部从优议叙。新授都统哈哴阿、副都统阿勒罕保、卓尔珲保、倭楞泰、吉勒通阿、德海、新授乌什办事大臣多贵、新授英吉沙尔领队大臣那桑阿、新授喀什噶尔帮办大臣苏清阿、新授叶尔羌帮办大臣扎克桑阿俱著交部从优议叙。内阁学士容照、桂轮、副都统新授阿克苏帮办大臣容安、伊犁领队大臣恩绪俱著交部议叙。新授察哈尔都统安福著赏戴花翎。伊犁领队大臣祥云保、硕隆武上年带领伊犁官兵行走迟缓，本应革职治罪，因查由冰岭难行，责令图功自赎。该二员功罪仅足相抵，无庸给予议叙。甘肃提督齐慎、陕西汉中镇总兵吕天俸、四川重庆镇总兵余步云、山东登州镇总兵成玉、甘肃永昌协副将胡超、庄浪协副将李士林、安西协副将郭继昌、金塔协副将张国相、云南曲寻协副将周志林俱著交部从优议叙。甘肃宁夏镇总兵史善载著交部议叙，其办理粮台及转运各员，经理妥协，均无贻误。署陕甘总督陕西巡抚鄂山总理军需，事务繁剧，著加太子少保衔并赏戴花翎。新授山东巡抚卢坤著加太子少保衔。乌鲁木齐都统英惠著赏戴花翎。新授喀什噶尔帮办大臣副都御史诚端著赏给二品顶带。英惠、鄂山、卢坤、诚端仍俱著交部从优议叙。新授叶尔羌办事大臣副都统恒敬、库车办事大臣头等侍卫那彦宝、新授和阗领队大臣头等侍卫果良额、新加副都统衔授库尔喀喇乌苏领队大臣常格俱著交部从优议叙。吐鲁番领队大臣副都统衔赓音岱前因陈奏不实，拔去花翎，部议降调，已加恩改为革职留任，无庸给与议叙。土尔扈特贝子巴勒丹喇什、和硕特头等台吉乌尔图纳逊前因带兵出力，已加恩挑乾清门行走，仍俱著交理藩院从优议叙。土尔扈特管旗章京陇吉特、甲喇章京额尔德尼等俱著交理藩院议叙。其跟随巴哈布打仗之蒙古阿勒巴图一千名再著赏银一千两。此次议叙各员均著照军功例议给，用示朕振旅策勋，有功必录之至意。"

（卷122　1049页）

道光七年（1827年）八月己卯

青海左翼正盟长郡王车凌端多布因病告替，以贝勒那木喀旺扎勒为青海左翼正盟长。

（卷123　1060页）

道光七年（1827年）八月辛丑

以办理军需出力，准喀喇沙尔印房章京银格以甘肃同知、通判尽先升补。

（卷124　1083页）

道光七年（1827年）九月甲辰

赠甘肃军营病故按察使源溥光禄寺卿衔，予祭葬恤荫如例。

（卷125　1084页）

道光七年（1827年）十月庚辰

谕内阁："前据鄂山奏，甘肃应付兵差及协济军需各州县，恩免六年、七年钱粮，请将六年应免新赋改免通省未完旧欠，当交户部速议。兹据奏称前此加恩系因承办军需资用民力之州县，并非普免本省钱粮。该督所请将应免道光六年新赋改免通省自嘉庆二十三年至道光五年积欠，互相比较，计与通省应免新赋银数尚有减无浮。惟旧欠粮草较之新赋滋多，且内有未办兵差及不应全免之各州县，尚应分别剔除等语。甘肃省地多硗瘠，户鲜盖藏。自上年军兴以来，该省为新疆门户，军行络绎，供顿綦繁，虽一切皆取给帑项，而应付车马，采办军需不无借用民力，在应予恩施之州县固应将业户编氓一律体恤。即不办兵差之地方皆得户免追呼，借资培养，亦损上益下阊泽覃敷之道。著照该署督所请，六年份应免一年钱粮改将嘉庆二十三年至道光五年通省民欠未完地丁正项银二十一万八千余两，耗羡银三万一千九百四十余两，马厂租息杂赋银一万三千八百四十余两，正粮六十八万二百一十余石，耗粮一十万二千三十余石，番粮学租一千三百九十余石，本色草五百八十九万三千余束，全行蠲免。其七年份应蠲、应减各州县仍遵前降谕旨，分别办理。内有已经征收者，查明截数，准其划抵下年钱粮赋课。至六年份已输在官银粮草束，仍著尽数报拨，并将未完之项照数催征。该署督当将各州县应免积欠银粮草束细数造册报部备查，仍即将此旨刊刷誊黄，宣示城乡村镇，咸使闻知，俾免官吏胥役，影射重征，致滋弊窦，以期膏泽下究，用副朕普惠闾阎至意。该部即遵谕行。"

谕军机大臣等："自九月初六日递到长龄等奏报后，迄今一月有余未接军报，及至本日报到，无非乞恩搪塞。善后并未分明，逆首仍无音信，曷胜愤懑之至。前据奏请留兵八千，已降旨允准。兹复请多留防兵，所议亦未允协，如巴尔楚克牌素巴特前此尚为军营后路，此时已无转运军粮防护台站要务，留驻多兵，徒滋糜费，缓急亦无济于事，著无庸驻兵。乌什著留兵五百名。阿克苏著留兵五百名。叶尔羌准其留兵二千名。和阗、英吉沙尔准其各留防兵五百名。喀什噶尔留兵一万亦觉过多，准其以伊犁马队二千名留用，再留绿营兵二千名，足资镇抚。其吉林索伦官兵一千名及其余官兵仍遵前旨即行撤回。现在逆酋窜匿卡外，固系釜底游魂，然外夷各部落利其扰害，以资掳掠，难保其不复相煽结。朕料该逆不能复行蠢动则已，倘再图窥伺，恐出我不意，料我无备，必向叶尔羌侵犯。著杨芳等于带兵得力将领内酌派一人，奏明暂令前往帮同恒敬等镇静防守，仍当随时察看光景，密设侦探，相机调度。切勿堕彼奸计是为至要。喀什噶尔参赞大臣印信著礼部速行铸就，交军机处附报颁发。甘肃提督齐慎准其给假百日，回籍治丧，事竣仍回本任。军营历次保升各员内有留防在各城者，回营需时，著该部先行发给扎付，以便支食廉俸。其现留之兵准其照例月给盐菜，夫折银二两四钱一分，以资食用，并准作正开销。至所请制给兵丁、皮棉、衣服之处，此时留防，非上年出征可比，著不准行。再据片奏，原任同知张循征仍以原官留甘补用。陆有恒赏给通判职衔，又调伊犁废员马伯乐办理汉字文案等语。善后事宜，甫经办理，何得遽将留办之员请予恩施，且张循征已入大计参劾，陆有恒前此未允所请，何以既调马伯乐到彼，又请留张循征等。办事即或需员亦不过一二人足供差遣，著杨芳等酌量留用，不得概行收录也。将此由六百里加紧谕知杨芳、武隆阿并谕诚端、苏清阿知之。"

（卷127　1123页）

道光七年（1827年）十月壬午

谕军机大臣等："现在回疆底定，大兵凯撤，惟逆首尚未弋获。谕令该参赞等暂留官兵在彼防堵，大约以八千名为率。向来新疆兵饷俱由甘省办理，今又暂添兵力，自须于常年经费之外另为筹款。官兵凯撤后，军需总局自应裁撤。此项留防官兵即责成陕甘总督率同藩司先行通盘筹划。即以留兵八千名核计一年应需盐菜、口粮若干，并查明现已运往军营者尚有若干，该省藩库存饷尚有若干，核定章程，以期源源接济。固不可稍滋糜费，亦不可偶形短绌，庶免临时周章。一经议定即速由驿奏闻，候朕降旨。将此由五百里谕令知之。"

（卷127　1126页）

道光七年（1827年）十月戊子

谕军机大臣等："据德英阿等复奏，伊犁、乌鲁木齐等处兵丁所需军械、茶布等项，向系派员赴甘省藩库领银，分赴西安、凉州会同各该地方官，将应置货物循照市价购办，自行运回。设立官铺，俟各兵销售后，按月坐扣饷银，交库归款。所售价值比之向商人购买减省较多。核之原本稍加利息，作为一切津贴之需等语。新疆各城赴内地置办军装、茶布等项相沿已久，今若遽议更张，转使商民垄断居奇，而兵丁生计日滋苦累，自系实在情形。著照该将军等所议，嗣后仍循旧章办理。至委员等如有借口公差夹带违禁货物，著该将军督抚等随时派委妥员严密稽查，有弊即参，毋许稍有徇纵。其货物到城不准先行按名分给，著饬令各兵丁于需用时自赴官铺取用，以杜弊混。将此谕知德英阿，并谕英惠、容安、鄂山知之。"

（卷128　1129页）

以承办兰州、肃州总局军需出力，赏湖北巡抚前任甘肃布政使杨健、甘肃布政使颜伯焘、按察使萨迎阿、道员英启、桂菖、知县李天锡花翎，道员查廷华等加衔升补有差。

（卷128　1130页）

道光七年（1827年）十月己丑

以山西、荆州、青州、凉州及保定等五处驻防军政，年逾六十官十九员，精力未衰，均命留任。

（卷128　1132页）

道光七年（1827年）十月庚子

谕军机大臣等："据户部奏，甘肃地处极边，储备尤关紧要，向系额贮银三十八万两，分贮银二十二万两，为数本少，节经动用，所存无几。请于藩库贮银二百万两，先在山西秋拨地丁款内拨银五十万两解甘收贮，其余于陕西、河南、山西、山东、湖北及甘肃捐监应解部银两，并该省旧贮实存银两，共陆续凑足二百万之数。责成藩司加谨封贮，不准率请动支等语。藩库封贮银款原备地方缓急之用。甘肃地邻边塞，自应预筹经费以资储备，惟该省旧存封贮银两久经动缺，未能归补足额，亟须宽为筹划。著照所请，先于山西省秋拨地丁项下动拨银五十万两解往甘肃收贮。其余银两著陕西、河南、山西、山东、湖北各该抚将所收监饷每凑足五万两，即行奏明，改解甘肃藩库交收。其甘肃所收监银亦毋庸解部，每凑足五万两即奏明尽数归补封贮。总俟该省藩库共收足二百万两之数，即由该督奏请停止。仍著各该省将监银照常解部交纳。此项银两随时解往，著责成该藩司颜伯焘加谨封贮，若非实有要需，概不准率请动用。倘有丝毫挪缺，必当按律严惩。仍著该督按年盘查奏报，以凭稽核，将此谕知鄂山，传谕颜伯焘并谕徐炘、杨国桢、福绵、琦善、杨健知之。"

（卷128　1141页）

道光七年（1827年）十一月乙巳

谕内阁："长龄等奏东省进征官兵骑驮马驼倒毙过多请免追赔一折。上年进征逆回，调派吉林等处官兵。所领马匹等项，因口外戈壁地方并无水草，易致受伤，且为时已久，程站迂远，未免倒毙过多。若照例著赔，兵力益形拮据。加恩著照所请，所有吉林、黑龙江出征官兵领过马驼车辆价银，准其免赔。俟东省马队全数撤完，造册咨部查核。其火器、健锐两营官兵领骑马匹均一律照办。至伊犁官兵现俱留营，著俟凯撤时查明领过马数，再行据实具奏。西安、宁夏、凉州并乌鲁木齐各满营官兵或早经撤回，或派令防守，所领马驼尚不致倒毙逾额，著咨明各该将军都统确查办理。又另片奏，塔尔巴哈台马五千匹，因上年军务紧急，不能随时缓息，以致倒毙过多。所有领解员弁查无经牧不善及盗卖捏饰情弊，均著免其议处。该部知道。"

（卷129　1148页）

道光七年（1827年）十一月癸丑

谕军机大臣等："鄂山奏筹划暂留回疆防兵经费一折。据称此次军需最后部拨银一百万两及陕省调拨银三十万两均已解到。前后共收银一千一百十六万五千两，除解往乌鲁木齐等处外，实解大营银五百六万两。现存司库银八十一万九千余两，以备供支凯兵过境及各处找领之需。所解大营饷银接长龄来信，足资接济等语。所奏均悉。惟现在因元恶未除，降旨暂留满汉官兵共一万八千名。明岁一年经费断断不可支绌。鄂山此次复奏经费所称岁需盐菜、银十四万二千二百两零，口粮岁支白面三百九十一万三千二百斤，需小麦三万六千二百三十三石零，系就八千名核算，今又增兵一万，盐菜、口粮又需增至一倍有奇。著鄂山督同该藩司颜伯焘再行核算留兵一万八千，明岁一年应需盐菜、口粮若干，除本省报拨银二十余万两及由乌鲁木齐等处运往并在各城采买粮石外，不敷若干，务须通盘筹划。核定章程以期源源接济，断不可偶形短绌以致临时周章。一经议定，即速由驿奏闻，候朕降旨。将此由五百里谕令知之。"寻奏："官兵一万八千名，计一年盐菜银及采备半年粮石，请敕部添拨银一百万两，甘肃拨银二十万两方足支应。"下部速议。寻议："甘肃藩库可拨银二十万两外，请于山西、河南拨银五十万两，其余五十万两随后筹款拨解。"从之。

（卷129　1154页）

道光七年（1827年）十二月丙子

谕内阁："此次军需动拨银一千一百一十六万余两，统由兰州转运肃州，由肃州分拨口外各粮台应用。是甘肃兰州总局为军需总汇之所，自应统归省局汇造报销。惟内有分拨各处备用者，有先行垫用续经还款者，必须逐一划清，方免谬辖。至口粮一项多动用本处仓粮，著照户部所议，由兰州、肃州两局支拨者统归总局报销，由该将军都统大臣等动支本处银粮者，即令自行咨部核销。"

（卷131　1170页）

道光七年（1827年）十二月壬午

　　广东陆路提督何君佐因病解任。调贵州提督刘荣庆为广东陆路提督。以四川重庆镇总兵官余步云为贵州提督。甘肃永昌协副将胡超为重庆镇总兵官。

（卷131　1176页）

道光七年（1827年）十二月庚子

　　上御保和殿。筵宴朝正外藩：科尔沁、乌珠穆沁、喀喇沁、巴林、敖汉、奈曼、喀尔喀、土默特、杜尔伯特、阿巴噶、鄂尔多斯、翁牛特、乌喇特、苏尼特、克什克腾、阿巴哈纳尔、茂明安、青海王、贝勒、贝子、公、额驸、台吉及朝鲜、暹罗国正副使等随文武大臣依次就坐。诸乐并作，上进酒。召左翼：科尔沁扎萨克土谢图亲王诺尔布林沁、科尔沁扎萨克卓哩克图亲王巴图、乌珠穆沁扎萨克车臣亲王多尔济济克默特纳木济勒、喀喇沁扎萨克亲王衔都楞郡王和硕额驸满珠巴咱尔、科尔沁扎萨克冰图郡王林沁扎勒赞、科尔沁扎萨克郡王僧格林沁、喀喇沁贝勒托恩多、巴林扎萨克郡王那木济勒旺楚克、奈曼扎萨克郡王阿宛都瓦第扎布、敖汉郡王干咱巴拉、阿巴噶郡王那木萨嗽多尔济、鄂尔多斯扎萨克郡王巴保多尔济、科尔沁贝子济克默特、敖汉镇国公固山额驸那木扎勒多尔济、喀喇沁扎萨克辅国公理藩院额外侍郎玛哈巴拉。右翼：喀尔喀扎萨克亲王车林多尔济、喀尔喀车臣汗阿尔塔什达、喀尔喀扎萨克图汗玛呢巴咱尔、喀尔喀扎萨克贝子伦布多尔济、回部郡王衔贝勒哈迪尔至御座前，赐酒成礼。

（卷131　1188页）

《清道光实录（三）》

道光八年（1828年）正月癸亥

以督办粮台始终勤奋，赏署陕甘总督鄂山、山西巡抚卢坤头品顶带。

（卷132　11页）

道光八年（1828年）正月乙丑

又谕："杨遇春自简署陕甘总督以来，办理诸务，悉臻妥协。前因逆回滋事，授为参赞大臣，差赴军营。上年进兵克复喀什噶尔、英吉沙尔、叶尔羌，皆系杨遇春身亲统率，其派委将领收复和阗，亦复调度有方，实为尽心出力，著加恩实授陕甘总督。"

（卷132　14页）

道光八年（1828年）正月庚午

赏陕甘总督杨遇春紫缰。

（卷132　20页）

道光八年（1828年）二月辛未

谕军机大臣等："昨据杨遇春来京陛见，已降旨实授陕甘总督，并即令回任。鄂山俟其到甘应即交卸督篆，至所办事需报销事宜总须一手经理。陕西巡抚现有徐炘护理，鄂山著暂留甘肃，督同局员将报销一切事宜全数办竣，再行奏明回任。将此谕令知之。"

（卷133　20页）

道光八年（1828年）二月壬申

以故甘肃平番县属大营湾土司鲁宪章子励权，庄浪厅属土千户王天佑子积福各袭职。

（卷133　23页）

道光八年（1828年）二月癸酉

谕军机大臣等："德英阿等奏请饬甘省筹解布匹以备易换哈萨克牲畜一折。向来喀什噶尔、叶尔羌、和阗三城每年额征回布九万九千余匹，运至伊犁，分拨塔尔巴哈台，为易换哈萨克牲畜之需。兹据德英阿等奏，现在伊犁库存布一万余匹，又上年和阗回众交布二万匹，共计库布仅存三万余匹，殊形短绌。上年该将军因布匹不敷，奏准由甘肃购办布六万匹，分拨伊犁及塔尔巴哈台，以备易换牲畜。本年库存布匹既属不敷，自应预为筹备，著鄂山即查照道光七年办理章程数目，再为采买一年，即于本年春间陆续分起解运，毋误贸易之期。所需布价著即于调拨例饷内递年份限接扣归款。牲畜、布价分别报部。其分给各官兵著，照价扣饷，余著照该将军等所议办理。将此谕知鄂山并谕德英阿、容安知之。"

（卷133　23页）

道光八年（1828年）三月癸卯

又谕："鄂山奏，留办军需报销，遇有题、咨事件，是否会衔盖印，抑借用总督关防等语。前因杨遇春即日回任，降旨令鄂山于交卸督篆后暂留甘肃督办报销。原期一手经理所有题达事件应须钤印之处，准其借用陕甘总督关防，径行题咨办理，不必拘泥复核会衔，徒延时日。一俟核办全竣即行奏明回任。"

（卷134　42页）

道光八年（1828年）三月己酉

谕内阁："英惠奏兵丁领买官铺货物恳恩缓扣饷银一折。乌鲁木齐所属各满营兵丁需用货物，向于甘肃藩库借项，官为置办。兵丁陆续取用，在于月饷内将价银扣还。兹据英惠查明，吐鲁番、乌鲁木齐二城道光六年春间借饷所置各货，因军兴后车驼短少，运到较迟，各兵尚未取用，未便将月饷先行坐扣。著照所请，吐鲁番、乌鲁木齐二城兵丁共应扣道光八年份饷银六万八千两，准其缓至八年十月扣起，按十五个月扣至九年年底清还归款。前借置本银两，甘肃藩库已于八年应解饷银内扣除。该二城本年兵饷不敷支放，著陕甘总督即将前扣八年份饷银饬司筹款补拨银六万八千两，俾资支给。仍著于拨解九年份第二次饷银内扣清归款。"

（卷134　43页）

道光八年（1828年）三月庚戌

命前任热河都统升寅驰往甘肃，会同陕西巡抚鄂山查办事件。

调江西南赣镇总兵官张佑溪为安徽寿春镇总兵官。甘肃宁夏镇总兵官史善载为南赣镇总兵官。以甘肃安西协副将郭继昌为宁夏镇总兵官。

（卷134 45页）

道光八年（1828年）三月甲寅

又谕："鄂山等奏查明防堵野番出力各员请分别鼓励一折。青海蒙古地方每年派拨防兵巡查保护。即令防堵严密，野番不敢渡河肆劫，亦该员弁等循分尽职之事，非勤力疆场者可比，何得率请尽先升擢。姑念稽查究属认真，亦未便没其微劳，所有奏请升用加衔之游击马鸣谦、阿克敦保、署游击都司富森布、千总米兆禄、王永贵、赵玉俭，著与副将周佐胜、游击丁玉柱、都司杨福增、守备徐戊麟俱交部议叙。该督等仍当于每年派防时，严行饬谕该弁兵，务须认真巡察，不得以照例防堵，无可邀功，辄欲喜事见长，别滋衅端。尤不可因此视为具文，稍存疏懈，致虚边备。"

（卷134 46页）

道光八年（1828年）三月乙卯

告休甘肃大通县属土千户才他尔加布弟端住布巷加尔各袭职。

（卷134 49页）

道光八年（1828年）三月戊辰

又谕："长清奏阿克苏收发军需粮饷请统归兰州总局报销一折。此次军需动拨粮饷，前经户部奏准，由兰州、肃州两局支拨者，总归兰州总局报销。其由各城动支本处银粮，即令自行咨部核销。兹据长清奏，阿克苏支发各款与各粮台均有牵涉，各官兵支领盐粮等项先后参差不齐，款目繁多，必须会同粮员查核。现在各粮台委员均已携带案卷进省，未便令其复至塞外，筹办报销。且各城分办册籍一时未能汇总报部，将来往返驳查，徒稽时日。自系实在情形，所有阿克苏动用军需银两，著准其统归兰州总局汇造报销，以昭核实。"

（卷134 57页）

道光八年（1828年）四月庚辰

又谕："甘肃省现贮军需本款止存银一万余两，不敷支发。据杨遇春查明该省藩库储备专款现贮有山西等省并本省提收银两，恳暂行借用。著照所请，准其暂借贮备银五十万两归入军需款内以备支用。此项贮备专款原不准率请动借，既经借用，必应及早还款。户部于今春续拨银五十万两解甘应用，著俟到时即行拨还原款封贮。"

道光八年（1828年）四月甲申

调绥远城将军果齐斯欢为黑龙江将军。以署甘肃提督特依顺保为绥远城将军。

道光八年（1828年）四月辛卯

又谕："那彦成奏回疆大概情形，所奏俱是。向来安集延进卡贸易，转贩内地大黄、茶叶、硝磺，接济外夷渔利。其流寓各城者均已私行置产安家，与卡内回民无异。乃相率助逆，戕害官兵，蹂践回民，实属可恶。现在各城寄居安集延之人自数十户至数百户不等。那彦成已委员确查，驱逐出卡。朕思此项人数较多，相沿已久，固不可姑息容留，任其盘踞贻患。但欲全行逐出，设办理不善，转恐激成事端。该督务当实心体察情形，持以镇静，通行各城妥办。并著参赞大臣每年查核具奏一次，以收实效。至大黄、茶叶严禁出卡。现拟设立官商承运行销，以免私贩偷漏。那彦成已派员前赴凉州确查，并札商鄂山，必须实能绝其出卡，而于卡内回民仍无不便之处，方为妥善。著俟议定时即行具奏。嗣后各外夷即恭顺听命，亦应照伊犁贸易亭派官经理，只准来卡交易而退，不准在各城安家置产，永绝后患。其乌什卡伦侍卫著即一律裁撤，改归绿营。至近年各城大臣及本处章京、司员、笔帖式等并大小各伯克剥削回众，弊非一端。必应将陋规概行裁汰。前据那彦成奏，请加增各城大臣养廉，业经降旨分别酌量加增。其司员、笔帖式等亦著筹议加增盐菜银两。兹据奏拟将现办地亩征收粮石内筹议津贴各城大小官员，自己足敷办公。断不准再有收受陋规，违者严参惩办。现在各该城应办事宜尚多，那彦成请与各该大臣会商办理，所见极是。此后事关善后者，著随时会商妥议具奏。将此谕令知之。"

道光八年（1828年）五月壬子

以办理进征凯撒兵差始终出力，赏甘肃道员桂菖按察使衔。道员朱树、游击袁纲花翎，余升补议叙有差。

以解逆首张格尔来京，沿途接办妥协，予阿克苏办事大臣长清、前任库车办事大臣果良额、喀喇沙尔办事大臣巴哈布、吐鲁番领队大臣赓音岱、哈密办事大臣恩铭、帮办大臣国勒明阿、陕甘总督杨遇春、护陕西巡抚徐炘、河南巡抚杨国桢、护直隶总督屠之申优叙，并开复陕西巡抚鄂山处分。

以查验出关官兵军器马匹认真，予甘肃肃州镇总兵官刘瑞议叙。

以帮办兵差出力，赏甘肃庄浪土司鲁纪勋二品顶带。

以办理兵差车辆迅速，予休致甘肃府经历胡彬以吏目巡检补用。

（卷136　85页）

道光八年（1828年）五月丁巳

命绘平定回疆剿擒逆裔功臣：扬威将军大学士威勇公长龄、参赞大臣固原提督乌能伊巴图鲁果勇侯杨芳、参赞大臣陕甘总督莽阿巴图鲁一等男杨遇春、喀什噶尔参赞大臣阿勒精阿巴图鲁武隆阿、都统西朗阿巴图鲁威勇侯哈哴阿、护军统领喀屯巴图鲁阿勒罕保、提督衔署固原提督莽阿巴图鲁胡超、贵州提督法福哩巴图鲁余步云、库尔喀喇乌苏领队大臣副都统巴哈布、副都统奇成额巴图鲁苏清阿、阿克苏办事大臣副都统长清、塔尔巴哈台参赞大臣达凌阿、多罗郡王博德欢武巴图鲁伊萨克、察哈尔都统格绷额巴图鲁安福、头等侍卫法式尚阿巴图鲁巴清德、直隶提督强谦巴图鲁齐慎、吉林副都统萨奇克起巴图鲁吉勒通阿、安徽寿春镇总兵官伊清阿巴图鲁郭继昌、喀什噶尔帮办大臣副都统衔果勒明阿巴图鲁额尔古伦、陕西西固营都司即补参将阿察本巴图鲁段永福、头等侍卫塔尔巴哈台领队大臣德勒格尔桑、头等侍卫额图珲巴图鲁华山泰、宁夏副都统沙噶巴图鲁伊勒东阿、吉林协领刚安巴图鲁寿昌、黑龙江协领喀勒崇依巴图鲁鄂尔托彦、黑龙江协领阿勒金图巴图鲁全浚阿、黑龙江总管副都统衔舒凌阿、伊犁察哈尔总管扎布都勒噶巴图鲁乌齐拉尔、三等侍卫绰克托克图鲁得胜额、吉林佐领博启巴图鲁乌凌额、吉林佐领苏彰阿巴图鲁德成额、黑龙江佐领苏尔巴图鲁占布、黑龙江佐领扎萨克图巴图鲁阿勒吉讷、伊犁锡伯佐领齐朗阿巴图鲁德克精阿、伊犁索伦副总管达哈逊巴图鲁哈丹保、伊犁锡伯马甲防御衔骁骑校法福哩巴图鲁讷松阿、伊犁锡伯马甲防御衔骁骑校西喇瑸阿巴图鲁舒兴阿、陕西兵马升甘肃宁远堡守备西吉尔珲巴图鲁杨发、陕西马兵升抚标左营守备腾奇楚克巴图鲁田大武、钦差大臣直隶总督那彦成四十人像于紫光阁。

（卷136　88页）

道光八年（1828年）五月癸亥

甘肃肃州镇总兵官刘瑞年老休致，赏食全俸。以陕西神木协副将窦德为肃州镇总兵官。

（卷136　97页）

道光八年（1828年）六月己卯

谕内阁："军机大臣等会同长龄议复那彦成等奏增设防兵通盘筹拟一折。前因回疆甫经平定，暂添防兵八千名，合之旧设防兵，共计一万余名，分布各城以资守御。现在首逆就诛，边陲安谧，那彦成等体察情形，请于伊犁满兵及绿营兵内共减兵一千五百名，以节糜费。著照所拟办理。其喀什噶尔新设总兵，著将甘肃凉州镇总兵一缺改为该处换防总兵，班满三年，由参赞大臣奏请简派。应行增设副将等官，著那彦成等妥议具奏。现任凉州镇总兵哈丰阿著留于甘省，交该督差委，俟有缺出请旨简放。其凉州镇营汛即以甘肃庄浪协副将移驻该处，以资统领，并将凉州中营游击移驻庄浪。至凉州既改镇为协，应裁汰额兵一千五百名分，拨甘肃督标及河州镇标各营。一切事宜著该部行知陕甘总督，照例办理。至口外换防官兵向系尽陕甘两省口内外十四标营派拨，从前内地派兵换防故习，大半以衰老充数，到戍后复准告驻一两班至三班不等，以致虚糜粮饷。嗣后该管督、抚、提、镇等务须认真挑派，兵丁内年逾四十者即不准换防，其班满告驻陋习著永远禁止，并著参赞大臣等务将派往之换防兵丁加意操演，俾得悉成劲旅，以归实用。此项换防兵丁三年后应酌减二千名，五年后再减二千名，届时何城应减若干，或有暂难裁减之处，由参赞大臣等酌量奏办。现在留防均系前此出征官兵已经三载，著陕甘总督自本年秋季起按照现定数目分三季派遣前往更替。此后仍循五年旧例分三班更换，以期经久。余俱照所议行。"

（卷137　107页）

道光八年（1828年）六月庚辰

又谕："杨遇春奏新疆驻防旗员补署丞倅牧令请照例回避一折。口外府、厅、州、县等官向由陕甘两省实缺旗员内拣选调补。兹据该督奏称，近年率多以该处驻防年满之员辄令补署，与例不符。著照所请，嗣后新疆驻防旗员当差年满，经乌鲁木齐都统保奏，堪膺民社者悉令回避近地。准其咨送口内，对品酌量补署，不得仍留该处，以杜瞻徇而符定制。"

（卷137 108页）

道光八年（1828年）七月庚戌

又谕："杨遇春奏请减金厂人夫一折。甘肃敦煌县沙州金厂开于乾隆年间，厂夫定额二千名。嗣于嘉庆年间因厂金微细，奏准减夫六百名，留夫一千四百名采挖抽课。兹据该督奏称，自减夫以后迄今又将二十年，矿老金微，情形更非昔比。本年开厂商夫畏累不前，招募不能足额，恳请再行核减。著照所请，准其再减夫四百名，以一千名定为正额。该督即饬该县会同厂员赶紧募夫，督率开采，务期课项核实，毋许稍有短绌。该部知道。"

（卷138 131页）

道光八年（1828年）七月庚申

准回疆凯撤山东兵丁借支甘肃藩库饷银，分半扣收。

（卷139 138页）

道光八年（1828年）七月丙寅

伊犁将军德英阿奏："伊犁每岁经费向由甘肃先期一年调解银六十一万两。现奏定议恤应袭云骑尉俸银并各兵家属孀妇钱粮等项，共需银四万余两。请嗣后拨银六十五万两以供支放。再伊犁原存备贮银十万两，经庆祥带赴南路，遗失无存。请饬陕甘总督如数筹拨解交，照例封贮。下部议行。"

（卷139 144页）

道光八年（1828年）八月壬申

谕内阁："穆兰岱奏，玉舒番族因被抢劫逃奔青海西南色尔克地方，请暂令住牧等语。西宁管辖之玉舒百户原牧地方被四川果洛克贼番抢劫穷困。该族番人带领四十余户逃奔青海，情形实为可悯。著照所请，准其令该百户即在色尔克地方暂行住牧。一俟明岁春融后即将该百户并其属下番户一并逐回原牧，毋任日久逗留。"

谕军机大臣等："穆兰岱奏，本年六月间，据青海右翼正盟长郡王棍楚克济克默特呈报，有四川所属果洛克贼番二百余人前来抢劫南柴达木地方住牧之扎萨克台吉布彦达赖旗下羊二百余只、牛七十余只，贝子喇特纳什第等旗蒙古驮盐牛二百四十余只，阿里克番子马牛一百数十只。蒙古、番子聚集多人追赶不及，贼已逃逸各等情。又另片奏，前因出口途次察罕托洛亥地方，接见归隶西宁管辖之玉舒雍希叶布族百户多尔济旺吉尔，回称本年二月内被四川果洛克贼番前来抢劫牲畜，并伤毙属下百长噶布藏纳木加立等三命，以致该属番人不能住守原牧，遂带领四十余户于三月间逃奔青海西南色尔克地方住扎等情。现俱移咨川省查办等语。南柴达木及玉舒地方相距青海俱远，与四川、西藏所属果洛克族番毗连。该处住牧蒙古屡有被果洛克贼番抢劫之案。兹据穆兰岱查明，扎萨克台吉布彦达赖等旗被抢牛羊共有数百余只之多，甚至玉舒番族被抢毙命，穷困逃奔。该贼番等胆敢聚众越境，肆行抢夺，实属目无法纪，必应严拿惩办，俾该蒙古、番子各安游牧。著瑚松额等严饬管文武认真勒缉此二案赃贼务获，审明按律定拟，勿使一名漏网。将此谕令知之。"

（卷140　147页）

道光八年（1828年）八月己卯

谕军机大臣等："前因甘肃军需总局报销未竣，命鄂山暂留该省督办，计今数月。如稽核均已就绪，著将其余事宜交藩司颜伯焘督同局员妥办，即回陕西巡抚本任。将此谕令知之。"

（卷140　153页）

道光八年（1828年）八月丙戌

又谕："那彦成等奏严禁奸商私贩茶叶并设局稽查一折。甘肃官引额销茶叶每年例应出关二十余万封，近来行销竟至四五十万封之多，显系以无引私茶从中影射。其行销各城又复递加价值，每副茶一封售银七八两至十余两不等。此等奸商私贩勾通外夷、剥削回众，不可不严行禁绝。现据那彦成等酌情每封官为定价，阿克苏价银不得过四两，喀什噶尔、叶尔羌不得过五两，作为永定之价，不许增添。并于嘉峪关地方照杀虎口、归化城、张家口等处设立税局，阿克苏照古城设立税局。喀什噶尔、叶尔羌为行销总要之区，均设立税局，稽查奸商私贩以杜流弊。俱著照所议办理，其详细章程著那彦成等另行妥议具奏。"寻议上，命大学士托津、长龄、协办大学士富俊会同户部核议。寻奏："商人贩茶远赴口外行销，原为利往，如层层纳税、节节盘验，恐商人仍取给于食茶之人，茶价势必增昂，回民转滋苦累。若虑回民买食价昂，抑勒商人减价销售，尤恐该商等裹足不前，回民或至乏食，关系非浅。且原奏内称商人因避西四城茶税，将茶斤卖与东四城回子转运西四城贩卖，亦令回子在西四城一体纳税，是因征商税而并及回众，于边地尤不相宜。查乌里雅苏台、科布多二城向食北口商茶，并未议征税课。今伊犁等处同系口外地方，独令该处兵民买食纳税贵茶，亦不足昭平允，俱无庸议。"从之。

（卷141　159页）

道光八年（1828年）九月辛丑

又谕："杨遇春等奏弁殴毙随兵咨革审办并鄂山自请议处一折。陕甘督标千总米兆禄经杨遇春派随鄂山前往宁夏充当巡捕。辄敢黄夜潜出聚饮，将随带马兵徐文升殴伤致毙。复捏称病故，私令尸父领回，实属藐法。米兆禄著即行斥革，交杨遇春提集人证，严讯有无起衅别情及贿和等弊，按律定拟具奏。鄂山失于觉察，著先行交部议处。"

补予甘肃承办兵差理藩院委署主事富惠等升叙有差。

（卷142　173页）

道光八年（1828年）九月壬寅

调甘肃提督齐慎为直隶古北口提督。古北口提督何占鳌为甘肃提督。以署古北口提督四川重庆镇总兵官胡超署陕西固原提督。

（卷142　175页）

道光八年（1828年）九月辛亥

陕甘总督杨遇春奏："请动款预买甘肃兵粮以资备贮。"允之。

（卷142　184页）

道光八年（1828年）九月戊午

又谕："琦善奏查明绿营兵丁岁支红白银两请照旧恤赏一折。山东省绿营兵丁岁支红白恤赏银两，前经部议，请与陕甘等省俱照例定银数酌减十分之三。兹据该抚查明，节年岁销银数不致增加，支用并无不敷，若与岁有增加省份一例酌减，未免向隅。著照所请，所有山东抚镇各标兵丁及黄运两河之河兵堡夫应领红白银两，著准其照依旧数恤赏，免其酌减三成，以示体恤。惟额无一定，究恐日渐增多，嗣后凡遇有闰之年著定以八千两，无闰之年定以七千两作为岁额，核实支放。如有余剩，提存司库。遇有支用稍多之年即将存项凑发。如再不敷，即于各该厅营公费内支给，不准于岁额外加增，以节经费。该部知道。"

（卷143　191页）

道光八年（1828年）九月乙丑

予叶尔羌、喀什噶尔、英吉沙尔阵亡甘肃副将乌大魁、游击苏超、钟虎翀祭葬世职。兵丁张璧等四名赏恤如例。

（卷143　201页）

道光八年（1828年）九月丙寅

谕内阁："穆兰岱奏请与西宁镇一体校阅营伍一折。西宁办事大臣向遇军政之年，会同该督出考举劾，并不阅看官弁骑射，平时亦不督同操演。兹穆兰岱因接奉前此训饬新疆各城大臣勤加操练谕旨，请督同西宁镇一体阅伍，尚为核实起见，著照所请。准其督同该镇随时勤加训练。每遇军政之年，阅看副将以下官弁骑射，再行出考，以符名实。该部知道。"

（卷143　201页）

道光八年（1828年）十月丁卯

调甘肃凉州镇总兵官哈丰阿为陕西汉中镇总兵官。

（卷144　202页）

道光八年（1828年）十月甲午

除甘肃河州水冲沙压民屯地八顷七十九亩有奇额赋。

（卷145　226页）

道光八年（1828年）十一月丁酉

又谕："杨遇春等奏，接据前藏安木加达仓寺贸易番目纳木云达克等呈称，伊等随同西藏贡使赴归化城等处贸易。之前藏差人古竹巴即罗桑沃色尔等，于七月间行至通天河竹古拉山东沟地方，被四川果洛克番贼五六百人将所有货包、牲畜、锅帐、口粮尽数强劫无遗。又枪毙回京之白塔寺喀尔沁喇嘛呼毕尔罕一名、贸易番人一名、顾工三名。除照达赖喇嘛执照，将古竹巴噶尔本货包、衣物、口粮、牲畜等项全行索还外，其余贸易番目纳木云达克等货物二千三百九十五包，衣物、口粮八百零六包，马、骡、牛二千一百七十三头尽被抢去。又据随同行走之甘肃循化厅属宗喀寺喇嘛他卜克报称，同日被果洛克番贼强劫衣物、经卷、佛像共二十驮，马、骡五匹，银一百五十两等语。四川果洛克等处番贼屡经抢劫玉舒番族。本年青海柴达木地方蒙古、阿里克番子又被果洛克贼番劫掠，饬令该将军等查办，总未缉获赃贼惩治。此次复致纠众抢劫西藏贸易番人货物牲畜，计赃至盈千累万之多。实属目无法纪，若不大加惩创，尚复成何事体？业经杨遇春等开具失单，咨会该将军等查办。著瑚松额等即遴派妥干大员迅速严缉勒拿，务获赃贼，从严惩办。所有被劫番子等即照杨遇春等所请，选派弁兵由甘肃、陕西一路押送四川省城，就近听候认领原赃，以示体恤。将此谕知瑚松额、戴三锡、桂涵并谕杨遇春、穆兰岱知之。"

（卷146　230页）

道光八年（1828年）十一月戊申

谕军机大臣等："瑚松额等奏，遵旨派员查办果洛克贼番越境肆抢之案。该委员等自漳腊营由黄胜关出口至果洛克边界，尚有二千余里。现值冬令严寒，不能前进。请缓至来春雪化方可查办等语。四川果洛克贼番屡经越境肆行抢劫。本月初间又据杨遇春等奏，西藏贸易番人于七月间行至通天河竹古拉山东沟地方被果洛克贼番强劫货物牲畜，计赃甚多。亦已降旨交瑚松额等派员迅速严缉赃贼务获。此时口外大雪封山，该委员等不能前进。著准其俟来春天暖雪消，乘向例派兵出口游巡之时，添委熟悉夷情、明白干练之员，调集各该管土司，令其将所抢西宁属扎萨克台吉布彦达赖等旗并玉舒番族及西藏贸易番人等案，正贼正赃，分头侦缉，俾夷犯迅速就获，按律从严惩办，以儆凶顽。将此谕令知之。"

（卷146　245页）

道光八年（1828年）十一月癸亥

又谕："杨遇春奏陕甘两省满洲营红白银两请俟三年后酌中定额一折。陕甘两省各营兵丁红白赏恤银两，前经户部议，请于绿营兵丁应领例赏银内酌减十分之三，以抵不敷之数，不得再请加增。其满洲营兵丁赏项应酌量撙节，或另行筹议变通之处，当交该督会同该将军副都统等，妥商具奏。兹该督奏绿营兵丁赏项已照部议一体酌减。其陕西驻防满洲兵丁赏项每年原额银四千八百余两，从未逾额。甘肃满洲营兵丁赏项每年原额银五千两，恒有溢支。缘甘肃省例赏较陕省本重，每年支发银数亦多。惟该营赏项每年既有逾额，自应酌定限制。著照所请，所有甘肃各满洲营兵丁红白赏项自本年为始由该将军等核实散给。统俟三年后酌中定额，由该督会同该将军等另行会议具奏。至西安满洲营赏项虽未逾额，亦应核实定数，并著俟三年后一并会议。奏明办理。该部知道。"

（卷147　256页）

道光八年（1828年）十二月癸酉

又谕："户部奏各直省道光七年征收钱粮比较上三年新旧分数尚无全行少完省份。惟该部于奏销之外，设立比较，复加考核，逐年开单汇奏。原责令该藩司从严督催，以期完数日增，年清年款。此次虽核与往年完数稍有起色，而福建、江西未完新赋尚在一分以上，未完旧赋尚在五分以上。甘肃、山东、广西、安徽、江宁、苏州、浙江、广东、河南、湖北、云南、直隶等省未完旧赋由一分至七分不等。岂得以比较案内完数相等可免处分，遂致渐形懈弛，而未完分数逐年如故，并不扫数完清，于催课仍无裨益。著各直省督抚督令各该藩司认真严催，务期新旧一律十分全完，以清帑项。至山东省应征道光二年以前积欠，据该抚声明均多递缓，但其中岂无届限应征之项，著即查明应征银数，并入比较，毋得遗漏。其山东、江宁、江西等省已完新赋，苏州、甘肃二省已完旧赋，直隶、河南、安徽等省已完新旧二赋，奏报单内银数与奏销拨册数目不符。直隶已完旧赋项下单内未经注明造入某季拨册若干，著各该督抚饬司详查咨复。该部核明办结。其甘肃已完项下有未据解司入拨之款，著该督迅速提解报部，并著嗣后不得以未解之数作为完数，以杜虚报分数之弊。"

（卷148　270页）

道光八年（1828年）十二月辛巳

旌表守正捐躯甘肃渭源县民多哈娃妻王氏。

（卷149　279页）

道光八年（1828年）十二月丁亥

又谕："穆兰岱奏前此被番贼抢劫续行逃回青海之玉舒番子请暂行住牧一折。西宁玉舒番族前被四川果洛克贼番抢劫穷困，不能住守原牧，带领番族四十余户逃奔前来，准其暂行住牧。兹复有前此散秩番子勒噶等二十五户奔回青海，呈明被抢牲畜物件。业经穆兰岱移咨四川将军等，一并严缉赃贼务获惩办外，著照所请，准其与该百户多尔济旺吉尔同在色尔克地方暂时住牧。一俟明岁春融，即将前后逃奔各户一并逐回原牧，毋任观望迁延。"

以驻防西宁口外察罕托洛亥地方击捕野番出力，准游击马鸣谦以副将尽先升署。

（卷149　285页）

道光八年（1828年）十二月乙未

上御保和殿，筵宴朝正外藩：科尔沁、巴林、喀喇沁、浩齐特、苏尼特、阿巴噶、翁牛特、阿鲁科尔沁、阿巴哈纳尔、鄂尔多斯、郭尔罗斯、乌珠穆沁、乌喇特、杜尔伯特、喀尔喀、阿拉善、青海、和硕特、额鲁特、土尔扈特、土默特、绰罗斯王、贝勒、贝子、公、额驸、台吉、塔布囊等及章嘉呼图克图朝鲜琉球国正副使随文武大臣，依次就坐。诸乐并作，上进酒。召左翼：科尔沁扎萨克扎萨克图郡王敏珠尔多尔济、巴林扎萨克郡王那木济勒旺楚克，喀喇沁扎萨克都楞郡王布呢雅巴拉，浩齐特扎萨克郡王额林沁诺尔布，苏尼特扎萨克郡王布尔呢锡哩，阿巴噶扎萨克郡王阿尔塔什第，翁牛特扎萨克贝勒蒙古济雅，阿鲁科尔沁扎萨克贝勒丹津巴勒桑，阿巴哈纳尔扎萨克贝勒巴勒楚克，贝子伊达木扎布，喀喇沁扎萨克辅国公额外侍郎玛哈巴拉。右翼：杜尔伯特汗齐旺巴勒楚克，喀尔喀扎萨克亲王车登多尔济，阿拉善扎萨克亲王玛哈巴拉，青海扎萨克贝勒那木喀旺扎勒，喀尔喀扎萨克贝子蕴端巴雅尔，喀尔喀贝子巴勒多尔济，喀尔喀扎萨克亲王车登巴咱尔，喀尔喀扎萨克郡王多尔济喇布丹，回部郡王衔贝勒哈迪尔，喀喇沁贝勒托恩多，科尔沁扎萨克贝子济克默特至御座前，赐酒成礼。

（卷149　293页）

道光九年（1829年）正月丁未

谕军机大臣等："朕闻上年十一月内有撤回陕甘新兵因应领盐菜、口粮等项武隆阿并未照前此凯撒征兵分别支给，悉照防兵例支发，以致众兵不服，执旗操械，纠约喧嚷。后经许照征兵口粮支给，始各散归汛地。征兵骄悍如此，何以未据武隆阿据实陈奏？此项兵丁既非换防，自应照征兵例给予口粮，因何遽加裁减？武隆阿曾否与那彦成等商办，抑伊一人自出主见？若以为例应如此，乃因众兵持械喧哗，竟尔改支，岂不愈长骄横？是否因此起衅，抑或别有情节，著武隆阿据实明白回奏。倘有不实不尽，经朕另行访闻，武隆阿自问当得何咎。将此附报便密谕知之。"寻奏："前奉部驳凯撒之兵不应再支驼价，是以十一月内撤回之兵，仍照前凯撒征兵分例支给，故未商之那彦成。各兵执械喧哗实因裁减驼价而起，且是日群聚喧哗惟称讨赏，并无另有衅端。至镇将失于约束，已商请那彦成参奏。伊以陕甘兵气骄悍，恐长刁风，是以未经具奏。"报闻。

（卷150　300页）

道光九年（1829年）正月戊申

谕军机大臣等："昨据那彦成奏陕甘新兵持械喧哗一事。虽经该督传见抚慰并加呵斥，悉知悔罪。随即遣令入关归伍。密片奏闻，免其究治参办，固是权宜办理。惟此时喀什噶尔留兵尚多，前有该督在彼，群皆畏服，尚可安戢无事。昨已降旨令那彦成迅速回京，武隆阿如此措置是否能资镇抚，该兵弁回人不致因此心存藐视。倘兵将不能相安，恐致别生事端。朕心实深厪念。著该督体察实在情形，密速明白回奏。将此由四百里谕令知之。"寻奏："武隆阿久历戎行，众咸知其奋勇，惟多疑少断，未洽人心。新兵喧哗一事实因其专意节省拘泥办理所致。参赞重任，实不能放心。"报闻。

（卷150　302页）

道光九年（1829年）正月乙卯

以陕西汉中镇总兵官胡超为甘肃提督，未到任前命宁夏镇总兵官史善载署理。以甘肃凉州协副将蔡文瑾为汉中镇总兵官。陕西洮岷协副将刘凤翥为西安镇总兵官。调西安镇总兵官得志为广东南韶连镇总兵官。

赠故甘肃提督何占鳌太子少保，赏银五百两治丧，予祭葬，谥勤襄。

（卷150　304页）

道光九年（1829年）正月己未

　　谕内阁："本年届应查阅广东、广西、浙江、福建营伍，陕西、甘肃二省亦应补行查阅。广东、广西著即派李鸿宾。浙江、福建著即派孙尔准。陕西、甘肃著即派杨遇春逐一查阅。务各认真简校，如查有训练不精、军实不齐者，即将废弛之将弁据实刻参，毋得视为具文。"

　　以故青海扎萨克辅国公格呼克喇布济子达玛林扎布袭爵。

　　赏拟补甘肃宁远堡守备杨发、陕西抚标左营守备田大武银币。

　　　　　　　　　　　　　　　　　　　　　　　　（卷150　308页）

道光九年（1829年）正月庚申

　　谕内阁："昨日兵部将拟补甘肃宁远堡守备杨发、陕西抚标左营守备田大武带领引见。该二员年力精壮，均堪造就。著交杨芳随时训练，策励成材。并著兵部将杨发、田大武俱调补固原提标营守备，俾得就近随同学习，用示朕培养人才之至意。"

　　　　　　　　　　　　　　　　　　　　　　　　（卷150　308页）

道光九年（1829年）正月甲子

　　谕内阁："杨遇春奏请将羸老马匹变价充公并裁撤牧兵一折。甘肃西宁镇马匹孳生蕃息，而马厂窄狭，不敷牧放，以致拥挤，日形疲瘦。所产马驹不堪经牧。兹据该督查照成案，估计变价。著照所请，所有西宁镇厂存口老马四千数百匹，病废碎儿马一千数百匹，即委道府大员赴厂详验，除将膘壮者留厂并拨补各营缺额外，其余残废不堪孳生之马以及碎儿马一并交地方官变价，分别等第，造册送部。并将马价银两解交藩库报拨。其经牧兵丁即可裁撤归营差操。该部知道。"

　　　　　　　　　　　　　　　　　　　　　　　　（卷150　311页）

道光九年（1829年）二月乙丑

　　谕内阁："向来新疆俸缎均由有织造省份派员拨解甘肃，由甘肃转运各城。闻近来所解之缎匹丝绸，往往抽丝减料。赏赐外夷不堪服用，殊属不成事体。著通谕江南、苏州、杭州各织造，嗣后拨解绸缎，务当加意经理，倘仍前玩视，著新疆各大臣将原解之绸缎奏明驳回原省，仍将该省承办之人议处。决不宽贷。"

（卷151　312页）

道光九年（1829年）二月己卯

谕内阁："杨遇春奏特参承缉要犯不力之知县一折。前因直隶开州逸盗季丙寅等潜匿甘肃靖远县境内。该县文武各员未能即时缉获，致令远扬。经该督参奏，降旨将该县知县永铨、千总单烟先行交部议处。责令按限查拿季丙寅务获。兹据杨遇春奏，该县仅于限内拿获伙盗一名，现已限满，尚未将要犯获案，实属承缉不力。永铨、单烟俱著交部严加议处，即行撤任听候部议。此案季丙寅等事犯本在开州，因该省先后访闻该犯等逃匿甘肃、河南地方，是以谕令甘肃、河南各督抚饬属一体严拿。节据该二省具奏饬缉情形，虽经获有伙盗，而要犯仍然在逃。本日已将甘肃承缉不力之员交部严议，直隶系属本境，该地方文武员弁应如何上紧查缉，岂可借口要犯窜逸他省，希得置身事外，巧为推卸，致令凶徒日久稽诛？除陕、甘、河南仍通饬严行侦缉外，著屠之申严饬所属勒限访拿，务将季丙寅等获案审办，如限满无获，即著严参惩处，毋得稍事姑容。"

（卷151　329页）

道光九年（1829年）三月丙申

予回疆阵亡陕西都司阿穆昌、守备李景云、甘肃千总康喜贵、外委陈士俊祭葬世职有差。兵丁张廷栋等七十五名赏恤如例。

（卷153　344页）

道光九年（1829年）三月戊戌

又谕："杨国桢奏请将捐监银两分别封贮起解以复原额一折。预省藩库于雍正年间设有封贮银三十五万两，寻常不准动用。迨嘉庆年间办理川楚军需动拨无存，旋于道光三年两次拨归封贮银十万两，六年份复将前项全数拨解甘饷。嗣后每凑足五万两即解赴甘肃藩库交收，于该省封贮，归补无期。现在回疆善后业已办竣，甘肃库贮渐臻充裕，预省储备亦关紧要。著照所请，准将该省收捐监生银，俟收足五万两即归补本省封贮，仍俟续收五万两再行解赴甘肃。相间轮转，俾于甘肃库贮无误，而预省封贮亦可渐次补足，以复原额而实储备。该部知道。"

（卷153　345页）

道光九年（1829年）三月庚子

以办理乌什各处城工出力，赏甘肃都司马奉三花翎，古城佐领玛勒洪阿等蓝翎，余升叙有差。

（卷153　347页）

道光九年（1829年）三月丙午

免四川、山东、陕、甘各营兵丁前赴回疆应赔倒毙驼马银。

（卷153　351页）

道光九年（1829年）三月己酉

甘肃布政使颜伯焘奏："查此次军需节次请拨银两，除拨解大营暨口外各城外，兰州总局应请销银三百一十七万三千二两零，内进征七十案，请销银二百四十一万八千六百四十九两零。连现办凯撤十五案，统共请销银三百一十五万六千五百九十四两零，余银一万六千四百七两零。应俟各州县查明具报，统归尾案收支造报。再局中委员书吏不下百余人，公费口食需用浩繁，兹查进征凯撤各案已于二月内造报全完，办理尾案无须多人，于三月初一日将总局裁撤，以节糜费。"报闻。

（卷153　353页）

道光九年（1829年）三月庚戌

以报销军需出力，甘肃布政使颜伯焘、按察使萨迎阿下部优叙。赏道员程乔采、知州诸能定花翎，余升叙有差。

（卷154　356页）

道光九年（1829年）三月戊午

予回疆阵亡甘肃把总王有贵、外委李珍祭葬世职如例。

（卷154　364页）

道光九年（1829年）四月癸未

以陕西按察使方载预为甘肃布政使。西督粮道孔昭虔为陕西按察使。

（卷155　381页）

道光九年（1829年）四月壬辰

又谕："杨遇春奏军需报销完竣请严查仓库一折。上年办理军需，各路进征凯撤官兵均由甘肃往返，供给倍于他省。各州县支应浩繁，恐有挪垫仓库之处。前经降旨谕令该督照直隶一律查办。兹据奏，自泾州以迄安西各案，往返兵差，业已造销完竣。亟应乘此严查，以杜亏挪牵混之弊。著照所拟，将各属仓库截止道光八年年底止，查明应存款项数目。先令本管道、府、直隶州亲往盘查，果无挪移亏短，即出具实盘印结。其有亏挪者，立即揭参，不得稍有徇隐。再委邻封道、府照案互盘，加具复盘印结。查有亏挪，据实揭办，不得因本管已经出结，扶同隐匿。统俟各结取齐，倘有不实不尽，著该督率同藩司遴委公正之员再行分路抽查。如州县挪垫有亏，本管不实力查办，互盘之员，稍有瞻徇，均著一并严参。又另片奏，此次盘查，凡有短绌银粮之州县若与兵差并无干涉，著究明照例严办。其虽有挪移，而尚有经手未领军需及别项领款数足相抵，著俟领回即行归款，免其开参。至未领军需银数，不敷所挪，或并无领项可抵，实因承办兵差，例不准销，以致赔累。确有案据者，著核其所挪多寡，分别勒限完交。以昭平允。"

（卷155　387页）

道光九年（1829年）五月壬子

调甘肃西宁镇总兵官荣玉材为直隶正定镇总兵官。正定镇总兵官舒通阿为西宁镇总兵官。

（卷156　401页）

道光九年（1829年）五月乙卯

又谕："刑部议驳陕甘总督杨遇春审拟前任阶州知州马嗣援盘获刑迹可疑之白法显刑讯后因病身死一案。详核案情，白法显素艺塑工，念诵开光神咒，所携经本，只系祈福咒语，并无违悖不法字句。该州即因白法显不肯实供，又复倔强顶撞，自应依法决罚。乃用木戒尺叠殴脚踝至五十下之多，伤至骨损，既非例载刑具，又责于不应受刑处所。虽据委员验系因病身死，难保非刑伤致毙，是否该州非法，故勘。及皂役等听从授意凌虐，该督并未详细讯明，只将该州马嗣援请交部严加议处，而于下手之皂役概予免议，殊属轻纵。著杨遇春亲提各犯复加研鞫。白法显是否因病身死，抑系被拷毙命，务得确情，另行妥议具奏。"寻奏："白法显实系因病身死，马嗣援讯无故勘凌虐情事，惟违例用刑，请交部严加议处。"下部议，刑部以该督所拟尚属轻纵，请照擅用非刑杖一百律，即行革职。从之。

（卷156　403页）

道光九年（1829年）六月癸亥

予叶尔羌阵亡甘肃外委张朝得祭葬世职。和阗阵亡兵丁刘奇等一百一十八名赏恤如例。

（卷157　411页）

道光九年（1829年）七月甲辰

除甘肃安西州水冲地二百一十九顷八十一亩有奇额赋。

（卷158　433页）

道光九年（1829年）七月丁未

予甘肃阵亡千总杨世兰、外委杨著明祭葬世职，兵丁徐尚达等十名赏恤如例。

（卷158　435页）

道光九年（1829年）八月丁卯

陕甘总督杨遇春及其妻田氏七十生辰，赏御书扁联福寿字并珍玩文绮。

（卷159　451页）

道光九年（1829年）八月丁丑

甘肃提督胡起奏报接印日期。得旨："整饬营伍、训练士卒，汝原熟悉，然必要行之以诚实，持之以久远。无论人才事务断不可崇尚虚文，总期功收实效。勉之慎之。"

（卷159　456页）

道光九年（1829年）九月乙未

又谕："杨遇春奏撤防换防参将请降补游击据实陈明一折。原任甘肃督标左营参将长恒前因换防未能得力，经该督撤回，奏请降补固原提标前营游击。当即降旨，以该员既经撤回，何以遽令降补，是否另有别故。著该督查明具奏。"兹据奏："该员既不胜任，若仅予撤防，仍以原官补用恐各城轻视边防，转得效尤。是以奏请降补，自系实情。长恒著准其降补固原提标前营游击。"

（卷160　464页）

道光九年（1829年）九月丁酉

予甘肃阵亡把总张积福、外委赵玘良祭葬世职，兵丁万国安等六十八名赏恤如例。

（卷160　466页）

道光九年（1829年）九月甲辰

谕内阁："扎隆阿奏请留撤防副将一折。喀什噶尔留防参将赖允贵现升甘肃凉州协副将，例应撤防。兹据该大臣奏称，该员久历军营，熟悉边地情形，借资训练，恳请暂留。著照所请，赖允贵准其暂留一二年办理营务。俟接办有人再行奏撤送部引见，并著兵部将该员升任副将扎付先行颁给，支领养廉。其防所盐菜等项即援照随营分例支给。作正开销。"

（卷160　468页）

道光九年（1829年）九月丙辰

又谕："杨遇春奏筹拟改设凉州、庄浪营制，尚应酌留官兵及原设将备各官暂缓裁撤一折。前据那彦成等奏，请以甘肃凉州镇总兵改为喀什噶尔换防总兵，其凉州镇营以庄浪协副将移驻，并将凉州中营游击移驻庄浪。所有凉州改镇为协，应裁额兵一千五百名，分拨督标及循化、保安、起台等营。兹据杨遇春查明，凉州镇额兵七千六百余名，除分设各营外，存城仅有马步守兵二千四百九十三名。若遽行裁撤一千五百名之多，则操防弹压殊形单薄。著照该督所议，止裁马步守兵一千名，仍留原设额兵五百名，以资捍卫。其裁汰之兵并著先尽空缺事故退革各名粮，由该营确查。知会应增之督标、循化、保安、起台各营，以次募补。原设将、备、千、把、外委等官统俟兵丁全行裁撤后再行酌量应裁应撤，并一切未尽事宜，分别题咨，请旨办理。现在赖允贵已补新改凉州协副，李遐龄已补庄浪营游击，所需印信著该部先行颁发，俾资钤用。该副将、游击二缺设处边疆，地方紧要，俱如所议。作为题缺，至赖允贵前据扎隆阿奏请暂留喀什噶尔一二年办理营务。业经降旨允准，所有凉州协副将著杨遇春派员署理。"

（卷160　479页）

道光九年（1829年）十月己卯

以福建按察使岳良为江西布政使。调甘肃按察使程矞采为广东按察使。以直隶霸昌道惠丰为甘肃按察使。

（卷161　497页）

道光九年（1829年）十一月丁未

以阿克苏移建军台出力，赏甘肃游击穆隆阿、阿克苏伯克爱玛尔花翎。伯克迈玛特萨里等蓝翎。余升赏有差。

（卷162　512页）

道光九年（1829年）十一月甲寅

谕军机大臣等："杨遇春奏请筹款生息增设满洲营余兵额缺一折。甘肃凉州、庄浪二营披甲，例有定额。成丁闲散众多，挑补甲缺需时，生计艰难，每多旷废，自系实在情形。惟此时借款生息，岁有定额，而该丁等生龄日繁，养赡仍未能普遍，殊非经久之策。即以所奏调剂情形而论，凉州营成丁闲散一千二百余名，挑选余兵仅二百名。庄浪营成丁闲散三百余名，挑选余兵仅五十名。每名月给饷银一两，不惟闲旷仍多，且所给饷银有限，焉能资其养赡。所谓以君养人则不足，不若使其自资生计，庶期经久可行。著该督悉心酌议，此外有无长策，行之久远，详筹周妥，具奏到时，再降谕旨。将此谕令知之。"

缓征甘肃陇西、狄道、张掖、武威、宁、碾伯、宁夏、宁朔、中卫、平罗、灵、皋兰、泾、灵台、崇信十五州县被水、被旱村庄新旧额赋。

（卷162　515页）

道光九年（1829年）十二月己卯

以故甘肃庄浪厅土千户管志兄玉袭职。

（卷163　531页）

道光九年（1829年）十二月己丑

谕内阁："扎隆阿等奏请筹备经费等语。喀什噶尔岁需经费向由甘肃省预年拨用，道路窎远，拨解动须半载。该处地处极边，自应预筹银款以资储备。据该大臣等查明，道光十年系闰四月，除已调经费外，应就九年、十年份连闰应征赋钱提出补用，并照例按成搭放，实抵出已调经费银一万八千五百一十一两零。又军需存剩及善后经费银一万九千四百七十六两零，并抽收茶税至停止日止，共银六千三百一十五两，统计银四万四千三百二两零。又征收八年半岁赋钱未经搭放，连存剩九年、十年赋钱共计三千三百四十九千零。著照所请，将此项银钱作为备用银款另行封贮，不准寻常动用，以备缓急之需。俟下届应调经费时再将十一年岁入赋钱核除减调，其西四城每年所用经费嗣后著归各城自行奏调，以符旧制。该部知道。"

以拿获盗犯，予甘肃道员双兴等议叙，知县永铨等开复原官。

（卷163　537页）

道光九年（1829年）十二月庚寅

上御保和殿，筵宴朝正外藩：科尔沁、敖汉、苏尼特、扎鲁特、土默特、茂明安、郭尔罗斯、翁牛特、喀喇沁、喀尔喀、阿拉善、青海、土尔扈特、绰罗斯、赛哩木、阿克苏、布古尔、乌什、库尔勒、伊犁王、贝勒、贝子、公、额驸、台吉、塔布囊、伯克、土司并朝鲜暹罗国使臣等随文武大臣，依次就坐。诸乐并作，上进酒。召左翼：科尔沁扎萨克卓哩克图亲王巴图、郡王多克默特敖汉扎萨克郡王达尔玛济尔第、郡王干咱巴拉、苏尼特扎萨克郡王齐旺扎布。右翼：喀尔喀土谢图汗雅凌泰、车臣汗阿尔塔什达、扎萨克图汗玛尼巴咱尔、扎萨克亲王车登巴咱尔、车林多尔济、扎萨克郡王托克托瑚图噜至御座前，赐酒成礼。

（卷163　537页）

道光十年（1830年）正月丙申

贷甘肃皋兰、狄道、西和、宁、永昌、秦、秦安、清水、礼、两当、泾、崇信、灵台、镇原十四州县上年被水、被旱灾民银谷。

（卷164　541页）

道光十年（1830年）二月癸亥

铸给甘肃肃州镇属新设金塔协副将，嘉峪关、镇夷二营游击，清水营都司关防，从总督杨遇春请也。

（卷165　552页）

道光十年（1830年）二月戊寅

举行道光九年大计。热河卓异官二员。奉天年老官一员。吉林卓异官一员。直隶卓异官十六员，罢软官一员，年老官六员，有疾官三员，才力不及官二员，浮躁官三员。江苏卓异官九员，不谨官二员，罢软官一员，年老官四员，有疾官二员，才力不及官一员，浮躁官一员。安徽卓异官八员，不谨官一员，年老官三员，有疾官一员，才力不及官三员。浙江卓异官十二员，不谨官二员，年老官三员，有疾官二员，才力不及官一员。福建卓异官十员，不谨官一员，年老官四员，有疾官二员。湖北卓异官十员，罢软官一员，年老官三员，有疾官三员，才力不及官二员。湖南卓异官十员，不谨官二员，年老官五员，有疾官二员，才力不及官一员，浮躁官一员。河南卓异官十二员，不谨官一员，罢软官一员，年老官一员，才力不及官二员。山东卓异官十三员，不谨官二员，年老官四员，有疾官一员，浮躁官二员。山西卓异官十二员，不谨官六员，罢软官一员，年老官二员，有疾官五员，才力不及官二员，浮躁官一员。陕西卓异官九员，年老官四员，有疾官二员，才力不及官二员，浮躁官二员。甘肃卓异官八员，年老官五员，有疾官一员，才力不及官一员。四川卓异官十五员，年老官四员，有疾官三员，才力不及官三员。广东卓异官十三员，不谨官二员，罢软官一员，年老官二员，有疾官二员，才力不及官一员。云南卓异官九员，不谨官一员，罢软官一员，年老官二员，才力不及官二员，浮躁官二员。南河卓异官三员，年老官一员，有疾官一员。东河卓异官一员，年老官一员。分别议叙处分如例。

（卷165　560页）

道光十年（1830年）三月丙申

谕内阁："兵部议复杨遇春奏，筹款生息，增设甘肃凉州、庄浪满洲营余兵。请照该省驻防满洲营闲散酌补附近绿营兵缺，可期行之久远。著该督即于凉州、庄浪二处绿营额兵内酌量马步之多寡，均匀挑补二成，以资调剂。其所请筹款生息，增添余兵之处，著毋庸议。"

（卷166　571页）

道光十年（1830年）三月戊戌

又谕："升寅等奏拿获抢夺西藏商人等货物之贼番一折。前藏贸易番目纳木云达克等被四川果洛克贼番抢夺货物、牛马、枪毙人命。前经降旨令该将军等派员缉拿赃贼。兹据升寅等奏，已将首犯桑珠蚌等躧拿。该犯于被拿时，辄敢纠众拒捕，当经官兵将抗拒之桑珠蚌等当时格杀，其现获之亦当笑等，于审明后业已分别斩枭。各按罪名定拟。所有搜获原赃著照向例饬司委估变价，解交西宁，饬令番商承领。"

（卷166　572页）

道光十年（1830年）三月丙午

铸给陕西西宁府属丹噶尔抚边同知并陇西县丞训导关防条记，从总督杨遇春请也。

（卷166　577页）

道光十年（1830年）三月辛亥

凉州副都统武尔衮布因病解任。以呼兰城守尉寿昌为凉州副都统。

（卷166　579页）

道光十年（1830年）四月辛酉

以防御野番出力，予陕西副将马鸣谦等议叙，赏加咱族千户什噶洛、千布录族千户完的花翎，刚查族千户完的塔尔蓝翎。余加衔升补有差。

（卷167　584页）

道光十年（1830年）五月乙丑

谕内阁："杨遇春奏内地出关民人请查明南北两路分别禁止放行等语。嗣后内地出关民人，除南路各城仍遵前旨饬禁外，其赴北路者著照旧例由肃州觅保给票放行。如有出关后潜赴南路者，著吐鲁番领队大臣于托克逊地方设卡，派员严查，如验无照票者，即行拿解治罪。"

又谕："杨遇春奏凉州绿营现有裁拨事宜。该处满洲营闲散无缺可挑，仍恳准设余兵一折。前据该督奏请筹款生息，增设凉州、庄浪满洲营余兵。经兵部议照驻防满洲营闲散酌补附近绿营兵缺之案，令于凉州、庄浪二处绿营额兵内酌量马步之多寡，均匀挑补二成。其所筹增添余兵之处，应无庸议。兹该督以凉州绿营现有裁拨之缺，该处满洲营即无可挑之兵，庄浪额兵出缺无多，仍请添设余兵，复行陈奏。国家经费有常，岂可屡议增添？著仍照兵部原议办理，该督所请著不准行。"

（卷169　618页）

道光十年（1830年）八月辛卯

西宁办事大臣穆兰岱因病解任。调哈密办事大臣布彦泰为西宁办事大臣，赏候补三四品京堂松廷头等侍卫，为哈密办事大臣。以散秩大臣常喜为镶黄旗汉军副都统。

（卷172　671页）

道光十年（1830年）九月戊午

谕军机大臣等："本日据杨遇春由六百里加紧驰奏，据喀什噶尔等处大臣咨报，喀什噶尔有安集延贼匪扑入卡伦，与官兵打仗滋事。帮办大臣塔斯哈追击至明约洛地方，遇伏陷殁，并将带兵策应之副将赖允贵一并被困。势甚危急，叶尔羌亦有不靖情形等语。回疆各城戡定未久，乃安集延回匪复敢入卡滋事并伤陷大臣官兵。现在喀什噶尔婴城守御势在危急，叶尔羌亦有不靖情形。阿克苏等各城兵力无多，且尚须防守本境地方，断难兼顾。自应调集内外官兵前往合剿，以期迅就肃清。伊犁、乌鲁木齐以及喀喇沙尔所辖之土尔扈特、和硕特等处官兵相距喀什噶尔、叶尔羌等城较近，业经降旨，饬令玉麟、容安、成格、萨迎阿等即照该处所调兵数各一二千名派员迅速驰往救援。琦善选调四川官兵三千名驰赴肃州，并令固原提督杨芳、甘州提督胡超迅速出口，一路迎探情形，至阿克苏再行相机进剿。所有挑带各镇官兵及西安满洲营马队一切事宜，均著照该督所请行。陕甘总督已降旨令鄂山驰驿前往署理，著杨遇春将应需官兵粮饷一切事宜与藩臬两司筹商料理后，即挑带督标官兵一千八百名并委员兰州道图明额等驰赴肃州，即在彼驻扎，妥办后路事宜，毋庸出关。其军需银两著即在甘肃藩库封贮银内先行动支应用。将此由六百里加紧谕令知之。"

（卷173　683页）

又谕："本日据杨遇春奏一面亲往肃州照料调度，一面咨会乌鲁木齐等处调兵救援等语。乌鲁木齐相距喀什噶尔、叶尔羌等处较近，著成格即照该处所调兵数迅速派往救援。所有该处仓贮粮石著尽数运赴阿克苏，为供亿官兵之用，并著于此外宽为储备，以期源源接济，毋致临时周章。其马匹一项尤为紧要，著将膘壮者预期挑选以备调用。将此由六百里加紧谕令知之。"

又谕："本日据杨遇春奏，飞咨甘州提督胡超挑带官兵三千名，顺道再带肃州官一千名并飞咨固原提督杨芳预为挑选官兵三千名听候调用。此时胡超应已迅速起程带兵前往。杨芳现在尚未调派，著该提督接奉此旨迅即带领所挑官兵一并驰往，与胡超察看情形，随时相机妥为剿办。固不可贻误机宜，亦不可轻率前进致有挫失，是为至要。嗣后凡遇应奏事件，如杨芳、胡超同在一处，著联衔入奏。倘该提督等分头各路，即著单衔具奏。将此由六百里加紧各谕令知之。"

（卷173　685页）

又谕："本日据杨遇春奏，逆回入卡滋事，当降旨照该督所奏，调派各处官兵前往，并令杨遇春驻扎肃州督办。杨芳、胡超驰赴阿克苏相机进剿。复通谕八城各大臣等严密防范，婴城守御。未刻据壁昌等驰奏，叶尔羌所属八十里亮噶尔卡伦外色哷库勒地方亦有安集延一千余人前来抢劫，将阿奇木伯克迈玛沙捆缚，杀伤回子等情。叶尔羌存城官兵仅余六百名，势难分拨剿捕。据称业经飞咨伊犁等处速即拨兵救援，并派员带领官兵回子前往把守。又经阿奇木伯克阿布都尔满添拨回子一千余名协同官兵分守军台卡伦等处，办理尚为周密。该大臣等务当慎固防守，不可稍有疏虞。至和阗亦属紧要，现在诚端暂留叶尔羌，该处只有舒伦保一人，著诚端即回和阗以资守御是为至要。将此由六百里加紧谕令知之。"

（卷173　686页）

以甘肃宁夏镇总兵官中福署甘州提督。定边协副将永孔阿署宁夏镇总兵官。

（卷173　687页）

道光十年（1830年）九月己未

颁给陕甘总督杨遇春钦差大臣关防，办理军务。

命镶红旗蒙古都统哈哴阿驰往新疆。会同甘肃固原提督杨芳、甘州提督胡超办理军务。奏事哈哴阿列名在前。

（卷173　687页）

道光十年（1830年）九月辛酉

谕军机大臣等："前降旨令伊犁、乌鲁木齐、喀喇沙尔所属土尔扈特、和硕特及库车等处照该参赞等所调兵数，迅速派往救援。并令杨遇春驰赴肃州，督办后路。飞饬胡超领带官兵先行出口，赶紧至阿克苏，迎探情形进剿。复派哈哴阿、杨芳带兵一并驰往。本日又据扎隆阿等驰奏，贼势猖獗，系安集延霍罕布鲁特勾结突入卡伦，英吉沙尔军台亦有夷贼拦阻，截回各城公文。现在调取游击马天锡来城督率官兵固守等语。该处兵力甚单，贼来仓猝，且恐四面截阻。叶尔羌不能策应，难以久守。著扎隆阿等察看现在情形，如本城各处回子并未摇动，自可婴城固守。倘必须暂退，著即酌量退守，并力抵御。总在该参赞等临机审度，可守则守，可退则退，以待大兵到时再图进剿。将此由六百里加紧谕令知之。"

又谕："据玉麟等奏，喀什噶尔咨报逆夷犯卡，势甚紧急，当即拣派领队大臣额尔古伦带兵一千名，贵成带兵一千名定于八月二十日先令一起启行，以后间一日行走一起，由冰岭星速前往救援。其喀喇沙尔所属之土尔扈特、和硕特蒙古官兵已飞咨萨迎阿速为如数调发，并派曾经出征，能蒙古语之协领奇拉布由那拉特一路迎赴，带领前进。该处距阿克苏道途较平，可期早到等语。所有此项官兵二千名业于八月二十日先后启程，务即飞饬沿途带兵各员加紧遄行。现在喀什噶尔一带军台虽断，仍当探听明确，相机前进。能早到一日即得一日之用，愈速愈好，不可稍有迟误。至所称如再探有紧急情形即于该将军、参赞二人内酌定一人带兵前往。此时伊犁地方一切防守稽查事宜均关紧要，且领队又带兵前往二人。该将军等均著毋庸前去。又据奏，阿克苏需用粮石，已飞札长清、成格妥速筹备，就近接济。并知照哈丰阿亲带乌鲁木齐官兵迅速启程，所办俱是。其经费一项，业经降旨谕陕甘总督于封贮一百六十余万两内随时拨解，并据户部奏拨山西等省银一百万两解赴甘肃备用。所有伊犁一年经费已谕令鄂山筹拨，迅速解往矣。至伊犁派赴南路换防官兵事宜，著俟来年应需换防之时再行奏请可也。将此由六百里加紧谕令知之。"

（卷173　689页）

道光十年（1830年）九月癸亥

又谕："前降旨令杨遇春驰赴肃州督办后路，并照该督请调兵数令其迅速派往救援。飞饬胡超先行出口赶赴阿克苏相机进剿。复派哈哴阿、杨芳一并驰往。本日据玉麟等驰奏，南路情形紧急，必须厚集兵力，星速进剿。著该督即于陕甘两省各营内再行酌量添派兵数，拣派带兵官员一面饬催星速前进，一面奏闻。并饬带兵各员一路侦探贼情，加紧遄行，不可稍有迟误。将此由六百里加紧谕令知之。"

（卷173　694页）

道光十年（1830年）九月乙丑

　　谕军机大臣等："杨遇春奏续报口外贼匪情形及催兵筹饷一折。据称已飞催前派之肃州镇标兵一千名作为头起先行出关。仍令胡超带兵三千名继发，前赴阿克苏会集。又口外乌鲁木齐、伊犁等处官兵亦已分起前进，指日大兵云集，粮务最为急要。该督业经飞咨成格查照上届章程筹运，并咨各城采买粮石。此次粮务著归各城办理，内地不必另行派员前往。惟哈密为往来要道，该城粮务著责成该大臣敦良专司妥办，仍由该督派委妥员前往，随同经理所有此次进征官兵口食。著准照上届之例，每兵口内日给银一钱，口外日给银一钱、白面一斤，用示体恤。至应需饷项，该督已由甘省拨银二百万两解赴肃州，并著陕西巡抚速拨银五十万两解往甘肃应用。现经节次降旨，调派各路官兵驰往。户部已奏派拨银一百万两，现仍筹拨款项以资接济。甘省地方紧要，提督杨芳、胡超均已出关，著该督务遵前旨，在肃州料理一切事宜，断不可遽行出关，是为至要。将此由六百里加紧谕令知之。"

（卷173　699页）

　　又谕："据杨国桢奏，喀什噶尔逆回滋事，伊父杨遇春带兵驰赴肃州调度，预备进剿。恳请随赴行营，同伸敌忾，兼遂私情等语。览奏忠孝可嘉。朕现经降旨，令杨遇春驻扎肃州督办一切事宜，并未令其出关。杨国桢著毋庸前往。将此谕令知之。"

（卷173　701页）

道光十年（1830年）九月丙寅

　　谕军机大臣等："前有旨令杨遇春于陕甘两省各营内再行酌量添派兵数，想即添派。其前奏请调派各处官兵内，西安满洲营已挑备马队五百名，著再于该营添调马队一千名预备调遣。南路军情紧急，各处调派救援官兵计可陆续赶到，如逆贼闻大兵将至纷纷逃窜，即可相机进剿。但东西城相距均不甚远，现在贼势猖獗，万一阿克苏或有闪失，关以内不可无重兵驻扎。杨遇春务遵前旨驻扎肃州策应一切，毋庸出关。将所带本标兵一千八百名留于肃州，以壮声威。至关外各州县地方辽阔，如有应行防堵之处，并著迅速督饬各该地方官设法小心防守，毋稍疏虞。将此由六百里加紧谕令知之。"

（卷174　703页）

道光十年（1830年）九月丁卯

又谕："前令琦善挑选四川官兵三千名，想接奉谕旨，即调派齐全，分起启程。现在兵力尚恐不敷，著再于该处各营内挑选精练官兵三千名，选派得力将弁管带迅赴肃州，听候调遣。将此由五百里谕令知之。"

又谕："前据成格奏，挑派绿营、满洲营官兵交哈丰阿、查隆阿分别管带，驰往喀什噶尔一带救援。当谕令飞饬带兵各员加紧遄行，计已陆续起程前进。兹据奏库车咨调兵三百名前赴沙雅尔防堵。该都统业于绿营兵丁内如数调派，著即饬令迅速前往，以资防堵。军行以粮饷为先，粮运以脚力为重。乌鲁木齐仓贮粮石前已有旨，谕令赶紧运赴阿克苏，并令此外宽为储备。现在调派各路官兵除乌鲁木齐外，伊犁已调兵四千名，乡勇民遣一千名，陕甘已调一万二千余名，吉林、黑龙江已各调一千名，四川前已调三千名，本日又添调三千名，土尔扈特、和硕特已调一千二百名。昨复谕令杨遇春于陕甘两省各营内再行酌派兵数。将来大兵云集，所需粮石更为浩繁，必须先期筹计。乌鲁木齐所属州县，据该都统奏称，仓贮粮石尚为宽裕，现已飞檄该地方官筹备粮数万石先行碾磨，并赶紧雇觅车驼以备挽运。著通盘筹划，宽为预备，总须源源接济，不可稍形支绌。所请先于安肃道库内就近拨银二十万两迅速解往应用，再由甘肃司库筹拨银五十万两分起拨解。已令杨遇春等速行拨解。其驼价一项亦令该督等筹计添兵之多寡，照上届广为采买，及早解送矣。至另片奏，副都统职衔前任和阗领队大臣富盛阿、副都统职衔前任伊犁领队大臣多贵俱愿自备资斧，跟随哈丰阿驰赴前敌策应等语。该二员均系原品休致人员，著毋庸前往。将此由六百里加紧谕令知之。"

（卷174 704页）

道光十年（1830年）九月己巳

又谕："鄂山奏，杨遇春咨调陕西司库银五十万两，现已筹拨分起解往甘肃等语。著即饬令该委员等迅速起解，毋稍稽迟。至所拨银两，有关要需，著俟将来遇有拨解甘肃银两，随时酌量，咨会截留归款。再伊犁一年经费著鄂山酌量筹拨，或先拨半年解往备用。将此由六百里谕令知之。"

（卷174 707页）

又谕："前据杨遇春等奏报，喀什噶尔有安集延入卡滋事，叠经降旨，调派各路官兵迅速前往，并谕令胡超等驰赴阿克苏会同长清商办。兹据胡超奏称，接准杨遇春咨文，当即飞催肃州镇将官兵一千余员名，饬令沙州营参将伍魁英先行带领出关，并飞饬凉州、永昌二协摊派官兵一千三百五十余员名，西宁镇属将备弁兵六十余员名分起兼程前进。又永固协属官兵五百五十余员名，甘标官兵一千一百余员名，共四千二百余员名，该提督已带领甘州、永固官兵一千六百余员名于九月初三日先行起程前往等语。该提督业已带兵起程，著迅速前赴阿克苏，侦探情形，相机办理。总当从长计议，可进则进，如尚须厚集兵力，即当并力守御，以待大兵。不可冒昧前进，将此由六百里谕令知之。"

（卷174　708页）

道光十年（1830年）九月庚午

谕军机大臣等："有人陈奏甘肃藩司方载预把持通省公事，上年承办军需于例外混开捏报银十九万数千余两。该省州县仓库亦多亏短。固原州知州程栋接收前任交代仓库两项，各亏短数万。中卫县知县艾椿年接收前任交代亏空七八万。道光八年，杨遇春将藩库存银四十余万两发交州县采买谷石。该督阅兵时，亲见各州县将预买之项，多半亏短。又称该省无一县无坐省之书吏，无一官不受省书之愚。省书居住省垣，弊端百出。州县付与空白印领，代领藩库银两，托言垫办，任其侵渔，甚至应领各项，州县并不知何月何日领出，迨日久清算，数目混淆，反诡名垫借，捏饰弥缝，以致酿成亏空各等语。藩司为钱粮总汇，必当自砺廉隅，稽查弊窦。若如所奏，该藩司竟至把持公事，捏报军需银两，于州县亏短仓库各项不能实力清查，殊属大干法纪。著鄂山驰抵甘省后即行密访严查，如果属实，即应据实密奏，毋得稍有瞻徇。至省书一项，舞弊营私，必应严禁。即著一并查明具奏。现值军兴之际，文武大员俱必经由甘省，该署督如稍有徇隐，将来经朕询出，或别经发觉，惟该署督是问。原折并著抄寄阅看，将此谕令知之。"

（卷174　711页）

道光十年（1830年）九月丁丑

以西宁办事大臣布彦泰为伊犁参赞大臣。

（卷175　730页）

道光十年（1830年）九月庚辰

谕军机大臣等："据杨遇春奏，前因军需之后奉旨饬查甘肃各州县仓库钱粮，现已查明，三十一州县共亏银五十一万四千三百余两，内除垫办军需应令领回归款银三十七万九千二百余两，实亏银一十三万五千余两。此外尚有因款目不符驳令该管道府查复未经核定者，共十三州县，约亏银一十五万六千有奇，钱三千串文。统俟查明全竣，分别参追等语。各州县查办亏空原系藩司专责，惟该省藩司方载预前经降旨，令该署督确查该员事件，未便仍交方载预查办。且恐该员办理亦未能妥善，著鄂山即遴派妥干监司大员一二员将前项银两确切详查。并此外有无挪垫款项一并查明据实具奏，毋稍含混。再现在又届办理军需，诚恐前款未清，续亏又起。该署督务须严饬各属，随时领银备办，实用实销，毋得再有挪垫名目，以杜续亏。而重帑项至前交该署督密查方载预之事，著迅速查明具奏，倘该员不能胜任，有即须更换之处，亦著据实密陈，无得稍有徇隐，将此谕令知之。"

（卷175　733页）

道光十年（1830年）九月辛巳

又谕："前降旨令杨遇春于陕甘两省各营内再行添派兵数。兹据奏，现拟添派陕甘二提属官兵各一千五百名，宁夏、延绥二镇属各二千名，肃州镇属一千名，西宁、河州、陕安三镇属各五百名，西安满洲营五百名，宁夏满洲营五百名，凉州满洲营二百名，庄浪满洲营一百名等语。现在各路调派官兵，伊犁已调官兵、民遣、乡勇四千五百名，乌鲁木齐三千八百名，土尔扈特、和硕特一千二百名，吉林，黑龙江各一千名，四川六千名，合之陕甘前次奏调兵一万二千三百名，约计三万有奇。兵力不为不厚。朕已谕令杨遇春将此次添派西安等处满洲营官兵一千三百名，停其调派。其陕甘二提属及宁夏等六镇属官兵九千五百名，令其暂缓起程，各在该原营预备。著长龄抵肃州后与杨遇春会同筹商相机调度，如必须该督续调之兵前往，即行酌量奏调带往。将此谕令知之。"

又谕："前因玉麟等驰奏南路情形紧急，降旨令杨遇春于陕甘两省各营内再行酌量添派兵数。兹据奏，现拟添派等语。现在各路调派官兵业经三万有奇，足敷剿捕。除该督前次奏调官兵一万一千三百名，仍饬令分起出关外，所有此次添派之兵著暂缓起程，令在各该营预备调遣。如业经分起前进，即饬令各折回原营，俟长龄抵肃州后会同筹商，再行酌量奏调带往。将此由六百里谕令知之。"

（卷 175　736 页）

道光十年（1830 年）九月癸未

命江苏巡抚卢坤毋庸来京，即赴新任。署陕西巡抚颜伯焘驰往肃州，会同署陕甘总督鄂山办理军需。陕西布政使史谱护理巡抚。

（卷 175　742 页）

道光十年（1830 年）十月庚寅

谕军机大臣等："据杨遇春等奏，遵旨分派司道大员会同营员照料满汉官兵过境并将由山西、陕西添雇驼只以备军需一折。前据杨遇春奏添派兵数，当经降旨令将西安等处满洲营官兵一千三百名停其调派，其陕甘提镇各属兵九千名令暂缓起程，俟长龄抵肃州会同筹商酌量奏调。兹据该督等奏称，添派兵数较多，恐前次筹办驼三万四千余只不敷应用等语。自系前降谕旨尚未接奉，现在调派各路官兵约只三万有奇，续调之西安等处满洲营兵业经停止，其陕甘提镇各属官兵应调与否，尚未定局。兵数既未增添，所需转运驼只自可量为核减。昨据阿勒清阿奏，请照上届成案，令内地各州县及归绥道分别购备，已谕令迅速办解。至陕西应办驼只，业据徐炘奏明赶紧雇备，其阿拉善王玛哈巴拉已据鄂山札饬雇办驼一万只，自已分起解往。著杨遇春等核计现派兵数，共应需用驼若干只，一面具奏，一面咨会各该处迅速备办，解往肃州应用。将此由五百里各谕令知之。"

（卷 176　751 页）

道光十年（1830 年）十月己亥

又谕："杨遇春奏已抵肃州筹办事宜一折。据称军务所需，款目纷纭，支用繁杂。除前经饬部拨银二百四十万两外，仍当筹拨。现经降旨令户部速议具奏。至驮脚一项亦关紧要，前已降旨令杨遇春等通盘核算，以备拨用。现在伊犁、乌鲁木齐暨喀喇沙尔所派之土尔扈特等处官兵均已接续会集阿克苏，已谕令胡超等迅速进援。兹据杨遇春将督标官兵选派一千六百九十余员名，并河州镇属已到官兵五百余员名，共二千二百余员名即交杨芳带领，于本月初三日先行出关驰往，妥速甚好。其杨芳原带在后官兵俟逐起到肃州时，即饬催继进。至肃州应驻官兵俟续调兵到，应行留驻若干，著杨遇春酌量办理。将此由五百里谕令知之。"

（卷177　771页）

道光十年（1830年）十月辛丑

谕军机大臣等："杨遇春等奏委员出关办供征兵马匹料草一折。前因征调各路官兵乘驮马匹，应需草料，曾降旨令杨遇春等派委妥员先期购买，以备供支。兹据奏，此次征调各路官兵除伊犁、乌鲁木齐等处满汉官兵业已经过，无庸供备外，所有调派京营、东三省及陕甘满洲营官兵四千五百名，四川绿营官兵六千名，陕甘绿营官兵二万三百八十名，约计乘驮马一万七千四百六十余匹，又调口内各营备战马五百四十匹，统共约马一万八千匹。自哈密迤西至阿克苏止，计四十站，共应支进征官兵马匹仓斗料二万一千六百石，十斤重草七十二万束，自应赶紧采买。现经杨遇春等派员酌带银两前往托克逊、喀喇沙尔、库车等城购办，仍查照上届成案，一面飞咨乌鲁木齐都统成格先行派员就近前往各城备办料草，俟关内委员到日再行接办。著杨遇春等妥速办理，早日购买齐备，一俟大兵出口，俾得源源支应，无误军需。又另片奏，阿拉善王等共进骟驼二千只均已分起解往肃州军需局查收。前令再办驼一万只，恐所属之地采办为艰。现又檄行福呢雅杭阿转饬伊克昭盟长，在鄂尔多斯贝子七旗地方采办壮健骟驼七八千只，送交宁夏府点收转解。并著如数筹备，迅速解往，无得迟误。将此谕令知之。"

续拨部库及山东地丁盐课加价、河东河工经费、江西地丁、九江关税银二百万两解往甘肃，以济军需。

（卷177　773页）

道光十年（1830年）十月丙午

谕军机大臣等："据鄂山奏，遵旨密查藩司方载预事件。所奏均悉。至该省州县仓库两项，据该署督访闻固原州、中卫县均有亏短，现已行提交代卷宗来省，委员核算。著即将亏空确数查明，据实严参惩办。其预买仓粮一事，现在虽据详报均已采买完竣，难保该州县不将积存额征之常粮或采买未支之兵粮混相指抵。至杨遇春前奏，各州县实亏银两并此外有无挪垫款项，必应一并查明。惟现将各州县仓库银粮统行盘查，并确查预买谷数。若仍选派甘肃人员恐不免被其欺混。新任巩秦阶道程德润不日到甘，无所用其回护。云麟现署西安府，前该署督奏调时，已有旨令其无庸前往，著酌量如西安府有人接署，即令该员前往甘肃与同知郭维暹、知县李希曾等随同程德润调取各州县盘查卷宗，详细核算，分别正、杂各款据实呈办。核定后仍委结实可靠之员前赴各处逐加盘验，奏明办理。至此次军需，著通饬各州县将承办车马一切随时领银备办，务须实用实销，不准有挪垫名目，以杜牵混。其甘肃坐省书吏实为州县之蠹，其弊甚大，著即设法革除，毋稍宽贷。将此谕令知之。"

（卷178　783页）

道光十年（1830年）十月戊申

又谕："颜伯焘奏，肃州为出口总汇，一切转输支应，文案繁巨，必须干员分司其事。著那彦成即饬令直隶河间府同知濮城、俸满通判锡谦、布政司库大使杨炳驰驿迅赴肃州，听候差遣。锡谦系俸满保留之员，遇有应升应补缺出，仍照例升补，毋庸扣除。"

（卷178　788页）

道光十年（1830年）十月甲寅

缓征甘肃皋兰、安定、会宁、贵德、碾伯、中卫、金、固原、宁夏、宁朔、灵、清水、泾、崇信十四厅、州、县被雹、被水、被霜灾民本年额赋，并供办兵差之河、狄道、渭源、靖远、陇西、宁远、伏羌、通渭、岷、西和、洮州、平凉、静宁、隆德、华亭、盐茶、安化、宁、正宁、合水、环、抚彝、张掖、山丹、庄浪、武威、永昌、镇番、古浪、平番、平罗、循化、丹噶尔、巴燕戎格、西宁、大通、秦、秦安、礼、徽、两当、阶、文、成、灵台、镇原、肃、高台、安西、敦煌、玉门五十二厅、州、县及东乐红水、陇西、庄浪、毛目县丞、花马池、西固、王子庄州同、沙泥、三岔州判所属九处积欠银粮。贷皋兰、金、宁远、安定、秦、秦安、清水、礼、徽、泾、镇原十一州县贫民口粮银两有差。

（卷178　799页）

道光十年（1830年）十一月丁巳

谕军机大臣等："杨遇春等奏预筹续拨饷银一折。已降旨交户部速议筹拨矣。至另折奏续调官兵，现经停止。前奏雇办驼三万四千余只无须再议增添。已降旨令史谱查明陕西雇备驼只，如已足二千之数，即行停止，俟将来甘肃驼只倘有不敷，或添调官兵再行雇备，以节靡费。又另片奏，扎萨克爱曼所进驼只现在需用，已另降清字谕旨赏收，加以赏赉，并谕令成格俟此项驼只解至乌鲁木齐收验后，将乌鲁木齐已收若干，内地即可少购若干，飞咨该督等查照办理。至阿克苏设立军需局，前已降旨派诚端驰往经理，该处并有长清在彼，已不乏人。潼商道庆禄著毋庸前往督办。汉中府知府云麟前此鄂山奏调时，因该员署理西安府未令前往，旋谕令鄂山酌量，如西安府有人接署，即令云麟前赴甘肃。兹据杨遇春等奏，西安府已委员接署，云麟现抵甘肃，著准其留于该处差委。将此谕令知之。"

（卷179　806页）

又谕："据杨遇春等奏续调官兵，现经停止。前奏顾办驼三万四千余只无须再议增添。甘肃省已雇买驼九千七十余只，阿拉善王进驼二千只，代办驼一千只。陕西解到雇驼一千六百余只，山西咨会已办驼五千七百只，共有驼一万九千三百余只，尚短驼一万四千七百只。陕西雇价较昂，应尽甘肃筹办。其陕西雇驼四千只请饬令雇足二千只，暂行停止等语。陕西雇备驼只价银既较甘肃昂贵，所有应雇驼只著该护抚查明，如已足二千之数，即行停止。将来甘肃驼只倘有不敷，或添调官兵再行雇备，以节靡费。将此谕令知之。"

（卷179　807页）

道光十年（1830年）十一月甲子

谕内阁："鄂山奏直隶布政使颜伯焘业已驰赴肃州等语。此次应办军需事宜，著杨遇春、鄂山、颜伯焘会同筹办。现在该处尚有征兵未曾过境，杨遇春著仍驻扎肃州，听候谕旨。"

（卷179　816页）

道光十年（1830年）十一月辛未

谕内阁："长龄奏请将胡超交部议处一折。甘州提督胡超带兵行抵阿克苏时，额尔古伦等正在商议进兵。因该提督欲俟甘州、凉州、肃州官兵到齐再行前进。额尔古伦等进兵延缓，虽由该提督之言所致，究系容安未经催令进发，贻误于前。除额尔古伦等已交长龄另议具奏外，胡超著交部议处。"

（卷180　825页）

道光十年（1830年）十一月甲申

予洋阿尔巴特营阵亡甘肃兵丁李良得、淹毙兵丁顾天祥等赏恤有差。

（卷180　843页）

道光十年（1830年）十二月乙酉

予叶尔羌阵亡甘肃把总赵举祭葬世职如例。

（卷181　844页）

道光十年（1830年）十二月丙戌

予和阗阵亡甘肃把总杨魁祭葬世职。叶尔羌阵亡兵丁陈万顺等二名赏恤如例。

（卷181　847页）

道光十年（1830年）十二月壬辰

谕内阁："御史卞士云奏请饬禁外省书吏拟批积习一折。各省督、抚、司、道及学政盐关各衙门遇有批禀、批呈事件，巨细均应亲身核定，不得假手吏胥，致滋弊混。据该御史奏，各省申详案件与具呈上控之人，每先向掌稿经承打点，如应准之件，另拟数语议驳，应驳之案，另拟数语议准。先以消息宣露无识之徒，受其愚弄，甚且勾通幕友，因缘为奸，其弊无所不至。所关于吏治匪浅，著通谕各督抚转行各衙门，嗣后凡遇批禀、批呈，无论重大案情及寻常事件，均著悉心详核，自行裁酌，毋许专任吏胥幕友预定准驳，致令借端蒙混，遇事招摇，以除积弊而肃吏治。"

（卷181　852页）

道光十年（1830年）十二月丙申

护陕西巡抚史谱奏："准陕甘总督杨遇春等来咨，将前次陕库截留军饷仍拨银三十万两运往甘肃，以济要需。"报闻。

（卷181　863页）

道光十年（1830年）十二月戊申

谕军机大臣等："据户部奏，此次回疆军务历届奏拨过部库银二百万两，甘肃封贮银一百六十万两，各省地丁、盐课、关税等银四百四十万两，共银八百万两，均经陆续起程解交甘肃转解。又驮运军火等项需用驼只，据各处采买、雇备及蒙古王公等呈进，计报部有案者共驼四万一百七十余只，亦经分起解赴应用。现在二城之围已解，请饬管理粮饷大臣分别核办等语。著杨遇春等即查明各省所拨银两，按照应支款项数目拨解借支，如有盈余，俱著截留甘肃藩库。至驼只一项是否均须应用，亦著核实酌办。其雇觅者分别饬还留备，其采买呈进者，分别停止截留，以省脚价喂养之费。将此谕知杨遇春、鄂山并传谕颜伯焘知之。"

（卷182　875页）

道光十年（1830年）十二月辛亥

谕内阁："文孚等参奏蓝瓴侍卫彭元庆告假回籍，丁忧服满不即来京当差，辄由河南前赴甘肃，投效军营。实属冒昧妄为。彭元庆著交部严加议处，杨国桢于该侍卫行抵河南并不催令进京，率将该员投效军营之处，转咨陕甘总督任意越俎，亦属不合。著交部议处。"

（卷182　877页）

道光十年（1830年）十二月甲寅

上御保和殿，筵宴朝正外藩：科尔沁、乌珠穆沁、巴林、喀喇沁、奈曼、敖汉、阿巴噶、鄂尔多斯、土默特、杜尔伯特、喀尔喀、翁牛特、乌喇特、郭尔罗斯、苏尼特、克什克腾、阿拉善、土尔扈特、茂明安、青海和硕特、察哈尔王、贝勒、贝子、公、额驸、台吉、塔布囊等及琉球、暹罗国正副使等随文武大臣依次就坐。诸乐并作，上进酒。召左翼：科尔沁和硕卓哩克图亲王巴图、扎萨克多罗冰图郡王林沁扎勒赞、巴林扎萨克多罗郡王那木济勒旺楚克。右翼：喀尔喀扎萨克和硕亲王车登巴咱尔、科尔沁扎萨克多罗郡王僧格林沁至御座前，赐酒成礼。

（卷182　883页）

道光十一年（1831年）正月己未

贷甘肃会宁、西和、隆德三县上年被雹、被水灾民籽种，并两当、崇信二县灾民两月口粮。

（卷 183　886 页）

道光十一年（1831 年）二月辛丑

谕军机大臣等："前因征调各路官兵均经撤回，谕令杨遇春、鄂山、颜伯焘各回本任。昨降谕旨将鄂山补授四川总督，现在肃州军需局自已裁撤，著杨遇春即回陕甘总督本任，以便鄂山交卸起程。至上届兰州军需局报销系颜伯焘一手经理，此次该处办理报销是否只须该督督率司道大员核办，抑仍须颜伯焘在兰州办理，著杨遇春酌量据实具奏。将此谕令知之。"

（卷 184　922 页）

道光十一年（1831 年）三月戊午

谕军机大臣等："鄂山奏盘查甘省仓库尚未完竣请暂缓回任一折。前降旨将鄂山补授四川总督，复谕令杨遇春即回陕甘总督本任，以便鄂山交卸起程。兹据奏盘查甘省仓库，各属册籍尚未解齐，且距省有远至二三千里以外者。将来定案后，仍须委员分路彻底盘量，辗转需时非数月难以竣事。请仍在甘省专办等语。杨遇春此时计已遵旨回任，著鄂山将盘查仓库一事移交杨遇春认真办理，即遵前旨来京请训。将此谕令知之。"

免撤回京营吉林、黑龙江、四川、陕、甘兵丁应缴赏装银。

（卷 185　933 页）

道光十一年（1831 年）三月庚申

以防御西宁野番出力，陕西副将马鸣谦等下部议叙。

（卷 185　936 页）

道光十一年（1831 年）三月辛酉

又谕："长龄奏接奉饬令折回阿克苏谕旨，暂住肃州等候批示一折。长龄行抵肃州，因旧疾复发，暂行住彼调养。闻之深为廑念。该将军务加意调理，一俟就痊，即行起程折回阿克苏。所有伊萨克一案已添派玉麟赴阿克苏会审，奏结后即与该将军同赴喀什噶尔，商办剿抚及善后事宜，并谕令该将军不可因添派有人稍存推诿。前月二十、二十一日叠降谕旨，此时计早接到。该将军回至阿克苏时，玉麟谅已到彼。著遵照前旨，会同提集扎隆阿、伊萨克及案内应讯人证，秉公研讯明确，按律定拟具奏。又据另片奏，伊萨克屡提不解，访闻竟有兵民把持之语。恐民人恃众逞刁，势须兵力惩创，非但外夷闻之窃笑，更恐该民众被拿奔逃出卡。设再勾结霍罕安集延复来滋事，所关甚重。是以奏请解京讯办等语。该将军所虑不为无见。伊萨克一案延不起解，如果系兵民把持，实属不成事体。长龄当于途次悉心筹划，先事预防。至阿克苏后与玉麟会同熟商善策，妥为办理，毋致另有他虞，是为至要。将此由六百里谕令知之。"

（卷 185 937 页）

道光十一年（1831年）四月甲午

又谕："甘肃民人何聪前在都察院衙门呈递封章，当交刑部审讯。兹据刑部审讯何聪所控各案，系因闻黑番肆抢，心怀不平，自行起意来京，写就封章呈递，并牵及回疆茶税，难保无听人从中主使。著将何聪解赴甘肃，交杨遇春严行审讯，并查明何聪在籍有无为匪不法别情，照律定拟具奏。至该犯所称黑番叠次抢劫各案，虽事隔多年，而黑番胆敢肆抢，不可不防其渐。又称出入嘉峪关民人起票、验票需索钱文一节，如果属实，尤应查禁。著杨遇春会同西宁办事大臣将该处黑番随时弹压，如有肆抢等事，务当认真查拿惩办，毋许将就消弭，致酿事端。其嘉峪关官弁胥吏倘有借票科敛等情，即严行禁革，以除积弊。"寻奏："黑番安静，关役委无需索。何聪照挟制入奏例，发边远充军，下部议。"从之。

（卷 187 963 页）

道光十一年（1831年）四月丁未

旌表守正捐躯甘肃靖远县民黄见仁妻黎氏。

（卷 187 972 页）

道光十一年（1831年）五月丁卯

谕内阁："杨遇春奏遵旨查禁鸦片烟章程。开单具奏，据称查明甘肃省现在尚无将罂粟花熬烟贩卖之事，惟成段地亩栽种罂粟，恐致有收浆熬土，不可不严示创惩，以防其渐著。责成地方官认真随时查察，如有违禁广种罂粟，即照新定之例从严惩办。倘地保兵役得规容庇，俱治以应得之罪。地方官查拿不力，分别失察故纵参办。其外来商旅夹带偷销，责令该省东南二路入境首站及设有税口之各州县严密稽查，一经获犯，根究贩卖来路，暨经过税口。即将失察之州县故纵之吏胥严行参惩，不得借端扰累行旅。至制造及贩卖鸦片烟器具，著照赌具之例惩办，其有将烟具携出修制者，许匠工首告，量予奖赏，并出示晓谕，责成家长约束。倘同居子弟有贩卖买食者，别经发觉，除本犯治罪外，著将家长照不能禁约子弟为窃之例治罪。仍令各州县按季禀报，责成该管道府于年终出具所属并无种卖鸦片烟，切实印结，详报该督，于每年年终汇奏一次。务当实力查禁，杜绝弊端，不可日久生懈，视为具文。致干重咎。"

（卷189　986页）

道光十一年（1831年）六月癸卯

赏休致凉州副都统伍尔衮布全俸。

（卷191　1016页）

道光十一年（1831年）八月壬寅

又谕："长龄等奏酌议凯撤官兵援照章程吁恳恩施一折。此次喀什噶尔留营官兵，俟善后定局即应全撤。据长龄等奏，该兵丁等长途跋涉，关外戈壁重重，拮据情形，实与进征时无异。加恩著照所请，所有此次撤回官兵准照上届章程，自肃州以西仍按军营例支给盐菜、口粮，并照付步兵车马，肃州以东，俱照凯撤之例办理，以示体恤。"

（卷195　1075页）

道光十一年（1831年）九月甲寅

以承办军需出力，予甘肃道员程德润等议叙有差。

（卷196　1088页）

道光十一年（1831年）九月丁卯

缓征甘肃碾伯、皋兰、狄道、金四州县被雹村庄新旧额赋。

（卷197　1103页）

道光十一年（1831年）九月辛未

户部议准陕甘总督杨遇春疏报："安西州开垦田五十亩，正宁县一顷二十亩，照例升科。"从之。

（卷197　1104页）

道光十一年（1831年）十月丙申

谕内阁："前据御史陈焯奏，陕甘学政违例送考，藩司不行驳回。该抚参奏时，意存含混，当降旨令史谱等明白回奏。兹据该抚奏，口外士子，道里辽远，不能克期到省。学政戴兰芬录送迟延，系照成案办理。藩司杨名扬不行驳回，亦因有案可凭，实非瞻徇滥收。该抚未将陕西历科乡试办理情形声明，系属疏漏等语。史谱、戴兰芬俱著交部察议。杨名扬前已降旨交部察议，无庸再议。该省口外乌鲁木齐及巴里坤等处士子僻居边远，沿途阻滞，自所不免。著自道光十二年为始，嗣后边远士子务先期晓谕，令其赶紧起程，限于八月初一日以前全数到省，不得任意逗留，逾限即不准收考。"

（卷199　1126页）

道光十一年（1831年）十月乙巳

贷甘肃皋兰、金、靖远、狄道、陇西、安定、会宁、通渭、岷、隆德、清水、秦安、礼、徽、崇信、灵台、镇原十七州县暨盐茶同知、沙泥州判所属歉收贫民口粮。

（卷199　1136页）

道光十一年（1831年）十月丁未

又谕："前据长龄等奏，筹办回疆善后事宜，请饬部查明。各省绿营兵额各按马步守兵于每百名内暂裁二名，即将各省裁缺所节经费由该部解交甘肃，搭运前往。每岁可得银三十余万两。兹据该部奏称，现按饷银计算，每岁只得银十八万四千余两，其粮折马干红白赏项应俟各省复齐，始能定有成数，然约计总不及三十余万两，与该将军等原奏数目不符等语。此项裁减兵额所节经费，现经该部查明，计银不及三十余万两，与该将军等原奏报数不符。事关裁减兵饷，·必须详细确查，以凭核办。倘回疆现在一切办理按照原奏三十余万两之数，从宽布置，将来不敷支拨，岂不徒费周章。著长龄等将现在该处添兵若干，设官若干，并俸饷等项共需银若干一并迅速详查，务须通盘筹计。一切经费不得稍有浮滥，查明后即据实由六百里复奏，毋得迟延。将此由六百里谕令知之。"

又谕："前据长龄等奏，筹办回疆善后事宜，请将各省绿营兵额各按马步守兵，分别均匀，于每百名内暂裁二名。将裁缺所节经费解交甘肃藩库。自道光十二年为始，归入回疆经费项下搭运前往，以资支发。当交该部查明具奏。兹据奏各直省地方险易异宜，兵数多寡不一，且额兵有存城分汛之别。存城者以备差操，为数稍多。分汛者以专戍守，人数较少。自应由各省查明核办。著各该省督抚各按全省兵数，以每百名暂裁二名核计，共裁马步守兵若干名，于所属标营内详察繁简多寡情形，遇有拔补开革事故所出之缺，应陆续分别扣除，及所裁饷银粮折马干并红白恤赏银两，应酌定裁减数目一并迅速查明。各行据实复奏，将此各谕令知之。"

（卷199　1137页）

道光十一年（1831年）十月戊申

户部等部议准："陕甘总督杨遇春盘查甘肃仓库，酌拟杜亏章程十条：一、省书盘踞加重惩办。一、吏胥勒索实力查拿。一、采买兵粮责成道府。一、仓谷短绌不准折价移交。一、摊销名目永远禁止。一、流交无著各款设法弥补。一、考棚垫修银两不准作抵库项。一、应解司库各款严密守提。一、司库扣存抵亏款目不准冒领。一、有亏各员停其升调。"从之。

（卷199　1138页）

道光十一年（1831年）十一月癸丑

缓征甘肃河、靖远、陇西、宁远、安定、会宁、洮、安化、武威、平番、古浪、灵、秦、礼、灵台、镇原、通渭、固原十八州县暨盐茶同知、沙泥州判所属被雹、被水、被旱村庄新旧正借银粮草束。

（卷200　1144页）

道光十一年（1831年）十二月丙戌

以绘画武成殿平定回疆剿擒逆裔战图完竣，赏甘肃马兵陈升经制外委。

（卷202　1173页）

道光十一年（1831年）十二月壬辰

以甘肃渭源、岷、西和、镇番、平罗、碾伯、秦、秦安、安西、敦煌、玉门十一州县粮价增昂，命平粜仓谷。

（卷202　1181页）

道光十一年（1831年）十二月戊戌

以故甘肃西宁道属碾伯县土司赵斑贵子基、下扎武族百户扎希却达尔子却什郡加木参各袭职。

（卷203　1187页）

《清道光实录（四）》

道光十二年（1832年）正月甲寅

贷甘肃渭源、宁远、静宁、隆德、安化、碾伯、两当七州县上年歉收贫民籽种、口粮。

（卷204　5页）

道光十二年（1832年）正月己巳

谕内阁："户部奏，议复杨遇春请将留驻肃州听差官兵支给盐菜、口粮，并调赴肃州听差官弁支给盘费二款。该部并未办有成案，难以核准，请旨定夺。此项官弁、兵丁既据该督声称调赴肃州差遣，距本营较远，兵丁自须给予盐菜、口粮，其官弁皆系微末之员，力难自给，亦须给予盘费，均著加恩准其支销。"

（卷204　10页）

道光十二年（1832年）正月辛未

以甘肃按察使惠丰为湖南布政使。广东盐运使庆林为甘肃按察使。

（卷204　12页）

道光十二年（1832年）二月癸巳

又谕："杨遇春奏请补改复旧制之总兵副将及酌拟留拨原裁官兵一折。甘肃凉州为西路重镇，前因上届军需改镇为协，将该处总兵移驻喀什噶尔，庄浪副将移驻凉州，凉标中军游军移驻庄浪，并裁该镇兵一千名。兹据该督奏，现在凉州总兵既由喀什噶尔改归原处，著准将凉州原裁兵一千名内督标所留三百名，毋庸再行拨还，其余七百名分别已裁未裁，仍归该镇原营，俾资操防，以符旧制。所有凉州镇总兵员缺准其以周悦胜补授，仍留喀什噶尔换防。其凉州镇篆即著现署该处副将之甘肃提标参将托克通阿代办。至前改之庄浪协著一并复回。即以军营新升之凉州协副将伍魁英调补。所遗现任庄浪营游击李遐龄，本系凉州镇标中军游击移驻，并著仍归原营。所需凉州镇总兵、庄浪协副将、凉州镇标中军游击印信关防，著该部即行铸造颁发。余俱著照所议办理。该部知道。"

（卷 206　32 页）

道光十二年（1832 年）三月己酉

调贵州提督余步云为湖南提督。以福建漳州镇总兵官唐文淑为贵州提督。调四川川北镇总兵官松青为漳州镇总兵官。以甘肃镇海协副将周佐胜为川北镇总兵官。

（卷 207　46 页）

道光十二年（1832 年）三月甲寅

以湖北按察使栗毓美为河南布政使。甘肃甘凉道朱树为湖北按察使。

（卷 207　50 页）

道光十二年（1832 年）三月庚申

谕内阁："长龄等奏军饷余剩银两酌拨分贮一折。上年五月因回疆筹拨军饷，经户部拨银二百万两，解贮甘肃藩库，就近支拨。嗣据该将军等咨明陕甘总督先拨银一百万两，陆续运解在途。现在善后事宜均已完竣。防兵调到即可全撤征兵。大营暂时供支已足敷用。此项节省银两，该将军等酌商分拨各城，以资储备。著照所请，叶尔羌拨银三十万两，如善后尚有需用之处，交璧昌即由此项内动支，毋许稍有虚糜。所剩银两尽数封贮叶尔羌库内。阿克苏拨银二十万两，伊犁拨银三十万两，乌鲁木齐拨银二十万两，均作为储备专款，如有急需，必须奏明，方准动支，不得滥行挪用。其现存甘肃军饷银一百万两交陕甘总督饬令该藩司全数封贮司库，作为新疆备用另款，非有要需，不准奏请调拨，以资储备而重边防。"

（卷 207　55 页）

谕军机大臣等："长龄等奏霍罕遣使恳求通商筹酌办理一折。此次霍罕伯克遣夷目递禀，照议允准。至所称该伯克情愿抱经盟誓，永远翊戴，此言未可尽信。惟善后大局章程已定，喀什噶尔总要商量长治久安之策，妥为防范，万一有事，断不宜轻易带兵出卡。其如何严密布置并叶尔羌等城如何声势联络，务使彼此缓急足恃。若赴援稍迟，致有失误，定以军法从事，决不宽贷。又吊噶尔拜等供称，霍罕屡被俄罗斯欺压，该伯克意欲带兵前往理论，由那林及哈萨克爱曼一带经过，倘布鲁特等播造谣言，恳祈勿听等语。

霍罕与俄罗斯远在卡外，蛮触相争，原可置之不问，惟不许扰及边界。伊犁将军等总当预为防备，固不可稍存大意，尤不宜轻率追捕，致起衅端。并著玉麟知照常德一体遵办。哈丰阿、郭继昌二员著暂留该处，俟明春察看情形，再行酌量。哈哴阿应否留于该处，或即可饬回，著长龄等商酌定议。长龄现在善后事宜已竣，著即起程回京，路过甘肃，仍遵前旨与杨遇春妥商南路换防官兵酌量变通事宜，据实具奏。玉麟著即赴乌鲁木齐，审讯郭勒明阿案，俟事竣仍回伊犁将军本任。将此由六百里各谕令知之。"

（卷207　56页）

道光十二年（1832年）三月甲子

裁甘肃马莲井州判，狄道、固原、宁、陇西、安定、中卫六州县训导各缺，从总督杨遇春请也。

贷甘肃皋兰、金、靖远、洮、陇西、伏羌、泾七厅、州、县灾民口粮。

（卷208　60页）

道光十二年（1832年）三月乙丑

又谕："甘肃茶商毕新兴呈控各处私贩采买湖茶，含糊纳税，由别途运入陕、甘、新疆售卖。又西海蒙古地方严禁畅卖茶封，以致引滞课绌等情。控关私贩病商，必应严行缉禁。至所称新疆裁革私茶收税，可以增引裕课，并西海蒙古各地方禁卖茶封，于民食官引均有滞碍。是否系实在情形，著杨遇春确切查明，认真办理。茶商毕新兴著该部照例解往备质。"

（卷208　61页）

道光十二年（1832年）三月丙寅

谕内阁："杨遇春等奏查办黄河南北蒙番事宜一折。据奏青海二十九旗内扎萨克喇嘛察罕诺们汗一旗，应查户口细数。缘该诺们汗身故，该图萨拉克齐年幼，不能护理，将印信暂行收贮。所有该旗现存之户逃往各族，一时未能清查。著准其暂缓造册，饬令该旗将逃户收回，再行查办。"

又谕："杨遇春等奏酌议察罕托洛亥驻防官兵请按二年更换一折。此项换防官兵前经该督等议请一年期满，统归四月一班更换。兹据查明同时全换，其新到之兵，一切情形未能熟悉。自应酌为变通。著照所请，所有该处防兵一千名仍分作两班按二年更换。今岁四月更换之际，著即留一半，至十三年四月作为二年期满。其今岁四月到防弁兵，应计至十四年始到班满之期，俾资熟手。"

以甘肃防河镇静，予陕西副将马鸣谦等议叙。

（卷208　61页）

道光十二年（1832年）三月壬申

以故甘肃洮州厅土司眘苙臣子庆荣袭职。

（卷208　66页）

道光十二年（1832年）四月癸卯

以甘肃安西协副将张国相为山东曹州镇总兵官。

（卷210　93页）

道光十二年（1832年）五月乙卯

陕甘总督杨遇春奏："野番投诚，请援照旧章酌给番目土夫旦百户顶带，并令该番拣选明白懂事之老民充补百总、什总，递加管束。"报闻。

以查办番案出力，赏甘肃土千总杨万士五品顶带，通丁马魁六品顶带。

（卷211　107页）

道光十二年（1832年）五月丙辰

谕军机大臣等："昨据杨遇春等奏，贵德卡外思昂拉千户所管八大族住牧循化卡外地面，内有杨弄、古弄、录弄、铁哇、合尔哇、东什当、水乃害各番，聚集多人，骑马持械，各路强劫。当即饬委署循化同知州判夏日瑚等带领撒拉回民一千名，汉、土弁兵三百名前往弹压。该番等胆敢抗拒，枪毙撒拉回民二名。该署同知等督率汉、土官兵开枪轰击，打毙番贼六名，烧毁房屋数十间。番贼等逃窜入山。经撒拉回民就近搜捕，杀毙番贼十五名，带伤逃跑者十余名。经该文武各员派委土千总杨万士等唤出该族总管千户观木却合，谕令献出积匪并拒敌番贼二十名，出具永不为匪抢劫甘结等语。朕闻撒拉回民赋（秉）性犷悍，时常械斗，素非安静之徒。向来卡外小有不靖，从未派令前往拒敌，诚以用其力而不稍示以恩，必生怨望。若遽加以将励，而若辈自恃为国出力，其恣肆又有不可胜言者。且回性贪婪，恐未易满其觊觎之意，倘此端一开，将来该回、番等互相寻衅仇杀，尤不成事，流弊所滋，不可不防之于始。此案事属既往，姑勿深究。至此次派用撒拉回民是否系恒敬一人主见，抑曾与该督往返札商，著杨遇春确察情形，有无滋弊及究系何人主见之处，据实明白复奏。将此谕令知之。"

（卷211 109页）

道光十二年（1832年）六月壬午

甘肃凉州镇总兵官周悦胜谢授缺恩。得旨："训练操防关系甚重，务宜加倍认真，不可稍有懈忽。"

（卷213 139页）

道光十二年（1832年）六月乙酉

又谕："邓廷桢奏释回习教案内遣犯延不归籍请分别查办一折。所奏甚是。邪教煽惑愚民，最为世道人心之害。前回城各遣犯经该将军等奏请，念其稍效微劳，准令免罪释回。其邪教案内人犯亦在奏准之列，实冀该犯等湔除旧恶，勉为良民。如果感激恩施，痛改前非，业经该将军等给与路照，自必心恋故土，赶紧回籍。兹据该抚查明安徽省释回遣犯十余名，仅张臣柱等三名到籍，其余各犯迄今并无踪迹，难保其不潜匿异地，故智复萌。倘乡愚一经诱惑，是该犯等甫邀法外之恩，转使多人陷于法中，为害甚巨。安徽一省如此，他省亦恐不免。除释回各犯内其尚知畏法，已经回籍者，各督抚严饬该管地方官随时稽察，严加管束。其延未归籍或仍在配所，或匿在中途，不可不分别查办。著陕甘总督并直省各督抚，确切查明释回各省邪教案内遣犯。如已得有路照，在中途逗留，即系自外生成，不思悛改之徒，一经查获即由拿获地方，仍照原犯罪名发遣，不准释回，以杜滋蔓而靖地方。"

（卷213 144页）

道光十二年（1832年）六月乙未

户部等部议奏："陕甘总督杨遇春等奏，陕甘两省满营红白赏银，查系按季支放，惟兵丁每季所出红白事件多寡无定，若按季支给则兵丁所获即有多寡之殊。请嗣后每季应领额银于季首支领时照例定银数十中留二，统俟年终核计，各按出事之兵均匀找领，倘有不敷，亦按出事之兵名下摊补等语。核与奏定章程少有变通，于帑项尚无增添，应如所奏办理。"从之。

（卷214 160页）

道光十二年（1832年）七月乙巳

又谕："前据杨遇春等奏，贵德卡外思昂拉番族抢劫，派用撒拉回民弹压搜捕。朕思撒拉回民赋（秉）性犷悍，向来卡外小有不靖，从未派令前往拒敌。当降旨令杨遇春将此次派用撒拉回民究系何人主见，据实复奏。兹据奏，恒敬酌派兵回前往后，始行札知该督，是此次派用撒拉回民自系恒敬一人主见，不知事体之轻重，实属冒昧。著传旨申饬，嗣后如有卡外抢劫等案不得派用回民，仍令报官查办，以杜流弊。将此各谕令知之。"

（卷215　183页）

道光十二年（1832年）七月癸亥

予回疆军营病故甘肃知州丁文鋗祭葬恤荫。

（卷216　208页）

道光十二年（1832年）八月乙亥

陕甘总督杨遇春复奏："讯明民人朱田赵因习天主教发遣，李盛荣等均内地贸易民回，前在喀什噶尔随同守城，曾受枪伤，城破被掳，逼胁未从，经张逆送至霍罕，分给各处回子服役。时被磨折，因先后乘间逃出，由布噶尔至俄罗斯所属之哦林布格尔边界，经该夷目回明本国王子送回。伊等在霍罕时，言语不通，不知所服役者是否张逆亲属。闻张逆生有一子，现在霍罕，并未见过。霍罕人虽高大，作事蠢钝，前恐大兵征剿，遣人向布噶尔借兵。闻布噶尔以不敢轻惹天朝之言回复。该民人等所供未经从逆之处，矢口不移，惟朱田赵仍不愿出教。请旨遵办。"下部议。寻议："朱田赵仍发回城为奴，交伊主严加管束。李盛荣等应照被掳来归免罪例，令该督查明递回原籍，交地方官严加管束。"从之。

（卷217　221页）

道光十二年（1832年）八月辛卯

户部议准陕甘总督杨遇春疏报："靖远、环二县并王子庄州同所属开垦地六顷八十九亩有奇，照例升科。"从之。

（卷218　239页）

道光十二年（1832年）九月癸丑

又谕："杨遇春等奏贼番偷渡抢劫拒伤官兵现设法查办一折。此次河南贼番加咱等四族胆敢于噶布古僻静河沿地方扎筏偷渡，将附近各旗牧放牲畜肆行抢掠。当经驻防都司宁显文带兵往捕，致被拒伤官兵，适统领防兵永安营游击冉贵带兵在卡巡查，遇贼接仗，杀毙数贼，夺获牛羊三千余只。现饬弁兵分路搜缉，游击冉贵系领防兵之员，于贼番偷渡失于防范，未能先事觉察。都司宁显文带兵往捕，不知慎重，致伤官兵，均有应得之咎。著一并交部议处。该督等即饬署河州镇总兵副将马鸣谦带兵五百名，督同循化、贵德二厅营酌带马步兵三百名，亲赴防所督饬追缉。并著落该管千百户勒献正贼，将抢掠牲畜悉数呈缴。所有拒捕贼番务期按名弋获，尽法惩治，毋使漏网。冉贵、宁显文仍责令带兵上紧搜捕，俟完案后再同失察之该管千百户及伤亡官兵另行分别办理。”

（卷219　265页）

道光十二年（1832年）九月丙辰

谕内阁："杨遇春奏新疆等处贩茶易茶旧章与官引均无窒碍一折。此案监生毕新兴即毕延清前以私贩病商等情赴都察院具控，当降旨交杨遇春确查。兹据查明毕新兴充当茶务总商，承引办课，因恐陕省私茶阑入甘境，北商夹带附茶赴新疆售卖，并青海蒙番易茶章程綦严，虑及引茶不能畅销，辄欲变更旧章，赴京控诉，实属谬妄。念其所呈各款究为疏通引茶起见，与揑情告人者有间。毕新兴著杖八十，革去监生，仍留充总商责成行茶办课。该督务当随时查察，倘有拖欠情弊，即行从严惩办。以肃茶法而重国课。"

（卷219　268页）

道光十二年（1832年）九月戊午

以广东惠潮嘉道龚绶为甘肃按察使。

（卷219　276页）

道光十二年（1832年）九月己未

调山西按察使色卜星额为甘肃按察使。甘肃按察使龚绶为山西按察使。

（卷220　278页）

道光十二年（1832年）十月戊申

命陕甘总督杨遇春拨银一十九万八千三百二十六两有奇，解往叶尔羌、巴尔楚克、和阗、喀什噶尔、英吉沙尔，备道光十三年经费，并命嗣后各城常年应需经费仍归各城大臣自行奏拨。

（卷223　331页）

道光十二年（1832年）十月庚戌

添制凉州营马兵鸟枪二百杆，庄浪营一百杆，从副都统寿昌等请也。

（卷223　332页）

道光十二年（1832年）十月乙卯

谕内阁："前壁昌奏，请将喀什噶尔等处班满撤回防兵酌给盐菜、口粮，并西五城换防官兵作为三年班满，当交户、兵二部速议具奏。兹据该部查明，此次班满撤回之喀什噶尔、英吉沙尔旧额防兵自道光七年调赴征剿善后，就近留防。在戍多年，情形不无拮据，且随同守城打仗，著有微劳，与寻常换防不同。该官兵等盐菜、口粮著加恩自肃州以西按军营例支给，肃州以东俱照凯撒之例办理。嗣后换防各兵并此外各城非征兵留防者，不得援以为例。至喀什噶尔、英吉沙尔防兵前经改为三年班满更换，其叶尔羌、和阗旧额防兵若仍定以五年，未免向隅。且巴尔楚克一城初设，地方瘠苦，调度不免有所趋避。所有西五城换防官兵著一律作为三年班次，以归划一。"

（卷223　333页）

道光十二年（1832年）十月庚申

西宁办事大臣恒敬因病请假，命来京。赏甘肃西宁镇总兵官舒通阿副都统衔，为西宁办事大臣。以前任广西右江镇总兵官德楞额为西宁镇总兵官。

（卷224　339页）

道光十二年（1832年）十月庚午

陕甘总督杨遇春奏："遵旨酌裁陕西、甘肃马步守兵一千九百五十名。"下部知之。

（卷224　353页）

以凉州、庄浪两处军政年逾六十官一员，精力未衰，命留任。

缓征甘肃皋兰、渭源、金、陇西、平番、宁夏、宁朔、灵、平罗、泾、镇原、固原、张掖、秦、礼十五州县歉收村庄新旧额赋。

（卷224　354页）

道光十二年（1832年）十一月癸巳

以承办甘肃军需报销出力，予知府陈士桢等升叙选补有差。

（卷226　372页）

道光十二年（1832年）十二月戊申

户部议准陕甘总督杨遇春疏报："皋兰县开垦荒地一顷四十一亩有奇，照例升科。"从之。

（卷227　391页）

道光十二年（1832年）十二月丁巳

以西宁办事大臣舒通阿为正白旗汉军副都统。

（卷227　397页）

道光十二年（1832年）十二月戊午

举行本年军政。步军统领衙门卓异官二员。直隶卓异官四员。热河卓异官一员，才力不及官一员。河南卓异官三员，不谨官一员，年老官三员。云南卓异官五员，年老官五员，有疾官一员。贵州卓异官五员，年老官一员，有疾官三员。四川卓异官五员，罢软官一员，年老官三员，有疾官一员，才力不及官一员。陕西卓异官六员，有疾官一员。甘肃卓异官五员，年老官二员，才力不及官二员。漕标卓异官五员、年老官二员，罢软官一员，浮躁官一员。江南河标年老官二员。河东河标才力不及官一员，浮躁官一员。分别议叙处分如例。

（卷228　399页）

道光十二年（1832年）十二月辛酉

又谕："壁昌等奏，甘省应解喀什噶尔等四城道光十一、十二、十三年生息银一万六千八百两，向由陕省营运解甘，转解口外。若陕省未经解到，甘库于积存银两内垫拨。兹据杨遇春咨称陕省生息银两既未解到，积存项下已准部咨入册报拨，不准请留。此外再无闲款可拨。如果各城急用，必须司库垫解，应由该大臣奏明办理等语。甘省应解各城生息银两向系核入经费项下统调，以备添放兵丁盐菜。自应如数解运，俾免支绌。著杨遇春转饬藩司，嗣后回疆各城生息银两一俟奏明调拨，无论陕省曾否解到仍由甘库积存银内垫拨，并著史谱督饬该省藩司，速将生息银两解赴甘省，以便转解各城，毋再迟逾。将此各谕令知之。"

（卷228　404页）

道光十二年（1832年）十二月壬申

上御保和殿，筵宴朝正外藩：科尔沁、巴林、喀喇沁、奈曼、敖汉、苏尼特、四子部落、扎鲁特、茂明安、喀尔喀、鄂尔多斯、郭尔罗斯、翁牛特、阿拉善、哈密、青海、扎哈沁、杜尔伯特、土尔扈特、和硕特、绰罗斯王、贝勒、贝子、公、额驸、台吉等并朝鲜、琉球国正副使随文武大臣以次就坐。诸乐并作，上进酒。召左翼：科尔沁卓哩克图亲王巴图、巴林扎萨克郡王那木济勒旺楚克、苏尼特扎萨克郡王齐旺扎布。右翼：喀尔喀扎萨克亲王车登巴咱尔、科尔沁扎萨克郡王僧格林沁、扎萨克贝子济克默特至御座前，赐酒成礼。

（卷228　420页）

道光十三年（1833年）正月丙子

给甘肃秦、泾、皋兰、隆德、华亭五州县上年被雹、被水、被旱灾民口粮，并贷籽种。

（卷229　424页）

道光十三年（1833年）正月己卯

调广州将军庆山为福州将军。以乌鲁木齐提督哈丰阿为广州将军。甘肃河州镇总兵官德克金布为乌鲁木齐提督。

（卷229　431页）

道光十三年（1833年）正月庚子

又谕："尹济源奏，陕西塘丁中途被夺公文、包袱等语。陕省塘丁马清行至山西闻喜县冯家庄地方被抢公文、包袱。现据署绛州知州张循仪等查明被抢属实。该县知县蕴秀因何以争闹遗失具报，难保无讳匿别情，自应彻底根究。闻喜县知县蕴秀著即撤任，交该抚行提人证，确切查办。并著该部即将陕西、甘肃、四川驻京各提塘传案，询明第一百六十六号所发系何项公文。查照原发月日件数即行补给，以便各省遵照办理。"寻奏："蕴秀讯无讳匿情弊，惟禀词未能分晰，请交部议处。仍严缉逸贼。"从之。

甘肃布政使方载预年老休致。以直隶按察使光聪谐为甘肃布政使。长芦盐运使陈崇礼为直隶按察使。

（卷230　454页）

道光十三年（1833年）二月壬寅

谕军机大臣等："杨遇春奏请入觐一折。现在回疆一切事宜均经办定，口内、口外报销正案亦已题报全完。惟本年系应补查陕西、甘肃营伍之期，前经降旨派杨遇春查阅。藩司方载预现因年老休致，新任藩司光聪谐到任尚需时日。伊于甘肃一切情形素未熟谙。杨遇春著暂缓来京陛见，俟明年冬间再行奏请，候旨遵行。将此谕令知之。"

（卷231　456页）

道光十三年（1833年）二月己未

谕内阁："成格奏派员前赴内地查办上届军需第三案报销细数，其业经进口各员请饬陕甘总督转饬就近督造一折。前经户部奏催乌鲁木齐办理道光六年回疆军需第三案内供支官兵各项银五十七万三千五百余两，口粮面二百一万八千三百余斤，银粮销册。当即降旨，著该都统迅速造具细册送部核办。兹据奏此案销册必须查照出口各官兵衔姓花名及起止月日，方能造报。口外并无册档存案，自应专派原办之员携带各该员前造底册驰赴兰州总局，逐起照抄登填，以免遗漏。现经该都统专派前署吐鲁番同知即补知县福奎星速前往办理。此外尚有吴恕恒、周庆曾、伊昌阿三员前报底册，已饬在局书吏各抄一分，一并交与福奎带往登填，俾免迟误。又西宁道汤霈、济木萨县丞即补知县吴龙光、昌吉县知县卢铭瑚、前任宜禾县告病知县常久俱已先后进口。著陕甘总督转饬兰州总局，督催各该员会同该局官吏上紧查造，即将所办细册咨送乌鲁木齐复核，汇咨报部核销。至福奎既称前署吐鲁番同知时并无经收西安满洲营交留驼只情事，仍著西安将军、陕甘总督、哈密、库车、阿克苏等处，查明前项驼只，各该处是否收留。抑系西安官兵任意捏报，查明报部。"

（卷232　471页）

道光十三年（1833年）二月庚申

举行道光十二年大计。直隶卓异官十六员，浮躁官二员，才力不及官二员，不谨官一员，年老官四员，有疾官二员，罢软官一员。奉天卓异官二员，年老官一员。安徽卓异官七员，不谨官二员，才力不及官三员，年老官一员。浙江卓异官十一员，不谨官一员，才力不及官二员，有疾官一员，浮躁官一员，年老官七员。福建卓异官十员，罢软官二员，年老官四员，有疾官一员，才力不及官一员，浮躁官一员，不谨官三员。湖北卓异官十员，浮躁官一员，罢软官一员，年老官三员。湖南卓异官十员，才力不及官四员，年老官一员，有疾官一员，浮躁官三员，不谨官三员。河南卓异官十二员，罢软官一员，年老官三员，有疾官一员。陕西卓异官九员，年老官二员，有疾官二员，才力不及官二员，浮躁官一员。甘肃卓异官九员，才力不及官二员，有疾官一员，年老官四员，浮躁官一员。四川卓异官十五员，才力不及官二员，年老官七员，有疾官一员，不谨官三员，浮躁官一员。广东卓异官十二员，不谨官二员，罢软官一员，年老官二员，有疾官二员，才力不及官二员，浮躁官一员。广西卓异官五员，才力不及官二员，罢软官一员，年老官三员，有疾官二员。云南卓异官七员，罢软官一员，浮躁官一员，才力不及官二员，不谨官一员，年老官二员，有疾官一员。贵州卓异官七员，年老官二员，有疾官一员，才力不及官二员，浮躁官一员，罢软官一员。南河卓异官一员，年老官一员。东河卓异官三员，年老官二员。分别议叙处分如例。

（卷232　474页）

道光十三年（1833年）三月乙酉

调甘肃提督胡超为固原提督。

（卷233　497页）

道光十三年（1833年）三月庚寅

以因病告替青海扎萨克郡王达锡忠萧子达锡旺扎勒袭爵。

（卷234　501页）

道光十三年（1833年）四月辛酉

又谕："多尔济喇布坦等奏，俄罗斯固毕尔纳托尔将从前张格尔滋事时由喀什噶尔抢掳脱逃之班济布等三人解到审讯录供，或照前次办理，交杨遇春审讯，抑或解往各该处约束等，因请旨一折。著多尔济喇布坦等即委员将班济布等三人由彼解往甘肃，交杨遇春审办。俄罗斯固毕尔纳托尔将此脱逃三人察出，即资助衣服等物，妥为护解，甚属恭顺。固毕尔纳托尔著仍照前次赏给。"

（卷236　526页）

道光十三年（1833年）四月丁卯

以甘肃镇海协副将清安为山西大同镇总兵官。

（卷236　536页）

道光十三年（1833年）五月辛未

命陕甘总督杨遇春拨银一万八千一百四十两解往乌什，备道光十四年经费。

（卷237　539页）

道光十三年（1833年）五月己亥

以甘肃督标中营副将武光琳为贵州威宁镇总兵官。

（卷237　559页）

道光十三年（1833年）六月戊申

调甘肃布政使光聪谐为直隶布政使。以甘肃按察使色卜星额为布政使。广西左江道戚宗彝为甘肃按察使。

（卷238　565页）

道光十三年（1833年）七月丙子

甘肃西宁府洞巴族百长卓特巴色布腾子扎希敦住布、故洞巴族百长噶尔楚克子却什群纳木加立、噶尔麻纳木札尔子恭布旺加尔、苏鲁克族百户索诺木春比尔子彭错克拉布坦各袭职。

（卷240　594页）

道光十三年（1833年）七月甲申

库车办事大臣常格因病解任。赏前任甘肃按察使庆林三等侍卫，为库车办事大臣。

（卷241　602页）

道光十三年（1833年）七月癸巳

谕内阁："工部奏查明开采铅斤逾限未经足额请饬查办一折。甘肃省安西州地方开采铅斤，系备供通省各营配兵操防要需。前于道光二年经该督以该省所贮铅斤为数无多，题请定限六年，开采铅五十万斤，限满未经采足。兹据该督咨部以曾经通饬各属招商试采，未据报有产铅之地。咨商邻省酌议采买，亦未复到，而各营近年操演，均动营中贮备之款。现在操演无铅，请将督标等营寄存川楚军需案内用剩铅斤并喀密营库收存乾隆元年交到雍正年间军需案内剩铅分别动拨应用，俟采办购运到日，再为给发还款等语。此项备贮铅斤原为贮备缓急之项，该省各营操演如因采办维艰，即应先期妥议章程，题明办理。乃迟至五年之久竟未设法采办，以致各营操演无铅。历年均于贮备铅内动用，兹复请以备贮军需案内剩铅动拨应用。著兵部核议具奏，并著杨遇春速议采办章程，具题报部办理，即查取采办此案铅斤迟延及督催不力文武各职名，送部核议。所有该省采办未经足额铅斤，即著如数筹补，并将历年动用各营备贮铅斤一并补足还款，毋得再有迟延缺额，以实军储。"

（卷241　611页）

道光十三年（1833年）八月己亥

谕内阁："前因甘肃省采办铅斤逾限未经足额，以致各营操演无铅，历年均于贮备铅内动用，并据该督咨部，请将备贮军需案内剩铅动拨应用。经工部查明具奏，请饬查办。当降旨交兵部核议具奏。兹据该部奏称，该省历年操演动用各营铅斤并未随时报部，虽系暂时动拨，亦当赶紧采办归还原额。乃该督以定限采办之铅，延至五载未经采足，以致动用各营存贮之款并不如数归额，所办已属非是。兹复请用军需剩铅作为平时操演。设有要需又将何项筹拨，办理均属不合。著该督即将采办未经足额之铅并动用各营存贮之款，勒限半年以内全数筹足，详细造册报部，以备动用。其军需案内剩铅著永远存贮不准动拨。"

（卷242　618页）

免甘肃平番县被水冲坍地应征额赋。

（卷242　620页）

道光十三年（1833年）八月癸丑

调巴尔楚克总兵官唐俸为甘肃河州镇总兵官。河州镇总兵官向尊化为湖南镇筸镇总兵官。

（卷242　624页）

道光十三年（1833年）九月己巳

旌表守正捐躯甘肃岷州民妇苏许氏女代花子。

（卷243　635页）

道光十三年（1833年）九月辛未

缓征甘肃西宁县被雹村庄新旧额赋。

（卷243　637页）

道光十三年（1833年）九月丁亥

又谕："杨遇春奏营员规避防差不遂辄捏款具禀意图挟制请旨查办一折。甘肃梨园营都司叶昌泰两次回疆军需均未出征。经该督派往乌什换防，该员并不前往，辄敢到省请咨赴部，已属规避。迨饬令赶紧赴防，仍敢于途次以派差办事不公，捏款具禀。杨遇春公忠体国，实心膂股肱之臣，朕所深信。该都司意存挟制，无知妄为，可恶已极。叶昌泰著先行革职，现在行抵何处，即著杨遇春截回，派委妥员同款内案卷一并解交刑部，严行审讯，定拟具奏。"

（卷243　649页）

道光十三年（1833年）九月甲午

命陕甘总督杨遇春拨银七万四千一十四两解赴叶尔羌巴尔楚克，备道光十四年经费。

（卷243　654页）

道光十三年（1833年）十月丙寅

谕内阁："前因武会试正副考官白镕等置双好而中单好，屈抑人才，已降旨将白镕等降黜矣。朕查阅直省未中双好各武举内陕甘双好武举马步霄马上中七矢，步下中六矢，刀石俱系头号。较之单好中式罚科之马兴临实为过之。朕不忍任其屈抑，致令向隅。马步霄著加恩以营守备用，附于本科武进士之后铨选。其未补缺以前仍准其一体会试。"

（卷244　680页）

道光十三年（1833年）十一月丁卯

命陕甘总督杨遇春拨银七万八千九百一十三两解赴喀什噶尔、英吉沙尔，备道光十四年经费。

（卷245　683页）

道光十三年（1833年）十一月戊辰

以伊犁领队大臣舒凌阿为凉州副都统。凉州副都统寿昌为伊犁领队大臣，兼正蓝旗蒙古副都统。

（卷245　683页）

道光十三年（1833年）十一月壬午

缓征甘肃皋兰、金、靖远、陇西、宁远、安定、会宁、平凉、张掖、东乐、武威、平番、宁夏、宁朔、灵、中卫、平罗、秦、两当、成、泾、崇信、灵台、镇原、固原、宁、安化二十七州县暨盐茶同知、沙泥州判所属被雹、被水、被虫灾区新旧额赋。

（卷245　692页）

道光十三年（1833年）十一月癸未

又谕："陕甘督标前营游击王洪谟、陕西潼关协中军都司王玉成于所属把总自戕重案，并不即时详报本城大臣。派委地方文员验讯，迨该把总史学显因伤殒命，迟至二十余日乃将外委马重所验伤单，私意增添，捏报伤已平复后，忽发狂症身故。虽非始终隐匿不报，实属玩视人命，有心捏饰。王洪谟、王玉成均著照部议即行革职。吐鲁番领队大臣副都统衔赓音岱明知史学显自戕成伤，并不委员验讯，及至该游击等捏报病故，又不认真驳查。迨经厅员验明通详，复隐匿不肯指名参办。虽无故意瞻徇情弊，实属不谙表率。赓音岱著照部议降三级调用，毋庸查级议抵。"

（卷245　694页）

道光十四年（1834年）正月辛未

贷甘肃皋兰、伏羌、平凉、隆德、盐茶、宁、泰、两当、成九厅、州、县上年灾民口粮、籽种。

（卷248　731页）

道光十四年（1834年）正月戊寅

谕军机大臣等："杨遇春奏筹补缺额铅斤一折。据称甘肃省各营岁需铅斤，前经奏准在于安西州所属之普城山定限六年采铅五十万斤，以供领用。嗣因限满未能足额，所有动缺铅斤现经奉旨勒限归补，未便分年采买。请由黔省产铅之区照数代办黑铅五十万斤，搭附来年额解运送湖北汉阳官局。即将存局黑铅先行照数拨给，咨明甘肃省委员赴楚领运，以补动缺。一面严饬西安州并通饬各属遍行躧勘，如有铅苗旺盛之地即奏请招商采办等语。甘肃省近年操演均动营中备贮之铅，所有动缺铅斤前经降旨勒限半年全数筹足。现据该督设法筹办，试采需时，刻难归补。请由黔省产铅之区照数代办。著讷尔经额、尹济源、裕泰体察情形是否可行，悉心详查妥议，据实具奏。其甘肃省应行采买各铅斤仍著该督严饬安西州，并通饬各属躧勘铅苗畅旺之处，即行招商采办。俾省采买运脚之费，以济要需而供营用。将此各谕令知之。"寻湖广总督讷尔经额奏："甘肃省所需买补缺额铅斤，应请即于局存五十二万四千余斤内酌拨四十万斤，按每百斤例价银三两七钱九分一毫五丝计算，由甘肃省解价赴楚，兑交起运。至甘肃省尚有不敷应补动缺黑铅一十万斤，现查黔省各厂产铅未能丰旺，实难再行代办，应由甘肃省另筹足额。"从之。

（卷248　734页）

道光十四年（1834年）正月丙戌

谕内阁："杨国桢奏恳恩赏假驰赴甘肃省亲一折。杨国桢亲母田氏在陕甘督署患病，服药业已有效，自可调治就痊。惟高年抱恙，未免念子情殷。该抚服官有年，于伊父杨遇春亦已久疏定省。杨国桢著赏假四十日，驰往甘肃督署省视伊母。并可借此趋侍伊父，俾伸爱慕之忱。假满后仍即迅回本任，所有河南巡抚印务，即著栗毓美暂行护理。"

（卷248　736页）

道光十四年（1834年）二月己酉

甘肃按察使戚宗彝、因病解任。以广东盐运使伍长华、为甘肃按察使。以故青海扎萨克贝勒那木喀旺扎勒子车棱诺尔布袭爵。

（卷249　757页）

道光十四年（1834年）二月丙辰

以承办甘肃兰州军需总局报销，予知府陈士桢等升补议叙有差。

（卷249　760页）

道光十四年（1834年）三月丁卯

谕内阁："杨遇春奏请减会哨次数以节縻费一折。甘肃沿边一带地方，山多路杂，易于藏奸。向派甘州、凉州、西宁、肃州各提镇并副参游击等员各带弁兵，按月前往各要隘处所，分别会哨，统计每年会哨十二次。兹据该督查明沿边地方，连年颇属乂安，其扼要之扁都口外，又设有察汉、俄卜营制，足资弹压巡防。所有每年会哨次数自应酌量裁减。著自道光十四年为始，每年春季三月提镇会哨一次；夏季六月，永安、洪水、镇番、镇夷、甘标各营游击会哨一次；秋季九月，镇海、永固、永昌、金塔、甘州城守各营副将参将会哨一次；冬季十二月，仍令永安、洪水、镇番、镇夷、甘标各营游击会哨一次。统计每年会哨四次，其余八个月仍责令各该营各于所管地方，照旧派令妥干弁兵按月周历巡查。倘敢怠玩从事，致有奸匪潜匿境内者，立即严参惩办。毋稍宽贷。"

（卷250　769页）

道光十四年（1834年）三月丙戌

谕内阁："鄂山奏前后藏堪布进京在途屡被抢劫遵旨酌议行走章程一折。据称西藏喇嘛遣使堪布入都进贡，向不由川省地方经过。其失事之区，每在西宁所辖通天河一带。行劫之贼往往系川省果洛克贼番所为，亦有甘肃西宁不安住牧之番众，出而肆抢。历经按起饬获赃贼，奏明惩办。果洛克无业番民每因打牲远出游奕，该堪布等贪图便捷，揽带客货，由小路行走，以致屡有抢失之事。若由川省遣派官兵长途探护，不特虚糜帑饷，且恐徒费周章。著即责成三果洛克之该管土千、百户，多派土目，按户严行管束，实力稽查。不准各番民借打牲为名，远离巢穴，并严饬该管镇将转饬该管土千、百户严束番众，倘有抗违远出，准令该土司指拿送究，尽法惩治。倘土司徇庇纵容，即由该镇将禀请参办，仍于每年责成该管参将选拨勤能妥弁严密稽缉，俾各番夷愈知儆畏。其川省阜和协属之挖树、色尔塔、格尔次等处距通天河较果洛克稍近，著该督严饬阜和协副将一体稽查，钤束办理。并著驻藏大臣、西宁大臣、陕甘总督审量地方情形如何责令，该堪布不得额外揽带货物，及照例由大道行走，作何照科防范，悉心核议具奏。至该堪布等此次被抢包驮，前据呈报系被果洛克贼番所抢，并称盗首系阿崇旗等番人。现据该督奏称，饬查川省并无前项番夷部落，是否西宁所辖，纠结伙抢，著即饬催该镇将派委熟悉夷务员弁缉追正贼真赃务获。严审究办。"

（卷250　778页）

道光十四年（1834年）三月丁亥

旌表守正捐躯甘肃皋兰县民马重刚妻黄氏。

（卷250　780页）

道光十四年（1834年）四月壬戌

谕内阁："杨遇春等奏酌议护送前后藏贡使章程一折。据称夷使堪布往返向由西宁口外草地行走，历年派兵在通天河附近地方接送。惟果洛克等族番，窥伺抢劫，习为常技。堪布等人少驮多，行走未能迅速，一遇抢劫，又不能抵御，自应妥为照料防护，以便妥速过境。嗣后堪布往返行走，著派察罕托洛亥防所官兵一百员名护送至扎素拉青海界外，以防抢劫。并著驻藏大臣预期密会，以便派兵在通天河等候接送，并谕知该堪布等不准额外揽带货包，以免逗留。"

（卷251　807页）

道光十四年（1834年）五月戊辰

补制甘肃各营军械，从总督杨遇春请也。

（卷252　812页）

道光十四年（1834年）五月壬辰

户部议准陕甘总督杨遇春疏报："靖远县新垦旱地四顷九十八亩有奇，照例升科。"从之。

（卷252　829页）

道光十四年（1834年）六月辛亥

封闭甘肃安西州普城山铅洞，从总督杨遇春请也。

（卷253　848页）

道光十四年（1834年）六月乙卯

裁甘肃皋兰等九州县津贴公费银一万一千八百两，备安西州采买草价，从总督杨遇春请也。

（卷253　852页）

道光十四年（1834年）七月壬申

调甘肃凉州镇总兵官周悦胜为直隶大名镇总兵官。以云贵督标中军副将长年为凉州镇总兵官。

（卷254　863页）

道光十四年（1834年）八月乙未

贷甘肃皋兰、狄道、靖远、盐茶、西宁、碾伯六厅、州、县被旱灾民仓粮。

（卷255　881页）

道光十四年（1834年）九月壬午

命陕甘总督杨遇春拨银七万七千六百三十两有奇解赴叶尔羌、巴尔楚克，一万三千七百两解赴和阗。备道光十五年经费。

（卷257　920页）

道光十四年（1834年）九月乙酉

命陕甘总督杨遇春拨银五千六百六十七两解赴喀喇沙尔。备道光十五年经费。

（卷257　924页）

道光十四年（1834年）十一月戊辰

缓征甘肃皋兰、河、狄道、渭源、金、靖远、安定、会宁、平凉、静宁、隆德、张掖、武威、平番、宁夏、宁朔、灵、固原、中卫、平罗、碾伯、大通、秦、泾、灵台、镇原、礼二十七州县暨沙泥州判、盐茶同知所属被雹、被水、被旱歉区新旧额赋。

（卷260　961页）

道光十四年（1834年）十一月丙子

命陕甘总督杨遇春拨银十万三百两解赴喀什噶尔、英吉沙尔二城。备道光十五年经费。

（卷260　964页）

道光十四年（1834年）十二月癸巳

又谕："杨遇春奏匪徒滋事拿获审办一折。此案甘肃皋兰县匪徒郑曼年等胆敢纠约百余人在督署大门持械放火，扑嚷滋闹，并将查夜之都司袁贵砍伤落马，复将该员内室焚烧。经外委陈芝桂枪毙一贼，该匪徒等畏惧，逃赴东门，杀伤守门兵丁，蜂拥窜出。旋经官兵差役陆续追拿搜获，讯据郑曼得供称，系挟都司袁贵不准揽作军火麻绳之嫌。又因裁汰老兵心怀气忿，起意纠同郑曼年等起事。复忆及都司叶昌泰待伊有恩，俱可借此报仇。讯之叶昌泰坚供委不知情等语。此等匪徒，殊堪发指，仓卒之间，幸不致有伤大体。但叶昌泰上年因规避防差，具禀挟制，部议降调。回至甘肃后，经该督屡次传见，托病不至。且郑曼年曾向该员告知有人为其报仇之语，即不得诿为不知。且郑曼年所持腰刀又系该员之物。聚众之斗母宫复与该员住处相近，是郑曼年断非无端供吐。种种可疑，自应彻底根究，以期水落石出。叶昌泰著即革职，先行收禁，交该督督同臬司伍长华亲提全案犯证，与叶昌泰质对明确，细心严鞫，不可轻脱。按律定拟具奏。至该督自请交部严议之处，著候谕旨。"

（卷261 976页）

道光十四年（1834年）十二月丙午

谕军机大臣等："杨遇春等奏本年西藏进贡堪布人等被四川果洛克番贼纠众抢劫，飞咨缉办一折。该堪布等赍载贡包于十一月内自西宁起程赴京，已降旨饬令杨遇春等咨行经过各省，一体照料，妥为护送前进矣。此次该堪布等于本年七月行至前藏扎噶布山地方，被四川果洛克番贼纠众将包驮五起抢去，并杀伤番人。续于九月初十间行至塞若松多地方，复被果洛克贼番三千多人将贡包并众番货包、牛只、马匹全行抢去，杀毙藏番七名。行至贡额尔盖地方，复被贼番抢去货包。经杨遇春等飞咨四川省，在于被抢各该处赶紧查拿严办，并严饬该驻防副将带领官兵，分头侦缉。贡额尔盖地方复行抢夺货包，究系何处贼番，迅速弋获究办。此项番贼肆行无忌，胆敢纠众数千抢劫贡物，实属胆大恶极。若不从严究办，必至西藏道路不通。著瑚松额等赶紧派委将弁。在于扎噶布山及塞若松多地方将抢劫贡物之果洛克番贼，悉数查拿，务获究办。并将正余贡包、贸易货包及牛只、马匹等项全数追出，将该番贼等从严惩办，以儆将来。将此谕令知之。"

（卷261 985页）

《清道光实录（五）》

道光十五年（1835年）正月丁卯

贷甘肃靖远、秦二州县上年灾民籽种，靖远、平凉、隆德、盐茶、秦、镇原六厅、州、县灾民两月口粮。

（卷262　5页）

道光十五年（1835年）正月癸未

谕内阁："本年轮应查阅直隶、山西、陕西、甘肃、四川营伍之期。山西、陕西著派哈哴阿、祥康驰驿前往。直隶著派琦善。甘肃著派杨遇春。四川著派瑚松额查阅。务各认真简校，如查有训练不精，军实不齐者，即将废弛之将弁，据实参劾。毋得视为具文。"

（卷262　14页）

道光十五年（1835年）正月甲申

又谕："杨遇春奏复审匪徒滋事分别定拟一折。此案甘肃皋兰县匪徒郑曼年等挟都司袁贵不令揽造麻绳及出征未得保举私愤，并借口裁汰老兵及川民充补兵额为词，胆敢于省垣重地纠众滋事，焚署伤官，实属罪大恶极。郑曼年著即凌迟处死。郑曼得业经枪毙，仍著锉尸枭示。佛大善即马壮怀、朱金枪狗儿、陈棋娃子即陈玉娃子、晏乃小黑子四犯均属同恶相济，著照所拟斩立决，即行正法。杨遇春著交部议处，其失察之地方文武各官著一并查取职名，交部议处。皋兰县知县黄璟于匪徒滋事时，巡夜闻知，立即禀报，旋即会营带同差役将案犯分头全获，办理尚属迅速。惟未能先事觉察，究有不合，仍著交部察议。"

（卷262　15页）

道光十五年（1835年）正月丙戌

谕内阁："杨遇春奏精力渐衰旧疾复发沥情恳恩开缺回籍调理一折。杨遇春起自行间，历事三朝。自少壮从戎，每遇军书旁午，无不在事驰驱，忠勇严明，深娴韬略，功勋懋著，洊邀五等之封。朕御极后特加简擢，畀以陕甘总督重任，复能尽心职守，于边省事务，控制得宜。训练军实，整肃官方，实力实心，不避嫌怨，老成威望，中外皆知。实朕股肱心膂之臣。兹因年近八旬，旧疾举发，沥情吁恳开缺调理。若重违所请，朕心实有不忍。杨遇春著准其开缺，俟瑚松额到任交代后即缓程来京陛见，亲加慰劳，量为施恩，以荣其行，且俾伊得伸瞻恋之忱，届时再令回籍，息心颐养，优游林泉，以示优待勋臣眷念无己至意。"

（卷262　17页）

改派四川总督鄂山查阅四川营伍。陕甘总督瑚松额查阅甘肃营伍。

（卷262　19页）

道光十五年（1835年）二月庚戌

谕内阁："文孚等奏议复口外防差人员期满酌予奖励一折。前据陕甘总督杨遇春奏，口外防差人员请于期满后酌予尽先升用，以昭激劝。当交军机大臣议奏。兹据奏称，甘肃口外换防人员远在边陲，道路既长，历年亦久，似应酌加奖励。请由叶尔羌参赞大臣秉公确核，奏请恩施。仍不得稍滋冒滥，自系为慎重边防，鼓励人才起见。此项换防人员，近因逆回滋事以后，虽渐加增，惟自戡定回疆以来，节经派委更换，历年既多，与伊犁、乌里雅苏台等处屯田官弁事同一律，均有旧定章程。该营员等职司防守，自属分所当然，若因其道远年久即予尽先升用，不特西北两路办理两歧，且易启该员等贪缘幸进之端，于营务有害无益。所有该督奏请酌予差满人员奖励之处，著毋庸议。此后每逢更换之期，一经该督派出各员不准借词推卸，希图退避。倘派防之后辄敢借端推委，即著该督据实严参，毋稍徇隐，以杜规避而重边防。"

（卷263　28页）

道光十五年（1835年）二月己未

以守御甘肃省城出力，赏外委陈芝桂蓝翎，余升用有差。

（卷263　33页）

道光十五年（1835年）三月甲戌

谕军机大臣等："瑚松额前经补授陕甘总督，已有旨即赴新任，毋庸来京请训。兹据奏称，自道光十二年进京陛见，今逾两载，请于到任后将一切事宜办理稍有就绪，再行奏请陛见等语。陕甘总督统辖两省，事务较繁，瑚松额著俟明岁冬间察看地方情形，如无紧要事件，再行奏请来京陛见。将此谕令知之。"

知贡举都察院左副都御史惟勤等奏："查出代领试卷之湖南澧州举人，请交刑部审讯。"得旨："举人王大相交刑部审讯。此次会试湖南省点名时，砖门御史及散卷御史系属何人，著知贡举都察院堂官查明具奏。至受卷官户部候补主事刘镕，短收甘肃举人鲜新德试卷一本，虽据自行检举，究属疏忽，著交部照例察议。"

（卷264　47页）

道光十五年（1835年）三月癸未

封闭甘肃玉门县磺洞，从前任总督杨遇春请也。

（卷264　53页）

道光十五年（1835年）三月乙酉

贷甘肃皋兰、陇西、伏羌、静宁、礼五州县暨沙泥州判所属上年灾歉贫民两月口粮。

（卷264　55页）

道光十五年（1835年）五月丁卯

谕内阁："本年正月间，杨遇春因年近八旬，旧疾举发，恳恩开缺回籍调理。朕不忍重违所请，降旨准其开缺。谕令缓程来京陛见，亲加慰劳，俾伸瞻恋之忱。兹到京陛见，朕于召对时，见其康强矍铄，神明不衰，笃念功勋，倍深嘉悦。杨遇春自乾隆年间以武举效力戎行，每遇军务无不在事驰驱，身经百战，历事三朝，懋著勋勤，渥承恩眷。前于嘉庆年间平定滑城贼匪，仰蒙皇考仁宗睿皇帝赏给二等男爵，紫禁城骑马。旋晋一等男爵。朕御极后，赏加太子少保衔并赏戴双眼花翎。嗣因克复回疆四城晋加太子太保衔，旋加恩赏用紫缰。特擢陕甘总督重任。八年以来于边疆事务，控制得宜，训练军实，整肃官方，尽心职守，老成威望，中外皆知，恪共忠荩，实国家股肱心膂之臣。允宜特沛恩施，以昭殊眷。著加恩晋封一等侯爵，在籍支食全俸，俾得颐养林泉，以示朕优待勋臣，宠眷有加至意。"

（卷266　82页）

道光十五年（1835年）五月辛巳

谕军机大臣等："有人奏，原任甘肃兰州道吕嘉言前因在任声名平常，降为通判休致。该员自应回安徽旌德原籍，乃逗留陕西省城，出入地方官衙门，招摇撞骗。曾经前任巡抚鄂山访闻驱逐出省，嗣复潜回，开设赌局，引诱候补州县佐杂人员并大商巨贾，朝夕聚赌，银钱胜负累百盈千，胜者诱入倡家花销，负者令其贷本复赌，该员从中重利盘剥等语。降休人员盘踞外省，窝赌渔利，实属为害地方。该员劣迹昭彰，前经驱逐，何以复潜回省城，设局诓诱。著该抚严查讯究，据实具奏。即有失察处分，定予宽免，倘稍有回护徇隐，经朕访闻或别经发觉，该抚不能当此重咎也。将此谕令知之。"

（卷266　90页）

道光十五年（1835年）六月癸巳

谕内阁："户部奏请饬催欠解饭银，以资办公。各直省应解饭食银两系该部办公必需之用，乃积欠累年，动逾巨万，虽屡经饬催，仍复延宕，实属不成事体。著安徽、江宁、江苏、贵州、甘肃、湖南、湖北、浙江、山东、两淮、两浙、福建、广东、山西、直隶、江西、河南、云南、四川、广西各督抚盐政，即将历年积欠饭银十五万四千余两及本年应解饭食银两，迅速委员解部，以备支放。嗣后务令年清年款，毋再任意拖延，致干咎戾。"

（卷267　97页）

道光十五年（1835年）六月己酉

命陕甘总督瑚松额拨银八千两解赴库车，备道光十六年经费。

（卷267　107页）

道光十五年（1835年）六月辛亥

又谕："杨名扬奏遵旨查讯降休人员被参款迹大概情形请革职严审一折。原任甘肃兰州道降休通判吕嘉言前在陕西省城涉讼，被逐出省，并不回安徽原籍，辄复潜匿该省，放债渔利，窝留军犯，开设小押，行止实属卑鄙。兹据该抚查讯各劣迹，仍将帐簿隐匿不呈，显系暗中串通，盘剥分肥，务当严行追出，彻底根究。吕嘉言著先行革职，交该抚提同全案人证逐款严讯，务得确情，按律惩办。断不准回护徇隐，稍涉轻纵。"寻奏："审明吕嘉言在省放债，赁给军犯房屋，借本开设小押，违法图利，行同市侩，照律加等拟杖徒。"下部议。从之。

（卷267　108页）

道光十五年（1835年）七月戊子

命陕甘总督瑚松额拨银七万四千六百六十四两有奇解往叶尔羌、巴尔楚克。八万五千九百三两有奇解往喀什噶尔、英吉沙尔。备道光十六年经费。

（卷269　129页）

道光十五年（1835年）八月乙丑

命陕甘总督瑚松额拨银五万两解赴塔尔巴哈台。八千四百七十一两解赴和阗。备道光十六年经费。

（卷270　152页）

道光十五年（1835年）八月庚辰

以安徽巡抚邓廷桢为两广总督。甘肃布政使色卜星额为安徽巡抚。病痊布政使梁章钜为甘肃布政使。

（卷270　158页）

道光十五年（1835年）九月己亥

又谕："瑚松额奏请将误派防兵之署总兵暨失察之提督分别议处并著赔支项一折。陕甘各营本年应派叶尔羌咨调换防官兵，其西安镇有应撤官兵等员名，毋庸派换。署总兵任贵邦于原行文檄并不小心查明，率行误派前往，迨行抵肃州，甫经觉察具报，实属粗率。提督胡超于该署总兵咨询领兵参游大员，当时未能查照派撤原文，分晰指驳，即以已派庆阳营参将吉昌咨复，亦属疏忽。署西安镇总兵任贵邦、固原提督胡超著交部分别议处。此项误派防兵业经撤回，所有往返支领行装车价及应付盐粮等项，著该署总兵任贵邦赔缴六成，提督胡超赔缴四成，归还原款，以重帑项。"

（卷271　176页）

道光十五年（1835年）九月乙卯

命山西布政使徐镛来京。调云南布政使经额布为山西布政使。以甘肃按察使伍长华为云南布政使。河南开归陈许道庆林为甘肃按察使。

（卷271　188页）

道光十五年（1835年）十月丙子

以陕西陕安镇总兵官祝廷彪为贵州提督。调陕西河州镇总兵官唐倬为陕安镇总兵官。以潼关协副将任贵邦为河州镇总兵官。

（卷273 210页）

道光十五年（1835年）十一月壬辰

又谕："瑚松额奏筹拨附近仓粮运贮省城一折。甘肃皋兰县为省会之区，仓储最关紧要。据该督查明，现在该县仓储匮乏，请以附近仓粮运贮省城，以资储备。著照所请，准其动拨西宁县常平仓斗豌豆三万石，碾伯县常平仓斗小麦一万石运送省城，另廒存贮。责成兰州道府加封稽查，妥慎经理，如遇赈济平粜方准奏明动用。倘有短缺，即照盘查例计石著追，仍将亏挪之员严参治罪。所有水运、脚银一万六千两著准其先于司库朋合款内暂行垫发，即在应摊各官养廉银内分作三年扣收归款，此案既系摊捐办理，著免其造册报销。"

（卷274 222页）

道光十五年（1835年）十一月庚戌

缓征甘肃皋兰、河、狄道、渭源、金、陇西、宁远、安定、会宁、平凉、静宁、固原、永昌、平番、宁夏、宁朔、灵、中卫、平罗、碾伯、秦、泾、崇信、灵台、镇原二十五州县并盐茶同知、沙泥州判、东乐县丞所属歉区新旧钱粮草束。

（卷274 232页）

道光十五年（1835年）十二月壬申

又谕："本日据瑚松额奏，通省各提镇操演尚属认真，兵丁性多骄纵，应加意训练，妥为驾驭等语。陕甘营制最大，总督有统辖专责，兵马、钱粮、军装、器械均关紧要。惟因承平日久，兵丁习于骄纵，最为营伍之弊。著瑚松额于所属各提镇时加训饬，务令各标营制一律整齐，其兵丁尤当严加约束，倘有骄纵不法者立即随时惩办。仍著该督密加察访，如有营务废弛，不善驾驭兵丁及弓马平常各将弁立予参革示惩，不可稍存姑息，以肃戎政而饬武备，倘不实力整顿，仍前玩泄，以致营伍竟成虚设，惟该督及提督是问。将此谕知瑚松额并谕令胡超、齐慎知之。"

又谕："本日据瑚松额密陈吏治设法整顿一折。甘肃为边陲重地，仓库银粮关系紧要，不容丝毫亏缺。无如近来州县等官往往罔知法纪，任意侵挪。该管道、府、直隶州与州县最为切近，声气相通，又不能随时查察，甚且官官相护，代为徇庇，积习相沿，殊堪痛恨。该督由将军简任总督，受恩深重，惟应认真稽核，力挽颓风。于所属仓库银粮无令丝毫亏短。朕于庶政惟求一实字，该督既有此奏，自当悉心筹办，期有实济，俾仓库均归实贮。若仅以空言了事，仍蹈前辙，将来别经发觉或由科道纠参，朕惟该督是问，恐不能当此重咎也。将此谕令知之。"

（卷 276　250 页）

道光十五年（1835 年）十二月壬午

调陕西河州镇总兵官任贵邦为陕安镇总兵官。以甘肃永固协副将徐华清为河州镇总兵官。

（卷 276　260 页）

道光十五年（1835 年）十二月甲申

上御保和殿，筵宴朝正外藩：科尔沁、喀尔喀、巴林、喀喇沁、奈曼、浩齐特、敖汉、鄂尔多斯、阿巴噶、乌喇特、翁牛特、郭尔罗斯、苏尼特、青海、克什克腾、土尔扈特、乌珠穆沁、阿巴哈纳尔、土默特、扎鲁特、赛因诺颜、阿拉善、绰罗斯、和硕特、额鲁特王、贝勒、贝子、公、额驸、台吉及朝鲜、暹罗国使臣等随文武大臣依次就坐。诸乐并作，上进酒。召左翼：科尔沁卓哩克图亲王巴图、科尔沁郡王多克默特、巴林扎萨克郡王那木济勒旺楚克、奈曼扎萨克郡王阿宛都瓦第扎布、敖汉扎萨克郡王达尔玛济尔第、苏尼特扎萨克郡王布尔呢锡里、阿巴噶扎萨克郡王阿尔塔什第、敖汉郡王干咱巴拉、科尔沁扎萨克贝子济克默特。右翼：喀尔喀赛因诺颜扎萨克亲王车林多尔济、喀尔喀扎萨克亲王车登巴咱尔、阿拉善扎萨克亲王囊都布苏咙、青海扎萨克郡王棍楚克济克默特、翁牛特扎萨克贝勒宝拜、喀尔喀扎萨克贝勒那木济勒多尔济、喀喇沁扎萨克贝子玛哈巴拉、喀尔喀扎萨克贝子德勒克多尔济至御座前，赐酒成礼。

命青海扎萨克郡王棍楚克济克默特在乾清门行走，赏土司哲郎桑尔嘉斯嘉花翎。

（卷 276　261 页）

道光十六年（1836年）正月丁亥

贷甘肃皋兰、金、陇西、宁远、安定、通渭、西和、平凉、安化、清水、泾、崇信、灵台、镇原十四州县上年被雹、被水、被旱灾民口粮、籽种。

（卷277　264页）

道光十六年（1836年）正月乙巳

调贵州巡抚裕泰为湖南巡抚。以直隶布政使贺长龄为贵州巡抚。调甘肃布政使梁章钜为直隶布政使。以湖南按察使赵炳言为甘肃布政使。安徽宁池太广道杨庆琛为湖南按察使。

（卷277　270页）

道光十六年（1836年）正月丙午

谕军机大臣等："有人奏甘肃省吏治近多废弛，即如平凉府知府缪廷槐操守卑污，每遇词讼借端勒索。考试各属文童案首及前十名全行贿卖。该处士民有细大不捐之号。又秦州直隶州知州李清杰，在任十年，性耽安逸，吸食鸦片。署中时常演戏，任听家人小秦在外招摇，曾有罢市之事，通省皆知。又该省兵丁向称得力，近来日益骄悍，罔知畏惮。上年四月间因皋兰县给发兵粮不能洁净，兵丁聚众挟制，兰州府知府出而弹压，许为换给净粮，始行解散。该督甫经到任，颟顸了事，既不将滋事兵丁严拿究办，又不将办理不善之皋兰县一并参处。兵心轻视，各营难免效尤。又固原提督胡超不自检束，克扣兵饷，置办戏装，裁汰老弱名粮，为畜养优伶之用，众兵不服。十四年间几至鼓噪，幸杨遇春阅兵到彼，弹压无事。该提督至今不知悛改，该督节制固原，岂得毫无闻见。又该省于道光十年间办理盘查，计通省短缺仓粮六十余万石，因所存粮价与市价不敷，发商生息，分十二年采买归补。现在驻扎重兵之区，仓贮空虚，粮皆不足。请将该省司库备贮银两酌拨数十万预为采买，以实仓储等语。甘肃省为西陲门户，控制新疆，幅员极广。番回杂处，抚驭綦难。全在该省总督实力整顿，认真经理。吏治不可不肃，捍卫不可不严，仓储不可不实。若劣员稍事姑容，僚属何知儆惕，著该督即将所指出者确访严参，未指出者秉公甄劾。至兵丁桀骜不驯，提镇大员漫无表率，何以申明纪律，训练操防？该提督驻扎固原，该督有节制之责，著将该提督不自检束情形严密确查，据实具奏。至该省仓粮是否缺额，可否将备贮银两酌拨买补，著该督通盘筹划，悉心妥议，以为有备无患。该省情形虽不始于今日，惟边疆紧要，岂容玩视不办，相率因循？瑚松额到任未久，如能将该省吏治废弛、兵丁骄悍、仓贮空虚实在情形，并指出各员劣迹确查具奏，尚可宽其未经严参查办之咎。倘意存徇隐，含混搪塞，则是该督甘心自蹈欺饰，其咎更重。懔之慎之。将此谕令知之。"

（卷277　271页）

道光十六年（1836年）三月乙酉

谕内阁："瑚松额奏特参滥刑毙命之署州判一折。甘肃前署阶州白马关州判候补县丞吴士敏于地方赌匪游棍既已获案，擅用非刑滥行拷责，致毙四命之多，实属残忍。其张石保子等四名是否确系匪棍，抑该署州判竟有怀挟私仇，任意故勘情弊，必须彻底根究，以成信谳。吴士敏著革职拿问，交该提督同全案人证严行审究，按律定拟具奏。"寻奏："吴士敏因赌匪张石保子夺犯殴差，凶棍和二娃、候升爵并祖子为匪之和孝，不服讯问，咆哮嫚骂，辄用木棒敲责致毙，实属任性滥刑。拟发往乌鲁木齐充当苦差。"下部议。从之。

（卷280　310页）

道光十六年（1836年）三月乙巳

赏西宁办事大臣德楞额副都统衔。

（卷280　324页）

道光十六年（1836年）四月乙卯

贷甘肃渭源、伏羌、会宁、静宁、隆德、宁、秦、两当八州县上年灾歉贫民口粮。

（卷281　329页）

道光十六年（1836年）四月庚申

又谕："前据御史许球奏甘肃省吏治、营伍、仓储各款，当降旨交瑚松额查明具奏。兹据该督奏称，平凉府知府缪廷槐，操守卑污，虽无确据，惟才具平庸，操守亦不可恃。既经该督列入计典，著照所议办理。至秦州直隶州知州李清杰任听家丁小秦在外招摇，地方罢市一节，现经查明小秦早经驱逐，并无被控之案。该员吸食鸦片烟亦未能得其虚实，著该督再行确加体访，倘实有前项情事即行据实严参，不得因该员业经告养，稍存宽贷。又固原提督胡超克扣兵饷，置办戏装，裁汰名粮，畜养优伶一节。查明该提督初到固原，不时唱戏宴客，并曾给银两添补戏装，近亦深自敛抑，无复前项情弊。其裁汰老兵本属应办事件，并无以名粮畜养优伶之事。该督仍当留心查察，如该提督再有不自检束之处，即行据实具奏。又皋兰县支放兵粮，兵丁滋事一节。查明上年五月督标右营兵丁曹得福等因放粮口角并无聚众挟制之事。业经该管将官将滋事兵丁责革，并将本管千把总责斥，足示惩儆。至该省地处边陲，仓储最关紧要，所有应行买补短缺粮石，著该督督饬所属，一遇年岁丰稔，即行买补足额，以实仓储，毋得稍有延误。"

（卷281　331页）

道光十六年（1836年）四月辛未

补行道光十五年大计。甘肃卓异官九员，罢软官二员，年老官三员，才力不及官四员，浮躁官一员。分别议叙处分如例。

（卷282　343页）

道光十六年（1836年）六月丁丑

户部议准陕甘总督瑚松额疏报："徽县开垦地一顷六十三亩有奇，照例升科。"从之。

（卷284　394页）

道光十六年（1836年）六月庚辰

命陕甘总督瑚松额拨银一万四千三百七两解赴喀喇沙尔，备道光十八年经费。

（卷284　396页）

道光十六年（1836年）七月甲申

以贵州按察使杨殿邦为山西布政使。调山西按察使唐鉴为贵州按察使。山东按察使庆林为山西按察使。陕西按察使李振翥为山东按察使。以甘肃兰州道刘鸿翱为陕西按察使。

以办理甘肃军需报销出力，予县丞徐敬等升叙有差。

拨甘肃盐茶、抚彝、狄道、岷、镇番、渭源六厅、州、县仓谷十二万石，解赴固原、肃、河、武威、陇西、平番、皋兰七州县，以备兵糈。

（卷285　399页）

道光十六年（1836年）七月己丑

命陕甘总督瑚松额拨银八千两解赴库车，备道光十八年经费。

（卷285　404页）

道光十六年（1836年）八月丙辰

户部议准陕甘总督瑚松额疏报："靖远县开垦地九十六亩有奇，正宁县一顷六十亩，照例升科。"从之。

（卷287　426页）

道光十六年（1836年）九月丁酉

谕军机大臣等："有人奏边省仓贮请核实稽查一折。甘肃为边陲重地，仓贮最关紧要。上年据该督密陈仓库情形，当有旨谕令悉心筹办，期有实济。本年因该督议复御史许球所请，拨银采买仓谷各款，复降旨谕将短缺粮石买补足额。该督叠奉谕旨，自应通盘筹划，设法办理。其现在如何筹办之处，未据奏到。兹复有人奏称，武威县地方上年荒歉，向镇番采买，而镇番偏处一隅，无处买补，任其缺额。上司查问，恃有谷价备抵，仍不免挪移动用，仓额几至空悬。武威、镇番如此，其他州县可知。该省大吏意存迁就，不肯认真查办。又该省风俗向来俭朴，近则州县等官酒食宴会，服饰器用，踵事增华等语。仓贮为民食兵糈所关，不容颗粒短少，倘竟空虚亏短，设遇缓急一无可恃。尚复成何事体。著该督督同藩司赵炳言即将各州县仓谷实贮数目确切详查。如有短少，务即勒限赔补完足，不准稍有拖欠，亦不得以银作抵，致滋弊端。倘该州县有意因循，仍不设法弥补，即著指名据实严参，毋稍姑息。至甘肃素称淳朴，闻近来地方官员争尚奢靡，非剥削民间，即侵挪官项，于吏治民风大有关系。该督等惟当随时查察，严行饬禁，以正习俗而挽颓风。将此谕知瑚松额并传谕赵炳言知之。"寻奏："查明仓库实贮数目，取具并无亏短切结。惟仓谷一项交银作抵，实难保其必无。现拟以交代为盘查，严饬各州县银归银款，粮归粮款，不准以粮价抵交。再镇番县僻处偏隅，仓贮甚裕，近年令镇番县运送武威县仓粮五六千石以给兵糈，系属报部开除，无须买补。此外并无武威向镇番采买之事。至现在地方官吏尚无奢华习气。"报闻。

（卷289　453页）

道光十六年（1836年）九月丙午

以福建兴化城守营副将马麟辉为甘肃西宁镇总兵官。湖南沅州协副将福珠洪阿为伊犁换防总兵官。

（卷289　462页）

道光十六年（1836年）十月癸丑

命陕甘总督瑚松额拨银七万八千八百八两解往乌鲁木齐，备道光十八年经费。

（卷290　468页）

道光十六年（1836年）十月甲寅

又谕："瑚松额奏副将将届服阕请仍令赴甘肃委用一折。前任甘肃永固协副将段永福准其于服阕后仍赴甘肃委用。俟有副将缺出即行奏请补用。此系因段永福前在军营著有微劳，边疆营伍，借资熟手，是以特允所请。他省不得援以为例。"

（卷290　468页）

道光十六年（1836年）十月癸酉

谕内阁："前据给事中常大淳奏，各省藩库额设封贮银两动缺甚多，请饬部酌定筹补章程一折。当交户部查核具奏。兹据查明，该部历次奏定将捐监银两弥补封贮，各省于十万两解部后，以五万两归补。陕西、河南、山东、山西、湖北等省以五万两解甘肃后，以五万两归补。原以轮流间补，则部库与边储既可充裕，而各省缺额亦可渐次弥补。必须通盘筹划，庶不致顾此失彼。现在各省封贮银两除直隶、江西原额无亏，直隶分贮银两因公借动，归于摊廉追解外，其江苏、安徽、福建、湖南、广西、四川、云南、贵州、陕西、河南、山西、山东、湖北、甘肃等省应仍照历次奏定章程，以捐监银两除解部、解甘肃之外，挨次归补。惟旋补旋拨，于封贮仍属无益。嗣后各直省非有要需，该督抚等不得将此项银两遽请动用。庶有补无拨，而原额自可渐复。所有该给事中请将捐监银两尽数归补各省封贮之处，著毋庸议。至江宁省因公借动封贮银四十余万两，浙江省因公借动封贮银二十余万两，广东省因公借动封贮银二十万两，均应由该省自行归补。著各该督抚上紧督催，按年归款，毋任延宕，以重库储而归核实。"

道光十六年（1836 年）十月丙子

又谕："多尔济喇布坦等奏本年西宁寄什蜜尔回民应贩大黄至恰克图与俄罗斯交易，逾限未到，恳请饬催一折。每年西宁贩运大黄至恰克图与俄罗斯交易，向有定限。自应依限运至恰克图与俄罗斯交易。乃此项大黄并未运到，上年复有亏欠，殊属非是。著交陕甘总督瑚松额、西宁办事大臣德楞额将本年应贩大黄务须饬催迅速贩往，嗣后务令拣购精良，于每年七八月间运至恰克图以备交易，不得稍有亏欠。"

贷甘肃皋兰、安定、平凉、宁、秦、礼、泾、崇信八州县歉收贫民口粮。

道光十六年（1836 年）十月己卯

缓征甘肃皋兰、河、靖远、安定、平凉、静宁、固原、宁、武威、古浪、平番、中卫、泾、崇信十四州县暨沙泥州判所属歉区新旧正借钱粮草束。

道光十六年（1836 年）十一月戊子

谕内阁："予告陕甘总督杨遇春扬历中外，宣力三朝。朕每轸念勋劳，渥存眷注。本月四川总督鄂山来京陛见，经朕询问杨遇春在籍颐养安和，精神强固，甚为欣慰。朕特亲书福寿二字并颁发内府人参十两，著鄂山带回赏给杨遇春祗领，以迓庥祥。其子前任河南巡抚杨国桢因丁母忧在籍，著于服阕后迅即来京，候朕简用，以示优待荩臣，有加无己至意。"

道光十六年（1836 年）十一月庚寅

除甘肃狄道州水冲地四十二顷有奇额赋。

道光十六年（1836年）十一月甲辰

调云南提督李国栋为浙江提督。四川提督余步云为云南提督。甘肃提督齐慎为四川提督。直隶提督周悦胜为甘肃提督。以直隶正定镇总兵官唐俸为提督。服阕总兵官曾大观为正定镇总兵官。

（卷 291　510 页）

道光十六年（1836年）十一月丙午

谕军机大臣等："据瑚松额奏，野番图抢厂马，聚集二百余人骑马持械直扑野马川。经署提标右营游击周进保率领弁兵奋力堵御，该贼番施放连枪，敢行抗拒。迨官兵开枪轰击，伤毙贼番多名，始各畏惧逃逸，厂马并未被抢。查点官兵亦有伤毙等语。野马川地方与大通河迤南边外野番插帐之区较近，防守不可不严。此次该贼番图抢厂马，胆敢聚众肆劫，迨经官兵擒捕，复敢放枪伤毙兵丁，情殊可恶，必应惩办以儆凶顽。周悦胜现已调补甘肃提督，其应如何挑挖沟濠，侦缉正贼之处，著瑚松额于该提督赴任时详悉告知，会商妥办，并著严饬沿边各营务将各要隘加意防范，勿任野番再行阑入。致有马厂被扰情事，所有伤亡兵丁陈九林等著该督查明咨部照例办理，该署游击周进保、把总潘国祥被伤轻重情形，亦著查明据实具奏，将此谕令知之。"

以捐修甘肃陇西县文庙及护城河堤，予捐职都司郭峻等加衔议叙有差。

（卷 291　510 页）

道光十六年（1836年）十二月壬子

以叶尔羌领队大臣乌珍泰署喀什噶尔领队大臣。甘肃金塔寺营副将哈勒吉那护喀什噶尔换防总兵官。

（卷 292　515 页）

道光十六年（1836年）十二月壬申

赏鄂尔多斯扎萨克郡王图们济尔噶勒、青海扎萨克郡王车凌端多布、喀尔喀扎萨克郡王拉苏咙巴咱尔三眼花翎。土默特扎萨克贝勒那逊鄂勒哲依、敖汉贝子诺尔布桑双眼花翎。科尔沁辅国公巴图、伊克明安辅国公乌尔图纳逊花翎。

（卷 292　529 页）

道光十六年（1836年）十二月丙子

命青海扎萨克郡王车凌端多布在乾清门行走。

（卷292　532页）

道光十六年（1836年）十二月戊寅

上御保和殿，筵宴朝正外藩：科尔沁、巴林、喀喇沁、奈曼、敖汉、翁牛特、苏尼特、鄂尔多斯、土默特、扎鲁特、郭尔罗斯、喀尔喀、绰罗斯、回部、土尔扈特、青海、伊克明安、和硕特、察哈尔王、贝勒、贝子、公、额驸、台吉及朝鲜、琉球国使臣随文武大臣依次就坐。诸乐并作，上进酒。召左翼：科尔沁扎萨克和硕土谢图亲王诺尔布林沁、卓哩克图亲王巴图、扎萨克图郡王索特纳木伦布木、郡王多克默特、扎萨克贝子济克默特、巴林扎萨克郡王那木济勒旺楚克、喀喇沁扎萨克都楞郡王色伯克多尔济、布呢雅巴拉、扎萨克贝子额外侍郎玛哈巴拉、奈曼扎萨克郡王阿宛都瓦第扎布、敖汉郡王干咱巴拉、翁牛特扎萨克郡王喇特纳济哩第、苏尼特扎萨克郡王齐旺扎布、土默特扎萨克贝子德勒克色楞。右翼：喀尔喀车臣汗阿尔塔什达、扎萨克图汗玛呢巴咱尔、赛因诺颜扎萨克亲王车林多尔济、扎萨克亲王车登巴咱尔、扎萨克郡王托克托瑚图噜、车凌棍布、图克济扎布、拉苏咙巴咱尔，土尔扈特亲王鞥克济尔噶勒、鄂尔多斯扎萨克郡王图们济尔噶勒，青海扎萨克郡王车凌端多布至御座前，赐酒成礼。

（卷292　532页）

道光十七年（1837年）正月癸未

贷甘肃皋兰、渭源、金、靖远、伏羌、通渭、西和、固原、安化、永昌、古浪、碾伯、秦安十三州县并庄浪县丞所属上年被水、被旱、被雹灾民籽种、口粮。

（卷293　535页）

道光十七年（1837年）正月己亥

调甘肃肃州镇总兵官窦德为喀什噶尔换防总兵官。以二等侍卫珠克登为肃州镇总兵官。

（卷293　543页）

道光十七年（1837年）二月庚午

山东登州镇总兵官周志林以亲老乞养，允之。以陕西靖远协副将富桑阿为登州镇总兵官。

（卷294　561页）

道光十七年（1837年）三月戊子

谕军机大臣等："瑚松额等奏，上年西藏贡使堪布等行至通天河岐米加纳并托逊诺尔地方，被四川所属格尔次暨果洛克番贼两次抢劫。本年二月初八日经派出之扎萨克等于通天河脑曲麻尔地方探明踪迹，歼毙番贼数十人，捉获活贼六名，割获首级二颗，耳记二十五片，番妇小孩六名口，起获堪布原赃已启未启皮包三十个，牛一百六十五只，羊一千六百七十四只，马二匹，枪十杆。并投出掳去西藏番民尼莫一户，男妇大小十四名口，余贼尽皆远窜无踪等语。通天河岐米加纳并托逊诺尔，系堪布入贡往来必经之路，四川所属格尔次暨果洛克番贼胆敢抢劫包物，经瑚松额等派扎萨克等严加惩创，自可敛迹。惟野番愚顽性成，此拿彼窜，著凯音布、鄂山严饬所属，协力缉拿。如有窜逸番贼立即查办，俾闻风生畏，道路肃清，以柔远人而安行旅，是为至要。将此各谕令知之。"

以缉捕番贼出力，赏扎萨克台吉集克默特旺舒克等花翎，蒙古兵丁阿立达尔等蓝翎，青海衙门金顶头目何士攸六品顶带。

（卷295　574页）

道光十七年（1837年）三月辛丑

谕内阁："予告陕甘总督杨遇春自乾隆年间以武举效力戎行，每遇军务，无不在事驰驱。身经百战，历事三朝，懋著勋绩。前于嘉庆年间平定滑县贼匪，仰蒙皇考仁宗睿皇帝赏给二等男爵，紫禁城骑马。旋晋一等男爵。朕御极后赏加太子少保衔并赏戴双眼花翎。嗣因克复回疆四城，晋加太子太保衔，赏用紫缰。由提督擢任陕甘总督，于边疆事务控制得宜，老成威望，中外皆知，恪共忠荩，实为国家股肱心膂之臣。前年因年近八旬，旧疾举发，恳请开缺回籍调理，朕不忍重违所请，特命来京陛见，追念勋劳，加恩晋封一等侯爵，准其回籍，支食全俸，用昭优眷。上年冬间，四川总督鄂山来京陛见，朕特亲书福寿二字颁发内府人参十两，令鄂山带回赏给祗领，方冀颐养林泉，永膺祉福。兹闻溘逝，悼惜难堪，披览遗章，不禁垂泪。杨遇春著加恩晋赠太子太傅衔，兵部尚书，照尚书例赐恤，入祀贤良祠，赏给银二千两，在四川藩库给发，俾得经理丧事。任内一切处分悉予开复，应得恤典该衙门察例具奏。伊子杨国佐著赏加副将衔，所有应袭侯爵，著杨国桢承袭。服阕后即来京陛见，以示朕优恤勋臣，有加无已之至意。"寻予祭葬，谥忠武。

（卷295　581页）

道光十七年（1837年）六月庚戌

又谕："前因野马川地方与大通河迤南边外野番较近，防守宜严，降旨令瑚松额于周悦胜到任后会商妥办。兹据该督议将河北坡岸立栅把守，并于山崖量设墩卡，酌派兵弁及将各营厂马归并，牧兵分半护群。均著照所议办理，其缉捕受伤之署游击周进保，著以应升之缺升用。把总潘国祥著以千总升补。该督仍当饬属设法侦缉正贼，务获究办。该部知道。"

（卷298　619页）

道光十七年（1837年）六月己巳

调青州副都统英隆为广州汉军副都统。以甘肃永昌协副将德珠布为青州副都统。

（卷298　629页）

道光十七年（1837年）八月丁巳

以西宁办事大臣德楞额为荆州将军。赏降调广州将军苏勒芳阿副都统衔，为西宁办事大臣。

（卷300　662页）

道光十七年（1837年）八月己巳

又谕："本日据都察院奏，甘肃已革两当县知县王大千遣抱呈控秦州知州杨钰贿和张吕氏控案。已明降谕旨，著瑚松额秉公审办矣。此案据该革员呈称，秦州知州杨钰贿和张吕氏控案，因畏伊呈明，央令县丞张万选候补府经历廉九皋向伊贿寝，给银二千五百两。经伊将贿银呈明学政，转咨总督查办。杨钰复捏情节，贿串诬陷，致伊反被参办各等语。案关被参讦告，且有因案贿和重情，虚实均应彻底根究。著瑚松额亲提研讯，务得确情，毋得稍有不实不尽，以成信谳。至杨钰既有贿和等情，该革员曾将贿银呈明学政，罗文俊何以不奏明请旨，径行转咨总督查办。该督据咨如何办理，并著明白据实回奏。将此各谕令知之。"寻罗文俊奏："前任两当县知县王大千遣丁递禀，仅呈缴贿和张吕氏银二十三两，其贿和该参员之二千五百两并未呈缴。据称并未向总督及两司衙门控告，只求咨办，是以转咨督臣查办。"报闻。

（卷300　671页）

道光十七年（1837年）八月甲戌

陕甘总督瑚松额奏请入觐。得旨："本省实无可署督篆之人，若由京派往徒劳往返交代，卿只可仍缓前来，俟朕遇便斟酌可也。"

缓征甘肃皋兰、金、陇西、古浪四县暨东乐县丞所属被旱歉区新旧额赋。

（卷300　675页）

道光十七年（1837年）九月丁丑

户部议准陕甘总督瑚松额疏报："甘肃皋兰县开垦旱田二顷五十六亩，照例升科。"从之。

（卷301　680页）

道光十七年（1837年）九月戊寅

又谕："昨兵部将甘肃题补副将并保列一等之鲁福山带领引见。该员箭射无准，惟系乡勇出身，究非营弁久于练习者可比。鲁福山著准其一等，补授甘肃庄浪协副将，仍罚俸六个月。瑚松额著加恩免其议处。"

（卷301　680页）

道光十七年（1837年）十月庚申

谕军机大臣等："前因甘肃已革两当县知县王大千在都察院遣抱呈控秦州知州杨钰贿和张吕氏控案。当降旨饬令瑚松额据实回奏。兹据奏称，该革员因在任内不惬舆情，归入计典参劾，并非因案被议。并查明此案业经拟结，由部核复等语。劣员被参，往往撷拾旧案，牵涉翻控，希图脱罪。惟此案据控有该州知州捏改情节，诬陷贿和等弊，虚实俱应彻底根究。著瑚松额于都察院将呈词知照到后，提集全案人证卷宗，秉公核实严讯，定拟具奏。总期无枉无纵，有以折服该革员之心是为至要。将此谕令知之。"寻奏："王大千前因计典被劾，控讦知州杨钰意存挟制，迫参奏革审，问拟遣戍，复捏砌贿求诬陷等情，虚词翻控。现提审质对，既不能确指实据，且复认咎乞怜，反复狡诈，实为谲黠之尤。现在众供确凿，毫无屈抑，应仍请照原议发往新疆效力赎罪。"下部议，从之。

（卷302　707页）

道光十七年（1837年）十月辛酉

喀什噶尔换防总兵官窦德因病解任。调陕西河州镇总兵官徐华清为喀什噶尔换防总兵官。

（卷302　709页）

道光十七年（1837年）十月戊辰

旌表守正捐躯江苏丰县民王立媳王氏，甘肃安定县民石太妻曹氏。

（卷302　712页）

道光十七年（1837年）十一月庚辰

甘肃布政使赵炳言缘事降调。以浙江按察使梁萼涵为甘肃布政使。调直隶按察使熊常镇为浙江按察使。以直隶大顺广道陆费瑔为按察使。

（卷303　719页）

道光十七年（1837年）十一月壬午

缓征甘肃河、狄道、渭源、靖远、安定、会宁、洮、固原、盐茶、宁、平番、宁夏、宁朔、灵、中卫、平罗、碾伯十七厅、州、县被雹、被水、被旱、被霜灾区新旧额赋。贷皋兰、金、靖远、会宁、固原、安化、宁、平番、秦九州县灾民冬月口粮。

（卷303　721页）

道光十七年（1837年）十一月庚寅

命阿克苏办事大臣常恒来京。赏凉州副都统壁昌副都统衔，为阿克苏办事大臣。以镶蓝旗护军参领萨隆阿为凉州副都统。

（卷303　725页）

道光十七年（1837年）十一月辛卯

举行本年军政。吉林将军所属卓异官三员，年老官二员，有疾官二员，骑射平常官五员。黑龙江将军所属罢软官三员，年老官四员，骑射平常官一员。江宁将军所属卓异官三员，年老官一员，有疾官二员。杭州将军所属卓异官二员，年老官三员，有疾官一员。荆州将军所属年老官二员。绥远城将军所属卓异官二员。西安将军所属卓异官四员。宁夏将军所属骑射平常官二员。热河都统所属卓异官二员，年老官二员，有疾官一员。青州副都统所属卓异官一员，年老官二员。凉州副都统所属卓异官一员，有疾官一员。河南巡抚所属卓异官一员，年老官一员，有疾官一员。分别议叙处分如例。

（卷303　725页）

道光十七年（1837年）十一月壬辰

举行本年军政。京营卓异官二员，年老官一员，才力不及官一员。直隶卓异官十三员，才力不及官三员。山西卓异官六员，有疾官一员。云南卓异官二员，罢软官三员，年老官一员，有疾官一员，才力不及官四员。陕西卓异官六员，罢软官一员，年老官一员，有疾官二员。甘肃卓异官六员，不谨官一员，才力不及官一员。贵州卓异官四员，年老官三员，才力不及官一员。山东卓异官三员，罢软官一员，年老官二员，才力不及官五员。东河河营卓异官一员。南河河营卓异官二员。广东卓异官八员，罢软官一员，年老官一员，有疾官四员，才力不及官六员。广西卓异官二员，罢软官二员，年老官一员。湖北卓异官四员，年老官一员，才力不及官二员，浮躁官三员。湖南卓异官五员，有疾官一员，才力不及官三员，浮躁官一员。分别议叙处分如例。

（卷303　726页）

道光十八年（1838年）正月乙亥

贷甘肃皋兰、陇西、安定、岷、洮州、平凉、固原、隆德、华亭、宁、正宁、灵台、中卫十三厅、州、县及东乐县丞所属上年灾歉贫民口粮、籽种。

（卷305　755页）

道光十八年（1838年）二月甲申

缓征甘肃岷州上年地震灾区新旧正杂额赋。

（卷306　759页）

道光十八年（1838年）二月庚戌

以捐修甘肃宁远县城垣堤坝，知县博忠阿下部优叙。

（卷306　772页）

道光十八年（1838年）二月辛酉

谕军机大臣等："德楞额奏玉舒熟番避住青海一折。青海衙门管辖玉舒熟番内雍希叶布、蒙古尔津、尼牙木错、卡爱尔等四族，因被果洛克番子屡行抢劫，奔赴青海地方投生。现据盟长棍楚克济克默特等情愿让地住牧。著照所请办理，惟番族、蒙古各有疆界，现经盟长等让出空闲地方，令该番等住牧，是否日久相安，必应明定界址，令其切实具结，毋得侵占。致有欺凌蒙古情事，著德楞额悉心筹议，一切章程俟苏勒芳阿到任时，详细告知。妥议具奏。将此谕令知之。"寻奏："查询各蒙古，佥称与该番相处数年，尚属相安，并未多事。"报闻。

（卷306　775页）

道光十八年（1838年）四月辛亥

谕军机大臣等："本日据都察院奏，甘肃已革文生翟翔遣子翟海屋赴京呈递封章。已明降谕旨，令苏勒芳阿会同瑚松额审讯矣。该大臣接奉此旨，著即前赴甘肃省城，会同该督督率新任藩司梁萼涵将所控各情节逐一审究，务得确情。据实具奏。将此谕令知之。"寻奏："讯明翟翔以唆讼斥革，其封章所控州县浮收漕粮各款，非已结之案，即属子虚。按律拟实发极边烟瘴充军。"下部议。从之。

（卷308　794页）

道光十八年（1838年）四月丁卯

谕军机大臣等："本日据瑚松额密陈营务地方实在情形一折。甘肃为边疆门户，足兵足食均宜预筹。据该督察看各该提镇悉皆尽心职守，缓急足恃，仍当随时体察，勿任稍懈。惟清查通省亏空为数甚多，总因年歉差繁，屡形动缺，虽系实在情形，但国帑定额，岂可久任虚悬？现在该督查明，各属均有自行筹款发商生息，分年弥补者。统计七八年间可以一律补足。如果核实办理，逐款全清，奏报之数，毫无捏饰。原不必徒有参劾官员之名，而无添补足额之实，但恐为数既多，各属详报不无虚捏，或以无著之款抵数搪塞，或辗转推卸，暗地挪移。及至阅年既久，仍属有名无实，钱粮亏欠，仓库空虚，尚安望其捍卫边围，有备无患耶？该督受恩深重，务当认真稽核，严督藩司责成该管道府即将未完之项，赶紧勒限补清。其生息银两定以年限补完。提本归款，著照所议章程核实办理，不得任听属员以片纸申详，遂信为银款已经清结。仍当密委道府大员查访库存实在数目。经此次清厘之后，倘再有续亏，无论是否因公，惟有从严惩办。并著落该管上司全数分赔，以重帑项。该督总当破除情面，实力实心，无负朕谆谆训谕至意。将此谕令知之。"

（卷308　802页）

道光十八年（1838年）闰四月辛巳

除甘肃狄道州水冲田四十二顷二亩有奇额赋。

（卷309　812页）

道光十八年（1838年）六月甲午

命陕甘总督瑚松额拨银二万九千三十九两解赴乌什，备道光二十年经费。

（卷311　849页）

道光十八年（1838年）八月丁酉

命陕甘总督瑚松额拨银一万九千二百三十二两有奇解赴阿克苏，八千两解赴库车，备道光二十年经费。

（卷313　885页）

道光十八年（1838年）九月乙巳

予故陕甘总督杨遇春入祀乡贤祠，从署四川总督苏廷玉请也。

（卷314　893页）

道光十八年（1838年）九月己酉

命陕甘总督瑚松额拨银六十八万两解赴伊犁，六万四千九百两有奇解赴叶尔羌、巴尔楚克，八万一千八百两有奇解赴喀什噶尔、英吉沙尔，备道光二十年经费。

（卷314　896页）

道光十八年（1838年）九月丙寅

谕内阁："瑚松额奏贼番图抢马厂戕毙弁兵一折。甘肃省卡外贼番胆敢白昼突至肃州镇界内，图抢厂马，拒伤弁兵，情殊凶恶。著该督即饬该镇选派弁兵驰往该处，协同厂员，设法侦缉正贼务获，严行惩办。布隆吉尔营把总马奉恩首先追捕，致被枪毙，殊堪悯惜。著加恩照例赐恤，以昭激劝。"

贷甘肃司库银二万两发商生息，作为防河加增一月经费，从总督瑚松额等请也。

（卷 314　903 页）

道光十八年（1838 年）十月戊寅

命陕甘总督瑚松额拨银十万四千二百二十四两解赴乌鲁木齐，备道光二十年经费。

（卷 315　909 页）

道光十八年（1838 年）十一月庚申

予遇贼被戕甘肃把总马奉恩祭葬世职。

（卷 316　936 页）

道光十八年（1838 年）十一月丙寅

缓征甘肃皋兰、河、狄道、渭源、金、靖远、固原、盐茶、安化、张掖、宁夏、宁朔、灵、平罗、泾、灵台、镇原十七厅、州、县及花马池州同、沙泥州判所属歉区新旧额赋。

（卷 316　940 页）

道光十八年（1838 年）十二月癸酉

户部议准陕甘总督瑚松额疏报："甘肃靖远县开垦糜子坝滩荒田四顷二十七亩有奇，照例升科。"从之。

（卷 317　946 页）

道光十八年（1838 年）十二月癸未

予故直隶易州知州金洙，安徽灵壁县知县贡震，江西赣州府通判王友沂，湖南道州知州翁运标，陕西蓝田县知县马学赐、周崧晓，甘肃皋兰县知县周石廉，四川威远县知县李南晖，云南临安府知府张玉树入祀名宦祠。江苏故金山县训导王世丰，安徽故四川盐亭县知县胡光琦，四川故西昌县教谕汤佑光，故山西崞县知县龚有融，广东故新会县贡生胡方，云南故候补训导华廷誉，贵州故山西阳曲县知县唐廉入祀乡贤祠。从总督琦善、陶澍、林则徐、瑚松额、鄂山、伊里布、邓廷桢，巡抚色卜星额、裕泰、钱宝琛、富呢扬阿、颜伯焘、陈銮、贺长龄请也。

（卷317 951页）

道光十八年（1838年）十二月甲午

谕内阁："苏勒芳阿奏请将蒙古人户移驻河北一折。青海察罕诺们汗一旗前因滋事驱逐过河，现据该盟长车凌端多布等体察情形，该旗近来被抢穷蹙，该诺们汗年甫七岁，恳请移驻河北等情。加恩著照所请，所有察罕诺们汗一旗著即严饬贵德厅文武员弁乘此冰桥未泮，将安分守法之人妥为照料，移过河北，以示体恤。该盟长等既情愿承保，著即责成车凌端多布代为管理，并著随时留心稽察，如有滋事作贼之人混行移过，惟该盟长是问。"

（卷317 960页）

道光十九年（1839年）正月乙巳

贷甘肃皋兰、固原、宁、环、秦五州县上年灾民口粮、籽种。

（卷318 967页）

道光十九年（1839年）二月乙酉

以故甘肃平番县土百户何万策弟万全、永昌县土千户地木押里泮弟地木俄恩宗悟各袭职。

（卷319 993页）

道光十九年（1839年）二月丙戌

举行道光十八年大计。直隶卓异官十八员，不谨官二员，年老官四员，有疾官四员，才力不及官一员。奉天卓异官一员，年老官一员。江苏卓异官九员，罢软官一员，年老官二员，有疾官一员，才力不及官四员。南河卓异官三员，年老官一员。安徽卓异官八员，不谨官二员，浮躁官一员，罢软官一员，年老官二员，才力不及官三员。浙江卓异官十二员，不谨官四员，年老官五员，有疾官二员，才力不及官二员。福建卓异官十员，不谨官一员，浮躁官二员，年老官四员，有疾官二员，才力不及官二员。河南卓异官十二员，不谨官三员，年老官六员，才力不及官一员。东河卓异官二员，年老官一员，有疾官一员。山东卓异官十三员，不谨官一员，浮躁官一员，年老官五员，才力不及官二员。山西卓异官十二员，不谨官三员，浮躁官三员，年老官三员，有疾官一员，才力不及官三员。陕西卓异官九员，不谨官三员，年老官二员，才力不及官六员。甘肃卓异官五员，不谨官一员，年老官一员，有疾官一员，才力不及官一员。广东卓异官十三员，不谨官二员，罢软官一员，年老官四员，有疾官二员，才力不及官四员。广西卓异官八员，罢软官一员，年老官二员，有疾官三员，才力不及官三员。云南卓异官十员，浮躁官一员，罢软官一员，年老官四员，有疾官二员。分别议叙处分如例。

（卷319　994页）

道光十九年（1839年）三月丙辰

命刑部尚书隆文驰往甘肃，会同宁夏将军特依顺、副都统恒通审案。解杭州将军和世泰、镶蓝旗蒙古副都统存华任归案审讯。

（卷320　1017页）

道光十九年（1839年）三月丁巳

谕军机大臣等："据特伊顺等复奏审讯前锋依克唐阿控告该旗协领富忠等克扣兵饷等款一折。已明降谕旨派隆文前赴甘肃，会同特依顺、恒通秉公严讯，并将和世泰、存华解任。解赴该处归案质讯矣。案关大员克扣兵粮，馈送营私，亟应彻底根究，以成信谳。现据特依顺等讯取供词，只系大概情形，该革员特无质证，恐不免狡展支饰。至馈送水礼一节，仅凭供认并未将帐目查出，难保非馈送银钱，肆行贿赂，及至破案，遂将帐目藏匿，避重就轻。种种情节，疑窦甚多。著隆文等按照所控原呈，逐层悉心研鞫，务使各款俱有著落，核实具奏。谅隆文等断不敢稍有含混瞻徇，自取咎戾，倘查办不实不尽，朕将此案人证提京，另派大臣严审。彼时讯出别情，隆文等将何颜对朕也。懔之。将此谕令知之。"

（卷320　1017页）

道光十九年（1839年）三月癸亥

青海大臣苏勒芳阿奏："遵旨将察罕诺们汗一旗移住河北。"报闻。

（卷320　1021页）

道光十九年（1839年）五月丙申

以热河协领文祥为凉州副都统。

（卷322　1043页）

道光十九年（1839年）六月戊寅

荆州将军德楞额复奏："查前任将军德克金布原造抬炮五十六尊，不能攻险致远，惟尚可作为抬枪与鸟枪一体操演，毋庸销毁。现借甘肃抬炮一尊，照式监造，试放可期得力。"得旨："认真训练，务期得力，不可日久生懈。"

（卷323　1070页）

道光十九年（1839年）六月甲申

又谕："前派隆文驰赴甘肃会同特依顺、恒通审讯前锋伊克唐阿控告该旗协领富忠等克扣兵饷等款一案，并降旨将和世泰、存华解任，解赴该处质讯。兹据隆文等奏称，查明已革佐领等历年摊扣官兵银钱，均因馈送和世泰、存华生辰及各项工程费用，共银一万四千四百两零。有帐簿及传片可凭。并另究出道光十三年后帐簿，和世泰等均有用帐在内。是该将军、副都统等克扣兵饷，得受赃私，俱有确据。该协领阿玺达等既于事后捏饰，难保从前不随同染指。所有解任将军和世泰，副都统存华，解任协领富忠、协领阿玺达、富勒炳阿、倭兴阿，佐领廉明、春格均著一并革职拿问，交隆文等秉公严讯，按律定拟具奏。不准稍有含混迁就。"

（卷323　1073页）

道光十九年（1839年）七月甲寅

又谕："讷尔经额奏，番贼抢掠蒙古盟长带兵攻击，并请将巡缉疏懈各员摘去顶带示惩等语。青海地方突有番贼抢去蒙古牲畜，经该盟长扎萨克郡王车凌端多布带兵追击，枪毙番贼五名，夺回牲畜，并夺获马匹。番贼逃遁。车凌端多布遇事奋勇，实属可嘉。著加恩赏用紫缰，仍交部从优议叙。至该处汉兵卡伦副将等官，职司巡缉，何至任贼番抢及卡伦，伤毙兵丁，事后又不能捕获凶番，疏懈已极，不可不加以惩创。所有代理察汉城副将事都司穆精阿、候补都司李冲、孔元均著实降一级调用，并摘去顶带。其由西宁派往协缉之署贵德营游击都司马进禄，著摘去顶带，以观后效。余著照所议办理。该部知道。"

（卷324　1094页）

道光十九年（1839年）七月己未

命陕甘总督瑚松额拨银五万两解赴塔尔巴哈台，备道光二十一年经费。

（卷324　1096页）

道光十九年（1839年）八月丙寅

命陕甘总督瑚松额拨银六千八百六十两解赴和阗，备道光二十一年经费。

（卷325　1101页）

道光十九年（1839年）八月己巳

又谕："前因宁夏前锋依克唐阿控告该旗协领等克扣兵饷，牵涉将军和世泰、副都统存华。当派刑部尚书隆文驰往甘肃，会同将军特依顺、副都统恒通严行审讯。究出和世泰、存华有私行借给兵丁库银，从中扣留情弊。降旨将和世泰等革职拿问。随据该尚书等讯明侵用银钱赃据，并起获历年实帐。按律分别定拟。复令大学士九卿会同速议。兹据穆彰阿等奏称，应如该尚书等所议，将和世泰、存华照例拟斩监候等语。此案已革将军和世泰、已革副都统存华俱系朕特加简任，宜如何洁己奉公，督率僚属，乃于署内营造，无论是否办公之所一律谕令协领等兴修，致协领等借钱垫办，挪动库项，借词接济兵力，扣留归款。办稿阅画，并片传佐领于月放饷银及马料尾零变价内按名摊扣。又违例接受生辰婚娶银两，辜恩负职，骫法营私，莫此为甚。和世泰以一品大员曾在内廷行走多年，贪婪无耻，丧尽天良。存华以二品大员附和婪赃，尤为可恶。核其情节，厥罪惟均。和世泰、存华著照议依监守盗仓库钱粮入己，数在一千两以上斩监候例，拟斩监候，交刑部宗人府勒限一年追赃。如限内全完，即著请旨将和世泰、存华遣戍，倘限满不能全完，即著入于明年秋审情实办理。已革协领兼佐领哈兴阿、富忠、阿玺达、富勒炳阿、倭兴阿，佐领那朗阿、廉明、春格俱著发往新疆效力赎罪。"

（卷325　1103页）

命陕甘总督瑚松额拨银八万六千四百两解赴乌鲁木齐，备道光二十一年经费。

（卷325　1104页）

道光十九年（1839年）八月甲申

命陕甘总督瑚松额拨银七万一百五十三两解赴叶尔羌、巴尔楚克，九万五千一百一十六两解赴喀什噶尔、英吉沙尔，备道光二十一年经费。

（卷325　1109页）

道光十九年（1839年）九月甲午

命陕甘总督瑚松额拨银二万一千五百八十四两解赴阿克苏，备道光二十一年经费。

（卷326　1114页）

道光十九年（1839年）九月乙未

命陕甘总督瑚松额拨银一万四千三百两有奇解赴喀喇沙尔，备道光二十一年经费。

（卷326　1114页）

道光十九年（1839年）九月己亥

户部议准陕甘总督瑚松额疏报："甘肃靖远县开垦田四顷七十亩有奇，照例升科。"从之。

（卷326　1118页）

道光十九年（1839年）九月甲寅

命陕甘总督瑚松额拨银六十八万两解赴伊犁，备道光二十一年经费。

（卷326　1127页）

道光十九年（1839年）九月己未

调甘肃提督周悦胜为直隶提督。以贵州安义镇总兵官阿精阿为甘肃提督。

（卷326　1129页）

道光十九年（1839年）十月戊子

以甘肃镇海协副将李锜为江西九江镇总兵官。

（卷327　1148页）

道光十九年（1839年）十一月辛丑

以故甘肃河州土千户韩辉宗子伏袭职。

（卷328　1156页）

道光十九年（1839年）十一月戊午

户部议准陕甘总督瑚松额疏报："靖远县开垦荒地二十九顷三十一亩有奇，照例升科。"从之。

（卷328　1164页）

道光十九年（1839年）十一月己未

谕军机大臣等："给事中周春祺奏边贮关系紧要请饬查办一折。甘肃为边陲重地，仓库银粮丝毫不容亏短。前于十五年十二月据瑚松额密奏亏缺情形，请严定章程，追缴弥补。当降旨交该督悉心筹办，务使仓库均归实贮，不得空言了事，并于十六年正月经御史许球奏甘肃仓贮空虚，有旨令该督通盘筹划，期于有备无患。迄今已逾四年，办理必有实效。本年二月内经该督奏盘查道光十七、十八两年仓库，并无亏缺。兹据该给事中奏，甘肃州县每遇平粜，有粜无补，春借秋还，有借无还。现在该省仓储实在买补还仓及有价银可抵者，不过十之二三等语。如果属实，成何事体？著瑚松额确切查明，据实具奏，断不准瞻徇回护，自干咎戾。原折著抄给阅看，将此谕令知之。"

（卷328　1164页）

道光十九年（1839年）十一月庚申

缓征甘肃皋兰、河、狄道、靖远、陇西、华亭、静宁、安化、武威、平番、宁夏、宁朔、灵、中卫、平罗、崇信、灵台、镇原十八州县暨沙泥州判所属被旱、被雹、被霜歉区新旧正杂额赋。

（卷328　1165页）

道光十九年（1839年）十二月壬午

又谕："据御史重预奏，新疆地方自乾隆年间底定以来，每年所需官兵俸饷皆调自内地。此项银两出关则岁以为常，入关则偶然一见。内地银价之昂未必不由于此。若照内地兵饷搭放二成之例，每年在南北两路添铸钱数万串以资搭放。甘肃藩库即于每年拨饷时按数扣除等语。著奕山、关福即将该御史折内所奏各情并体察该处地方现在情形是否可行，妥议章程，奏明核办。总期于边防内地两有裨益。原折著抄给阅看，将此谕令知之。"

（卷329　1179页）

道光十九年（1839年）十二月辛卯

上御保和殿，筵宴朝正外藩：科尔沁、巴林、喀喇沁、奈曼、敖汉、翁牛特、苏尼特、阿巴哈纳尔、扎鲁特、土默特、茂明安、鄂尔多斯、喀尔喀、郭尔罗斯、乌喇特、阿拉善、杜尔伯特、土尔扈特、青海、伊克明安、察哈尔王、贝勒、贝子、公、额驸、台吉、塔布囊等并朝鲜国使臣随文武大臣依次就坐。诸乐并作，上进酒。召左翼：科尔沁卓哩克图亲王巴图、巴林扎萨克郡王那木济勒旺楚克、喀喇沁扎萨克郡王色伯克多尔济、奈曼扎萨克郡王阿宛都瓦第扎布、科尔沁郡王多克默特、敖汉郡王干咱巴喇、科尔沁扎萨克扎萨克图郡王索特纳木伦布木、翁牛特扎萨克郡王喇特纳济哩第、敖汉扎萨克郡王达尔玛济尔第、苏尼特扎萨克郡王齐旺扎布、喀喇沁扎萨克贝勒衔贝子玛哈巴拉。右翼：喀尔喀土谢图汗车林多尔济、阿拉善扎萨克亲王囊都布苏咙、喀尔喀扎萨克亲王车林多尔济、杜尔伯特扎萨克亲王棍布扎布、土尔扈特扎萨克郡王多诺罗布多尔济、喀尔喀扎萨克贝子德勒克多尔济、扎萨克亲王车登巴咱尔、科尔沁扎萨克郡王僧格林沁、喀尔喀扎萨克郡王那逊巴图至御座前，赐酒成礼。

（卷329　1187页）

《清道光实录（六）》

道光二十年（1840年）正月壬寅

又谕："富呢扬阿奏筹款采买以实仓储一折。陕西省西安等八府州属缺谷十三万余石，自应筹款买补。据该抚查明约需银七八万两，著准其于司库现存捐监银三万二千五百余两内动支赶紧买补。计该省每年收捐监银不过三四年内即可买补足数。仍著遵照前奉谕旨，以五万两归本省封贮，以五万两解赴甘肃交纳，以实仓储而重帑项。"

（卷330　6页）

道光二十年（1840年）二月癸亥

以热河都统阿勒清阿为刑部尚书。西宁办事大臣讷尔经额为热河都统。

（卷 331　17 页）

道光二十年（1840 年）二月丁丑

青海左翼副盟长公达玛林扎布因病解任，以贝勒罗布藏济木巴为青海左翼副盟长。

（卷 331　23 页）

道光二十年（1840 年）四月丙寅

谕军机大臣等："瑚松额奏查明甘肃仓库银粮一折。据奏甘省原亏银谷及已经弥补数目，有扣存司库者，有解交道、府、州库者，有存贮属库买粮还仓者。再有数年即可一律补完。其平粜粮石，实因连年收成歉薄，买粮还仓者虽不及十分之一，惟粜获价银，多已解交司库。其存贮属库者亦不及十分之一，现已催提勒解。至春借秋还之案，虽有民欠为数甚微，现亦严催征还。惟镇西、迪化二府州远在口外，所办出借出粜各案能否如期买补催还，已饬镇迪道查办，并咨催乌鲁木齐都统赶查各等语。州县亏短仓库，例禁綦严，况甘肃为边陲要地，尤关紧要。此次该督奏明原亏数目及弥补章程既不重治其罪，又复予以年限，已属从宽办理。若数年以后仍不能一律补清完款，不特将各该州县按律惩办，该督受恩深重，屡奉谕旨查办，不能著有成效，徒以空言搪塞。朕必将该督严处示惩，恐不能当此重咎也。所奏口外买补催还各款，著即赶紧清厘，毋任再有延宕。将此谕令知之。"

（卷 333　48 页）

道光二十年（1840 年）四月己巳

调成都将军经额布为吉林将军。广州将军德克金布为成都将军。以甘肃提督阿精阿为广州将军。四川松潘镇总兵官马腾龙为甘肃提督。前任山东曹州镇总兵官托明阿署松潘镇总兵官。

（卷 333　51 页）

道光二十年（1840 年）五月癸卯

陕西布政使杨振麟因病解任。以甘肃按察使陶廷杰为陕西布政使。浙江盐运使岳镇南为甘肃按察使。

（卷 334　72 页）

道光二十年（1840年）七月癸丑

户部议准陕甘总督瑚松额疏报："甘肃靖远县开垦田五顷五十亩有奇，照例升科。"从之。

（卷337　122页）

道光二十年（1840年）八月己卯

命大学士直隶总督琦善为钦差大臣，驰往广东查办事件。以陕甘总督讷尔经额署直隶总督。热河都统瑚松额署陕甘总督。

（卷338　141页）

道光二十年（1840年）九月庚寅

命署陕甘总督瑚松额拨银六万四千九百两解赴叶尔羌、巴尔楚克，七万三千两解赴喀什噶尔、英吉沙尔。备道光二十二年经费。

（卷339　148页）

道光二十年（1840年）十月壬戌

命甘肃肃州镇总兵官珠克登往喀什噶尔换防。

（卷340　167页）

道光二十年（1840年）十月癸未

谕军机大臣等："御史陈岱霖奏，差竣沿途访察，风闻直隶正定县属伏城驿附近地方，本年九月下旬有陕西驻防武举巴克三布在途遇贼，身受重伤，现在养伤未愈。定州属之清风店附近地方，本年十月初旬有甘肃武举王姓在途遇贼十余人，抢去衣物，被贼扎伤。又顺天府属涿州南关外南川心店，近日有客车被劫之案。良乡县城内亦有钱店被劫，凶犯脱逃未获。途中向设更棚窝铺，派有兵役巡逻，近日有名无实，夜间并无一人等语。除暴安良，全在地方官认真办理，借安行旅而儆凶顽。若如该御史所奏，盗贼肆行劫掠，积案累累，地方官并不亲身查察。更棚窝铺，夜无一人，是缉捕废弛已极。著讷尔经额、卓秉恬、曾望颜各饬所属详查果否实有其事。各案要犯曾否就获，现在作何办理，据实具奏。将此各谕令知之。"寻，讷尔经额奏："正定县定州二案当将文职记过，武弁摘顶勒缉。正定县贼已获。大道州县每岁十月二十日起至次年二月二十日止，设立更棚窝铺，派兵护送行旅。现选省标勤干弁目四十人，分往协巡。"报闻。卓秉恬等奏："良乡县城钱铺被劫，贼犯窝主已获。涿州窃案，勒限严缉。请先将知州王赓交部议处。"
从之。

道光二十年（1840年）十一月己丑

缓征甘肃皋兰、渭源、金、靖远、宁远、安定、会宁、隆德、固原、
环、宁夏、宁朔、灵、平罗、崇信、灵台、镇远十七州县及花马池州同、沙
泥州判所属灾区新旧额赋。

道光二十年（1840年）十一月壬寅

调甘肃按察使岳镇南为直隶按察使。以服阕按察使程德润为甘肃按
察使。

道光二十年（1840年）十一月癸丑

除甘肃山丹县沙压地八顷四十八亩有奇额赋。

道光二十年（1840年）十二月壬戌

以甘肃安西州属马莲井金厂课绌，减额夫五百名为三百名，从署总督瑚
松额请也。

道光二十年（1840年）十二月丙寅

又谕："德全等奏商民因讨欠债牵涉回目检拾饷鞘一折。此案肃州解官
王顺遗失饷鞘，曾降旨交瑚松额查讯。兹据德全等奏，据哈密郡王报称，有
商民周思敬向回子讨债，说起遗失饷银，系该回城当差头目哎提八海等拾去
等语。所有案内之回子二等家占哎提八海分得卜硕库乌宗毛拉、商民周思
敬、小回子呢牙子乎里合甲你牙斯、阿子、合甲业在尔等，著瑚松额督同臬
司程德润亲提人证，归案审讯，务期水落石出，以成信谳。"寻奏："哎提八
海等讯无伙窃饷银情事，应即省释。周思敬、呢牙子乎里等以揣度之词，互
相传播，尚非有心诬陷，拟杖八十、枷号一月。解官王顺疏于防范，业经革
职，应毋庸议。革职留任哈密通判讷恩登额如限满无获，即行革任饷银，著

落地方文职及解委各员分赔。兵役问拟徒杖。"下部议。从之。

（卷342　209页）

命署陕甘总督琦松额拨银五万八千两有奇解赴伊犁，备道光二十一年闰三月经费。

（卷342　210页）

道光二十年（1840年）十二月庚午

以故甘肃碾伯县土司指挥同知阿英贤子阿文选告休，云南腾越厅属盏达副宣抚司刀思镇方子刀思相吉各袭职。

（卷342　216页）

道光二十年（1840年）十二月己卯

以云南布政使刘鸿翱为福建巡抚。调甘肃布政使梁萼涵为云南布政使。以广西按察使郭文汇为甘肃布政使。

（卷343　225页）

道光二十年（1840年）十二月癸未

命署陕甘总督琦松额来京请训。以叶尔羌参赞大臣恩特亨额署陕甘总督。

（卷343　229页）

道光二十一年（1841年）正月庚寅

贷甘肃皋兰县上年灾民两月口粮，并金、安定、会宁、秦四州县及沙泥州判所属灾民籽种。

（卷344　235页）

道光二十一年（1841年）正月丁未

以浙江按察使周开麒为甘肃布政使。甘肃宁夏道蒋文庆为浙江按察使。

（卷345　253页）

道光二十一年（1841年）二月辛巳

又谕："裕谦奏特参托故推诿之升任藩司一折。升任甘肃藩司周开麒，经该大臣奏明调赴定海，办理抚恤各事宜。辄敢托故不行，实属迂玩。周开麒著开缺，交部严加议处，仍留于浙江交裕谦差委。如能奋勉，再行具奏，倘始终玩忽，即著从严参办。"

（卷347　285页）

以甘肃按察使程德润为布政使。安徽宁池太广道王兆琛为甘肃按察使。

（卷347　286页）

道光二十一年（1841年）二月甲申

又谕："前据裕谦奏参，升任甘肃藩司周开麒托故推诿，当降旨令其开缺，交部严加议处，仍留浙江差委。该部议上时自必照议革职，惟现在定海办理各事宜是否必须该员经理，并该员能否得力之处，著裕谦确切查明，据实具奏，再降谕旨。将此谕令知之。"

（卷347　289页）

道光二十一年（1841年）三月庚寅

甘肃西宁镇总兵官马麟辉以年老休致。调宁夏镇总兵官昌伊苏为西宁镇总兵官。以四川马边协副将王应熊为宁夏镇总兵官。

（卷348　297页）

道光二十一年（1841年）三月庚戌

谕内阁："前因升任甘肃藩司周开麒于浙江臬司任内，经裕谦调赴定海办理抚恤各事宜，托故推诿。当降旨交部严加议处。本应即照部议革职，姑念该员自到定海后，督办抚恤难民，散放房屋修费，并赶筑各项工程，均能核实，尚知愧奋。周开麒著加恩赏给按察使衔，留于浙江军营，交裕谦差委，以观后效。"

（卷349　316页）

道光二十一年（1841年）四月乙酉

谕内阁："前因干珠尔巴诺们汗私开牧场，护庇狡展，不服听断，已降旨将该诺们汗革去本身封号，饬回游牧处所。至绥远城将军及理藩院堂官未能将呼图克图字样详悉查明，已将该将军等交部议处矣。因思各呼图克图诺们汗等向守清规，佐朕振兴黄教，深堪嘉尚，每沛恩施。今该诺们汗不守清规，有违法制，朕不得已予以薄惩。嗣后各呼图克图诺们汗等务当仰体朕心，护持黄教，以绥藩服而受殊恩。此次该诺们汗革去封号，饬回游牧地方，固属咎由自取。朕犹望其改过自新，承受恩典。著交西宁办事大臣详加察看，如果安静悔过，著于一年后奏明请旨，其印敕等件即著暂存该庙，交诺们汗徒众妥为封贮。"

（卷351 335页）

道光二十一年（1841年）四月庚戌

谕军机大臣等："甘肃为边疆门户，足兵足食均宜预筹。仓库钱粮不容丝毫亏短。前于十五年十二月据瑚松额密奏亏短情形，旋于十六年正月经御史许球奏参，十九年十一月又经给事中周春祺条奏，均以钱粮仓谷亏短为辞，屡经降旨饬令瑚松额破除情面，赶紧设法弥补。嗣于二十年四月该督奏称，甘肃原亏银谷及已经弥补数目，有扣存司库者，有解交道库州库者，有存贮属库买粮还仓者。再有数年即可一律补完等语。查瑚松额十五年密奏情形，迄今已逾数载，如果渐次弥补，日有起色，外间早有见闻，何至给事中等纷纷参奏。即该督上年所奏亦借口连年歉收及镇西、迪化二府州远在口外，已饬咨催为辞。是该省未能弥补全完，已可概见。瑚松额前密奏时，朕曾俯允所请，以为如果核实办理，逐款全清。奏报之数毫无捏饰，原不必徒有参劾官员之名，而无添补足额之实。乃迁延数载，实效毫无，州县则姑容未参，仓库则虚悬未足，若再不力加整顿，何以符定制而儆官常？恩特亨额经朕简任陕甘总督，受恩甚深，责无旁贷。现已履任，著即认真稽查，设法清厘，俾仓库实贮无亏，吏治民风蒸蒸日上，方为不负委任。将此谕令知之。"

（卷351 349页）

道光二十一年（1841年）六月壬辰

添设凉州驻防抬炮四杆，炮手二十名。庄浪驻防抬炮五杆，炮手二十五名，从副都统文祥请也。

（卷353 368页）

道光二十一年（1841年）七月乙卯

谕内阁："恩特亨额奏贼番图抢营马，经官兵捕逐出卡一折。此案卡外贼番胆敢于白昼突至香沟河图抢营马，迨经官兵堵御，复敢逞凶抗拒，伤毙官弁兵丁，凶恶已极。著恩特亨额、马腾龙赶紧选派得力弁兵，严缉正贼，务获惩办，不得借口贼已远遁，任意疏玩。并严饬沿边营汛加意巡防，毋再任令窜入滋扰。署察汉俄博营都司事南川营都司刘大庆、察汉俄博营把总马三元一闻贼匪窜入，驰往堵御，致被戕害。著该部照例议恤，其阵亡受伤官兵一并咨部照例办理。署永固协副将循化营参将赓音未能先事预防，著交部议处。"

（卷354　382页）

道光二十一年（1841年）七月丙子

谕军机大臣等："据法丰阿奏请禁歇店人等保欠各弊一折。西宁丹噶尔地方，每年冬间有四川所属德尔格及西宁所属玉舒等番前来贸易。据该大臣饬查近年货多壅滞，恐歇店人等有保欠拖累等弊。请嗣后严行饬禁，并取具甘结等语。是否可行，有无流弊，著恩特亨额派委妥员详细察看，妥议章程具奏。原折抄给阅看。将此谕令知之。"寻奏："番汉贸易相安已久，并无保欠拖累等弊，未便强禁。现酌拟章程四条：一、番商来丹贸易，有未卖货物寄存歇店。次年来时，令将货价交清，如有拖欠，准番商禀明地方官，如数比追。一、番商来丹出卖货物，责令歇店将价交清，倘故意拖延骗勒，照诓骗律治罪，仍枷号一个月。一、内地商人赴丹买货，值番商在丹，责令以现银交易。或番商回牧，应由歇店将所存货物公平交易，俟次年番商来丹照数清交。不准卖多报少，以示怀柔。一、歇店寄存番货，应比照典商收当之例，如遇失火烧毁，或收藏不谨，被人窃取，或雨水渗漏及虫伤鼠咬，均照原价赔偿。邻火延烧者酌减十分之二。如被盗抢劫及雨水冲塌成灾，免其赔补。若并未被失，诈言水火盗贼者，除勒限赔偿外，计赃准窃盗论。"从之。

（卷354　392页）

道光二十一年（1841年）七月丁丑

又谕："恩特亨额等奏贼番抢劫牲畜，经该管盟长击散一折。此次果洛克等贼番窜至青海地面抢劫蒙古番族牲畜等物，经该盟长郡王棍楚克济克默特带兵前往擒剿，胆敢开枪抗拒，复经该盟长督同剿捕，歼毙贼番多名，夺获被抢牲畜，洵属奋勉可嘉。棍楚克济克默特著赏给大缎四匹，仍交部从优议叙。其沿边要隘仍著该督饬令各营汛严加守御，毋稍疏懈。"

（卷354　393页）

道光二十一年（1841年）七月己卯

命陕甘总督恩特亨额拨银五万两解赴塔尔巴哈台，备道光二十三年经费。

（卷354　395页）

道光二十一年（1841年）七月庚辰

谕内阁："各省实缺知县到任在半年外不胜民牧者，即予休致，不得因其正途出身，率请改教。道光二年所降谕旨甚明。本日据陕甘总督恩特亨额奏，请将难胜民社之成县知县陈大均以教职改用，核其到任，已逾定限。所奏著不准行。陈大均著即以原品休致，恩特亨额著交部议处。"

（卷354　395页）

道光二十一年（1841年）七月辛巳

命陕甘总督恩特亨额拨银一万四千三百两有奇解赴喀喇沙尔，备道光二十三年经费。

（卷354　400页）

道光二十一年（1841年）八月癸未

命陕甘总督恩特亨额拨银七千两解赴和阗，备道光二十三年经费。

（卷355　403页）

道光二十一年（1841年）八月戊子

命陕甘总督恩特亨额拨银二万九千两解赴乌什，备道光二十三年经费。

（卷355　411页）

道光二十一年（1841年）九月甲子

命陕甘总督恩特亨额拨银二万四千二百八十四两解赴阿克苏，备道光二十三年经费。

（卷357　461页）

道光二十一年（1841年）九月乙丑

命陕甘总督恩特亨额拨银八万二千九百九十三两解赴乌鲁木齐，备道光二十三年经费。

（卷357　461页）

道光二十一年（1841年）九月戊寅

以甘肃西安协副将顺保为江南狼山镇总兵官。

旌表守正捐躯陕西兴平县民范汶欣妻王氏，甘肃靖远县民张添祥妻王氏。

（卷358　476页）

道光二十一年（1841年）十月甲申

又谕："据刘韵珂奏，现在逆夷猖獗各处海口，亟须添兵防堵。著恩特亨额、富呢扬阿于甘肃、陕西二省各挑精兵一千名，饬令曾经出师之明干镇将管带迅速前赴浙江，交奕经等调遣。毋许沿途滋扰。将此由六百里各谕令知之。"

（卷359　484页）

道光二十一年（1841年）十月丙戌

谕军机大臣等："著恩特亨额、富呢扬阿即于甘肃、陕西两省各营内挑选精兵二千名，各带精良器械，派曾经出师之镇将管带，于来年正月由陕西省城起程前赴天津，听候调遣。所调兵丁著该督抚于陕、甘两省内统计酌调，毋庸拘定每省一千之数。总期遴选精锐，其所带军器内，火器一项尤为紧要，务须拣择工料精坚运用便利者，发交该兵丁等备用。至昨有旨调赴浙江兵丁，如未起程，所带器械亦著一并挑选精利，以期得力。将此由四百里各谕令知之。"

（卷359　485页）

道光二十一年（1841年）十月丙午

又谕："各省官兵调赴浙江军营者数已不少，计该将军到浙以后足敷剿办。现在京口亦须防堵，江宁省城尤关紧要。所有裕谦前调之江宁驻防兵丁，著奕经等全行撤回江宁，以免顾此失彼。至各省赴浙官兵难保无老弱充数，其先经赴粤续调赴浙之兵，尤恐锐气已挫，不堪驱策。著奕经等于抵浙后严饬带兵各员，认真校阅，如有前项情事立即分别撤回，毋致临阵误事。用兵之道，选练为上，谅该将军等必能妥为布置也。再前有旨令恩特亨额、富呢扬阿挑选陕西、甘肃精兵二千名，于明年正月听候调用。如现在到浙之兵挑撤过多不敷差遣，著即一面奏闻，一面飞调赴浙，以资剿洗。将此谕知奕经特依顺文蔚，并谕刘韵珂知之。"

（卷360　506页）

道光二十一年（1841年）十一月乙卯

谕军机大臣等："恩特亨额奏弥补甘省亏款一折。据奏该省亏银四十万八千余两，钱十万二千余串。自原议分别生息捐摊立限之日起，截至本年秋季止，已弥补银二十万七千余两，钱五万七千余串，限期尚无迟逾，并无虚捏情弊等语。是办理已有成效。其未完银十八万九千余两，钱四万五千余串，著即分别责成道府实力督催，务令扫数全完，无任再有悬宕。俟弥补全完后即行奏闻。至所奏严禁新亏章程，著即照议责成该管各道、府、州于所属仓库实力稽查，不准丝粒续亏。该督仍不时密查，倘有亏挪情弊，立即从重究办，并将稽查不力，未经揭报之该管上司随案并参，毋稍姑容。将此谕令知之。"

（卷361　516页）

道光二十一年（1841年）十一月庚午

免玉舒番族被雪压毙人户应征银。

（卷362　529页）

道光二十一年（1841年）十一月癸酉

缓征甘肃皋兰、河、狄道、靖远、安定、固原、安化、宁、环、武威、宁夏、宁朔、灵、中卫、平罗、西宁、碾伯、灵台十八州县及花马池州同、沙泥州判、东乐县丞所属被雹、被霜、被水歉区旧欠额赋。

（卷362　531页）

道光二十一年（1841年）十一月丁丑

又谕："前因逆夷滋扰浙江，出师征剿，当经降旨，著宝兴于四川挑选精兵二千名，著恩特亨额、富呢扬阿于甘肃、陕西二省各挑精兵一千名迅速赴浙，交扬威将军调遣。此项兵丁尚未到浙，未知现在行抵何处。著裕泰、赵炳言、鄂顺安查明该兵丁等过境，饬令带兵各员星夜兼程赴浙。如已过境，亦著飞咨沿途督抚及地方各员一体催趱，毋稍迟延。将此由六百里各谕令知之。"

（卷362　534页）

道光二十一年（1841年）十二月己酉

　　上御保和殿，筵宴朝正外藩：科尔沁、巴林、喀喇沁、奈曼、敖汉、浩齐特、阿巴噶、喀尔喀、鄂尔多斯、翁牛特、乌珠穆沁、乌喇特、苏尼特、克什克腾、青海、察哈尔、伊克明安、土尔扈特、土默特王、贝勒、贝子、公、额驸、台吉、塔布囊及朝鲜、南掌国使臣等，随文武大臣依次就坐。诸乐并作，上进酒。召左翼：科尔沁卓哩克图亲王巴图、科尔沁达尔汉亲王索特纳木彭苏克、科尔沁扎萨克冰图郡王林沁扎勒赞、巴林扎萨克郡王那木济勒旺楚克、喀喇沁扎萨克都楞郡王色伯克多尔济、奈曼扎萨克郡王阿宛都瓦第扎布、敖汉郡王干咱巴拉、浩齐特扎萨克郡王吹精扎布、阿巴噶郡王萨尔济勒多尔济、科尔沁贝勒贡格喇布坦。右翼：喀尔喀车臣汗阿尔塔什达、喀尔喀赛因诺颜扎萨克亲王车林多尔济、喀尔喀扎萨克亲王额林沁多尔济、喀尔喀扎萨克郡王托克托瑚图噜、喀尔喀扎萨克亲王车登巴呼尔、科尔沁扎萨克郡王僧格林沁、喀尔喀扎萨克郡王那逊巴图、科尔沁扎萨克贝子济克默特、土默特扎萨克贝子德勒克色楞、奈曼固伦额驸德木楚克扎布至御座前，赐酒成礼。

（卷364　567页）

　　一产三男，甘肃等省王进禄等四家。

（卷364　568页）

道光二十二年（1842年）正月庚戌

　　又谕："前有旨谕令恩特亨额、富呢扬阿于甘肃、陕西两省各营内挑选精兵二千名，于本年正月前赴天津，听候调遣。现在湖北崇阳县匪徒滋事，亟须添兵剿办，著该督抚等即将前经谕令挑备陕、甘精兵二千名，拣派曾经出师之将弁管带迅速起程，前赴湖北，听候裕泰、刘允孝调遣。并著申明纪律，毋许沿途滋扰。将此由五百里各谕令知之。"

（卷365　570页）

道光二十二年（1842年）正月辛亥

　　谕军机大臣等："昨据裕泰奏，湖北崇阳县匪徒钟人杰等滋事，戕官据城，已有旨谕令裕泰、刘允孝拣带精兵前往会剿。并有旨挑备陕、甘精兵二千名迅赴该省候调矣。该匪凭险负固，党羽渐多，现在阻塞要隘，制造军器，必应及早扑灭，方免蔓延。齐慎著仍作为参赞大臣，携带关防，迅速驰驿兼程前往湖北，会同裕泰、刘允孝迅加剿办。将此由六百里谕令知之。"

（卷365　570页）

道光二十二年（1842年）二月壬辰

又谕："前有旨令富呢扬阿等预备陕、甘官兵二千名听候调拨。现在浙省军务紧要，著该抚一面知照恩特亨额，一面选派曾经带兵员弁即日分起管带，饬令迅速前赴浙江，交奕经等差遣，毋稍迟误。仍饬沿途严加约束，毋使滋扰。将此由六百里谕令知之。"

（卷367　611页）

道光二十二年（1842年）三月乙卯

谕内阁："奕经等奏查明与逆夷接仗阵亡各员请分别赐恤一折。览奏深为悯恻，浙江金华协副将朱贵身受三处枪伤，临阵战殁。其子武童朱昭南随同打仗，身受两枪，同时殉难，实属忠义可嘉。朱贵著照总兵例赐恤，朱昭南并著一并议恤。仍著该将军等查明朱贵现尚有子几人，及朱昭南有无子嗣之处，即行具奏，候朕施恩。甘肃西宁镇左营游击黄泰、陕西隆德营守备徐宦、署陕甘督标都司下马关营守备陈芝兰、四川大金河千总加副将衔巴图鲁阿木穰、瓦寺土守备哈克里、浙江候补知县颜履敬，均著照例赐恤，以慰忠魂。"

（卷369　635页）

道光二十二年（1842年）三月壬戌

调甘肃西宁镇总兵官昌伊苏为伊犁镇总兵官。伊犁镇总兵官福珠洪阿为西宁镇总兵官。

（卷369　643页）

道光二十二年（1842年）三月丙子

以陕西巡抚富呢扬阿为陕甘总督。伊犁参赞大臣壁昌为陕西巡抚。壁昌未到任前，以布政使陶廷杰署理。

命安徽按察使文麟以四品京堂候补。以甘肃平庆泾道万贡珍为安徽按察使。

（卷369　651页）

予故陕甘总督恩特亨额祭葬。

（卷369　652页）

道光二十二年（1842年）四月丁未

命山西太原镇总兵官台费音来京。调江西南赣镇总兵官善禄为太原镇总兵官。以甘肃庄浪协副将伍魁英为南彰赣镇总兵官。

（卷371　691页）

道光二十二年（1842年）五月庚午

陕甘总督富呢扬阿奏报接印任事。得旨："诸务认真整顿，断不可苟且目前，勉力为之，以副委任。"

（卷373　722页）

道光二十二年（1842年）六月庚子

以故甘肃碾伯县属土指挥同知李绳武子政袭职。

（卷376　774页）

道光二十二年（1842年）六月癸卯

又谕："著宝兴、富呢扬阿于四川、陕、甘省各挑选精兵一千名，拣派得力将弁并将应用军械，拣择精良预备调拨，毋稍迟误。将此由六百里谕令知之。"

（卷376　778页）

道光二十二年（1842年）六月甲辰

扬威将军奕经奏，请调陕、甘兵二三千名，派大员带领在扬州一带屯扎。湖北、江西、安徽兵三四千名，派大员带领在江宁燕子矶一带屯扎，相机会剿。得旨："正所谓缓不济急，梦呓之谈耳。"又奏，请调甘肃撒拉尔回民三五千名，拣员管带拨赴天津江南军营听候调用。批："尤属不可之事。"又批："浙江非前鉴钦，不但无尺寸之功，翻致贼势益张，朕惟自恨自愧不能知人。即再简派阃帅，无非又添一层忿恨，于国计民生有何补救？"

（卷376　780页）

道光二十二年（1842年）七月庚戌

命陕甘总督富呢扬阿拨银八千两解赴库车，备道光二十四年经费。

（卷377　794页）

道光二十二年（1842年）七月癸丑

命陕甘总督富呢扬阿拨银二万二千七百四十八两解赴阿克苏，二万九千三十九两解赴乌什，备道光二十四年经费。

（卷377　800页）

道光二十二年（1842年）七月辛酉

命陕甘总督富呢扬阿拨银五万五千两解赴塔尔巴哈台，备道光二十四年经费。

（卷377　813页）

道光二十二年（1842年）八月己亥

又谕："本日据裕泰奏，四川调防官兵飞咨截回。又据麟庆等奏，请停止陕、甘官兵各等语。前有旨调四川兵一千名驰赴江宁。陕、甘兵一千名驰赴清江浦。现在此项官兵无须调遣，著宝兴、富呢扬阿、陶廷杰飞饬带兵将弁，无论行抵何处即行折回，并著裕泰、鄂顺安札行沿途经过地方官，将前项官兵一体截回归伍。将此各谕令知之。"

又谕："麟庆等奏办理淮扬后路匪徒一折。据奏夷船渐次退出，现在团练、义勇招抚枭匪，请将续调之陕、甘兵一千名即行折回。已谕知富呢扬阿等即行停止矣。惟据称各乡绅民、团练、义勇计有九万余名，招抚巴杆老回奋二百七十余名，尚有分守要隘乡勇一千八百余名，人数太多，易聚难散。著李湘棻将现已到浦之义勇人等认真校阅，果系精锐，酌量留营差委，余均饬令回籍，妥为安顿，未经到浦者毋庸再行传集。所奏徐州、海州等处土匪窃发，并山东兖、沂等属亦多刀匪。现经各属陆续拿解，并咨山东会办兜拿等语。所奏均悉。土匪乘机抢劫，必应严拿惩办，以安闾阎。但须体察情形，宽严互用，著即严饬各属将各案首要各犯拿获惩治，以儆其余。其为从情轻之犯，饬令剀切晓谕，及早解散，切勿持之过急，转致激成事端。至善后急需整顿，炮火尤为利器。该署少卿现饬赶办抬炮等件，自应宽为筹备，妥为收贮。惟须精利适用，不可有名无实。其练习兵勇务期精熟，不在人多。另折奏黄安民大概情形，览奏已悉。仍著确切查访，务得实情为要。再现在防堵情形及一切善后事宜，均须妥为布置，不留罅隙。计周天爵将次到江，著该署少卿先行筹度，如该员已抵清江，即行会商妥办。将此由四百里谕知李湘棻、并麟庆、但明伦知之。"

（卷379　843页）

道光二十二年（1842年）八月壬寅

命陕甘总督富呢扬阿拨银一万四千三百两有奇解赴喀喇沙尔，备道光二十四年经费。

（卷379　846页）

道光二十二年（1842年）九月己酉

命陕甘总督富呢扬阿拨银六万四千八百五十一两解赴叶尔羌、巴尔楚克，八万八千九百一两解赴喀什噶尔、英吉沙尔，备道光二十四年经费。

（卷380　853页）

道光二十二年（1842年）九月辛亥

上御洞明堂。勾到上年奉天、陕西、甘肃情实罪犯，停决奉天斩犯二人，绞犯三人，陕西斩犯四人，余五十五人予勾。

（卷380　854页）

道光二十二年（1842年）九月甲子

户部议准前任陕甘总督恩特亨额疏报："甘肃皋兰县开垦旱田一顷四十一亩有奇，照例升科。"从之。

（卷381　866页）

道光二十二年（1842年）十月壬午

命陕甘总督富呢扬阿拨银五万两解赴哈密，七十一万三千四百四十六两解赴伊犁，备道光二十四年经费。

（卷382　886页）

道光二十二年（1842年）十月癸未

谕军机大臣等："富呢扬阿奏贼番分股图抢戕害弁兵现经官兵捕逐出卡一折。此次贼番敢于白昼麇至，图抢马厂，劫掠居民，拒害弁兵，凶顽已极。现在果否遁归巢穴，抑仍在卡外附近潜匿，著富呢扬阿饬属严切根究，务得确情。并会同西宁办事大臣移行各提镇及察罕托洛亥驻防副将一体设法购线，严拿务获究办。并令沿边营汛及各营马厂经牧员弁加意防范，无任再有滋扰。此种野番，犬羊成性，务令知所畏惧，不敢复出滋事，以安边境为要。将此谕令知之。"

又谕："本日据富呢扬阿奏，禹元魁京控案件节经委审，供词狡展，已有旨交璧昌审讯矣。璧昌擢任福州将军，前经谕令来京陛见。其前交该省坐选典史吴恒呈控驿站积弊一案，该将军本月内计可抵陕。如尚未经审结，著将吴恒控案移交新任巡抚李星沅审办。所有禹元魁控案著该将军迅即提集人证卷宗，秉公审讯，按律定拟具奏。倘该将军接奉此旨时已过陕境，著即折回审办，仍俟此案完结，再遵前旨来京陛见。将此谕令知之。"

予捕番被戕甘肃都司杨栋有、把总张增科祭葬恤荫。

（卷382　886页）

道光二十二年（1842年）十月癸巳

以凉州、庄浪驻防军政年逾六十官六员，精力未衰，命留任。

予捕贼被戕甘肃把总蒋鹤祭葬世职。

（卷383　897页）

道光二十二年（1842年）十月甲辰

甘肃提督马腾龙因病解任。调直隶提督周悦胜为甘肃提督。

（卷383　906页）

道光二十二年（1842年）十一月癸亥

谕内阁："富呢扬阿等奏野番窜至青海地面设法搜捕一折。据奏贼番二百余人在牛头俄博游奕，千总杨禄开枪轰击，歼毙贼番二十余人，追至哈拉哈兔山沟，复有贼番三四百人抄截官兵，杨禄因骑马中枪，掀跌被害，副将马奉三带兵驰往应援，直压贼队，始各奔逸。其滋扰哈拉库图营贼匪亦经官兵放枪轰毙，余贼逸去等语。署西宁镇张锐查办松懈，捕逐失宜，且此次贼番沿边劫掠，该署镇及护副将马奉三不能先事预防，致贼深入，戕害兵弁，咎无可辞。张锐、马奉三均著交部议处。"

谕军机大臣等："富呢扬阿等奏野番窜入青海设法搜捕一折。此次贼匪分股滋扰，戕害兵弁，实属异常凶狡，断不可任其得赃饱扬，以致番族效尤。该督现将张锐撤任，并饬令徐华清前往署理，统带弁兵办理防堵事宜。所办尚妥。现届大雪封山，不值冒险深入。此等野番抢劫是其惯技，若带兵将备，怠玩从事，必致该番族等恃其凶狡，肆意滋扰。著明岁春融督饬徐华清体察情形，酌量多带精兵设法剿捕，务将番贼汉奸密为购线蹰缉，毋任漏网。将此谕令知之。"

缓征甘肃武威、碾伯、皋兰、河、狄道、金、靖远、宁远、会宁、平凉、静宁、隆德、固原、安化、宁、环、宁夏、宁朔、灵、中卫、平罗、西宁、泾、崇信、灵台、镇原二十六州县暨沙泥州判所属歉收村庄新旧额赋。

（卷385　926页）

道光二十二年（1842年）十一月癸卯

上御保和殿，筵宴朝正外藩：科尔沁、乌珠穆沁、喀喇沁、奈曼、苏尼特、阿巴噶、扎赉特、喀尔喀、鄂尔多斯、巴林、乌喇特、土默特、青海、杜尔伯特、察哈尔王、贝勒、贝子、公、额驸、台吉、塔布囊及廓尔喀朝鲜琉球国使臣等随文武大臣依次就坐。诸乐并作，上进酒。召左翼：科尔沁扎萨克土谢图亲王色登端噜布，卓哩克图亲王巴图、达尔汉亲王索特纳木彭苏克，乌珠穆沁扎萨克车臣亲王彭苏克纳木济勒，喀喇沁扎萨克都楞郡王色伯克多尔济，奈曼扎萨克郡王阿宛都瓦第扎布，苏尼特扎萨克郡王布尔呢锡哩、阿巴噶扎萨克郡王阿尔塔什第，扎赉特扎萨克贝勒拉木棍布扎布。右翼：喀尔喀扎萨克贝子德勒克多尔济、扎萨克亲王车登巴咱尔、扎萨克郡王那逊巴图、科尔沁扎萨克郡王僧格林沁、扎萨克贝子济克默特、土默特扎萨克贝子德勒克色楞，奈曼固伦额驸德木楚克扎布至御座前，赐酒成礼。

（卷387　962页）

道光二十三年（1843年）正月丙寅

谕内阁："本年轮应查阅直隶、山西、陕西、四川、甘肃等省营伍之期。直隶省即派讷尔经额，山西著即派梁萼涵，陕西、甘肃著即派富呢扬阿，四川著即派宝兴逐一查阅，认真简校。如查有训练不精，军实不齐者，即将废弛之将弁据实劾参，毋得视为具文。其上年暂停查阅之广东、广西、浙江、福建等省，仍著暂行停止查阅。"

（卷388　977页）

道光二十三年（1843年）三月癸丑

谕军机大臣等："富呢扬阿等奏野番滋扰情形，现派提镇捕逐并亲往查办一折。据奏上年滋事野番经官兵捕逐出卡后，并未遁归巢穴，多在河北东信、群科、克克乌苏等处盘踞窥伺。该督等现派署总兵徐华清、站柱并提督周悦胜统带官兵三路并进。又令两翼蒙古及阿里克等族番各派蒙古、番兵作为乡导等情。布置尚为周妥，著即照议办理。倘贼闻调兵捕逐，遁归河南巢穴。该督拟令徐华清带兵在于河北游巡防堵，站柱移兵河南，直压贼巢。勒令将积年滋事番贼逐名擒献，自可迅速蒇功。惟站柱移兵河南，徐华清在河北防堵，相离较远，声势不能联络，且站柱带兵直压贼巢，后路并无接应，亦属可虑。自应另派劲旅作为后路策应，以防抄袭突窜突之虞。至以蒙古、番兵为乡导，尤应慎重，不可冒昧深入。该督请俟秋审事竣，借西路阅伍之便驰赴西宁，会同法丰阿、周悦胜妥为布置，亦著如所议行。另片奏在甘肃藩库先行借动新疆备用款内存银十五万两，又借储备专款存银五万两，俟事竣后设法筹补。著准其先行借用以应急需，即饬令兰州道唐树义等撙节动支，妥为筹办，毋任虚糜。将此谕令知之。”

（卷390　1004页）

道光二十三年（1843年）四月乙亥

调直隶布政使陆费瑔为甘肃布政使。以直隶按察使陆建瀛为布政使。

（卷391　1019页）

道光二十三年（1843年）四月乙酉

谕军机大臣等：“富呢扬阿等奏西路官兵捕逐番贼连获胜仗情形一折。西宁野番窜至青海地面，分股肆扰。经该督前赴西宁会同法丰阿相机筹办，并派提督周悦胜等带兵剿办，副将庆和等于距红沟口三里许之大岔山地方追击贼匪，歼毙七十余人。复侦探另股贼匪，分兵驰往夹攻，枪毙二十余人，夺获鸟枪、马匹。现在该督酌带官兵移驻察汉托洛亥防所，遥作声援，俾各提镇带兵前进，后路不至空虚，所办甚好。其甘、凉、肃等处扼要口隘著一律严密防范，如有贼番窜至，立即防堵截缉，毋稍疏虞。又另片奏，蒙古盟长及番子百户等挑补蒙古兵、番兵随同进剿。该蒙古等深明大义，踊跃急公，自当准其随营效力。惟卡外地险路遥，我兵不值穷追深入，务使该贼番畏惧兵威，不敢再至近边滋扰，并可酌量撤兵。即蒙古、番兵亦可随时裁撤，办理方为妥善。又另片奏代理永安营游击隆盛友将零股番贼三十余人歼毙净尽，著准其量予奖励。阿里克番目多锐带兵迎击，首先杀贼，著加恩赏给六品顶带，并赏戴蓝翎。所有此次进剿出力各员弁，著该督等于事竣后择其尤为出力者酌保数员，候朕施恩，毋许冒滥。将此谕令知之。"

（卷391　1025页）

道光二十三年（1843年）四月戊子

以甘肃按察使王兆琛为四川布政使。

（卷391　1029页）

道光二十三年（1843年）四月己丑

以两淮盐运使杨以增为甘肃按察使。

（卷391　1029页）

道光二十三年（1843年）五月甲辰

调江宁布政使叶名琛为甘肃布政使。甘肃布政使陆费瑔为江宁布政使。

（卷392　1036页）

道光二十三年（1843年）五月丙寅

谕内阁："富呢扬阿奏官兵剿捕贼番续获胜仗一折。贼番窜匿克克乌苏一带，经该督分饬提镇，各路搜捕。总兵徐华清、副将站柱带领官兵追击，在只黑底俄博地方接仗，先后歼毙贼番二百余人，堕落山涧跌毙者无算，余贼分头奔窜。所办甚好。徐华清、站柱先行交部从优议叙，所有此次出力各员，著该督查明酌量保奏，候朕施恩。其落涧伤亡之马兵邱必西，著该部照例议恤。"

（卷392　1044页）

道光二十三年（1843年）五月己巳

命陕甘总督富呢扬阿拨银一万四千三百七两解往喀喇沙尔，备道光二十五年经费。

（卷392　1045页）

道光二十三年（1843年）六月戊寅

谕内阁："富呢扬阿奏官兵分剿番贼连获胜仗，河北地方渐就肃清一折。番贼自上次在只黑底俄博地方被官兵击散后，零股余匪在多潍沟、脑加木、麻里木等处山坳伏匿抗拒，经总兵徐华清等简带精兵分路剿捕，前后歼毙贼番五百余人，堕崖落水者不计其数，余匪闻风逃匿。该督现驻四棵树地方相度机宜，督饬各提镇在河北地方搜捕，以靖边隅。办理尚属妥速，所有在事出力各员弁著富呢扬阿查明据实保奏，候朕施恩。凉州镇标中营经制外委何进宝首先抢上山梁，致被贼匪戕害，著该部照例赐恤，阵亡兵丁一名著一并议恤。"

谕军机大臣等："本日据富呢扬阿奏官兵分剿番贼连获胜仗。已明降谕旨，分别保奏议恤矣。又片奏，玉舒拉布寺百长喇嘛、尼牙木错族百长化拉等派兵在边境防守，协同剿捕，又有德勒克族番则巴错洛愿带属番协同防捕自效等语。番族等闻野番窜至，自行防范，应准其协同剿捕。至则巴错洛久在曲玛瘴地方潜住，今闻大兵剿捕贼番，自带番兵恳请效力。该督请即令该番追剿，以夷制夷，所奏不为无见。惟番性反复靡常，饥附饱扬是其惯技，将来或因剿捕立功别有恳求，亦未可定。该督惟当斟酌情形，固不可遽行拒绝，尤不可因借资番力，俾该番借口邀恩。现在野番逃赴玛庆雪山，道路险远，粮运维艰。我兵断不值穷追深入。该督仍当遵照节次所降谕旨，但令贼番畏慑兵威便可酌量撤兵，以节军饷而辑边圉。将此谕知富呢扬阿、周悦胜并传谕徐华清、站柱知之。"

（卷393　1049页）

道光二十三年（1843年）七月丁未

命陕甘总督富呢扬阿拨银二万二千九十八两解赴阿克苏，二万九千三十九两解赴乌什，备道光二十五年经费。

（卷394　1061页）

道光二十三年（1843年）七月辛酉

谕内阁："富呢扬阿奏河北近边肃清并河南番族畏法献贼酌撤各路官兵一折。青海野番节次偷渡滋扰，上年捕逐出卡后多在河北一带盘踞窥伺。经该督奏明会同提督周悦胜，派令署总兵徐华清等统带官兵分路痛剿，连获胜仗，贼番势穷逃散。该提督等督率弁兵在贡尔盖、乌兰水、公噶脑尔等处搜捕拿获匪匪多起，河北肃清。其窜匿玛庆雪山之贼经则巴错洛率众攻捕，又复窜回，适该镇徐华清等派兵继至，迎前奋击。把总萧进先、杨正才首先冲入贼队。该贼番腹背受敌，当经杀毙五十余人，生擒三人，贼始奔溃。复追杀二十余人，余俱落崖跌毙。即于奸毙各贼内认出著名贼首青木塔尔父子、头目奴科那、啰勒根增四人尸躯，夺获马牛羊只及帐房器械各件。其生擒贼番三名，逐经讯明，抢劫多次，均系积年巨盗，即在军前枭示，以彰国法。至河南为番贼巢穴，经该督派员先往晓谕，复慑以兵威，各族番知感知惧，将逃回贼犯十名擒献，并结称嗣后再有窜归随时送出等语。此次剿办野番，布置妥协，迅速蒇功，朕心深为嘉悦。富呢扬阿著加恩赏戴花翎，周悦胜著赏加太子太保衔，徐华清著赏加提督衔，俱仍交部从优议叙。原派各路官兵现俱陆续撤回，其未撤之西河两镇官兵一千名，稽查余匪，俟大兵凯旋后，地方实在安静，再行就近归伍。"

又谕："富呢扬阿奏番族打仗出力恳请奖励一折。德勒克族番则巴错洛闻大兵剿捕贼番，带兵自效，追赶逃匪。在丹科地方接仗，与官兵两路夹攻，斩获甚众。现在大兵凯撤，该族番向义可嘉，则巴错洛著加恩赏给千户职衔，即令管束该处族番，捍卫边境。该番族禀请内附，情词恳切，著即照玉舒等族之例，准其内附，归隶青海大臣管辖。所有应设百户分辖及岁纳马匹数目各事宜，并著富呢扬阿悉心妥议具奏。"

（卷394 1069页）

又谕："富呢扬阿奏官兵擒斩著名首贼，河南番族缚献逃匪，边境肃清一折。已明降谕旨加恩奖赏矣。此次河北贼匪经官兵擒斩多名，认出著名首犯并由河南番族缚献逃匪，各番咸知儆畏，边境业已肃清。似此大加惩创，可望一劳永逸。惟番族出没无常，大兵凯撤之后难保不伺我兵退复出滋扰。该督奏请将未撤兵一千名令站柱分领过河，徐华清仍驻忙多，防范后路，稽查余匪。该处地方辽阔，徐华清、站柱所带兵勇是否足资防范。设遇番贼复出，能否堵御击散，仍著该督体察情形，熟筹妥办。毋以此次剿办得手，稍存怠玩。至一切善后章程尤须斟酌尽善，务使番众怀德畏威，永杜边衅，方为不负委任。其争先冲突失足跌毙之外委刘运昌一员及阵亡之则巴回子二名，并著该督查明应否赐恤，照例办理。另折奏德勒克族番禀请内附。此次既打仗出力，自应准其内附，已有旨如所请行矣。但内附之后必须妥为抚辑，驾驭得宜，方可收守在四夷之效。著该督会同青海大臣悉心筹议，毋贻后患。将此谕令知之。"寻奏："一、分设百户、百总、什总等番目，以资钤束。一、责成保护河北地方，用资绥靖。一、酌定贡马匹数，以肃体制。

一、酌赏青稞，俾知鼓励。一、置买粮茶，示以限制。一、清厘户口，以便稽考。"下军机大臣会部议。从之。

（卷394　1070页）

以剿办青海野番出力，赏甘肃道员唐树义，知府许乃安，知州邵煜，副将站柱，参将毛鸿鹏、吴珍，游击隆盛友、马麟、马进禄、朱成贵、韩仲档、李攀林，都司布克慎、吉连、王集贤、周邦顺、陈桢，守备朱昕南、萧鸣章、赵玉俭、蔺呈莹、李友禄花翎，把总萧进先等蓝翎，余加衔升补有差。

（卷394　1071页）

道光二十三年（1843年）七月癸亥

又谕："富呢扬阿奏请将降调游击革职等语。所参甚是。马奉三前护察罕托洛亥驻防副将，因疏防贼番劫掠，奏经部议降调。兹据该督查明，该员人本平庸，办事疲软，上年禀报事件查有掩饰欺蒙情弊，实属怯懦偾事。马奉三著革职，永不叙用。"

以剿捕青海野番出力，赏台吉武尔竟加布花翎，余下部优叙。

（卷394　1072页）

道光二十三年（1843年）七月丁卯

命陕甘总督富呢扬阿拨银六万四千八百五十一两解赴叶尔羌、巴尔楚克，备道光二十五年经费。

（卷394　1075页）

道光二十三年（1843年）七月己巳

命陕甘总督富呢扬阿拨银五万五千两解赴塔尔巴哈台，备道光二十五年经费。

（卷394　1076页）

道光二十三年（1843年）八月丙午

命陕甘总督富呢扬阿拨银六千一百九两解赴和阗，备道光二十五年经费。

（卷396　1099页）

道光二十三年（1843年）九月己卯

以陕西河州镇总兵官徐华清为福建陆路提督。甘肃中卫营副将哈勒吉那为河州镇总兵官。

（卷397　1114页）

道光二十三年（1843年）九月壬午

谕军机大臣等："富呢扬阿奏，剿捕野番动用经费，除借领库银二十万两外，垫发银二千三百五十一两零。又将军台、会亭子设防筑堡等项，另借库银二万两，请于总督藩司及各道、府、厅、州、县养廉内，无论正署，自本年九月起，分作十年摊扣归款等语。著照所议办理。此项经费免其造册报销，将此谕令知之。"

以剿办青海野番出力，赏甘肃守备李湖、千总续济花翎，把总王宗训等蓝翎，余升叙有差。

（卷397　1114页）

道光二十三年（1843年）十月辛丑

命陕甘总督富呢扬阿拨银八万一千五百五十三两解赴喀什噶尔、英吉沙尔，备道光二十四年经费。

（卷398　1124页）

道光二十三年（1843年）十月辛酉

命陕甘总督富呢扬阿拨银六十七万五千两解赴伊犁，备道光二十五年经费。

（卷398　1132页）

道光二十三年（1843年）十月丁卯

予浙江慈溪县阵亡甘肃外委杨福增，陕西外委毛玉贵、何海祭葬世职。

（卷398　1136页）

道光二十三年（1843年）十一月戊寅

调江西九江镇总兵官站柱为甘肃西宁镇总兵官。陕西河州镇总兵官哈勒吉为九江镇总兵官。甘肃西宁镇总兵官福珠洪阿为河州镇总兵官。

（卷399　1143页）

道光二十三年（1843年）十一月乙酉

缓征甘肃靖远、陇西、宁远、安定、会宁、环、武威、平番、宁夏、宁朔、碾伯、皋兰、狄道、渭源、金、隆德、固原、华亭、灵、中卫、平罗、泾、灵台、镇原二十四州县并花马池州同、沙泥州判所属歉收村庄新旧额赋。

（卷399　1145页）

道光二十三年（1843年）十二月壬寅

以病痊布政使陈继昌为甘肃布政使。

（卷400　1154页）

道光二十三年（1843年）十二月甲辰

调山东巡抚梁宝常为浙江巡抚。以江宁布政使崇恩为山东巡抚。调甘肃布政使陈继昌为江宁布政使。赏已革闽浙总督邓廷桢三品顶带，为甘肃布政使。

（卷400　1155页）

道光二十三年（1843年）十二月甲子

谕内阁："前因查库御史、银库司员罚赔库项限内陆续全完，降旨交军机处存记。年终汇奏。兹据开单呈览，所有历任查库御史已革左副都御史续龄，著以七品笔帖式用。已革光禄寺卿张秉德，仍著革职。已革奉天府府丞骆秉章，著以庶子用。已革告病内阁侍读学士张鉴，著以七品小京官用。已革吏科给事中景斌，著以七品笔帖式用。已革户科掌印给事中炳辉，著以七品笔帖式用。已革兵科给事中舒光，仍著革职。已革工科给事中苏芳阿，著以主事用。已革工科给事中萨霖，著以七品笔帖式用。已革浙江道御史宋林曙，著以七品小京官用。已革内阁侍读周春祺，著以主事用。已革甘肃布政使程德润，著以主事用。已革四川布政使龚绥，著以员外郎用。已革两淮盐运使但明伦，著以员外郎用。已革河南粮盐道况澄，仍著革职。已革甘肃甘凉道郭柏荫，著以主事用。已革福建督粮道刘梦兰，著以七品小京官用。已革湖北安襄郧荆道吴式敏，著以七品小京官用。已革告病福建兴泉永道周曰炳，著以七品小京官用。已革陕西凤翔府知府预泰，著以七品笔帖式用。已革广东肇庆府知府赵长龄，著以主事用。已革休致广西平乐府知府俞恒泽，仍著休致。已革降调给事中瞿溶，著以七品小京官用。已革福建布政使曾望颜，著以主事用。已革陕西榆林府知府李熙龄，著以知府用。历任银库司员已革告休都统苏成额，著赏还顶带。已革内阁侍读学士保极，著以七品笔帖式用。已革兵部员外郎额尔德穆，著以七品笔帖式用。已革银库员外郎文彩，著以员外郎用。已革江西按察使文俊，著以道员用。已革山西大同府知府嵘禄，仍著革职。已革陕西西安府知府贵麟，著以七品笔帖式用。已革兵部侍郎功普、已革江苏常镇通道周顼、已革给事中李达烈，均仍著归另案革职。

（卷 400　1165 页）

道光二十三年（1843 年）十二月丁卯

上御保和殿，筵宴朝正外藩：科尔沁、乌珠穆沁、巴林、喀喇沁、奈曼、敖汉、翁牛特、苏尼特、阿巴噶、四子部落、土默特、扎鲁特、阿巴哈纳尔、茂明安、鄂尔多斯、郭尔罗斯、喀尔喀、青海、阿拉善、土尔扈特、察哈尔王、贝勒、贝子、公、额驸、台吉、塔布囊等随文武大臣依次就坐。诸乐并作，上进酒。召左翼：科尔沁扎萨克土谢图亲王色登端噜布、卓哩克图亲王巴图、达尔汉亲王索特纳木彭苏克、扎萨克郡王僧格林沁、扎萨克扎萨克图郡王索特纳木伦布木、郡王济克默特朗布、扎萨克贝子济克默特，乌珠穆沁扎萨克车臣亲王彭苏克纳木济勒，巴林扎萨克郡王那木济勒旺楚克，喀喇沁扎萨克都楞郡王色伯克多尔济，奈曼扎萨克郡王阿宛都瓦第扎布、固伦额驸德木楚克扎布，敖汉扎萨克郡王达尔玛济尔第、郡王布彦德勒格呼固鲁克齐，翁牛特扎萨克郡王喇特纳济哩第，苏尼特扎萨克郡王齐旺扎布，阿巴噶郡王萨尔济勒多尔济，四子部落扎萨克郡王伊什齐当，土默特扎萨克贝勒那逊鄂勒哲依、扎萨克贝子德勒克色楞。右翼：喀尔喀车臣汗阿尔塔什达、乌里雅苏台参赞大臣赛音诺颜扎萨克亲王车林多尔济、扎萨克亲王额林沁多尔济、车登巴咱尔、扎萨克郡王托克托瑚图噜、那苏隆巴咱尔、那逊巴图，青海扎萨克郡王达锡旺扎勒等至御座前，赐酒成礼。

（卷 400　1166 页）

《清道光实录（七）》

道光二十四年（1844年）正月己巳

命喀尔喀扎萨克郡王拉苏隆巴咱尔、青海扎萨克郡王达锡旺扎勒、土默特扎萨克贝勒那逊鄂勒哲依均在乾清门行走。

（卷401　1页）

道光二十四年（1844年）正月丙子

谕军机大臣等："回疆所用当五当十普尔钱文行使多年，颇称便利。因思陕西、甘肃二省相距非远，地方情形大略相同。当可仿照铸行，疏通圜法。著富呢扬阿、李星沅体察情形，妥议章程具奏。总期利用便民，流通无滞，毋以事属创始，稍存畏难之见，率以格碍难行，一奏了事。将此各谕令知之。"

（卷401　5页）

道光二十四年（1844年）二月丙午

谕内阁："户部奏请将甘肃、新疆等处未垦地亩饬查试垦等语。西陲地面辽阔，隙地必多，果能将开垦事宜实心筹办，当可以岁入之数供兵食之需，实为经久有益。前据伊犁将军布彦泰奏报，于塔什图毕等处开垦地亩，叠著成效，洵属忠诚为国之举，均经分别施恩。而乌鲁木齐于道光二十年间开垦地止二万余亩，其未垦之地未据该都统奏明续办。著布彦泰会同惟勤体察情形，派员确勘。如有可垦之地，务须设法招徕，随时奏明办理。其伊犁已开地亩业经照例升科。此外及各城地方如有旷地可以招垦者，仍著该将军等详细饬查，一律奏办。至甘省报明水冲沙压案内，尚有七千五百余顷未经垦复，著富呢扬阿遴委妥员，确加履勘。遇有堪以垦复之处，即将应复地亩随时咨报，不得任听该委员等畏难捏禀，阻隔不行。务使野无旷土，人尽力田，俾民食边储，并收实效。"

（卷402　22页）

道光二十四年（1844年）三月庚午

谕军机大臣等："据德兴奏，河北番贼偷渡分抢，当饬青海盟长派兵追捕。行至乌兔一带遇贼十一人打仗，杀死五名拿获六名。又于色尔开地方枪毙番贼二名，割获首级二颗。据擒获番贼供，有千户完的他尔所获首级，认系灭什卡族贼首噶布藏等语。上年富呢扬阿等督兵剿办，声明河北近边肃清，河南番贼畏法献贼，将官兵陆续撤回，并留西、河两镇官兵一千名稽查余匪。何以此次复有番贼偷渡分抢之事，著富呢扬阿确切查明，据实具奏，将此谕令知之。"

（卷403　36页）

以擒捕甘肃河北番贼，青海郡王车凌端多布等下部议叙，赏左翼副盟长贝勒罗布藏济木巴双眼花翎，台吉巴木巴勒达什隆都布、喇木棍策勒格扎勒、图萨拉克齐纳卷噶布藏、章京格窝花翎。

（卷403　37页）

道光二十四年（1844年）四月丁酉

谕军机大臣等："前因回疆所用当五当十钱文，行使便利，降旨令富呢扬阿等体察陕西、甘肃情形，仿照铸行。兹据该督奏称，普尔钱一项惟南路八城通行，北至吐鲁番，东至哈密即不能行。其吐鲁番所产棉花亦不能以普尔钱收买，民间不能施行，在官即难搭放等语。回疆普尔钱文借可疏通圜法，惟欲自外而内，必须渐推渐近。著布彦泰、达洪阿体察南北两路各城情形，能否一律行使，确加访核，据实具奏。将此谕令知之。"寻奏："普尔钱系净红铜铸造，仿铸反增工费，其带至东北各城每个只作一文之用，不能当五当十。"批："候旨行。"

（卷404　53页）

道光二十四年（1844年）四月甲子

以故甘肃岷州土百户赵呈瑞子邦桢袭职。

（卷404　68页）

道光二十四年（1844年）四月丙寅

又谕："辑瑞等奏裁撤防兵预筹归伍一折。西宁、河州二镇换防官兵现经裁撤，据该大臣等查明防兵一千九百余员名，所需车脚等费统计一万九千两零。该处节存生息银两为数无多，不敷支用。著准其于叶尔羌、喀什噶尔备贮银内每名借银十两，由陕甘总督查照清册，于各官兵名下一年如数扣完，统随二十五年经费搭解归款。"

（卷404 68页）

道光二十四年（1844年）五月庚午

命陕甘总督富呢扬阿拨银二万九千三十九两解赴乌什，备道光二十六年经费。

（卷405 70页）

道光二十四年（1844年）五月己卯

谕内阁："前据德兴奏，番贼偷渡分抢，经青海盟长派兵捕斩，当有旨谕知富呢扬阿确切查明具奏。兹据奏称，灭什卡族贼首噶布藏因与蒙古挟仇报复，偷渡行抢。至刚咱族千户完的他尔因被该管厅员责处，欲请移居河北，并非作贼偷渡等语。上年因各族番匪踞肆扰，经该督派兵驱逐回巢，均知敛迹。乃该贼首噶布藏于大兵撤回以后，辄挟蒙古引路之嫌，过河抢劫，实属愍不畏法。此时贼首就戮，伙贼败回，自不值复派官兵深入搜捕。著该督饬知该总兵站住于稽查番族户口之便，妥为查办，并严行晓谕。此次余众姑从宽宥，嗣后如有续犯，即当悉数剿除。仍饬防所官兵随时防范，实力巡查，毋得稍有疏懈。至该千户完的他尔并无抢劫情事，因蒙古官兵猝遇，误致戕毙。其原获跟随之坦木住古等六名，著该大臣就近讯明，酌核办理。"

又谕："富呢扬阿奏筹款提借兵饷并请饬催外省协饷一折。甘肃地处边陲，各营俸饷必须按期拨解。兹据奏称，本款存银不敷支放，外省协饷未报起程。现值拨解伊犁俸饷并支发内地各营夏季俸饷之期，著照所请，准其在于新疆备用款内提借银三万四千六百两，减平节省款内提借银四万四千三百两，盘查生息款内提借银五万四千两，收入二十四年兵饷款内，以备支放。一俟外省协饷解到即行提还。其山西省未报起程之预拨二十四年兵饷银两，广西、山东、两浙、两淮、河东道、安徽、苏州未报起程之正拨二十四年兵饷银两，即著各该督抚等严催赶解，毋得迟误。"

（卷405 74页）

道光二十四年（1844年）六月戊申

又谕："前据户部奏，各省未经报部各荒地，恐有私垦隐赋各情。当经降旨，令该督抚等核实查明具奏。并因甘肃水冲沙压之地未经垦复者七千五百余顷之多，复令富呢扬阿委员确勘，将应复地亩随时咨报办理。兹据该督奏请专办招垦，立限升科等语。荒地既多，其间私种者或漏未升科，抛荒者或惮于垦复，若非特派大员亲加周历，广为劝谕，则委员捏饰，州县迁延，种种弊端，终无实效。所有该省招垦事宜，著即责成邓廷桢专心妥办，其藩司篆务，著杨以增暂行署理。甘肃臬司著富呢扬阿派员接署。邓廷桢曾经历任封疆，此次又弃瑕录用简任藩司，必能激发天良，仰体朕意，实力讲求。著于接奉谕旨后亲赴各属，逐一勘明，将堪以垦复之处设法招徕，一律报垦。其有未经报明私行垦种者，均即勒限照例升科。倘各州县畏难苟安，借词阻挠，并著指名参奏，务使查办之后，野无旷土，人尽归农，以实边储而足民食。毋得仍照向年旧案，苟且塞责。"

（卷406　84页）

道光二十四年（1844年）六月癸丑

又谕："富呢扬阿等奏，筹议派拨青海蒙古、番子官兵协同驻防官兵按季会哨章程一折。览奏俱悉。海南适中之贡额尔盖地方有上、中、下三路，俱能分抵防城。该处乃通番要道，河北咽喉，著照议分班管带防兵。并蒙古、番兵按季定期出巡，前赴贡额尔盖游巡会哨。此项官兵等所需经费，除照例筹给外，其蒙古、番子官兵自应酌给犒赏银两以示体恤。准其将闲款银二千三百两，仍查旧章每年解交青海衙门，移归新定游巡章程项下核明饬发。其每岁收支款目，免其造册报销。经此次议定章程，该督等务当严饬各官弁认真会哨，实力巡防，毋得虚应故事。倘试办一二年后，体察情形，如有不能得力必须变通办理之处，著该督会同青海大臣随时酌核，据实具奏。"

（卷406　86页）

道光二十四年（1844年）六月壬戌

命陕甘总督富呢扬阿拨银八千两解赴库车，备道光二十六年经费。

（卷406　89页）

道光二十四年（1844年）七月壬申

命陕甘总督富呢扬阿拨银五万五千两解赴塔尔巴哈台，备道光二十六年经费。

（卷407　93页）

道光二十四年（1844年）七月丁丑

命陕甘总督富呢扬阿拨银七万七千五百两解赴乌鲁木齐，备道光二十六年经费。

（卷407　96页）

道光二十四年（1844年）七月癸未

谕内阁："富呢扬阿奏番贼抢掠马匹戕毙官兵现饬追捕兜缉一折。据称甘肃青木沟地方被贼番抢去牧马一千余匹，经官兵追捕，守备干贵复被戕害，旋于西河台夺获贼马，拿获番贼一名，并于草达坂击毙贼匪，将马匹全数夺回，余贼星散。现仍哨探缉拿等情。并另片奏，满洲营牧厂有贼番突来，图抢马匹，官兵追缉，致将马甲忠祥等戕毙等语。上年因番贼肆抢，经该督等带兵剿办，声明河北近边肃清，河南各番畏法献贼，将官兵陆续撤回，并于善后章程内将提镇会哨之期改于六月。该番经大创之后自当畏威敛迹，何以撤兵未久，且该提镇甫经会哨，即至有牧马被抢、弁兵伤亡之事。著富扬（呢）扬阿据实明白回奏。署永昌协副将贾文秀、凉州镇总兵长年于牧马处所失事，不能预为防范，且番贼止一百余人，既经跟踪追捕，仍复任贼窜逸，非寻常疏防可比。长年、贾文秀著交部严加议处。富呢扬阿、周悦胜未能先事督防，著一并交部严加议处。所有逃窜贼匪，著该督督同该提镇等赶紧设法分头侦缉，务须兜捕悉获，不准一名漏网。至此项番贼究竟系何族类，系由何处潜至，并著富呢扬阿确切查明具奏。守备干贵及马甲忠祥等追贼被戕，情殊可悯，著交部照例分别议恤。"

（卷407　98页）

道光二十四年（1844年）七月戊子

命陕甘总督富呢扬阿拨银五万两解赴哈密，备道光二十五年经费。七万五千两解赴叶尔羌、巴尔楚克，备二十六年经费。

（卷407　101页）

道光二十四年（1844年）八月戊戌

谕内阁："甘肃凉州满洲营牧厂被贼番抢马，拒伤官兵。凉州副都统文祥不能先事预防，著交部严加议处。管理马厂官员，著查送职名，交部分别议处。"

（卷408　109页）

道光二十四年（1844年）八月壬戌

命陕甘总督富呢扬阿拨银八万四十四两解赴喀什噶尔、英吉沙尔，备道光二十六年经费。

（卷408　125页）

道光二十四年（1844年）九月丁卯

命陕甘总督富呢扬阿拨银二万五千两有奇解赴阿克苏，备道光二十六年经费。

（卷409　128页）

道光二十四年（1844年）九月戊子

予甘肃因公淹毙试用知县李锦芳同知衔，并祭葬恤荫。

（卷409　138页）

道光二十四年（1844年）十月己亥

谕内阁："李星沅奏陕、甘驻防翻译乡试请再展期一折。西安、宁夏翻译各生现止九名应试，其续经送部之凉州、庄浪考取翻译各生自应一律准其合考。惟据称岁晚路遥，应试各生恐难克期而至。著照所议，将试期展至来年二月十六日举行，以示体恤。"

（卷410　142页）

道光二十四年（1844年）十一月丁丑

缓征甘肃张掖、武威、平番、西宁、碾伯、皋兰、河、狄道、靖远、宁远、安定、平凉、华亭、宁夏、灵、平罗、泾、崇信、灵台、镇原二十州县及花马池州同、沙泥州判所属歉收地亩新旧正杂额赋。

（卷411　157页）

道光二十四年（1844年）十一月癸未

赏庄浪城守尉德顺副都统衔，署镶黄旗汉军副都统。

（卷411　159页）

道光二十四年（1844年）十一月壬辰

以截拿番匪，青海副盟长罗布藏济木巴等下部优叙，赏阿里克族番目多锐五品顶带。

（卷411　162页）

道光二十四年（1844年）十二月丙申

又谕："前因甘肃省荒地较多，特降旨令邓廷桢亲历周勘，设法招垦。兹据奏称，各属履勘完竣，计共查出荒熟地一万九千四百余顷，又番贡地以段折亩一千五百余顷，又宁夏镇马厂归公地一百余顷，分别差等，酌量升科。该藩司奉派专办，所到之处，劝谕详明，妥速藏事，甚属可嘉。著加恩赏换二品顶带，并交部议叙。其随带委员及各州县，著择其尤为出力查地较多者，详明该督酌量保奏，候朕施恩，无许冒滥。"

又谕："富呢扬阿奏查报成熟地亩，恳恩暂缓升科等语。甘肃省各项成熟地亩甫经查获，未便遽予征收，著加恩统于道光二十五年再行一律升科。其现任暨历任失察之地方各官，著从宽免其议处。藩司邓廷桢现已查办完竣，著即饬回本任。所有各属认垦升科等项事宜仍著该藩司随时核办，一手经理。"

（卷412　165页）

道光二十四年（1844年）十二月壬戌

上御保和殿，筵宴朝正外藩：科尔沁、喀尔喀、乌珠穆沁、巴林、阿拉善、喀喇沁、敖汉、浩齐特、阿巴噶、土默特、杜尔伯特、阿巴哈纳尔、乌喇特、奈曼、苏尼特、克什克腾、青海、和硕特、土尔扈特、察哈尔王、贝勒、贝子、公、额驸、台吉、塔布囊等及朝鲜国正副使随文武大臣依次就坐。诸乐并作，上进酒。召左翼：科尔沁扎萨克土谢图亲王色登端噜布、达尔汉亲王索特纳木彭苏克，乌珠穆沁扎萨克车臣亲王彭苏克纳木济勒，科尔沁扎萨克图郡王索特纳木伦布木、冰图郡王林沁扎勒赞、郡王济克默特朗布，巴林扎萨克郡王那木济勒旺楚克，喀喇沁扎萨克都楞郡王色伯克多尔济，敖汉郡王布彦德勒格哷固鲁克齐，浩齐特扎萨克郡王吹精扎布，阿巴噶郡王萨尔济勒多尔济。右翼：喀尔喀土谢图汗车林多尔济、扎萨克亲王车林多尔济，阿拉善扎萨克亲王贡桑珠尔默特，喀尔喀扎萨克贝子库伦办事大臣德勒克多尔济、亲王车登巴咱尔，科尔沁扎萨克郡王僧格林沁，喀尔喀扎萨克郡王那逊巴图，科尔沁扎萨克贝子济克默特，土默特扎萨克贝子德勒克色楞，奈曼额驸德木楚克扎布至御座前赐酒成礼。

（卷412　180页）

道光二十五年（1845年）正月庚辰

以甘肃招垦出力，予即补知县余懋官等升补有差。

（卷413　187页）

道光二十五年（1845年）正月辛巳

调固原提督胡超为甘肃提督。湖南提督石生玉为固原提督。以云南鹤丽镇总兵官王宗贵为湖南提督。云南督标中军副将乌精额为鹤丽镇总兵官。

予故甘肃提督周悦胜祭葬如例，谥壮敏。

（卷413　187页）

道光二十五年（1845年）正月乙酉

以招垦出力，予甘肃知州丁元淼优叙。

（卷413　189页）

道光二十五年（1845年）二月庚戌

举行道光二十四年大计。直隶卓异官十九员，不谨官一员，罢软官一员，年老官三员，有疾官二员，浮躁官二员。奉天卓异官二员，年老官二员，才力不及官一员。江苏卓异官十一员，罢软官一员，年老官二员，才力不及官四员，浮躁官一员。安徽卓异官八员，不谨官一员，年老官二员，有疾官二员，才力不及官二员，浮躁官一员。江西卓异官十员，不谨官一员，年老官三员，有疾官一员。浙江卓异官十二员，不谨官二员，年老官二员，才力不及官三员。福建卓异官十员，罢软官一员，年老官五员，才力不及官一员，浮躁官一员。湖北卓异官十员，不谨官一员，罢软官一员，年老官三员，有疾官一员，才力不及官一员。湖南卓异官十员，年老官四员，有疾官二员，才力不及官四员，浮躁官一员。山东卓异官十三员，年老官五员，才力不及官四员，山西卓异官十二员，不谨官二员，年老官三员，有疾官二员，才力不及官二员。陕西卓异官九员，不谨官一员，年老官一员，有疾官一员，才力不及官二员，浮躁官二员。甘肃卓异官八员，罢软官一员，年老官二员，有疾官一员。四川卓异官十四员，不谨官四员，年老官七员，有疾官二员，才力不及官二员。广东卓异官十三员，不谨官四员，罢软官一员，年老官五员，有疾官二员，才力不及官二员。广西卓异官八员，不谨官一员，罢软官一员，年老官三员，才力不及官一员。云南卓异官十员，罢软官一员，年老官三员，有疾官一员，才力不及官一员。贵州卓异官七员，不谨官一员，年老官四员，才力不及官一员，浮躁官二员。南河卓异官二员，年老官一员，浮躁官一员。东河卓异官二员，有疾官一员。分别议叙处分如例。

（卷 414　197 页）

道光二十五年（1845 年）二月辛亥

谕内阁："吏部奏甘肃典史以县丞即补，河南县丞以州同升用，与例不符等语。河工出力人员例不准越级请升，所有河南内黄县丞熊道镶著以州判升用，其先以州同升用之处著即撤销。至办理招垦出力之甘肃山丹县典史徐世伟，著仍以县丞留甘即补。

（卷 414　198 页）

道光二十五年（1845 年）二月甲寅

陕甘总督富呢扬阿奏："已革诺们汗徒弟在外募化逗留，现经盘获。"得旨："洛桑扎喜著解京归案审讯。"

福建巡抚刘鸿翱因病解任。调陕西巡抚惠吉为福建巡抚，未到任前以福建布政使徐继畲署理。以甘肃布政使邓廷桢为陕西巡抚。广西按察使宝清为甘肃布政使。河南开归道王寿昌为广西按察使。

（卷 414　199 页）

道光二十五年（1845 年）三月甲申

以甘肃兰州道唐树义为陕西按察使。

以故甘肃平番县西五渠土百户杨国宝子得荣、四川成绵龙茂道属毛革阿按塞土千户立窝亚子桑吉蚌各袭职。

（卷 415　209 页）

道光二十五年（1845年）三月戊子

陕甘总督富呢扬阿奏："访获传习青莲教匪徒夏长春等，按律惩办。"得旨："严密查拿，务要净绝根株，不准稍有不尽之处。"

（卷415　210页）

道光二十五年（1845年）四月壬子

以云南巡抚惠吉为陕甘总督。陕西布政使郑祖琛为云南巡抚。福建按察使裕康为陕西布政使。山东盐运使陈士枚为福建按察使。

予故陕甘总督富呢扬阿祭葬如例。

（卷416　221页）

道光二十五年（1845年）六月乙未

谕内阁："前据全庆奏，请将开垦案内捐资出力之章京常寿以通判尽先选用。曾经降旨允准。旋经吏部核与定例不符，奏明撤销。兹据全庆奏，该员实系捐资督办出力，仍请照前奖励等语。开垦为第一要务，自应格外施恩以昭激劝。常寿著以通判发往甘肃差委补用。"

（卷418　240页）

道光二十五年（1845年）六月丁酉

命陕甘总督惠吉拨银二万九千三十九两解赴乌什，八千两解赴库车，备道光二十七年经费。

（卷418　243页）

道光二十五年（1845年）六月己未

又谕："德兴奏总兵循例出口会哨途次突遇番贼打仗被戕阵亡，现派将领前往缉捕一折。西宁口外察罕鄂博地方乃番贼往来之区，节经定有章程，由甘、凉、西、肃各提镇于每年六月酌带弁兵会哨一次。本年会哨届期，西宁镇署总兵庆和于六月初九日自西宁郡城启程出卡，乃于六月十二日行至离察罕鄂博三十余里之金羊岭地方，突见番贼多人。该署镇督兵奋勇追捕至迤北靛沟，贼番愈多，官兵单弱，力难抵敌。该署镇身带重伤，即时殒命，所带官兵阵亡亦多。连年番匪屡抢沿边居民，今复聚众戕害总兵大员，杀伤弁兵，必应痛加剿办。德兴现因布哈河沙尔哈地方有番贼二千余人，若亲身带兵前赴山北，转恐势难兼顾。已选派营员带兵搜捕，著惠吉接奉此旨即星驰前赴甘肃体察情形，相机妥办。惠吉未到任以前，即著邓廷桢酌调官兵交胡超带往剿办，并著胡超驰抵该处详察贼势，分路追捕，总期悉数歼擒，不致逃窜稽诛，是为至要。至西宁镇总兵站柱应行交卸来京。该处现乏带兵大员，著暂缓给咨，饬令回任，以便差委。署总兵庆和为国捐躯，情殊可悯，著交该部照总兵例议恤。所有阵亡官兵数目并著该督等查明具奏。将此由四百里各谕令知之。"

（卷418　251页）

道光二十五年（1845年）七月庚申

谕军机大臣等："昨据德兴奏署总兵庆和出口会哨突遇番贼打仗被戕一折。当有旨将该署总兵交部议恤，并令惠吉、邓廷桢、胡超等体察情形，酌量调兵剿办矣。惟念察罕鄂博一带地方辽阔，番贼性成犷悍，屡出滋扰。前经痛剿之后自应群知慑服，何以正当会哨之时胆敢纠众前来抢捕，伤及官兵并署镇庆和，殊出情理之外。其时贼匪究有若干，现在是否业已解散，著该大臣迅即派员侦探确情，严密防守，并熟察情形应如何剿捕之处，即檄调弁兵，以备胡超带往，相机策应。俾番贼无可逃窜，边界日就肃清，是为至要。至所称布哈河地方有番贼二千多人，该大臣若前赴山北督捕，设群科一带有贼势难兼顾等语。该处贼势现在若何，所派往官兵及协力会捕各备弁能否得力，尤当妥速筹商，不准稍存观望，坐失机宜。其西宁镇总兵站柱已令暂缓给咨来京，应即饬回本任听候调遣。将此由四百里谕令知之。"

（卷419　252页）

道光二十五年（1845年）七月癸亥

谕军机大臣等："前据德兴奏署总兵庆和出口会哨，突遇番贼打仗被戕。当有旨谕知邓廷桢酌调官兵交胡超带往剿办，并著站柱回西宁镇本任以资差委。本日据邓廷桢奏，接据西宁咨报，已飞咨胡超调兵驰往搜捕，并檄令站柱回任会剿等语。番贼当会哨之时胆敢纠众滋扰，戕害总兵大员，必应痛剿以申国法。现在胡超业已带兵往剿，仍著该署督确加侦探，贼势果否披猖。胡超等搜捕能否得力，该署督应否亲往策应之处，酌量情形，妥为筹办。番族种类繁多，此次滋扰究系何处番贼，其在布哈河盘踞之贼现在曾否解散，该盟长等能否并力截拿，妥速藏事，并著一并确查具奏。将此谕令知之。"

以广东按察使孔继尹为广西布政使。甘肃巩秦阶道严良训为广东按察使。

道光二十五年（1845年）七月戊辰

命陕甘总督惠吉拨银五万五千两解赴塔尔巴哈台，备道光二十七年经费。

道光二十五年（1845年）七月庚午

谕内阁："邓廷桢等奏，请将贻误边防之护游击等分别革职发遣等语。护永安营游击西宁镇标中营守备朱承恩于附近地面潜聚贼匪毫无觉察，迨本管总兵巡哨经过，又复漫无防护侦探，以致酿成戕官重案，实属膜（漠）视边防，有乖职守，著即行革职，从重发往新疆效力赎罪。署大通营游击西宁镇标前营都司特克慎于本营总兵经过时，既经探有贼踪，乃仅派马兵四十名护送，迨闻报带兵往援又不能迅速策应，著一并革职，仍留营差遣，以观后效。"

谕军机大臣等："邓廷桢等奏探报贼番分窜窥伺，酌量剿堵情形一折。贼番纠众肆扰，拒捕戕官，并有直扑群科，图抢蒙古游牧之势。必应分路追捕，痛加剿洗。该提督胡超久经行阵，谙悉机宜，现在亲督官兵出口，著即迅赴察罕鄂博地方，一面由站柱探明贼踪，各督官兵相机夹击。其要隘处所即分饬各将弁严密防守。该提督等务须激励士气，一鼓歼除，毋得稍有疏纵，任令贼匪乘隙窜逃，以致空烦兵力。倘该弁兵中有观望迁延不能得力者，立即从严惩办。其西路贼番即经饬令张锐等加意巡防，并谆谕该盟长等各将游牧自行保护。仍著德兴斟酌缓急情形，如须亲往督办，务即随时策应，毋失机宜。至西宁郡城及甘州一带分别挑派提镇各标官兵预备调遣之处，均照所议办理。该提镇搜捕情形，该署督一俟报到，即行迅速具奏。将此各谕令知之。"

道光二十五年（1845年）七月庚辰

命陕甘总督惠吉拨银七万二千六百八十六两有奇解赴乌鲁木齐，备道光二十七年经费。

（卷419　264页）

道光二十五年（1845年）七月辛巳

谕军机大臣等："有人奏，前岁西宁会剿番贼，总督富呢扬阿、提督周悦胜并未与贼接仗，惟将番僧邀至大营，优加赏赉，面结和约。至马厂被抢马匹仅分派各营摊赔完结，并有捐赔马价之说，全充贪员私囊，缺额马匹仍然未补等语。前岁剿办番贼时，富呢扬阿等曾否督率将弁与贼接仗，有无邀番僧至营面结和约之事，该处地方员弁等自必共见共闻，断难掩人耳目。著惠吉到任后，密行侦访，务将实在情形，确切查明，断不可意存讳饰，代人受过。该督统辖两省文武，如果访查得实，立即奏明惩办，使属员咸知畏惧。此后办理地方公事，更易得手。倘巧避嫌怨，不肯据实直陈，则软懦自甘，此后一切公事，尚望属员畏服耶？至被抢马匹率派摊赔，缺额马匹并不买补，究竟马匹被抢若干，现在短缺若干，并著一并查明具奏。如敢蹈官官相护恶习，将来一经发觉或经朕别有访闻，惟惠吉是问。该督接奉此旨，著即据实具奏，无庸会商。原折著抄给阅看。将此谕令知之。"

又谕："有人奏，从前剿办青海野番，甫报肃清，旋又有伤弁抢马之事。今复戕害总兵大员，总由疆臣阃帅姑息养痈等语。据称山内生番多由内地游民、回子及脱逃遣犯窜匿其中，教诱生事。其损失马匹但知分派各营摊赔完结，并有捐赔马价情事。又前岁西宁会剿时，富呢扬阿与周悦胜并未见贼接仗，惟将番僧邀至大营面结和约。该僧有包管十年无事之语，遂即张皇奏捷。师旋之日已有贼众围困镇将，焚掠居民之事，并未奏闻。似此弥缝讳饰，以致兵制日非，马政日坏，何以绥靖边陲？德兴到任，在前次会剿以后无所用其回护。接奉此旨，著即逐条确切访查，究系如何铺张粉饰，马匹实在被抢若干，现在短缺若干，查明后即自行缮折具奏，毋庸会商。倘有不实不尽，将来别经发觉，惟该大臣是问。原折著抄给阅看。将此谕令知之。"

又谕："有人奏，青海野番戕害总兵大员，总由疆臣阃帅姑息养痈等语。据称其损失马匹但分派各营摊赔完结，并有捐赔马价情事。又前岁西宁会剿时，富呢扬阿与周悦胜并未见贼接仗，张皇奏捷。似此弥缝讳饰，何以绥靖边陲？折内所指各情，皆系邓廷桢署总督以前之事，无所用其回护。接奉此旨，著即逐条确切访查，究系如何铺张粉饰，马匹实在被抢若干，现在短缺若干，查明后即自行缮折具奏，毋庸会商。倘有不实不尽，将来别经发觉，惟该署督是问。原折著抄给阅看。将此谕令知之。"

（卷 419　264 页）

道光二十五年（1845 年）七月癸未

又谕："邓廷桢等奏官兵节次捕击番贼，现在提镇分驻要隘会合剿办一折。览奏俱悉。贼番分股肆扰，经官兵等协力攻剿，先后歼毙多名，已将贼匪压退。惟番情叵测，聚散靡常。此次贼数不过二千余人，而忽分忽合，忽东忽西，为牵制官兵之计。必须侦探贼踪，出其不意，相机剿捕，勿任窜伏游奕。现在胡超带兵驰抵永固，距察罕鄂博仅止一百余里，与站柱声息相通。乘此官兵会合之时，务当一鼓作气，于贼番往来要隘，堵截抄击，尤当设法断其后路，俾不至窜归巢穴，空劳兵力。至番贼窥伺群科，此时是否解散，著德兴驻扎丹噶尔督率官兵并蒙古等一并防范，毋得稍有疏虞。并责成胡超督缉卡内之贼，以清北路，站柱督缉卡外之贼以清南路。其余防堵接应各事宜俱著照所议办理。将此由四百里谕令知之。"

又谕："惠吉奏行抵潼关，趱程赴甘筹办剿捕一折。据奏甘、凉、西、肃一带无业回民甚多，必有从中煽惑之事等语。回民勾结番众滋扰边境，事所必有。该督务严饬守卡弁兵，禁止回民私行出入。倘访有从中纠约之徒，即行严加惩办，毋稍姑息。本日又据邓廷桢等奏，官兵节次捕击贼番及现在提镇分驻要隘会剿各情形，贼番经我兵捕击，歼毙多名，势必分头逃窜，窥伺各隘，以期牵制我兵。惠吉到任后务与邓廷桢等熟商妥筹，相机剿办，尤当设法断其后路，俾不至窜归巢穴，空劳兵力，是为至要。邓廷桢等原折著抄给阅看。将此由四百里谕令知之。"

（卷 419　266 页）

道光二十五年（1845 年）七月丙戌

命陕甘总督惠吉拨银八千两解赴喀喇沙尔，备道光二十七年经费。

（卷 419　268 页）

道光二十五年（1845年）七月丁亥

谕军机大臣等："前据邓廷桢奏剿捕番贼情形。当谕知惠吉等妥筹设法，相机剿办，务须断其后路，不致空劳兵力。计该督等接奉后自必转饬遵办。本日据邓廷桢奏，金羊岭一带前后共派官兵二千一百名，由站柱统带进剿。胡超前后调带官兵共五千余员名，均经严檄催进等语。此次各路分拨官兵为数较多，足可痛加剿洗。惟贼番倏聚倏散，踪迹无常，总须处处严防，遏其奔突之路。转瞬即届深秋，该贼番见兵威既壮，又虑大雪封山，穷蹙之余势必窜归巢穴。胡超统领大兵是其专责，务与站柱声息相通，预拨重兵截其归路，将滋事番贼悉数歼擒。倘令乘隙窜逃，空烦兵力，至贼番无所儆畏，春融以后故态复萌，朕惟胡超等是问。惠吉、邓廷桢督办此事，务当彼此熟商，妥饬办理，期于迅速蒇功，俾番贼群相震慑，不敢复萌异志，是为至要。至署总兵庆和在金羊岭打仗被围，随营把总张士秀竭力救护，扎毙数贼，因势孤卒被戕害，可嘉可悯，著该部即照千总例议恤，以昭激劝。其甘肃派捕番贼官兵所须口食驮载等项，准其在藩库存贮减平节省款内先行借动银五万两以济要需，事竣后由该督综核确数，设法归款。将此谕令知之。"

（卷419　268页）

道光二十五年（1845年）七月戊子

命副都统衔达洪阿驰往甘肃查办事件。

（卷419　269页）

道光二十五年（1845年）八月庚寅

谕军机大臣等："据邓廷桢等奏官兵侦击贼番得获胜仗一折。此次贼番向硫磺沟脑冲突，经总兵站柱督率官兵占据山梁，歼毙甚众，贼番业已畏惧，四散奔逃。正当趁其穷蹙之时痛加剿洗。该贼番现虽逃遁，而卧牛河一带为向来贼匪出没之区，自应严饬防守，勿任窜越，并于附近地面悉力穷搜，务期净绝根株。此次打仗出力官兵，著惠吉查明保奏，候朕施恩，毋许冒滥。其阵亡外委一员及受伤兵丁，著与节次打仗伤亡弁兵咨部请恤。又另片奏，总兵站柱于硫磺沟附近各口搜查，见有贼番东窜，当即分兵兜截，击毙番匪十余人，夺获牲畜等件。该总兵现仍驻扎硫磺沟，防御贼番回巢要路等语。硫磺沟实为扼要之区，必应拣派得力员弁及勇往兵丁认真堵截，务使贼番归路断绝，无从逃回巢穴，以致空烦兵力。以上毙贼夺回牲畜各情节，责成惠吉秉公查询，据实复奏，如稍遮饰，是惠吉先蹈欺罔之罪，懔之又懔。又另片奏，已革守备朱承恩于被参后随同站柱追剿番贼，尚知愧奋，请暂缓发遣，仍革职留营差遣等语。该革弁是否实在出力，著惠吉到任后再行确切查明，据实具奏。将此谕令知之。"

（卷 420　270 页）

道光二十五年（1845 年）八月辛卯

谕军机大臣等："德兴奏筹办剿捕情形一折。据称番匪已从山北沿边得赃折回，贼数甚众，势亦披猖。现在加添官兵穷追搜捕等语。惠吉到任在即，务当相度机宜，乘此天气和暖，激励将士于要隘处所竭力堵截，并著严饬该蒙古、番子官兵等侦探贼纵，绝其归路，聚而歼旃。至德兴所请将西北一带番匪悉数驱逐，折而南窜，路经海西，官兵迎头扑捕，使其穷蹙。或乘天气和暖就势办理，或俟明春再行酌量驱逐等语。著与惠吉通盘筹划，相机妥办，固不可耽延时日，尤不可仍蹈从前恶习，将就了事。是为至要。将此谕令知之。"

（卷 420　270 页）

道光二十五年（1845 年）八月庚子

谕军机大臣等："邓廷桢奏遵旨复奏接仗情形及停止续调官兵一折。览奏均悉。此次贼番胆敢抢掠口粮，伤害兵丁。经官兵等分路剿捕，歼毙甚众，其硫磺沟等处贼番亦均逃窜无踪。正当乘其穷蹙之时，尽力掩捕，著胡超选带弁兵前赴二寺滩一带细加排搜。一面将居民妥为安抚，不准官兵等以搜拿番贼为名致滋扰累，但不可稍存松懈，致贼匪乘间兔脱回巢，空劳兵力。现在各营官兵不下五千余员名，业已足敷调遣。所有续调之官兵二千三百余员名自应概行停止。至贼番种类繁多，此次滋扰究系何处番贼，仍著随时查访具奏，其中必有回民、汉奸从中勾结滋事，务即设法严拿惩办。惠吉此时计已到任，一切剿捕情形著与胡超通盘筹划，悉心妥办，以期绥靖边陲，克副委任。将此各谕令知之。"

（卷 420　274 页）

道光二十五年（1845年）八月丁未

命陕甘总督惠吉拨银二万二千四百九十八两有奇解赴阿克苏，备道光二十七年经费。

（卷420　275页）

道光二十五年（1845年）八月丁巳

谕军机大臣等："惠吉奏贼番窜赴西路抢扰派兵驰往剿捕一折。贼番经连次歼击之后，知甘、凉一带有备，复窜至西路，乘间抢掠，伤害边氓。现经添遣官兵前后兜歼。而巴思洞一带有通透肃州边卡路径，尤为扼要之区，著惠吉飞饬带兵将弁即由巴思洞一带取道，跟踪掩捕，并著总兵恒安饬催原派将弁迅速进击，仍酌带官兵亲往策应，两路并力兜擒，庶免分奔逃窜。该督正当乘此天气和暖之时，督饬将弁前后夹攻，务期悉数歼除，毋致再令滋扰。是为至要。将此谕令知之。"

（卷420　278页）

道光二十五年（1845年）九月乙丑

命西宁办事大臣德兴来京，以副都统衔达洪阿为西宁办事大臣。

（卷421　282页）

道光二十五年（1845年）九月庚午

谕内阁："前据惠吉等奏，胡超统带官兵出卡捕贼，乃肃州镇官兵胆敢同时哗噪，不肯入山。胡超不能约束，致使干犯号令，当交部严加议处。兹据该部照溺职例议以革职，实属咎所应得。姑念该提督甫经到任，与久膺专阃不能整肃戎行者有间，胡超著加恩改为革职留任。八年无过方准开复，以观后效。"

（卷421　283页）

道光二十五年（1845年）九月丙子

赏甘肃凉州镇总兵官长年头等侍卫，在大门上行走。以湖南永顺协副将惠庆为凉州镇总兵官。

命陕甘总督惠吉拨银六万四千八百五十一两有奇解赴叶尔羌、巴尔楚克，拨银八万九千四百六十六两有奇解赴喀什噶尔、英吉沙尔，备道光二十七年经费。

（卷 421　284 页）

道光二十五年（1845 年）九月庚辰

又谕："德兴奏遵查西宁镇营孳生马匹实数暨上年官兵剿捕番贼情形一折。览奏均悉。西宁办事大臣前已降旨著达洪阿补授，并著德兴来京当差。此次所请清查甘州等提镇牧放马匹，应否亲往之处，著德兴毋庸前往。将此谕令知之。"

（卷 421　286 页）

道光二十五年（1845 年）九月乙酉

谕军机大臣等："惠吉奏石灰关等处两次追捕番贼情形并现在严催搜剿等语。此次贼番兹扰，倏聚倏分，官兵分路追捕，总未能大加痛剿。现既据报石灰关河口及噶噶麦打坂两次遇见番贼，著严饬该镇站柱等确探贼番踪迹，赶紧跟追，毋得稍有迁延。仍令远窜，转瞬大雪封山，官兵既难深入，且河冰冻结，更易偷渡滋扰。其沿边各卡隘口应如何分布弁兵严加防守，及春融以后应如何预为筹备以防乘隙肆扰之处，著惠吉通盘筹划，妥速布置，先行奏闻。至提督胡超统兵专办，既有应捕番贼，自应迅速搜剿，何以该督飞令赶赴西路，尚未具报起程，亦著惠吉查明据实具奏。将此谕令知之。"寻奏："现饬站柱及沿边营汛逐处排搜，不遗余力。查西宁一带黄河已经冻结，应饬该镇酌撤弁兵分守本境，一俟春融，即与达洪阿妥为筹备。胡超因染患瘴疬尚须调治，并据站柱咨报大股贼匪业经敛迹，是以未即起程。"报闻。

（卷 421　288 页）

道光二十五年（1845 年）九月戊子

谕军机大臣等："据惠吉等奏防堵官兵屡次击贼获赃情形，并酌留官兵防守要隘一折。此次番贼屡至卡外窥伺，虽经连次截缉，尚未大加惩创。如闻官兵撤回，定即乘隙奔突。现经该督等派兵仍驻哈拉库图地方，是否足资防堵，著仍遵前旨，将现在各卡隘口如何酌派官兵，分布防守及春融以后如何预为筹备。务将防剿全局，悉心筹划，迅速奏闻，以慰廑注。将此谕令知之。"

（卷 421　290 页）

道光二十五年（1845年）十月己丑

以副都统衔西宁办事大臣达洪阿为镶白旗汉军副都统。

（卷422　292页）

道光二十五年（1845年）十月甲午

命陕甘总督惠吉拨银六十六万五千两解赴伊犁，备道光二十七年经费。

（卷422　295页）

道光二十五年（1845年）十月丁巳

又谕："前据惠吉等奏，肃州镇官兵不遵调遣，同时哗噪，已有旨交惠吉查明严办。兹据容照奏称，四川、甘肃兵丁最称勇健，两省兵将各不相下，无事时喧哗成习，有事时畛域各分。如川省人员作甘省提镇将备，其原籍无业之人或革伍之兵投奔任所，因循入伍，占本处额缺，每致滋生事端。此次肃州兵哗恐因胡超为四川人，众心不服，请饬严密访查。如有别省人在标营入伍即时开除，另行挑补等语。著惠吉于查办此案时悉心访察胡超平日是否瞻徇乡情，哗噪之由果否因川人占额所致，其所请开除另补及该管官重与处分之处是否可行，著详悉筹议具奏。至所称胡超情性虐戾恣睢，不能和戢卒伍等情果否属实并著一并确查，据实具奏。将此谕令知之。"

（卷422　306页）

道光二十五年（1845年）十一月戊午

谕内阁："前据御史田润奏，前岁西宁会剿番贼，富呢扬阿及周悦胜等种种讳饰不实等语，当交惠吉、邓廷桢、德兴确切密查，各自缮折具奏。兹据惠吉等逐款查明，先后据实复奏。如该御史原奏所称富呢扬阿将番僧邀至大营，面结和约等情。据奏并无其事，惟当时曾有川番则巴错洛赴营投诚之事，或不免附会传讹，应毋庸议。其被抢马匹摊赔弥补各款，虽据查复数目情形互有不同，惟马匹被抢较多，挑变摊赔亦属弊窦多端。历任该管提镇大员未能随时厘剔，均著交部先行分别议处。其余经牧员弁亦著惠吉详查职名一并分别参办。其短缺马匹应如何著落赔补，并著惠吉分晰拟议，另行具奏办理。至富呢扬阿前奏接仗情形，虽非尽属虚无，究不免于铺张粉饰。周悦胜以统兵大员并未接仗，辄行捏饰入奏。若使其身尚在均当重治其罪。富呢扬阿、周悦胜现皆身故，所有饰终之典著一并撤销。周悦胜厥咎尤重，并著将前赏太子太保衔及赐予谥号概行追夺，以为欺罔冒功者戒。该部知道。"

道光二十五年（1845年）十一月辛酉

以伊犁将军布彦泰为陕甘总督，未到任前，赏候补四五品京堂林则徐三品顶带，署陕甘总督。以热河都统萨迎阿为伊犁将军，未到任前以伊犁参赞大臣舒兴阿署理。以刑部左侍郎赓福署热河都统。

予故陕甘总督惠吉祭葬如例。

道光二十五年（1845年）十一月壬戌

军机大臣穆彰阿等奏："遵议伊犁将军布彦泰奏勘回疆新垦地亩情形。据称内地换防各城官兵例准告驻，班满酌留十分之三。今因新垦地亩乏人耕种，请将嗣后换防告驻兵丁家有余丁情愿带来领地承种者，准其徙眷常住，不必限以十分之三。又遣罪重犯例准眷属随配。原以有眷相随，较单身作配者既易管束，亦免逃亡。请将嗣后发遣伊犁、乌鲁木齐等犯择其情有可原，携有妻室者，拨赴回疆承种地亩，系为酌量改防为眷及羁縻遣犯广垦地亩起见。均应如所奏办理。至称陕、甘等省暨关外各处文武官有能资送眷民到回疆领种地亩者，按户口多寡，道路远近分别奖励。及发遣新疆废员如能捐资招徕户口，准减年限。事属创始，其难易情形无从悬揣。应作何章程，请饬令妥议办理，以免窒碍而昭核实。"从之。

道光二十五年（1845年）十一月甲戌

谕内阁："前据惠吉等查复甘、凉等营马匹短缺甚多，挑变摊赔，亦属弊窦多端，当将历任该管提镇大员交部先行分别议处。兹据该部比例定拟，分别开单呈览。现任甘肃提督胡超于所辖营厂马匹被抢，虽经如数拨补，惟当时未经呈报，经该部议以降三级调用，实属咎所应得，姑念到任未久，仍著加恩改为革职留任。前任甘肃提督马腾龙到任二年有余，于所辖营马被抢既未具报，又于厂马被抢虚报夺回，厥咎较重，著即照部议革职，仍注册降三级调用。前任凉州镇总兵现补头等侍卫长年，本有革职留任处分，现又议以降三级并降二级调用，著即革任，仍注册罚俸一年。前署肃州镇总兵现任江南徐州镇总兵顺保、现任肃州镇总兵珠克登均著降三级调用，顺保业经另案革职，现议处分并著注册。前署西宁镇总兵续升福建提督徐华清，部议降三级调用，惟另有亏缺马匹通融议赔一案，俟该督查明复奏到日一并再行核办。现任西宁镇总兵站柱著降二级留任，不准抵销。"

（卷423　314页）

道光二十五年（1845年）十一月乙亥

以江宁城守营副将丰伸泰为甘肃肃州镇总兵官。

（卷423　315页）

道光二十五年（1845年）十一月己卯

缓征甘肃张掖、碾伯、皋兰、狄道、渭源、金、安定、会宁、平凉、隆德、固原、宁夏、宁朔、灵、平罗、灵台、镇原、河、洮州十九厅、州、县及花马池州同、沙泥州判、陇西县丞所属歉收村庄新旧额赋。

（卷423　316页）

道光二十五年（1845年）十二月丁酉

予故甘肃兰州府知府龚景瀚、平凉府知府严庆云、河南信阳州知州查彬、直隶涞水县知县何继志入祀名宦祠。胡南故江西督粮道周玑、陕西故翰林院庶士王吉相、禀贡生马稷士、浙江故内阁中书端木国瑚入祀乡贤祠。从总督讷尔经额、惠吉、刘韵珂、巡抚邓廷桢、吴其浚、陆费瑔、梁宝常请也。

（卷424　321页）

道光二十五年（1845年）十二月壬寅

谕军机大臣等："达洪阿等奏番贼麋至掠抢牲畜窥伺厂马，现在酌派官兵追捕并会商筹备一折。此次该番贼以黄河冰桥结冻，故智复萌，乘间窜赴山北大通地方扑抢居民牲畜，得赃后尤敢住扎该处分头寻抢，仍复窥伺孳生厂马。经该营署游击薛贵督率弁兵出城掩击，夺获赃畜五百余只，枪毙番贼甚多。该官兵仍竭力击剿，贼始退去。惟该番贼连年肆抢猖獗，虽屡经派兵缉捕，究未大加惩创。现在总兵站柱业已酌带弁兵驰往会剿。该大臣等仍一面催令督兵前进，并挑备官兵督带亲往，以为后路策应。总期痛加追剿，毋令乘隙逃窜，是为至要。所有此次阵亡弁兵著即查明咨部请恤，其同被伤亡之薛瑞麟系该署游击薛贵嫡子，有无官职，并著查明具奏，候朕施恩。至所称枪毙番贼甚多，究竟约有若干名，著一并详查奏闻。将此谕令知之。"

又谕："据胡超片奏，历看南山沿边情形，将筹计防堵九条开列呈览，著布彦泰于到任后体察情形，悉心妥议具奏。胡超由行伍出身，向在军营尚称勇敢。现任提督，有节制各镇之责。此次办理番案何以遂致兵哗，是否平日不能约束。布彦泰甫将抵任，自无所用其回护，著留心访察。如该提督确有劣迹，即行据实参奏，毋稍徇隐。倘于该省一切事宜难资得力，即将现在将领大员无论本省外省，择其才能出众，结实可靠，堪任是职者，秉公保奏，候朕酌量调用。将此谕令知之。"

（卷424　323页）

道光二十五年（1845年）十二月癸卯

谕内阁："户部奏，甘省采买兵粮等项，节次咨催，并未买补归款等语。甘肃盘查案内追缴银两买补粮石，自应按年分晰造报。兹据户部奏称，节次咨催，任意拖延，不但粮无买补之期，即价亦无归补之日。似此年复一年，成何事体。著该督即将该部所指各情节逐条确切查明，据实具奏，毋得任听官吏侵蚀亏挪，以重帑项。"寻奏："各款皆系咨追外省，须俟追获解还始能买粮还仓，无任意拖延逾限等情。"下部知之。

（卷424　323页）

道光二十五年（1845年）十二月庚戌

谕军机大臣等："林则徐奏据报番贼情形先饬镇将防堵马厂一折。览奏均悉。前此番贼只以抢劫为生，此次竟敢扑攻城垣，猖獗已极。现经该署督檄饬总兵站柱酌带弁兵亲往大通策应，并于各要隘处所添兵防护马厂。布置尚为周妥，著即督饬各将弁等严密巡防，即使番贼暂退，亦不准擅即回营。其派往防护各马厂之兵，务将各处官马保护齐全，毋使再有一匹遗失。倘有疏虞，即将看守之将弁兵丁分别严办，并将该管提镇一并参处。至需用大炮及抬炮、抬枪，拟仿照洋炮之法推轮运放，著即设法制备应用。该署督务当实力整顿，信赏必罚，以壮士气而挽颓风。将此谕令知之。"

（卷424　327页）

道光二十五年（1845年）十二月甲寅

谕军机大臣等："布彦泰奏审讯胡完案内大概情形一折。布彦泰前已简任陕甘总督，如现在尚未起程，著将此案审讯完结再赴新任。如业已起程前赴陕甘，即著奕山将全案应讯人证提解伊犁，妥为看管，俟萨迎阿到任后研讯确情，据实具奏。将此谕令知之。"

西宁办事大臣达洪阿奏："挑选镇标五营精兵六百名，早晚操练，遇有番匪即行带往击剿，免致临时贻误。并自行捐廉制造抬枪二十五杆、抬炮二十五尊，配带铅丸，以资应用。请免造册报销。"从之。

（卷424　329页）

道光二十五年（1845年）十二月丙辰

上御保和殿，筵宴朝正外藩："科尔沁、乌珠穆沁、喀喇沁、敖汉、阿巴噶、扎赉特、翁牛特、喀尔喀、苏尼特、巴林、鄂尔多斯、青海、伊克明安、察哈尔、土尔扈特、土默特、奈曼王、贝勒、贝子、公、额驸、台吉、塔布囊及朝鲜、越南国使臣等，随文武大臣依次就坐。诸乐并作，上进酒。召左翼：科尔沁扎萨克土谢图亲王色登端噜布、科尔沁卓哩克图亲王巴图、科尔沁达尔汉亲王索特纳木彭苏克、乌珠穆沁扎萨克车臣亲王彭苏克纳木济勒、科尔沁扎萨克扎萨克图郡王索特纳木伦布木、巴林扎萨克郡王那木济勒旺楚克、喀喇沁扎萨克都楞郡王色伯克多尔济、敖汉郡王布彦德勒格哷固鲁克齐、阿巴噶扎萨克郡王阿尔塔什第、阿巴噶郡王萨尔济勒多尔济、科尔沁扎萨克郡王僧格林沁、科尔沁扎萨克贝子济克默特、土默特扎萨克贝子德勒克色楞、奈曼固伦额驸德木楚克扎布。右翼：喀尔喀车臣汗阿尔塔什达、喀尔喀赛因诺颜扎萨克亲王车林多尔济、喀尔喀扎萨克亲王额林沁多尔济、喀尔喀扎萨克郡王托克托瑚图噜、喀尔喀扎萨克郡王图克济扎布、喀尔喀扎萨克亲王车登巴咱尔、喀尔喀扎萨克郡王那逊巴图至御座前，赐酒成礼。

（卷424　331页）

道光二十六年（1846年）正月戊午

贷甘肃皋兰、渭源、陇西、安定、会宁、平凉、静宁、隆德、清水、礼、徽、泾、崇信十三州县灾民籽种。

（卷425　333页）

道光二十六年（1846年）正月甲戌

又谕："林则徐奏参护理副将一折。甘肃护理永固协副将陕西汉凤营游击马希贤于番务吃紧之际，经该署督等责成策应，辄敢借词推诿，实属畏葸巧猾，著即革职。至所称甘省现办番务正亟需人，固原提督所辖各营内之参将李伏、秦起奉、游击毛鸿鹏、张廷秀、都司牛凤山、徐椿、刘允和等七员均系经历行阵，著准其调赴甘肃，以备差委。"

（卷 425　337 页）

谕军机大臣等："林则徐奏核明东、西路堵剿番贼情形分别劝惩一折。此次东路番贼在老河沟脑等处寻抢牲畜，经该镇站柱跟追拦截，虽枪毙多贼，而余匪乘夜窜逃，著仍严饬该镇确探贼踪，赶紧追缉，毋得稍存大意。至西路甘、凉等属，经该署督晓谕绅民，练勇保卫，所需军械准于各营内酌量借给，以济兵力。其三沟门所放孳马被贼抢夺至七百余匹之多，该营弁等疏懈已极，署永昌协都司事红水营守备惠奇、署千总事世袭云骑尉鞠兆祥均著革职，仍留署任，以观后效。护永昌协副将隆盛友著先行摘去顶带，责令杀贼立功，倘该将弁等仍前玩泄，即著从严参办。其义得渠口地方既有贼踪，防堵尤应严密，著即责成胡超就近督饬将备认真严防。该署督仍当随时查察，如有畏葸怠玩不能得力者立即严惩示儆，以除痼疾而振军威。现在渐届春融，一切剿办机宜著该署督妥速筹划，悉心布置，奏明办理。将此谕令知之。"

予甘肃阵亡把总徐廷贵、副千户土司杨国成祭葬世职，并署游击薛贵子瑞麟祭葬世职如千总例。

（卷 425　338 页）

道光二十六年（1846 年）正月戊寅

四川提督托明阿因病解任。以直隶天津镇总兵官善禄为四川提督。调陕西河州镇总兵官福珠洪阿为天津镇总兵官。以湖北竹山协副将曹三祝为河州镇总兵官。

（卷 425　339 页）

道光二十六年（1846 年）正月乙酉

谕军机大臣等："达洪阿等奏查明上年击毙番贼确数一折。并另片奏现在筹办进剿情形等语。此次番贼复出肆抢，势甚猖獗，岁暮冬寒，尚复潜匿边外，乘间抢掠。一交春融必更出巢窥伺。况年来近边熟番亦间有勾结寻抢情事。值此天气和暖，亟应相机进剿，为一劳永逸之计。达洪阿惟当认真操练，修整器械，以便克期进剿，毋致临时不能得力。现在林则徐驻扎凉州查办一切，不日即抵西宁。著会同达洪阿将应办各事宜和衷商量，妥为筹办。将来布彦泰到任后，林则徐仍著暂留西宁与布彦泰、达洪阿公同会办，期于集思广益，以靖边陲，是为至要。将此各谕令知之。"

（卷425　340页）

道光二十六年（1846年）二月己亥

又谕："林则徐奏被议之骁骑校讦告各款请分别饬查一折。此案骁骑校常庆具控该营马匹历次被抢，讳匿不奏，并馈送回旗副都统盘费各情。著交布彦泰提集人证秉公严讯，按律究办。至原控所失马匹之数，查与各旗员供报不符，并著调集各旗册档逐加查核，务期水落石出，分别办理。前任凉州副都统文祥被控收受弁兵馈送，著该旗都统等查取切实，亲供具奏。"

（卷426　347页）

又谕："林则徐奏搜捕番贼情形并设法添制炮弹一折。览奏俱悉。甘、凉等属沿山隘口，现在查无番贼踪迹，惟此次该番未受大创，难保不因春气渐融又思伺隙滋扰。该署督现已移驻西宁，著即与达洪阿详细熟商，将一切堵剿机宜通盘筹划，妥为布置。其甘、凉一带著责成胡超等督饬弁兵以防为剿，毋得稍涉大意，致有疏虞。现获之番贼、番僧务即严加究诘，洞悉贼情，庶可跟踪追缉。至大炮为该贼所惮，行军利器，自宜以此为先。该署督现铸炸弹，试放得力，所办甚好。著即设法多制，以资应用。惟该营弁于旧存炮位从不演放，废弛已极，实堪痛恨。著该署督明定赏罚章程，严饬勤加练习，务令施放有准，以除痼疾而振军威。将此谕令知之。"

（卷426　348页）

道光二十六年（1846年）二月己酉

谕军机大臣等："前据胡超奏筹计沿边防堵九条，当降旨交布彦泰妥议具奏，并令将胡超前办番案情形据实查奏。兹据奏称，胡超于兵丁哗噪一节，一味姑容，不能振作。其所陈九条亦多自相矛盾等语。提督为全省统领，必须纪律严明，方能得力。著布彦泰于到任后，再行留心察看，将胡超是否胜任之处确切查明，并将所议九条体察情形，博采舆论，详晰核议，一并具奏。

至邓廷桢所论番案说单，均已览悉。该督于入关时即可沿途采访体察情形，到任后应如何训练兵丁，将营伍力加整顿之处逐件细心讲求，务期兵归有用，饷不虚糜，是为至要。林则徐已有旨留办番案矣。将此谕令知之。"

（卷426　350页）

道光二十六年（1846年）二月乙卯

命陕甘总督布彦泰拨银四千一百十七两解赴塔尔巴哈台，备本年闰五月经费。

（卷426　352页）

道光二十六年（1846年）三月戊辰

谕军机大臣等："林则徐等奏查明番贼勾结情形派兵出卡一折。览奏均悉。据称此次滋事贼番，查系玉舒所属之雍希叶布番族勾结果洛克贼番，屡在沿边抢掠滋扰，并拿获汉奸韩茂才讯出各情。现在派委站柱等先往查拿，并密咨胡超出卡会剿等语。该番族等勾引抢劫，屡为边患，亟应趁果洛克未来之前速行查拿，庶剿办易于得手。惟站柱等孤军深入，必须预筹策应，著林则徐等悉心筹划，选派得力将弁带兵前往，作为后路接应，方免疏虞。至胡超所派游兵埋伏堵截之处，尤当饬令相机前进，会合兜擒，毋得有名无实，致令贼番窜往他处，是为至要。又另片奏请将黄冕暂留西宁审办番案，著准其暂留差遣。将此由四百里各谕令知之。"

（卷427　356页）

道光二十六年（1846年）三月戊寅

又谕："布彦泰奏请先赴西宁会筹番务并展限勘办秋审一折。前有旨令林则徐暂留西宁与该督等公同会办番务。嗣据林则徐等奏拿获汉奸讯出各情，已有旨令其悉心筹划，相机妥办矣。办理番案自必以访拿汉奸为首务，所有偷渡河北之各番匪党亟应从现获汉奸供出各匪，按名责令献交。如顽梗不化，方可慑以兵威。至果洛克驻牧四川，如果远涉数千里之遥抢掠牲畜，亦必将引导之汉奸、勾通之熟番缉获净尽，自不至复为边患。该督即先行驰赴西宁接印，与林则徐、达洪阿等熟商妥办，总期净尽奸匪，永安边圉，是为至要。至该省秋审之期，著准其展限办理。将此谕令知之。"

（卷427　358页）

道光二十六年（1846年）三月己卯

谕内阁："林则徐等奏请留熟悉番情将领随时差遣等语。籍隶西宁告病之前任山东东昌营参将徐福、休致之云南景蒙营游击马进禄著准其留于西宁差遣，如果始终得力，再行酌量请补。"

又谕："前据林则徐奏，护永昌协副将隆盛友于挈马被抢，疏于督防，当降旨摘去顶带。兹据奏称该员被参后，购觅眼线，深入穷搜，并亲督弁兵兜擒贼犯，悉已就获，尚知愧奋。隆盛友著加恩赏还顶带，仍令严缉余犯俾无漏网，如果始终出力，酌量奏请鼓励。"

谕军机大臣等："林则徐等奏添兵前赴循化厅卡外剿办拒捕番贼，并叠获汉奸番贼，请将要犯暂缓处决备质各一折。此次该副将扎勒罕布带领官兵一千余名查拿番贼，并不亲往，致有弁兵被贼拒伤之事。已明降谕旨，将该副将勒令休致矣。该署督现添派弁兵进剿，即严饬该将弁等审度机宜，设法将应拿贼犯悉数擒获，不准一名漏网。倘有始终抗拒情事，即著奋力夹击，毋令稽诛。至现在拿获番贼、汉奸板什夹、王吉才二名，讯系连年抢马戕官重犯，自应立正刑诛，惟续获之犯尚须质对。板什夹、王吉才著暂缓处决，留备质讯，其未获之犯二十余名仍著严拿务获。布彦泰计此时已抵西宁，著即与林则徐等会商妥办。至林则徐另片奏旧疾复发恳请给假等语。林则徐著准其暂行给假，即在西宁安心调理，遇有紧要事宜仍与布彦泰、达洪阿筹商妥办。将此谕令知之。"

拨甘肃武威县义仓小麦五千六百二十石零，为团练、义勇经费，从署总督林则徐请也。

（卷427 358页）

道光二十六年（1846年）三月辛巳

又谕："桂良奏查取前任凉州副都统文祥切实亲供，抄录呈览一折。文祥所供马匹被抢，分别赔补，并未具奏。及收受馈送等情有无不实不尽，著布彦泰即提原控之常庆逐款根究确情，定拟具奏。原折及所取亲供著一并抄给阅看，将此谕令知之。"寻奏："讯明文祥所收银两实出官兵情愿，亦无弃舍官厂情事，惟于厂马被抢三次并未具奏，又于去任时收受馈送财物，并干例议，应交部严加议处。"从之。

（卷427 360页）

道光二十六年（1846年）三月乙酉

以三品顶带署陕甘总督林则徐为陕西巡抚，命筹办番务事竣再赴新任。以陕西布政使裕康署巡抚，按察使唐树义署布政使。

（卷427　361页）

道光二十六年（1846年）四月甲午

谕内阁："布彦泰等奏请留熟悉营伍之降调总兵等语。前任肃州镇总兵珠克登因厂马案内查参，部议降调。现在番务差遣需人，著准其留于陕、甘，即以所降之级补用，以观后效。俟补缺时，照例送部引见。"

谕军机大臣等："布彦泰等奏会筹番务拟先巡阅沿边要隘一折。番贼屡滋抢劫，踪迹靡常。必俟报有抢案，然后往追，势已无及，若待以重兵则又虚糜粮饷。自须履勘要隘，体察实情，庶克整饬边防，杜贼窥伺。该督现拟亲往巡阅，著即俟进省办理秋审后，挑带官兵，亲历沿边卡隘，确勘情形，周详布置，务使声威壮盛，番贼慑服，庶可一劳永逸。至内地汉奸业经查拿得手，著趁此再加严紧，饬令实力缉拿，毋留余孽。林则徐著将西宁经手事务与达洪阿会同清厘后，亦即赴省与布彦泰商办一切。其筹议回疆事宜并哈密地亩安置民户一折，已有旨交萨迎阿等查照办理矣。将此谕令知之。"

（卷428　365页）

道光二十六年（1846年）四月丁酉

谕军机大臣等："布彦泰等奏搜查雍希叶布番族实无贼踪并酌拟约束章程，开单呈览一折。据称总兵站柱等带兵亲至雍希叶布插帐地方，详细搜查，将献出各犯严加研讯，绝无为匪情形。现据该总兵等拟定章程，所称该番族等不甘身被贼名，情愿杀贼投效，并责成盟长百户将户口认真稽查。又买易粮茶，严禁溢额，以杜接济等语，尚属妥协。其令该番等全行薙发一条系为辨别释疑起见，亦属可行。惟此等番族究非内地民人可比，既经薙发并愿立功，固当示之以诚。而番性叵测，亦不可遽加深信，防范稍疏。该督等总当嘉其向义之忱，仍复留心查察，俾不至借称归化，取信目前，久则故智复萌，又复勾留番众，再生事端，是为至要。其贼匪旦曾奴勒布等仍须设法访缉，获案惩办，庶不至仍留余孽，致滋后患也。将此谕令知之。"

（卷428　367页）

道光二十六年（1846年）四月戊戌

谕军机大臣等："本日据赛尚阿等奏称行抵瓜洲，接晤提督尤渤，询知野鸡墩、闵行镇二处情形。该提督扼要设防，练兵应变，实属老成持重，足为藩篱。该大臣等应行校阅之处尚多，既以尤渤为结实可靠，即不必再往该二处复行校阅矣。其平日应如何防范，练习兵事，仍责成尤渤认真办理，是为至要。将此谕令知之。"

（卷428　367页）

道光二十六年（1846年）五月丙辰

又谕："布彦泰奏遵旨再行察看胡超一折。甘肃提督胡超有统领边疆弹压番夷之责，乃去秋由永固进兵之际，辄调极远之汉中官兵，故为延宕，旋又停止，以遂其苟安之计。其迁延迟缓已可概见。本年林则徐密咨派兵赴野马川一带堵截，该提督又不即行调往，节次添兵，并未办有成效。种种稽延畏葸，咎无可辞。胡超著交部严加议处。"寻议上，得旨："胡超著照部议革职，惟念其前曾出师，著有微劳，著加恩仍留骑都尉世职，交布彦泰差遣委用，以观后效。"

（卷429　374页）

又谕："布彦泰奏章嘉呼图克图请假前来西宁拟令乘机劝导番众一折。据称章嘉呼图克图素为番众所敬信，此时拟令迎机化导，揆之事理，原无不可。惟此事若自出该督之意，随时嘱令该章嘉呼图克图为之讲论化导，庶于私情公事两无格碍。如必颁给敕谕，郑重分明，责以训迪，不特与体制未协，恐转多窒碍难行之处。将此谕令知之。"

以伊犁镇总兵官台涌为甘肃提督。服阕副将穆特布署伊犁镇总兵官。

（卷429　375页）

道光二十六年（1846年）五月丙寅

调福建福宁镇总兵官萨炳阿为陕西河州镇总兵官。河州镇总兵官曹三祝为福宁镇总兵官。

予甘肃阵亡把总高魁、张鹏翮祭葬世职。

（卷429　377页）

道光二十六年（1846年）闰五月丁亥

命陕甘总督布彦泰拨银八千两解赴库车，二万五千六百二十三两解赴阿克苏，二万九千三十九两解赴乌什，备道光二十八年经费。

（卷430　385页）

道光二十六年（1846年）闰五月戊子

谕军机大臣等："布彦泰等奏，查拿要犯，黑错四沟番族胆敢纠众，拒毙官、土兵多名。现复添派镇将文员前往剿办等语。此案上年因凶贼束奴脱巴等在黑错寺地方藏匿，副将扎勒罕布带兵查拿不能得力，曾降旨令该督等添兵搜捕，期于悉数擒拿。兹据奏称，护副将张奉明等遣人执谕开导，虽有灭勿等五族自悟投诚，献出番贼科洛一名。而黑错四沟番族胆敢纠集马步队一千七八百人分股迎敌，先后拒毙官、土兵丁数十名，始终庇匿凶贼不肯献出，凶顽已极。当经该督等派委总兵站柱等添带官兵前往剿办，并派知府庄俊元等偕往会办。旋经站柱等驰至该处，勒令迅速交贼，讵该寺僧先后交出贼犯六名，均非指名勒交之要犯。迨该镇等进剿至那沙庄、灭力叠上庄，该番众仍敢持械抗拒。似此凶顽不法，必应痛加剿捕。此时既已厚集兵力，该督等即应严饬镇将文员攻其要害，歼厥渠魁。其主谋纠党之凶徒总当悉数就擒，断不准因零匪交出辄即将就了事。务令该番族等知威知惧，不至再贻后患，是为至要。将此谕令知之。"

（卷430　385页）

道光二十六年（1846年）六月壬戌

以开垦伊拉里克地亩，予甘肃道员云麟按察使衔，余加衔升补有差。

（卷431　393页）

道光二十六年（1846年）六月丙寅

谕内阁："布彦泰等奏官兵剿毁番庄匪族四散酌量撤兵一折。所办可嘉之至。该处番族众多，素称犷悍，出巢肆抢，历有年所。从前总督、提镇等办理番案一味因循迁就，敷衍了事，以致该番族等习为故常，肆行无忌。此次黑错寺地方番族恃强抗拒，经该督等示以兵威，添调官兵，带领进剿。经过番庄随烧随进，毙贼多名。该匪等复有马队迎敌，复经分为两翼夹击，中路官兵用大炮击毙执红旗番贼，该匪奔窜逃命，连日逐一排搜，并无贼番踪迹。现经查拿余匪，缉捕汉奸，酌量撤兵，办理尚为迅速。布彦泰、林则徐调度有方，达洪阿身先士卒不遗余力，均著交部从优议叙。在事员弁著择其尤为出力者据实保奏，伤亡兵丁著交部照例议恤。"

（卷431　394页）

道光二十六年（1846年）六月癸未

又谕："布彦泰等奏黑错寺败窜贼众聚匿果岔之险隘地方，复经官兵搜捕歼擒大获胜仗一折。黑错寺番匪抗拒官兵，前经达洪阿带兵攻剿，焚庄毁寺，业已大振军威。讵该逃匪等仍敢窜匿果岔地方，希图有险可踞。复经达洪阿督带精兵穷追奋击，扫荡窝巢，计该处乌合数百之众业已歼擒殆尽。现在拉布楞等寺僧众收合四沟散亡番族，带到营盘匍伏乞命。经达洪阿宣布皇仁，严立条约，准令悔过自新，官兵即日凯撤。所办可嘉之至。达洪阿著赏戴花翎，所有在事出力人员著该员等择其劳绩尤著者酌量保奏，候朕施恩。护副将张奉明奋勇争先，以致头额被枪殒命，临阵捐躯，殊堪悯恻，加恩著照副将阵亡例赐恤。其阵亡及受伤兵丁并著照例咨部分别恤赏，余著照所议办理。该部知道。"

又谕："布彦泰奏请将剿番不力具禀告病之总兵交部严议一折。所参甚是。西宁镇总兵站柱前经该督派往黑错寺督剿番匪，该总兵并不认真攻剿，辄私遣人先往关说，并以千总杨正才等赴寺作质，换其头目来营一见，即谓为悔惧投诚，办理已属颟顸。迨番族献贼寥寥，该总兵转置主谋纠党之凶徒于不问，仅将弱小之那沙、灭力迭二庄攻打，即请撤兵归伍，显蹈从前将就了事恶习，怯懦无能，可恨之至。现因达洪阿等剿焚庄、寺，大振军威，该总兵辄行告病希免参劾，实属辜恩溺职。站柱无庸交部严议，著即革职，发往乌鲁木齐效力赎罪，以示惩儆。该部知道。"

（卷431　398页）

以直隶大沽协副将杨昌泗为甘肃西宁镇总兵官。

（卷431　399页）

道光二十六年（1846年）七月辛丑

命陕甘总督布彦泰拨银五万五千两解赴塔尔巴哈台，备道光二十八年经费。

（卷432　407页）

道光二十六年（1846年）七月己酉

命陕甘总督布彦泰拨银八千两解赴喀喇沙尔，备道光二十八年经费。

（卷432　410页）

道光二十六年（1846年）八月庚申

命陕甘总督布彦泰拨银十三万八千两有奇解赴叶尔羌、巴尔楚克、乌鲁木齐，备道光二十八年经费。

（卷433　416页）

道光二十六年（1846年）八月壬申

又谕："本日布彦泰奏巡边大概情形等语。番匪扰及边界，自应先固藩篱，以杜窥伺。现据该督相度西宁一带地势，或因河为固，或扼险设备，著即择要筹防，妥为布置。所有哈喇库图尔之南山根、南川营之青石坡等处应如何移建营堡，及黄河北岸之头岱、东信、忙多等处渡口应如何设卡严防，仍复旧制，均著于巡查甘、凉、肃州等处边卡完竣后，综核全局，悉心妥议具奏。总期训练认真，卡防扼要，俾番族无从偷越，致有顾此失彼之虞，方为妥善。将此谕令知之。"寻奏："贵德厅所属西番往往偷渡河北，从前设有防河官兵。河势纡亘，固不能周防，而有贼渡河，可以先得信息，即报察罕托洛亥等防城，互为防范。后虽屡次减撤，沿河尚有官兵。自道光二十三年富呢扬阿奏将防河之兵全数裁撤，添设将军台、会亭子二城专恃防所堵御，遂令声息难通，于防堵并无裨益。自宜仍复防河旧章，请于察罕托洛亥等防城驻兵一千二百名内拨出兵六百名，再于西宁、河州二镇添派兵四百名分布沿河扼要之头岱、东信、忙多等渡口，派令守备、千、把等弁分带严密防守，仍归察罕托洛亥驻防副将统辖。又西宁镇属哈喇库图尔营所管之南山根、南川营所管之青石坡两处山势峻拔，为野番必由总路，俱应安兵驻守。拟于南山根安兵一百名，亦由察罕托洛亥防兵内酌拨，并派千总一员，外委二员管带，轮替驻守。其青石坡安兵一百五十名，即由该管之南川营就近拨派。惟南川营额兵无多，拟先由西宁镇标照数派往，亦酌派千总、外委等员管带驻守。应请于南川营酌添兵二百四十六名在甘肃腹地事简营汛抽拨，仍归南川营都司管辖。拨定以后，青石坡即作为该营汛卡，以归简易。新设之将军台、会亭子二城应统归附近之察罕托洛亥防城管辖。西宁镇属大通、永安等营所管之都济石、打板、黑石头等九处，甘州提属永固协等营所管之扁都口等十一处，肃州镇属嘉峪关内红崖等营堡所管之石灰关等大卡十六处，凉州镇属永昌协等营所管之白石崖等十一处，均属沿边最要口隘，应派弁兵自三四十名至百余名不等。悉令照数派往，常川驻守。其甘州提属扁都口外之野马川即责成扁都口一带营卡严密防范。此外沿边僻小口隘甚多，势难概派弁兵驻守。查有旧挑坑堑以遏贼马奔突，仍饬令附近汛卡一体严防。下军机大臣。会同兵部议行。"

（卷433　418页）

以剿捕番匪出力，赏甘肃游击富尔格讷，都司王定堃、德祥，守备辛殿甲、曹中选，千总赵维杰、马雒、江信、韩继绅花翎，千总秦涌等蓝翎，余升叙有差。

（卷433　420页）

道光二十六年（1846年）八月丙子

命陕甘总督布彦泰拨银七万六千两有奇解赴喀什噶尔、英吉沙尔，备道光二十八年经费。

（卷433　422页）

道光二十六年（1846年）九月癸巳

命陕甘总督布彦泰拨银五万两解赴哈密，备道光二十七年经费。

（卷434　429页）

道光二十六年（1846年）十月丁巳

以甘肃官兵剿贼驻扎黑错四沟地方，免番民本年应纳官粮。

（卷435　442页）

道光二十六年（1846年）十月己未

命陕甘总督布彦泰拨银一千九百八十八两解赴和阗，备道光二十八年经费。

（卷435　442页）

道光二十六年（1846年）十月乙亥

以甘肃按察使杨以增为陕西布政使。广东雷琼道苏敬衡为甘肃按察使。

（卷435　447页）

道光二十六年（1846年）十月丙子

以甘肃肃州镇总兵官丰伸泰为喀什噶尔换防总兵官。

（卷435　448页）

道光二十六年（1846年）十月丁丑

谕内阁："秋谳大典，由各省督抚分别情实缓决，核准具题。其中罪名或稍有出入，经刑部驳改者，朕无不确核案情，详加披阅，但有一线可原必当少从末减，若万无可宽亦断难曲为原宥。近来秋审招册，该省原定缓决，经刑部改拟情实者，上年四川六起，河南五起。本年直隶、奉天、陕西、甘肃、云南各五起，核其情节，或连毙应抵二命，或蠹役刁徒诈赃毙命，或奸徒挟恨谋杀，或兵丁军犯逞凶，或故杀妻命、碎割头面后复残毁尸身，皆系恃强藐法，凶恶惨忍应入情实之犯。原题概拟入缓，殊未允协。尤有甚者，云南省张闲一起因与梅鼎丰等挟有私嫌，遂捏写歃血结拜重情，装入公文投递。此等投递匿名文书告言人罪之犯，历年秋审俱入情实，从无问拟缓决之案。诚以匿名讦告，陷人以不测之罪，而该犯转可幸逃显戮，其用心险恶异常，万无可宽，故例载所控得实，亦坐绞候，所以惩奸宄安善良也。今该督抚乃以被诬之人尚未受累为解，率请缓决，实出情理之外。以上各案，倘非刑部据例驳改，复经朕详加核审，则此等凶徒皆得幸逃法网，何以昭情法之平？所有原题之各该总督、巡抚、臬司著该部查明分别议处。其办理张闲一案之督、抚、臬司于例应情实之案，并不按例定拟，更属错谬。著查取职名再行议处。嗣后各直省督抚等凡遇秋谳重案务当督同臬司遵照定例，酌核案情，细心究办。断不可惑于救生不救死之说，故从轻减。总期无枉无纵，各得其平，用副朕执法用中谆谆训诫至意。将此通谕知之。"

（卷435　448页）

道光二十六年（1846年）十一月丁酉

命陕甘总督布彦泰拨银六十六万五千两解赴伊犁，备道光二十八年经费。

（卷436 456页）

道光二十六年（1846年）十一月庚子

陕甘总督布彦泰奏参护都司郭大彬擅离汛地，短派防兵，请革职拿问。得旨："欺哄不实，废弛已久，遇事必当核实认真，颓波庶可挽救，诸事勉之以副重寄。"

缓征甘肃河、狄道、渭源、西和、固原、合水、灵、碾伯、崇信、皋兰、陇西、伏羌、安定、会宁、平凉、灵台十六州县暨陇西县丞所属被雹、被水、被旱、被霜灾区新旧额赋。

（卷436 457页）

道光二十六年（1846年）十二月壬子

以甘肃宁夏镇总兵官王应熊年老，命原品休致。

以山东文登协副将杨录之为甘肃凉州镇总兵官。

免甘肃督标暨西宁、河州二镇派剿番匪兵丁借办行装银。

（卷437 465页）

道光二十六年（1846年）十二月甲子

西宁办事大臣达洪阿因病解任。赏江西九江镇总兵官哈勒吉那副都统衔，为西宁办事大臣。以直隶河屯协副将清保为九江镇总兵官。

（卷437 472页）

道光二十六年（1846年）十二月丙寅

予甘肃黑错寺出师阵亡游击张奉明、外委胡廷选祭葬世职，淹毙千总焦丕和等三员祭葬恤荫，阵亡兵丁朱万禄等七名赏恤如例。

（卷437 475页）

道光二十六年（1846年）十二月庚午

谕内阁："御史德奎奏请清厘庶狱一折。京师入冬以来雪泽稀少，叠经降旨祈祷，迄今未得优沾。现在节届立春，农田望泽弥殷，朕心尤深焦切。兹据该御史奏请清查直隶一省庶狱，冀得感召和甘。因思直隶各州县得雪未能深透，山东、山西、河南、陕西、甘肃各省均属苦于干旱之区，自应一律推广。著刑部堂官督饬承审各司员将现在交部各案认真细心推鞫，如有冤抑等情迅即核办，并将直隶、山东、山西、河南、陕西、甘肃各省及部中现拟军流等罪已未到配官常各犯，详查原案，择其情有可原者，开单具奏，候朕量加宽宥。至刑部收禁人犯，若因未经定案，久系图圄，疾病颠连，情殊可悯，著该部审度案情，其有问徒以下轻罪人犯及干连待质例应取保候审者，立予清理省释，毋稍稽滞。此外寻常案件并著速行审结，不得迁延羁禁，以示矜恤而迓祥和。"

（卷437　476页）

道光二十六年（1846年）十二月癸酉

谕内阁："布彦泰奏，甘肃降补游击珠克登前经派往贵德厅属查办番务，未能亲历排搜，严遏偷渡，惟节次勒令各番族擒献伙贼多名，尚无妄拿欺饰情弊，除先经解到各犯核实拟办外，其余续到各犯著再行审明照例办理。"

又谕："布彦泰奏请将换防官兵酌减均摊等语。据称察罕托洛亥防兵专由西宁、河州二镇派往，该二镇向来应派口外防兵统归甘肃凉州、肃州、宁夏等营抵派。每届更换之年，新兵到防，始将在防之兵撤回，往还将及一载，各本营空缺兵数不下数千，设遇调遣，未免缓不济急，自系实在情形。嗣后甘肃凉州、肃州各提镇三营应派新疆换防官兵著量减四成，由陕西提标、陕安、汉中、延绥及甘肃宁夏、乌鲁木齐、巴里坤提镇各营按额均摊，以重营伍而肃边防。"

（卷437　478页）

道光二十六年（1846年）十二月庚辰

上御保和殿，筵宴朝正外藩：科尔沁、乌珠穆沁、巴林、喀喇沁、翁牛特、敖汉、苏尼特、阿巴噶、土默特、扎鲁特、茂明安、鄂尔多斯、郭尔罗斯、阿拉善、杜尔伯特、喀尔喀、青海、察哈尔、奈曼王、贝勒、贝子、公、额驸、台吉等并朝鲜琉球国正副使随文武大臣依次就坐。诸乐并作，上进酒。召左翼：科尔沁扎萨克土谢图亲王色登端噜布、卓哩克图亲王巴图、达尔汉亲王索特纳木彭苏克，乌珠穆沁扎萨克车臣亲王彭苏克纳木济勒，科尔沁扎萨克扎萨克图郡王索特纳木伦布木、郡王济克默特朗布，巴林扎萨克郡王那木济勒旺楚克，喀喇沁扎萨克都楞郡王色伯克多尔济，翁牛特扎萨克郡王喇特纳济哩第，敖汉郡王布彦德勒格呼固鲁克齐，苏尼特扎萨克郡王齐旺扎布，阿巴噶扎萨克郡王阿尔塔什第，科尔沁扎萨克郡王僧格林沁、扎萨克贝子济克默特，土默特扎萨克贝子德勒克色楞，奈曼固伦额驸德木楚克扎布，乾清门头等侍卫科尔沁二等台吉棍楚克林沁。右翼：阿拉善扎萨克亲王贡桑珠尔默特，杜尔伯特扎萨克亲王棍布扎布，喀尔喀扎萨克郡王拉苏咙巴咱尔、扎萨克贝子德勒克多尔济、扎萨克亲王车登巴咱尔、扎萨克郡王那逊巴图至御座前，赐酒成礼。

（卷 437　483 页）

道光二十七年（1847 年）正月己丑

谕军机大臣等："前据琦善奏，达赖喇嘛、班禅额尔德尼差人赴附京地方办买哈达、缎匹等物，酌拟人马骑驮数目一折。当交该部议奏。兹据奏称，详核该大臣所拟，系体察该处实在情形，均著照该大臣原拟办理。惟所带人马骑驮既经酌定数目，以后应令永远遵守，不得漫无限制，并著西宁办事大臣届期详查奏定章程，逐一稽查。倘日后擅自增添，即著据实参奏。至原奏所称专人前往附京地方购备物件之处，究系在何处购买，并著该大臣指实地方，确切奏明，概不准以附京地方一语含糊入奏。将此谕令知之。"

（卷 438　488 页）

道光二十七年（1847 年）正月癸卯

谕内阁："本年轮应查阅直隶、山西、陕西、四川、甘肃等省营伍之期。直隶著即派讷尔经额，山西著即派王兆琛，陕西、甘肃著即派布彦泰，四川著即派琦善逐一查阅，认真简校。如查有训练不精、军实不齐者，即将废弛之将弁据实劾参，毋得视为具文。"

（卷 438　494 页）

道光二十七年（1847 年）三月甲申

封闭甘肃玉门县磺洞，从总督布彦泰请也。

（卷 440　510 页）

道光二十七年（1847 年）四月己酉

添设凉州营抬枪三十杆，庄浪营抬枪十五杆，从副都统兴泰请也。

贷凉州、庄浪驻防官兵修理衙署兵房俸饷银。

（卷 441　519 页）

道光二十七年（1847年）四月丁巳

以西宁办事大臣哈勒吉那兼镶白旗蒙古副都统。

（卷441　522页）

道光二十七年（1847年）四月戊寅

命甘肃西宁镇总兵官杨昌泗来京引见。调河州镇总兵官萨炳阿为西宁镇总兵官。以直隶督标中军副将全喜为河州镇总兵官。

（卷441　531页）

道光二十七年（1847年）六月丙寅

命陕甘总督布彦泰拨银八千两解赴喀喇沙尔，备道光二十九年经费。

（卷443　554页）

道光二十七年（1847年）七月壬午

命陕甘总督布彦泰拨银五万五千两解赴塔尔巴哈台，备道光二十九年经费。

（卷444　559页）

道光二十七年（1847年）七月戊戌

命陕甘总督布彦泰拨银二万八千三十九两解赴乌什，备道光二十九年经费。

（卷444　565页）

道光二十七年（1847年）八月戊申

谕内阁："布彦泰奏西宁县属猝被水灾并黄河水势骤长，委员查勘抚恤一折。甘肃西宁县属地方山水陡发，冲没田庐人口，业经该督派委一员先行履勘抚恤。惟事关民瘼，必宜迅速办理，不可稍缓须臾。至黄河水势骤长，上、下游有无被灾应否赈恤之处，著该督再遴派一二贤能之员迅速分别前往各处逐细详勘，酌量被灾轻重妥为抚恤。悉心核实妥办，毋令一夫失所，以副朕轸念灾区至意。"

（卷445　572页）

道光二十七年（1847年）八月丙辰

命陕甘总督布彦泰拨银七万六百两零解赴乌鲁木齐，一万九千九百两零解赴阿克苏，五千两解赴库车，备道光二十九年经费。

（卷445　576页）

道光二十七年（1847年）八月丁巳

又谕："前据吉明奏赛什雅勒泰自戕出缺一折。已有旨令奕山会同吉明等将该大臣无故轻生，有无别情之处详查具奏矣。惟吉明原奏内所叙赛什雅勒泰自戕情节颇多疑窦，如所称侍妾李氏原供，主人自六月十八日起至二十四日，每日晨出夜回，到上房来时时长吁短叹，夜不成眠等语。该处公事无多，何以每日皆晨出夜回，不难逐日查考，该家属等亦岂毫无闻见。至二十四日早晨到签押房，于戌刻回到上房，此一日中究竟所为何事，接见何人，未据供明。其手拿书信一节，系何人所给，内有何语，此信现存何处，亦应逐层查究。又所供打开印盒，询知本日系家丁李伏请印，随说明日不用他请，究系因何怀疑生怒。李伏平日是否为该故员所信任，前此有无劣迹，并须详细追究。又所供放下帘子，叫将笔砚拿来，既经送去，未写只字。迨赛什雅勒泰自戕之后，该侍妾等闻喊赶视，见胸前有血，如果衣襟开露，不难一望而知。即或隔衣戳伤，血迹淋漓，亦必赶紧解衣看视，何以概置不问，遽令请开明阿等前来验视，殊觉不合情理。其于褥枕上包袱旁边找著带血小刀，究系在左、在右，当自戕之时手力已软，小刀必随手弃掷，或远或近，何能安放枕上。至开明阿等既已到彼何以不即眼同查验，仅以该章京等禀报为凭，亦不可解。该章京等验得该故员心坎有刀戳伤一处，肚腹偏左又有刀伤二处，深俱透内。试思用刀自戕已觉负痛难忍，何以竟能连戳三伤，皆极深透。其自戕之时究系左手、右手，是否能弯曲向内，比对伤痕果否符合，折内全未声叙。况伊子年已十四，曾否随任，有无见闻，亦未提及，种种情节甚觉支离。因忆上年八月间，吉明所奏审拟防兵道以正在赛什雅勒泰署中持刀逞凶，揪扭伊子勒写字据一案，究竟与此事有无关涉。布彦泰接奉此旨，著俟该故员眷属经过甘肃时，按照以上所指各情节即向家属人等详细推求，明查暗访，务令尽得实情，无令死者含冤地下。谅该督谊关手足，必能悉心究诘，以期水落石出也。此次吉明原折并上年八月一折俱著抄给阅看。将此谕令知之。"

（卷445　576页）

道光二十七年（1847年）八月甲子

谕军机大臣等："本日据布彦泰驰奏喀什噶尔被回匪围城事甚紧急一折。览奏均悉。安集延等回众胆敢煽结近城回匪围困喀什噶尔城垣，情形甚急。已明降谕旨，饬令杨以增暂署督篆，文庆前往接署。将该督授为定西将军，奕山作为参赞大臣颁给关防，带兵前往剿办矣。该督现已咨会提督带兵出关，一面亲赴肃州调度并预调官兵筹办粮饷，自可一鼓歼擒。惟吉明所调阿克苏兵三百名，乌什兵三百名，各守地方，均关紧要。再土尔扈特地方距该城较远，所调之兵能否得力会剿，均著该将军酌度情形，或即行调动，或另行更换。倘贼势甚炽，如再须添调陕西、甘肃官兵，著一面调取，一面奏闻。至后路粮台最关紧要，陕、甘两省库贮尚足敷衍。现在先派臬司严良训、道员明谊驰往办理，该将军等亦当札谕办理之员核实撙节，无得借端虚糜。至附近各处应有预为准备者，即著随时飞咨，有备无患。务使官兵奋勇进剿，俾小丑速就殄灭，毋致滋蔓，是为至要。将此由六百里谕知布彦泰、奕山并谕令杨以增知之。"

（卷446　581页）

以兵部尚书文庆署陕甘总督，未到任前，以陕西巡抚杨以增署理。以布政使恒春署巡抚。

命陕西按察使严良训、甘肃镇迪道明谊办理粮台事务。

（卷446　582页）

道光二十七年（1847年）八月丙寅

拨陕西、甘肃、河东、两淮、山西库存银共一百万两解往甘肃粮台，以备军需。

（卷446　585页）

道光二十七年（1847年）八月庚午

又谕："本日据吉明等奏，探报英吉沙尔现有贼匪扑近城垣，两城文报阻塞，现催官兵驰往援应。又德全奏，阿克苏檄调官兵派往接应，并酌留乌鲁木齐征兵。又钟翔等奏，乌什派往喀什噶尔官兵未能足数各一折。并据吉明、德全等各片奏调兵情形及借拨经费各等语。览奏均悉。吉明等现已探悉贼匪扑近英吉沙尔城垣，致两城文报不通，且该处城小兵单，自应派兵速往救援。惟据该署参赞等片奏，前经奏请将应换回营官兵暂留备调，计陆续到齐共有四千五百余名，合之伊犁等处咨调官兵五千数百名，统计已有一万余名，拟即飞咨布彦泰，毋庸再行调拨。并行知距关较近之甘州、凉州、肃州各营预为挑兵备调等语。兵贵精而不贵多，著布彦泰、奕山悉心酌核，如所调足敷防剿即毋庸多拨出关，以节糜费。至库车、乌什两处地本蕞尔，兵力尤单，恐有顾此失彼之虞。现据德全及钟翔等奏称，各派兵一二百名驰赴应援。存城官兵无多，著该将军等于大兵云集之时察看情形，正恐得力不在此一二百名，否则徒资蹂躏。自以撤回各归本城，严密防守为是。其前经调赴喀什噶尔之土尔扈特兵一千五百名，如果不能得力，亦即酌量撤回。现计各处官兵将次到齐，趁此回匪散处攻剿较易，且伊犁兵素称劲勇，分击合击，出奇制胜，不难一鼓作气，尽数歼除。该将军等务当督饬将弁，谋勇兼施，迅速奏功，俾免蔓延，是为至要。至德全片奏仿照成案，由哈密先行借拨库贮二十八年经费银五千两，即将库车经费改解哈密归款，著准其办理。将此由六百里各谕令知之。"

（卷446　588页）

道光二十七年（1847年）八月辛未

拨山西司库银五十万两解往甘肃，以备军需。

（卷446　590页）

道光二十七年（1847年）八月壬申

谕军机大臣等："本日据布彦泰驰奏筹饷解往关外备支并停调口内援兵一折。又据萨迎阿等奏，援兵分起起程，并请拨甘肃省库贮新疆备用银两各一折。又片奏，伊犁不能再拨官兵，并阿克苏安设粮台，请调大臣会同办理，及派废员办理文案各等语。览奏均悉。此次回匪滋事，关外调留各兵既已足敷防剿，关内之兵著布彦泰、奕山酌量停止调遣。布彦泰接奉颁发定西将军印信后，谅已星速驰赴肃州探察贼势如何。如仍旧猖獗，即速出关进剿，无稍迟延。倘贼众已散，或仅止分窜各卡肆行抢掠，并无他意，则关外之兵尽足搜捕，该将军即著暂驻肃州察看情形，居中策应。伊犁官兵及遣勇现已分作五起陆续起程，又飞咨乌鲁木齐于前调满汉官兵一千五百名外，再行挑派满汉官兵一千名赶紧续进。奕山早已起程由阿克苏直赴叶尔羌，著即迅速督兵进剿，趁势扑灭。道途遥远，若拘泥与布彦泰相商后始行办理，岂不坐失事机耶。至伊犁官兵不能多拨，所见甚是，著毋庸再拨。再萨迎阿等筹拨甘省库贮新疆备用银一百万两，现经布彦泰奏称原款所存无几，另筹别款凑足二十万两解往备拨。并飞咨陕西、山西两省各筹拨银五十万两。昨已有旨，将山西拨银五十万两交杨以增存贮，以备不虞。至陕西省应拨之项或已在所拨之内，或杨以增业经酌量带往，均俟确有准数再行奏明，报部核算。该将军等于各款解到时务须加意搏节，毋得稍有虚糜。倘贼众已散，即撤粮台，尤不得任听劣员任意铺张，滥行销算。至阿克苏安设粮台，必须妥员经理，著派海枚前往会同该处官员办理，并准其派令已革驻藏大臣孟保等前往阿克苏随同襄办。其所请将已革知县刘光斗等留伊犁办理文案，并将已革副指挥王莹等由奕山带往行营帮办之处，均准其派办。将此由六百里各谕令知之。"

以甘肃安肃道云麟为按察使。

（卷446　590页）

道光二十七年（1847年）八月甲戌

又谕："布彦泰奏番贼攻扑汛卡经官兵捕击远窜请将玩误之汛官惩处一折。甘肃兼理红崖堡守备署高台营都司詹兆虎于番贼在化林川等处附近抢掠窜扰，并不立时追击，辄敢顿兵不进，避匿回堡。贼至不能夹攻，贼逸又不追捕，以致兵丁伤亡，复敢虚词捏饰，实属畏葸巧诈，贻误边防。詹兆虎著即革职，发往新疆效力赎罪。遗失军械责令赔补，阵亡兵丁著查明咨部，照例议恤。"

（卷446　592页）

又谕："哈勒吉那奏赔补蒙古被抢赃畜护送起程并缉拿续抢马匹，现在巡查情形筹议酌办一折。前因库伦蒙古官员、喇嘛人等行抵青海被番贼抢去马匹、驼只，曾经降旨饬令严缉赃贼务获，被抢牲畜令该大臣照数赔补。兹据奏称，该蒙古复被番贼两次抢劫牲畜多只，实属目无法纪。该大臣亲带官兵巡查缉办，即据左翼盟长呈报遇贼两次，枪毙番贼四名，夺获驼、马、骡、牛二十余匹。所有杀贼之蒙古噶勒著优加奖赏，并令该盟长等派兵同赴要隘堵御，俟该蒙古行过再行撤回。该蒙古人等起程进藏，道路尚远，原派绿营兵四十名颇形单弱，著即添派绿营、蒙古官兵一同照料护送。仍咨明驻藏大臣派兵接护进藏，至明岁哲布尊丹巴呼图克图之呼毕勒罕自藏起程北上，应如何添派官兵前往迎护之处，著布彦泰等先事预防，毋得再有疏虞，有失怀柔之意，是为至要。至所称商酌调兵出口分头驱逐，勒献赃贼等语，著布彦泰等酌量情形再为办理。另片奏，循化、贵德两厅营于番族抢劫之案并不认真缉办，以致边防废弛等语。著布彦泰等仍责成两厅营，予限两月，勒令赶紧缉拿蒙古前后被抢赃贼务获。倘仍狃于积习，始终玩懈，即著从严参办。至乐斌片陈蒙古人等屡次被抢驼马，应作何赔补办理之处，已据哈勒吉那咨明乐斌，初次被抢折价购买，至后两次被抢赃畜一时均难备办齐全，俟至明岁从藏旋回再为给领，著届期赔补足数，毋令蒙古借口。其哈勒吉那失察蒙古复被抢掠，自请治罪之处，著交部再行议处。将此各谕令知之。"

（卷446　593页）

道光二十七年（1847年）八月丙子

谕军机大臣等："本日据吉明等奏英吉沙尔城垣被贼围困，派往救援官兵中途遇贼，得获胜仗。派兵接应并动项支发官兵盐菜口粮请拨银接济各一折。览奏均悉。据称七月二十七日有贼匪二三千人围城放火，经我兵开炮击退，旋经带兵游击花沙布等杀毙贼匪不计其数，贼兵败后，复聚众围城，请调兵接应等语。此次贼匪围困英吉沙尔虽人数众多，俱系裹胁乌合之众。其贼首名目无非耸人听闻，借此易煽良回，安可尽信。现在伊犁等处官兵计已陆续到齐，奕山正可乘此锐气一鼓歼灭，务令片甲不回，方足以警将来而靖边圉。奕山系弃瑕录用之人，此次如能殚竭血诚，早告成功，不仅稍赎前愆，尚可恩施格外。正是奕山立功之秋。朕惟知赏功罚过，其各懔遵。至关外之兵尽敷调遣。布彦泰著仍遵前旨暂驻肃州，居中调度，无须妄动。所有备调之兵可止则止，各路粮台可撤则撤。吉明等请于陕甘拨银十万两解赴叶尔羌以资接济。此次军需均已陆续拨去，著咨商布彦泰、知照署陕甘总督酌核应发应止，随时撙节动用。至另片奏贼匪滋扰巴尔楚克情形，虽据奏称经兵勇将贼匪击散，难保不复来窥伺，著督饬该城粮员游击等竭力防堵。蕞尔之地尚保无恙，何以喀城退败株守，调度乖方，于兹益信。奕山等应鉴覆辙而勉力图报也。将此由六百里各谕令知之。"

（卷446　594页）

道光二十七年（1847年）九月辛巳

又谕："前因回疆不靖，授布彦泰为定西将军。现据吉明等陆续奏报贼情，关外调集官兵足资防剿。布彦泰现在带印驻扎肃州策应。杨以增著毋庸署理陕甘总督，仍回陕西巡抚本任。所有陕甘总督衙门日行事件即著甘肃布政使宝清代拆代行，其未撤粮台以前，所有肃州粮台事务即著布彦泰督饬严良训、明谊办理。"

（卷447　600页）

道光二十七年（1847年）九月己丑

谕军机大臣等："前曾降旨令布彦泰暂驻肃州居中策应。本日据布彦泰奏称接奉寄谕先行复奏迅速兼程前进。又据台涌奏复行带兵出关各一折。关外官兵足敷防剿，喀什噶尔、英吉沙尔二城尚无确信。布彦泰著仍遵八月二十六日谕旨驻扎肃州，居中策应。所有关内调派官兵著即停止，以节糜费。台涌接奉此旨，著即折回本任，各兵俱著归伍。将此由五百里各谕令知之。"

（卷447　607页）

道光二十七年（1847年）九月庚子

上御洞明堂，勾到奉天、陕西、甘肃情实罪犯，停决奉天斩犯一人，陕甘斩犯五人，余六十三人予勾。

（卷447　614页）

道光二十七年（1847年）九月辛丑

谕军机大臣等："本日先据奕山奏，贼势日加紧急，拟即进兵，并分咨各处策应。续据布彦泰奏，催令台涌带兵迅速前进。又据吉明、舒兴阿奏，贼匪滋扰军台，经换防官兵击散，台路复通。又据钟翔、兴贵奏，侦探贼匪情形各一折。览奏均悉。此次贼匪连次围困喀、英二城，又将喀什噶尔回城攻破，嗣复扰断台路，伤我官弁兵丁，将赖里克二台台门烧毁，并将外委贾国相劫去。经新派换防之凉州营守备马兴魁、千总蔡耀宗督率兵丁奋力攻击，歼贼多名。讵贼匪暗中放枪，致马兴魁、蔡耀宗同时阵亡，兵丁亦有损伤。现在叶尔羌东路台站文报虽已照旧往来，而喀、英二城被困日久，亟应厚集兵力及早救援，即叶尔羌、巴尔楚克亦须先事防堵。奕山现已带兵先进，台涌统带甘州、凉州、肃州三处官兵三千余员名亦经布彦泰催令全数出关，以为奕山后路策应。兵力无虞单薄。奕山等正可乘机迅剿，毋稍迟回。仍一面商同吉明、舒兴阿赶紧分兵应援喀、英二城，俾免疏虞。惟贼情狡黠，一闻大兵追捕，难保不先行奔窜。奕山等务当审度机宜，出奇制胜。应如何牵缀贼势，暗派得力将弁带兵绕出贼匪之前，截其归路，自无难首尾夹击，俾逆贼片甲不还。或扬言大路进兵，而暗从捷径兼程超越，声东击西，使该逆腹背受敌亦可取胜。贼首条列和卓，据钟翔等称，探得右手背有黑记一块，较易辨认。尤不难暗谕兵勇著眼兜拿，以除逆种。所有钟翔等差往侦探之布鲁特头目密尔杂胡里等并此次在赖里克二台击贼出力之凉州营弁兵，均著奕山等会同钟翔、兴贵查明保奏，候朕施恩。阵亡守备马兴魁、千总蔡耀宗均著咨明该部议恤，伤亡兵丁一并查明咨部，照例办理。奕山接奉此旨时，如贼匪业经击散，可无须再行接应，即酌量情形分别应止应撤事宜，不可轻率。倘后路兵单，虑无接应，则台涌现带兵勇三千余名布置得宜，首尾相顾，尽敷攻击，伫望成功。总之用兵于万里之外，朕固不能悬揣，亦不肯遥制，全在奕山等胸有成竹。欲进兵时先筹全局，若仅以驱逐为事则该回正当饱扬之时。大兵一到，四面分窜，未经痛剿，难保不窥伺再来。以有限之军需，供无休之蹂躏，成何国体。必应将骑马凶恶之逆匪数百名尽法惩办，俾巨憝胆寒，永靖边徼。其余裹胁回众趁此离心离德之际，大加安抚，方为王者之师。若统兵万余直抵喀城，凶恶者已逃，懦弱者被戮，岂朕除莠安良之意耶？嗣后凡有关军务要件，该大臣等均应由五六百里驰奏。倘大军奏捷，贼众悉就剿除，或将逆首阵毙，或被生擒，即著由八百里奏报，以慰朕念。至萨迎阿请以舒兴阿署伊犁参赞大臣等语，著俟军务竣后再行奏闻。咨会分别赴任，以专责成。将此由六百里各谕令知之。"

（卷447 614页）

道光二十七年（1847年）九月壬寅

以凉州、庄浪军政年逾六十官四员精力未衰，命留任。

（卷447 616页）

道光二十七年（1847年）九月乙巳

命陕甘总督布彦泰拨银六十五万两解赴伊犁，备道光二十九年经费。

（卷447　618页）

道光二十七年（1847年）十月丁巳

又谕："布彦泰奏停止进援官兵酌撤粮台归并局务一折。览奏均悉。提督、台涌现已折回，其托克逊粮台著照议裁撤，俟官兵凯旋时，檄令镇迪道明谊驰往办理。所有肃州军需局事务即著饬令署安肃道庆端暂时经理，撙节妥办。陕西臬司严良训现无应办之事，著即回任，余著照所拟办理。将此谕令知之。"

（卷448　625页）

道光二十七年（1847年）十月癸酉

又谕："现在大兵克捷，二城解围，布彦泰著仍回陕甘总督本任，文庆著无庸前往署理。前颁定西将军印信著布彦泰遇便恭缴。该督带往肃州弁兵均著撤回归伍。所有军需局务著即督饬经手各员核实报销，毋稍冒滥。"

（卷448　636页）

道光二十七年（1847年）十一月己卯

又谕："布彦泰奏军务蒇功请裁撤军需局并请量拨现存银两分贮各城一折。现在大兵克捷，军务告竣。肃州军需局著即行裁撤，委员人等概令回省，其支收军饷事宜著责成署安肃道庆端核实造报，归并省局办理。所有现存肃州军需局银二十八万两著分解伊犁、乌鲁木齐、阿克苏、叶尔羌等处，由该将军都统大臣等撙节拨用，倘有赢余，即各奏明封贮，以备要需。"

（卷449　642页）

道光二十七年（1847年）十一月戊子

谕内阁："兵部奏，台站接递紧要奏折屡有迟误，请旨饬查并开单呈览。各省设立台站，遇有紧要折报必须迅速饬递，方免贻误。兹据该部查明，西路奏报事件经上次饬查后，自本年九月二十五日起迟延又有九件之多。既未声明结报，且传牌排单破烂，多未注明时刻，实属玩误。著直隶、山西、甘肃、陕西各督抚及新疆经过各城将军大臣，按站查明，因何不填注时刻，系何台站迟误，指名严参，不得视为具文。以重军务而肃邮政。"

（卷449　647页）

道光二十七年（1847年）十一月己丑

以四川夔州协副将桂龄为甘肃肃州镇总兵官。

（卷449　650页）

道光二十七年（1847年）十一月辛丑

命陕甘总督布彦泰拨银七万九千五百三十七两解赴喀什噶尔、英吉沙尔，备道光二十九年经费。

（卷449　658页）

道光二十七年（1847年）十一月甲辰

缓征甘肃河、宁远、伏羌、安定、会宁、洮、隆德、固原、安化、宁、张掖、古浪、宁夏、宁朔、平罗、崇信、皋兰、平番、西宁、碾伯、大通二十一州县及盐茶同知、陇西县丞所属被雹、被水、被旱、被霜村庄新旧正杂额赋。

（卷449　660页）

道光二十七年（1847年）十二月己未

又谕："布彦泰奏野番拒捕并厂马被抢请将营员议处一折。此次都受尕追族黑人潜赴下山收讨羊毛帐，由贵德东山行走。署贵德营游击魏智不知亲往确查，仅派千总包纪功带兵往捕，所获番贼五名，均非蒙古被抢案内正犯。至余贼拒捕，该游击并不扼险邀截，仅令把总末弁与贼接仗，以致戕官伤兵，生衅于前，畏葸于后，实属全无把握。又大通马厂被贼番抢去孳马一千五百七十余匹，附近番寺村庄亦有被抢牲畜之案，该游击等漫不经心，致贼匪阑入汛卡，肆行抢劫，实属玩泄。所有妄拿肇衅之署贵德营游击魏智及疏防孳马被抢之署大通营游击田春元、未能防堵贼匪之署白塔营都司马得功、未能协捕之永安营游击隆盛友均著交部分别议处。抢去马匹著落该总兵、游击等照数分赔。所有受伤殒命之署贵德营把总魏进宦、兵丁杨伏、马步成均著照阵亡例赐恤。"

予剿番淹毙甘肃外委郭辅忠祭葬恤荫。阵亡兵丁张文明等五十二名赏恤如例。

（卷450　670页）

道光二十七年（1847年）十二月癸亥

举行本年军政。盛京将军所属卓异官五员，罢软官二员，年老官四员，才力不及官一员。江宁将军所属卓异官二员，年老官二员。吉林将军所属卓异官四员，才力不及官一员。广州将军所属卓异官一员。西安将军所属卓异官三员，才力不及官一员。绥远城将军所属卓异官二员。察哈尔都统所属卓异官四员，罢软官一员，年老官七员。乌鲁木齐都统所属卓异官二员，罢软官一员。热河都统所属卓异官二员，年老官八员。青州副都统所属卓异官一员，年老官一员。密云副都统所属卓异官二员，年老官一员。伊犁将军所属年老官一员，才力不及官一员。山海关副都统所属年老官一员。凉州副都统所属罢软官一员。分别议叙处分如例。

（卷450　674页）

道光二十七年（1847年）十二月戊辰

谕内阁："各省设立台站，遇有紧要折报必须迅速驰递，方免贻误。前因叶尔羌等处奏折接递迟延，屡经降旨饬查严参。兹复据兵部奏，查明自十一月十一日起至十二月二十日止，接到参赞大臣奕山等奏折，迟延又有七件之多，并未声明结报，且传牌排单破烂，无从查检，并多不填注时刻等语。军报紧要，所有经过各台站宜如何包封紧固，按站迅递，何得任意迟延揉擦？著直隶、山西、甘肃、陕西各督抚及新疆经过各城将军大臣迅速查明前数次及此次迟延之故，并因何不填注时刻，据实参奏。至传牌排单如果小心护惜，何至揉擦破烂，恐不免有意灭迹，为中途耽延地步。著该督抚将军等逐站传知，嗣后务当按站留心接递，以凭对单稽核，指名参惩，无得玩延干咎。"

（卷450　677页）

道光二十八年（1848年）正月己卯

贷甘肃皋兰、平番、西宁、碾伯、大通、金、安化七县灾民籽种、口粮。

（卷451　686页）

道光二十八年（1848年）正月庚子

以剿捕喀什噶尔回匪出力，赏甘肃参将谢天贵、游击萨保花翎。

（卷451　694页）

以捐修乌鲁木齐城垣，予甘肃按察使云麟等议叙有差。

（卷451 695页）

道光二十八年（1848年）二月甲寅

以甘肃布政使宝清署刑部左侍郎。礼部右侍郎广林兼署刑部右侍郎。以服阕布政使张祥河为甘肃布政使。

（卷452 701页）

道光二十八年（1848年）二月戊午

以捐修乌鲁木齐城垣，予甘肃总兵官索文等议叙有差。

（卷452 702页）

道光二十八年（1848年）二月癸亥

举行道光二十七年大计。奉天卓异官一员，年老官一员。直隶卓异官十八员，有疾官一员，年老官四员，不谨官三员，浮躁官一员。热河卓异官一员。江苏卓异官八员，不谨官三员，才力不及官三员，年老官一员，罢软官一员，浮躁官一员。安徽卓异官八员，罢软官四员，才力不及官一员，年老官二员，有疾官一员。江西卓异官十一员，罢软官一员，不谨官一员，年老官四员，有疾官二员。浙江卓异官十二员，不谨官一员，才力不及官二员，年老官五员。福建卓异官十员，年老官三员，有疾官一员，浮躁官二员，不谨官三员。湖北卓异官十员，不谨官三员，年老官二员，有疾官一员，才力不及官一员，浮躁官一员。湖南卓异官十员，才力不及官三员，年老官六员，不谨官一员，浮躁官一员。河南卓异官十员，不谨官一员，年老官二员，有疾官一员，才力不及官一员。山东卓异官十三员，不谨官二员，才力不及官五员，年老官一员，浮躁官一员。山西卓异官十二员，才力不及官三员，年老官四员，有疾官二员。陕西卓异官八员，才力不及官二员，有疾官一员，年老官四员。甘肃卓异官八员，才力不及官一员。云南卓异官十员，罢软官一员，不谨官五员，年老官一员，有疾官一员。贵州卓异官六员，才力不及官一员，浮躁官一员，不谨官一员，罢软官二员，年老官一员。广东卓异官十一员，不谨官四员，罢软官二员，年老官五员，有疾官一员，才力不及官一员。广西卓异官八员，不谨官二员，罢软官四员。南河卓异官一员，罢软官一员。东河卓异官一员，年老官一员。分别议叙处分如例。

道光二十八年（1848年）三月乙酉

谕内阁："布彦泰奏请分别缓免征兵领过银两一折。此次调赴回疆进征，中途停止之陕甘督标暨甘、凉、肃州各提镇营原派兵丁，领过赏装银两，著加恩概免缴还。其官弁借支二年俸银，并著加恩自道光二十八年春季起分作四年，在于应得俸廉内按季扣还，以示体恤。"

道光二十八年（1848年）四月壬戌

予捕拿野番被戕甘肃把总魏进宦祭葬世职，兵丁杨伏等赏恤如例。

道光二十八年（1848年）四月丙寅

谕内阁："前因叶尔羌等处奏折接递迟延，屡经降旨饬查。兹据兵部奏，数月以来惟乌鲁木齐等处分别查奏，此外多未声复。又自上年十二月二十九日暨本年正月二十四等日接到参赞大臣奕山奏折三件，均有迟延，并未声明结报，传牌排单仍属破烂各等语。上年军报接递既有迟误，迨降旨饬查，又不迅速查明参办，且仍有迟延揉擦等事。所有前次未复之直隶、陕西、甘肃各督抚及新疆未复之各都统大臣，著即遵照前奉谕旨迅速逐件查明，指名参办。其续经查出接递迟误各件并著经过之各该地方督抚将军大臣，一并迅速查明据实参奏，以肃邮政。"

道光二十八年（1848年）五月丁丑

以故西宁固察族百户冬麻牙答尔子化木角尔达尔吉、多伦托克列玉族百长多尔吉才夫坦子彭错克散住布、玉舒族百户成里达尔吉子索诺木才都布、牙木错族百户丹巴旺俉成里札什各袭职。

道光二十八年（1848年）六月己酉

以甘肃按察使云麟为广西布政使。湖北汉黄德道陶梁为甘肃按察使。

道光二十八年（1848年）六月甲寅

命陕甘总督布彦泰拨银二万八千三十九两解赴乌什，备道光三十年经费。

（卷456　756页）

道光二十八年（1848年）六月丁巳

以故甘肃洮州厅属副千户土司杨国成子绣春袭职。

（卷456　756页）

道光二十八年（1848年）六月癸亥

予遇贼伤亡甘肃把总花甲祭葬恤荫，兵丁张魁赏恤如例。

命陕甘总督布彦泰拨银五万五千两解赴塔尔巴哈台，备道光三十年经费。

（卷456　759页）

道光二十八年（1848年）六月丁卯

谕内阁："本日朕阅看甘肃题本署两当县知县徐宸松自缢身死一案。其因病自缢之故，据该督声明该故员有生前所书字条，与文案及诗文内笔迹相符。业经两司亲提研鞫结案。惟无故轻生，总堪骇异。嗣后文职自知县以上，武职自守备以上如有自尽之案，该督抚即行专折奏闻，以昭慎重。"

（卷456　760页）

道光二十八年（1848年）七月癸巳

命陕甘总督布彦泰拨银一万九千九百两解赴阿克苏，五千两解赴库车，备道光三十年经费。

（卷457　771页）

道光二十八年（1848年）七月甲午

户部议准陕甘总督布彦泰疏报："甘肃清远县开垦地二十九顷三十一亩有奇，照例升科。"从之。

（卷457　771页）

道光二十八年（1848年）八月丁未

命陕甘总督布彦泰拨银六万五千二百两零解赴乌鲁木齐，备道光三十年经费。

（卷458　779页）

道光二十八年（1848年）八月戊午

以甘肃兰州道郭梦龄为陕西按察使。福建盐法道武棠为贵州按察使。

（卷458　783页）

道光二十八年（1848年）八月戊辰

调甘肃按察使陶梁为山西按察使。山西按察使明谊为甘肃按察使。

（卷458　787页）

道光二十八年（1848年）十月甲辰

命陕甘总督布彦泰拨银九万六千八十两有奇解赴喀什噶尔、英吉沙尔，五万八千二百八十二两有奇解赴叶尔羌、巴尔楚克，备道光三十年经费。

（卷460　806页）

道光二十八年（1848年）十月丁未

命陕甘总督布彦泰拨银一千九百四十两有奇解赴和阗，备道光三十年经费。

（卷460　806页）

道光二十八年（1848年）十月乙卯

命陕甘总督布彦泰拨银六十五万五千两解赴伊犁，备道光三十年经费。

（卷460　809页）

道光二十八年（1848年）十月丁卯

又谕："前审庆芬案内顶名解配之刘淀魁，据陕甘总督咨报起解，乃阅数月之久尚未解到。著陕甘总督及沿途陕西、山西各巡抚、直隶总督一体饬属严查，究系何处逗留。即将该犯刘淀魁迅速解部，以凭质讯结案。"

（卷460　816页）

道光二十八年（1848年）十一月己卯

缓征甘肃渭源、伏羌、陇西、西和、华亭、宁、宁夏、宁朔、灵、中卫、平罗、西宁、崇信、灵台、金、安定、会宁、平凉、静宁、固原、隆德、泾二十二州县歉收村庄新旧额赋。

（卷461　820页）

道光二十八年（1848年）十一月丁酉

谕内阁："布彦泰奏请将追捕番贼迟延之将领并疏防失事各员弁分别惩

处一折。甘肃署凉州镇标中军游击陕安镇标游击牛凤山于番贼盘踞抢掠，戕害兵丁，并不立时派兵追捕。署右营游击张承宠奉委带兵，辄向无贼之处虚张声势，以致贼匪远扬，均属怯懦无能。牛凤山、张承宠均著交部严加议处。署永安营游击南川营都司连住遇贼被劫，督击不力。署白塔营都司肃州镇标右营守备张顺、署大通县知县崔旸疏于防范，均著交部分别议处。凉州镇总兵杨录之据该督奏称不能振作，营务废弛，惟知沽名邀誉，著送部带领引见，仍交部议处。"

以前任广东潮州镇总兵官赵承德为甘肃凉州镇总兵官。

（卷461 828页）

道光二十八年（1848年）十二月己酉

命陕甘总督布彦泰拨银三万七千五百七十四两解赴伊犁，备来年闰四月经费。

（卷462 832页）

道光二十八年（1848年）十二月甲寅

予故贵州黄平州知州张锡谷、甘肃庆阳府知府易镜清、河南虞城县知县龚一发入祀名宦祠。福建故甘肃兰州府知府龚景瀚、山西故洪洞县教谕张震、湖南故掌四川道监察御史贺熙龄、湖北故翰林院侍读学士易元善、四川故仪陇县训导傅秉经、安徽故吏部郎中石纶、翰林院编修石葆元、顺天故廪生魏文通入祀乡贤祠。从总督林则徐、布彦泰、刘韵珂、廉敬、李星沅、讷尔经额，巡抚潘铎、王兆琛请也。

（卷462 835页）

道光二十八年（1848年）十二月乙丑

调荆州将军倭什讷为吉林将军。以甘肃提督台涌为荆州将军。

（卷462 842页）

道光二十八年（1848年）十二月丙寅

以甘肃布政使张祥河为陕西巡抚。

（卷462 842页）

道光二十八年（1848年）十二月丁卯

以湖北按察使常大淳为陕西布政使。直隶按察使龚裕为甘肃布政使。

以湖北宜昌镇总兵官博勒恭武为甘肃提督。广东肇庆协副将阿勒经阿为宜昌镇总兵官。

（卷462　843页）

道光二十八年（1848年）十二月己巳

上御保和殿，筵宴朝正外藩：科尔沁、巴林、喀喇沁、敖汉、苏尼特、阿巴噶、扎赉特、翁牛特、喀尔喀、乌珠穆沁、杜尔伯特、鄂尔多斯、乌喇特、阿拉善、青海、土尔扈特、察哈尔、奈曼、土默特王、贝勒、贝子、公、额驸、台吉、塔布囊等并朝鲜国、琉球国使臣，随文武大臣依次就坐。诸乐并作，上进酒。召左翼：科尔沁扎萨克土谢图亲王色登端噜布、卓哩克图亲王巴图、扎萨克达尔汉亲王索特纳木彭苏克、扎萨克冰图郡王林沁扎勒赞、郡王济克默特朗布，巴林扎萨克郡王那木济勒旺楚克，科尔沁贝勒贡格喇布坦、喀喇沁扎萨克都楞郡王色伯克多尔济，敖汉郡王布彦德勒格呼固鲁克齐，阿巴噶扎萨克郡王阿尔塔什第，扎赉特扎萨克贝勒理藩院额外侍郎拉木棍布扎布。右翼：科尔沁郡王僧格林沁，喀尔喀土谢图汗车林多尔济、扎萨克亲王车林多尔济、扎萨克亲王车登巴咱尔，阿拉善扎萨克亲王贡桑珠尔默特，奈曼扎萨克郡王固伦额驸德木楚克扎布，土默特扎萨克贝子德勒克色楞至御座前，赐酒成礼。

（卷462　844页）

道光二十九年（1849年）二月丁卯

调直隶布政使温予巽为甘肃布政使。甘肃布政使龚裕为直隶布政使。

（卷464　864页）

道光二十九年（1849年）四月壬寅

调湖北提督罗应鳌为甘肃提督。甘肃提督博勒恭武为湖北提督。

（卷466　874页）

道光二十九年（1849年）四月甲辰

以山西按察使陶梁为江西布政使。甘肃甘凉道春熙为山西按察使。

（卷466　875页）

道光二十九年（1849年）闰四月癸酉

命刑部右侍郎陈孚恩、户部右侍郎福济驰往甘肃查办事件。

（卷467　883页）

道光二十九年（1849年）闰四月癸未

谕军机大臣等："前召见部选甘肃平庆泾道范懋德，察其才具中平，恐难胜道员之任。著布彦泰于该员到省后随时留心察看，能否胜任，据实具奏。将此谕令知之。"

（卷467 884页）

道光二十九年（1849年）六月庚辰

命陕甘总督布彦泰拨银五万两解赴哈密，备官兵经费。

（卷469 903页）

道光二十九年（1849年）七月戊午

除甘肃皋兰、岷、中卫、宁夏、宁朔、贵德、安西七厅、州、县试种无效地一千九十七顷九十九亩有奇额赋。

（卷470 917页）

道光二十九年（1849年）七月甲子

户部议准陕甘总督布彦泰疏报："甘肃靖远县开垦地五顷五十五亩有奇，照例升科。"从之。

（卷470 918页）

道光二十九年（1849年）八月丙寅

予浙江出洋淹毙守备韩庆瑞、湖北因公淹毙知县李明埙祭葬恤荫。广东捕贼被戕千总胡铃祭葬世职。陕西阵亡马兵穆建吉、甘肃阵亡马兵冯大平赏恤如例。

（卷471 921页）

道光二十九年（1849年）八月辛未

命陕甘总督布彦泰拨银五万五千两解赴塔尔巴哈台，备辛亥年经费。

（卷471 922页）

道光二十九年（1849年）八月庚寅

命陕甘总督布彦泰拨银七万二千九百七十四两零解赴乌鲁木齐，备辛亥年经费。

（卷471 929页）

道光二十九年（1849年）九月甲辰

陕甘总督布彦泰因病解任。以四川总督琦善署陕甘总督。成都将军裕诚暂署四川总督。

（卷 472　933 页）

道光二十九年（1849年）九月己酉

实授琦善陕甘总督。以山东巡抚徐泽醇为四川总督。福建布政使陈庆偕为山东巡抚，未到任前以山东布政使刘源灏署理。

（卷 472　935 页）

道光二十九年（1849年）十月丁卯

命陕甘总督琦善拨银八万一千四十两解赴喀什噶尔、英吉沙尔，拨银五万八千七百九十二两解赴叶尔羌、巴尔楚克，备辛亥年经费。

（卷 473　944 页）

道光二十九年（1849年）十月己巳

谕军机大臣等："前据布彦泰奏丁忧知州砌词禀讦挟制，照抄原禀呈览请派大臣审办一折。又另片奏知县禀讦道员等语。明发谕旨，系派祁寯藻驰往查办。面谕祁寯藻饬令会同琦善审办，此案事关属员禀讦上司赃私多款，均经指出案据姓名，必应确查根究，以成信谳。惟查访不密，恐受欺蒙，故朕朱批琦善之折有已派员来川，卿速赴新任之语。谅该督必能默会慎密之意，现已驰赴陕甘总督之任。著于接晤祁寯藻时，即查照原禀各情，饬提人证卷宗，会同研讯，务期水落石出，勿存成见，秉公定拟具奏。布彦泰业经告病开缺，并著傅旨扣留备质。原折片及原禀均抄给阅看。将此谕令知之。"

（卷 473　944 页）

道光二十九年（1849年）十月壬申

命陕甘总督琦善拨银二千三百两解赴和阗，备辛亥年经费。

（卷 473　946 页）

道光二十九年（1849年）十月己丑

谕军机大臣等："昨日召见之甘肃西宁镇总兵萨炳阿，著琦善于该总兵回任留心察看，于西宁一缺果否相宜，抑须更调，或竟难膺专阃之任。著据实具奏，毋稍迁就。将此谕令知之。"

命陕甘总督琦善拨银六十六万两解赴伊犁，拨银二万八千三十九两解赴乌什，备辛亥年经费。

（卷473　950页）

道光二十九年（1849年）十一月壬寅

展缓甘肃河、狄道、靖远、陇西、阶、崇信、皋兰、渭源、金、静宁、隆德、宁、武威、宁夏、宁朔、灵、中卫、平罗、泾、灵台二十州县及沙泥州判所属歉区新旧正杂额赋。

（卷474　956页）

道光二十九年（1849年）十一月己酉

青海办事大臣哈勒吉那奏："所属玉舒三十九族熟番内，雍希叶布、卡爱尔、尼牙木错、蒙古尔津四族番民屡被四川果洛克番子抢劫穷蹙，陆续逃奔青海地方投生。经前任大臣德楞额奏准在右翼正盟长郡王棍楚克济克默特游牧内诺尔布塘地方住牧。兹据总管、千户等呈称，玉舒地方近年再未被抢，雍希叶布等族情愿回归，自应俯顺夷情准令回牧，俟明春派员照料同往，交该总管千户查收，免致流散。下部知之。"

（卷474　959页）

道光二十九年（1849年）十二月戊辰

陕甘总督琦善奏报接印任事。得旨："应整饬者，次第筹办。"

调贵州布政使张集馨为甘肃布政使。直隶布政使吴式芬为贵州布政使。以江西按察使陈启迈为直隶布政使。广东盐运使恽光宸为江西按察使。

（卷475　966页）

道光二十九年（1849年）十二月乙酉

陕甘总督琦善奏："甘肃永昌协、大马营、高古营、碾伯等地方有贼番出巢抢劫，出没靡常。兵至则纷纷窜归，兵退又四出滋扰，惟有效坚壁清野之法。责成提镇就近督率营汛员弁时加防范，一经探有贼踪即分头迎击，严行掩捕。得旨："必当严行整备。"

（卷475　978页）

道光二十九年（1849年）是年

会计天下民数，除甘肃及福建台湾府未报；谷数，除甘肃、江苏、浙江、福建未报外，直隶等省通共大小男妇四万一千二百九十八万六千六百四十九名口，存仓米谷二千五百七十二万六千六百六石三斗三升三勺。

（卷475　984页）

道光三十年（1850年）正月丙申

谕内阁："祁寯藻、琦善奏审明甘肃知州禀讦上司挟制各款分别定拟一折。此案陕甘总督布彦泰虽查无赃私重情，惟封疆大员关防不密，办理清查致多歧误，并令属员虚报到任，任听家人售卖衣物，种种粗率，殊负委任。著照议交部严加议处，即行回京听候部议。解任固原州知州徐采、镇原县知县张琅、吐鲁番同知托克清阿于留省办理清查事务，并不认真查核，辄随同藩司劣募草率了事，实属咎无可辞。徐采、张琅、托克清阿均著交部议处。升任布政使张祥河、前署布政使春熙督办清查，参差舛错，虽在任未久，亦著交部议处。其随同画稿并非专办之司道府县各员，著交部查取职名，分别议处。"寻议："布彦泰降四级调用，查该督任内本有革职留任之案，应即革职。徐采、张琅、托克清阿降一级调用。张祥河、春熙降一级留任。已革岷州知州陈昌言以清查亏短，经布彦泰列入参款，辄敢捏词诬讦，居心险诈，应如祁寯藻等所奏，从重发往新疆充当苦差。"从之。

又谕："祁寯藻、琦善奏，知县禀讦道员审系全诬等语。甘肃撤任安定县知县胡荐夔因兰州道杨能格查出该县仓库亏短，辄以该道沿途需索夫马，收受规费等情，捏词妄讦，冀图挟制，实属刁诈。现在审系虚诬，自应按律惩办。胡荐夔著即革职，从重发往新疆效力赎罪，应缴银两即著落依限赔缴。杨能格讯无不合，著与并未致送规费及摊派银两之秦州知州董平章等，均无庸议。"

又谕："祁寯藻、琦善奏甘肃省清查案件舛错参差请另行核议一折。著琦善督饬新任藩司拣派妥员，悉心厘剔。自奉到部文之日再予限八个月逐款清厘，核议具奏，毋稍含混迁就。"

（卷476　986页）

文宗咸丰皇帝实录

《清咸丰实录（一）》

道光三十年（1850年）三月丙申

协办大学士、陕甘总督琦善以大行皇帝升遐，奏恳节哀，历陈下悃。得旨："尔惟于陕甘弊政实力整顿，破除情面，痛改积习。尤须慎尔廉隅，慎终如始，庶不负皇考再造之恩。未有己不正而能正人者，勉之慎之。"

（卷5　111页）

道光三十年（1850年）三月戊午

谕内阁："刑部尚书阿勒清阿保举之直隶通永道谭廷襄、广东惠潮嘉道张春育，吏部侍郎侯桐保举之江西督粮道邹鸣鹤，户部侍郎福济保举之甘肃甘凉道李恩庆、直隶冀州直隶州知州陈稼生，刑部侍郎周祖培保举之广东广州府知府易棠、奉天锦州府知府崇祥，刑部侍郎恒春保举之山西解州直隶州知州陈景曾、直隶通州粮运通判毕昌绪、陕西安康县知县陈仅，均著各该督抚迅即饬令来京，交吏部带领引见，伺候召见。"

（卷6　126页）

道光三十年（1850年）四月戊辰

以甘肃洮岷协副将保恒为直隶大名镇总兵官。

（卷7　135页）

道光三十年（1850年）四月辛未

谕内阁："琦善奏请将知县革职审办一折。甘肃金县知县李振序于未报丁忧之先，捏病禀请代理，并将该员应征应解银款含混叙入。现又有民人控告及典史禀讦各情，是其呈报丁忧及患病日期显有挪改情弊，必应切实根究。李振序著即革职，交该督提集人证卷宗，严行审讯，按律惩办。"

（卷7　137页）

道光三十年（1850年）四月癸酉

又谕："琦善奏请将采办铅斤不力之员撤任查办一折。甘肃安西直隶州知州丁元森在任已经一载，于前任已故知州黄文炳亏用铅本，不行揭报，转借词例价不敷，希冀加增，显系有挟而求，必至有误要需。丁元森著先行摘去顶带，撤任提省，委员接署。责令确查该处新、旧各厂实在情形，并曾否开挖之处据实奏办。该员经手仓库有无亏挪，亦著确查，勿稍瞻徇。"

又谕："琦善奏参疏防马匹被抢之游击一折。甘肃甘州城守营参将镇标左营游击汪存魁、大马营游击王玉汝琉防孳厂马匹，被贼番抢掠至二千余匹之多，均属庸懦无能，著一并革职。俟查明被抢实在情形及抢失确数再行分别核办。提督罗应鳌未能督饬营员预为防范，亦有应得之咎，著交部照例议处。至被抢马匹著即照议，著落提督暨疏防司牧各员弁分成赔缴。"

（卷7　139页）

道光三十年（1850年）五月壬子

以陕甘总督琦善兼署青海办事大臣。

（卷10　177页）

道光三十年（1850年）六月癸酉

谕军机大臣等："前经召见新选甘肃平庆泾道张璥，察其才具平庸，著琦善于该员到省时详加察看，是否能胜监司之任，即据实具奏，毋稍瞻徇。将此谕令知之。"

（卷11　186页）

道光三十年（1850年）六月甲戌

又谕："琦善奏请除积弊以恤民艰一折。据称甘肃地瘠民贫，前此承查官吏将畸零地亩指为隐垦私开，勒限升科，以致民力不支，流离潜匿，殊失朝廷重农本意。著照所请，所有该省民地一万六千余顷、番贡地四万一千余段，共应缴银一万七千余两，粮二万三千余石，准其概予豁除。仍照向来旧额征收，以恤穷黎。"

（卷11　186页）

道光三十年（1850年）七月己酉

谕内阁："琦善奏续经查出滥借司库银款各员请分别追赔一折。据查从前办理番案，升任甘肃兰州道唐树义曾详明前督臣富呢扬阿批令借动司库银一万两，经前署藩司王兆琛于暂存粮价内照数借发，至今并未归补。此项银两系应发给各属买粮还仓之款。前司道等率行借用，以致无款可归。前督臣既经批准，又不据实奏明，均属错误。现当清厘库款之际，岂容再任虚悬，著镶红旗满洲都统、贵州、山东各巡抚转饬富呢扬阿家属并唐树义、王兆琛各员名下，每员各赔交银三千三百三十三两零，即速解甘肃省归款。"

以甘肃西宁镇总兵官萨炳阿署西宁办事大臣。

（卷14　205页）

道光三十年（1850年）七月壬子

又谕："吏部续奏各省保举人员一折。所有江苏巡抚傅绳勋保举之江宁布政使杨文定、江苏按察使联英，山西巡抚兆那苏图保举之布政使蒋霨远、按察使孔庆镠，协办大学士、陕甘总督琦善保举之甘肃布政使张集馨，贵州巡抚乔用迁保举之按察使武棠，均著该督抚饬令来京陛见。其所保同省之藩臬，著该抚饬令分起先后来京。"

陕甘总督琦善奏报："甘肃省河州、渭源、西河、安化、庄浪、崇信等处间有被旱、被雹、被霜地方，平乐县渠水猛涨冲淹，皋兰县黄河上游暴涨漫淹，沿河一带俱饬查办。"得旨："妥速勘办。"

（卷14　206页）

道光三十年（1850年）八月辛酉

谕内阁："阿勒清阿等奏，与甘肃按察使明谊各有姻戚同年之谊，现在复核，亲供应行回避等语。阿勒清阿、杜受田、周祖培均著毋庸回避。"

（卷15　214页）

道光三十年（1850年）八月甲子

命甘肃按察使明谊解任候质。

（卷15　218页）

道光三十年（1850年）八月戊寅

命陕甘总督琦善拨银五万五千两解赴塔尔巴哈台，备咸丰二年经费。

（卷16　228页）

道光三十年（1850年）九月辛卯

户部议准陕甘总督琦善疏报："甘肃高台县开垦屯地一十九顷五十八亩有奇，照例升科。"从之。

（卷17　236页）

道光三十年（1850年）九月甲午

户部议准陕甘总督琦善疏报："靖远县开垦旱田十顷五十三亩有奇，照例升科。"从之。

（卷17　238页）

道光三十年（1850年）九月丁酉

命陕甘总督琦善拨银六万七千九百两有奇解赴乌鲁木齐，备咸丰二年经费。

（卷17　242页）

道光三十年（1850年）九月辛丑

予故甘肃提督罗应鳌祭葬，谥简恪。

（卷17　245页）

道光三十年（1850年）九月丙午

命陕甘总督琦善拨银四千九百两有奇解赴喀喇沙尔，备咸丰二年经费。

（卷18　253页）

道光三十年（1850年）九月壬子

甘总督琦善奏报："甘肃河州等属夏秋禾苗被伤，请俟秋成再行勘办。"得旨："妥为勘办，不可被吏胥蒙蔽。"

甘肃凉州镇总兵官赵承德以捏词告病，革职。以前任广东琼州镇总兵官鲍起豹为甘肃凉州镇总兵官。

（卷18　262页）

道光三十年（1850年）十月辛酉

命陕甘总督琦善拨银三千三百两有奇解赴和阗，七万七千六百两有奇解赴喀什噶尔、英吉沙尔，备咸丰二年经费。

（卷19　270页）

道光三十年（1850年）十月辛未

命陕甘总督琦善拨银六十六万五千两解赴伊犁，备咸丰二年经费。

（卷19　278页）

道光三十年（1850年）十月己卯

谕军机大臣等："据琦善奏搜捕柯柯乌苏群贼并剿灭雍沙番贼一折。另片奏各犯解省并斥革格窝严查汉奸各等语。据称该番族连年伙抢，为西宁、甘州、凉州、肃州之巨害。该督派兵剿捕，而柯柯乌苏地方群贼先已窜去，因将雍沙番贼剿除，并讯据生擒各犯，供认抢劫多案。且百户尕噜库、百总冻都噜父子纠抢，戕害大员，自应严切讯究，毋任狡展。所有与贼通信，令其逃避之察罕喇嘛旗下蒙古章京格窝，著即革去翎顶，一并严讯。青海大臣衙门蒙古通事何以有三十余名之多，据称有偷漏消息等情，亦应确查核办。惟前据哈勒吉那奏称，该督将海兰地方插帐雍沙番子歼毙净尽，该番等平素有无为匪，未据营员具报。该管蒙古郡王等亦称该番素无冒番行抢情事，甚至痛哭流涕恳请办理，并称恐附住之阿里克族番与察汉诺们罕旗蒙番人户心怀疑惧等语。当经降旨，令该督明白回奏，著琦善遵照前旨一并查明，据实具奏，毋稍含混。将此谕令知之。"

（卷20　286页）

以甘肃肃州镇总兵官桂龄为喀什噶尔换防总兵官。

（卷20　287页）

道光三十年（1850年）十一月乙未

谕军机大臣等："琦善奏遵旨明白回奏并续捕黑城回匪各一折。据称海兰地面，汉名雍沙。现在剿灭之番子系大囊谦千户所属，并非玉树番族。近因大囊谦频年荼毒良民，戕害大员，是以带兵痛剿。又折奏黑城回匪恃险抗拒，枪毙官兵，经署提督桂龄、总兵萨炳阿等分堵该城南北两门，大兵占住山梁，用大炮轰击，弁兵蜂拥直前，歼毙多名。各撒拉回众投诚献贼各等语。该番等赋性犷悍，扰害善良，据该督所奏情形自应如此惩办。所获各犯经甘肃两司讯明供招后，妥为监禁。仍著琦善亲提研讯，自行具奏，候旨办理。该督前奏甘省近边番贼以柯柯乌苏为群聚之所。外来番族麇集于此。西路之雍沙、东路之黑城等处皆为贼之腰站。是该督此次阅边既以柯柯乌苏为扼要之地，何以带兵前往，听其窜匿，仅将未逃之番贼什加外荣额群本三名拿获正法。又称穷追深入，势有不能，乃回兵于雍沙、黑城等番大加剿灭。该督本意是否欲剿除柯柯乌苏之外贼，因不得手始将雍沙等处之内贼掩其不备，痛加剿办。该督出省巡阅折内仅称遇有番匪，潜出滋扰，乘势掩剿等语，未将如何办理主见详悉声明。而哈勒吉那陈奏情节又多不同，著琦善仍遵前旨将前后剿办根由据实复奏，毋稍含混。至所称现在撒拉既知畏威怀服，献贼投诚，著即体察情形，相机妥办。不值再劳兵力也。将此谕令知之。"

（卷20　302页）

道光三十年（1850年）十一月丁酉

谕内阁："户部奏请饬各省查明藩库滥支等项分别赔补一折。各省动用银两均由藩库支发，自应按款核实，不得任意滥行支借。前因四川、甘肃等省查出借垫亏短等项银两，经该督奏明，著落前任藩司赔交。此外各省藩库似此流弊亦必不免，著各省督抚严饬现任藩司，查明各前任滥支滥借等款，据实奏明，分别责令经手之藩司等按款赔补。其现任藩司任内滥行支借等款亦著一并据实详报，追缴赔补。倘藩司含混不报，经督抚或后任藩司查出参奏，即著落现未查出之藩司独赔，如督抚徇庇不奏，即由藩司自行奏明办理，毋得通同隐饰以致库款虚悬。又片奏，山东历任藩司借支各款未完银八十九万四千四百余两，经该部列款指询，其无著之款即应在于滥行支借各员核实赔缴，著陈庆偕严饬该藩司迅即逐款分晰查复，毋再稽延。"

（卷21　304页）

道光三十年（1850年）十一月己亥

调甘肃布政使张集馨为河南布政使。以前任江苏布政使李僡为甘肃布政使。

（卷21　307页）

道光三十年（1850年）十一月庚戌

又谕："琦善奏河北番回及循化撒拉悔罪投诚缚献各贼审明办理一折。另片奏，在事出力人员可否分别保奏等语。番回扰害良民，频年肆行抢劫，自应加以惩办。该督带兵巡阅，先将潜踞内地之雍沙番及黑城撒拉回匪次第剿除。现在黄喀洼番族悔惧，该管喇嘛率领头目人等缚献贼犯一百数十名，均经分别审办。西宁东路河北一带番回及循化八工撒拉均已投诚，现饬提镇等撤兵归伍，办理尚为迅速。其黑城地方移驻营汛之处，著即妥议具奏。此次在事出力文武员弁著该督择其劳绩尤著者分别保奏，候朕施恩，毋许冒滥。"

（卷22　317页）

又谕："有人奏，本年十月初，甘肃七品小京官张瀚由天津回籍，行至邢台县离城三里地方被劫去银一千三百两。又平泉州民人曹凤志、刘聪行至密云县之九松山地方被骑马贼二人劫去银两四百四十两，并绸缎等物。刘聪被贼扎伤，报县验明，案犯未获。又赤峰县民人王姓于二十九年九月行至顺义县地方，被贼抢去现银三十余两并会票一张、马一匹。经事主报县，被押四十余日，案犯均未报获等语。畿辅重地，屡经申谕整顿，何以任听抢劫横行？可见捕务废弛已极，著顺天府府尹、直隶总督严饬所属，按照所指各案严行查拿，从重究办，如查有兵役庇贼，官弁讳盗等情，即行从严参办。原片著抄给阅看，将此各谕令知之。"

（卷22　318页）

道光三十年（1850年）十二月戊午

又谕："琦善奏遵旨复陈剿办雍沙番贼情形一折。另片奏，现讯通事各供及蒙古近日情形各等语。雍沙番贼历年抢劫内地民人，既经该督查明，均有报案可凭，并现讯各供确凿可据，自应如此办理。惟该处蒙、番杂处，驾驭抚绥在在均关紧要。该督务当随地随时预筹妥办，总期法立于无弊，患消于未萌。倘经此次剿办之后反致该处蒙古、番族互启猜疑，别滋事端，朕惟该督是问，懔之慎之。将此谕令知之。"

缓征甘肃河、陇西、灵、西宁、灵台、五州县及陇西县丞所属被水、被旱、被雹、被霜灾区旧欠额赋，并皋兰、靖远、宁夏、宁朔、中卫、平罗六县新旧额赋。

（卷23　326页）

道光三十年（1850年）十二月己未

谕军机大臣等："前据哈勒吉那奏称，琦善带兵出卡将海兰插帐雍沙番子歼毙净尽，夺获牲畜，击打番帐等情。当经谕令琦善明白回奏并饬哈勒吉那查明复奏。嗣据琦善叠次奏陈剿办情形，与哈勒吉那复奏该管郡王呈诉各情节迥不相符。事关控驭蒙、番，办理稍有失宜易致借口启衅。萨迎阿现已有旨谕令回京，著即迅速驰赴西宁，沿途密访，并将该郡王恭木楚克集克默特并台吉集克默特、纳木加立多尔济、端多布旺扎勒等传齐，悉心查问。该番族住牧该处原委及现在因何迁延未回原牧，其戕官劫抢各案是否积年旧案，抑系近时滋扰。琦善办理此事时，其巡边折内未经先行奏明，是否因剿除柯柯乌苏贼匪未能得手，移兵雍沙，掩其不备，诛戮过当，以致波及蒙古，滥杀无辜且牲畜器械夺获者是否皆系贼物，通共击毙番族若干，蒙古人等若干，所讯各供是否确凿，有无刑求威逼情事。其剿办黑城撒拉回匪及黄喀洼献贼投诚等情是否所奏皆实。此次办理之后，现在蒙、番情形如何。琦善等折内所陈各节均著逐一访查，据实具奏。萨迎阿久任边帅，于地方绥辑事宜谅能深思熟计，弭患未然，断不致预存成见，迁就了事，务当秉公持平，剖析是非。如琦善有办理过当及哈勒吉那偏听饰词之处，即应分别参奏，不得稍有不实不尽，至蒙、番如何经久相安，不致别生枝节，一并通筹妥议奏闻。琦善、哈勒吉那前后各折件并单均著发交萨迎阿阅看。将此由四百里谕令知之。"

（卷 23　326 页）

道光三十年（1850 年）十二月丙寅

又谕："前因琦善叠次奏陈剿办雍沙番子情形与哈勒吉那复奏该管郡王呈诉各情形不符，业经降旨令萨迎阿于回京时驰赴该处密查矣。兹又有人奏称琦善到任后，屡有番贼抢掠重案，该督并未严饬剿除，至本年七月间始奏请巡阅时带兵追捕，于时番贼抢劫频闻，该督始犹移兵避贼，迨贼众抗拒，不得已调兵会剿。乃于番贼逃匿之后将熟番妄行杀戮，并严拷被获熟番，逼令供认勾结。其晚间开炮轰毙撒拉回子情形尤为惨酷。若如所奏，该督滥杀无辜，贪功喜事，于边务大有关系。著萨迎阿于接奉前旨驰往密查之际，按照折内所指各情一并严密访查，据实具奏，断不准稍有隐饰。谅萨迎阿必不肯代人受过也。原折著抄给阅看，将此由四百里谕令知之。"

（卷 23　331 页）

道光三十年（1850年）十二月辛未

又谕："据向荣驰奏敬陈管见一折。广西土匪滋扰，所陈现在办理情形不为无见。该提督自抵粤后身先士卒，屡立战功，殊堪嘉尚。至请将现任陕甘总督琦善饬赴粤西会同商办等语。行军命将，朕心自有权衡，岂容妄参末议所请，著不准行。李星沅、周天爵等均经朕特派前往广西会同剿办，计该提督现已接奉谕旨，务当同心协力，荡涤贼氛。果能认真剿捕，克期蒇事，朕必立加恩奖。倘始勤终怠，致贼匪日就蔓延，该提督亦难辞重咎。懔之勉之，此旨并著李星沅、周天爵、劳崇光等公同阅看。将此谕令知之。"

（卷23　340页）

命协办大学士、陕甘总督琦善拨银四万七千五百两有奇解赴伊犁，备咸丰元年经费。

（卷23　341页）

道光三十年（1850年）十二月壬午

谕军机大臣等："前因琦善剿办番回一案，降旨令将前后情由据实复奏。兹据琦善奏称，此次带兵巡阅系自外而内以次扫除，及抵柯柯乌苏贼已闻风远扬，窜入雪山深处，碍难穷追，即将雍沙、黑城二处番回歼除。黄喀洼旋亦投诚，并非因外贼未能得手，始行移剿内匪等语。著萨迎阿仍遵前旨，迅速驰赴西宁一带沿途访查。雍沙等处番回果否与外夷勾结为奸，必应剿洗。其杀伤是否过当，所陈先后剿办情由果否确实，有无掩饰。其审拟雍沙番贼现在甘省监禁者尚有二十四名，著萨迎阿到甘省时提讯确供，是否与琦善所取各供相符，务当悉心研鞫，无枉无纵。琦善复奏原折著抄给阅看。将此由四百里谕令知之。"

（卷24　351页）

咸丰元年（1851年）正月壬子

又谕："庄浪城守尉怀成奏马厂地界久被番民侵占耕种恳请查办一折。著琦善派委妥员确实查勘，应如何办理之处核议具奏。凉州副都统兴泰因何不肯会衔，著一并查明复奏。"

（卷26　373页）

咸丰元年（1851年）正月甲寅

谕内阁："本年轮应查阅直隶、山西、陕西、甘肃、四川等省营伍之期。直隶著即派讷尔经额，山西著即派兆那苏图，陕西著即派张祥河，甘肃著即派琦善，四川著即派徐泽醇逐一查阅，认真简校。如查有训练不精，军实不齐者，即将废弛之将弁据实劾参，毋得视为具文。"

（卷26　375页）

咸丰元年（1851年）二月己未

调云南提督荣玉材为贵州提督。以甘肃凉州镇总兵官鲍起豹为云南提督。浙江台州协副将长寿为甘肃凉州镇总兵官。

（卷27　377页）

咸丰元年（1851年）二月乙丑

谕军机大臣等："有人奏陕甘总督琦善之胞弟琦龄前在固原州、安定县各任内亏空甚巨，谎报完缴，率请开复，令各属代为弥补，以致无处不亏。宁夏亏数最多，秦州、肃州、平罗、宁朔等处均有亏缺。因代琦龄赔补亏空，得免参撤。又有佘魁、曹玉盘踞甘省，出入衙门，行私纳贿。曹玉向与劣幕孙芷清朋比为奸，佘魁前经犯案追缴捐照，递回原籍，近乃诡入皋兰籍贯，干预公事等情，事关大吏祖护亲属，贻累属员，清查不实不尽。亏缺之员应参不参，甚至纵容犯案棍徒仍前逗留干预，均应彻底查究。著萨迎阿将所指琦龄及各州县亏空代赔实数确切查明具奏，并将佘魁等劣迹访查，严行讯办。原奏片抄给阅看。将此谕令知之。"寻奏："遵查肃州等属亏空实数，知县聂尔耆等并无代琦龄弥补情事，著赔之项业咨四川省追缴，应毋庸议。佘魁应照长随盘踞衙门例，杖一百，枷号一月，递回原籍。曹玉世居皋兰县城，讯无盘踞出入衙门等事，应毋庸议。"下部议，从之。

（卷27　383页）

咸丰元年（1851年）二月戊辰

又谕："徐继畲奏请暂留升任臬司等语。升任甘肃按察使兴泉永道张熙宇会同该管文武拿获会匪首要各犯多名，现在搜拿余匪，讯取确供，正在吃紧之际。著即责成该员一手经理，俟将此案办竣再行交卸，前赴升任。"

（卷28　385页）

咸丰元年（1851年）二月己巳

修甘肃南川营黑城子土堡衙署，从总督琦善请也。

（卷27　386页）

咸丰元年（1851年）二月丙戌

又谕："据兵部奏甘肃西宁镇总兵萨炳阿上年差派把总赵胜等带兵六名赴永安一带探野番踪迹，把总赵胜及兵丁二名均被贼戕害。仅据陕甘总督咨部等情，该镇萨炳阿、游击朱成贵、都司张顺等职任巡防，于把总被戕之后并不发兵追剿，辄以该弁轻率自取等词具禀。该督又不将被戕官兵题奏，仅以咨部了事，显有不实不尽。著琦善确切查明贼匪戕官并不亲身追剿之总兵以下各官，据实严参，并将被戕官兵造册具题核办，勿稍含混。"

（卷28　400页）

咸丰元年（1851年）二月丁亥

举行道光三十年大计。奉天才力不及官一员。直隶卓异官十六员，罢软官一员，才力不及官一员，年老官四员，有疾官二员。热河卓异官一员。浙江卓异官十一员，不谨官二员，才力不及官三员，年老官三员。福建卓异官七员，不谨官一员，罢软官一员，浮躁官一员，才力不及官一员，年老官五员。安徽卓异官五员，不谨官四员，罢软官一员，浮躁官二员，才力不及官一员，年老官二员。湖北卓异官十员，不谨官四员，罢软官一员，浮躁官一员，才力不及官一员，年老官二员，有疾官二员。湖南卓异官十员，不谨官二员，罢软官一员，年老官五员。山东卓异官十三员，不谨官一员，才力不及官三员，年老官五员。山西卓异官十二员，才力不及官二员，年老官四员，有疾官三员。甘肃卓异官七员，才力不及官一员，年老官二员，有疾官一员。广东卓异官十二员，不谨官三员，罢软官二员，才力不及官二员，年老官六员，有疾官二员。四川卓异官十四员，不谨官六员，才力不及官四员，年老官三员，有疾官二员。贵州卓异官七员，罢软官一员，才力不及官二员，年老官三员。河南卓异官十一员，不谨官一员，才力不及官三员，年老官二员，有疾官一员。南河卓异官一员，年老官一员，有疾官一员。东河卓异官一员，年老官一员，有疾官一员。分别议叙处分如例。

（卷28　401页）

咸丰元年（1851年）三月庚子

定郡王载铨等会议协办大学士、陕甘总督琦善复查甘肃省各属仓库亏数，分别弥补追赔，酌定章程七条：一、清查册报，以已征未征实亏仓库勒限著赔，扣廉弥补。一、原请亏银三千两以下者予限一年，三千两以上者二年，六千两以上者三年，一万两以上者四年，一万五千两以上者五年，二万两以上者六年，三万两以上者七年。其本员现任或已故而子孙现任知县以上者照限追缴，并由户部移咨吏部，停其升调选补。倘逾限不完，监追查抄，令该上司分成赔缴。至亏赔并追之员应令两案并计，数在四万两以上者予限八年，每年各缴八分之一。一、州县征收钱粮尽征尽解，红簿串根，即时调验。其按缺摊销之项于通省文职养廉内分成酌扣。一、官垫民欠银粮草束按照现报册内原垫各员勒限赔交。民欠之项概予豁免。如各员借口带征，以后仍有官垫民欠名目，道、府、州、县一并参处。一、实亏各员或已故而子孙无官，原管上司亦系家产尽绝，应将道光十一年奏明摊扣一成养廉，于咸丰八年摊销补完之后，接续扣补，并每年酌提草价息银一半以为通省摊捐之用。一、甘州、平凉、西宁三府所亏封存银两应将擅动各员勒限三个月如数追缴。其升任他省并回籍病故者，即由各省及原旗籍家属严追，倘限满不能完足，著落滥准借支道府赔缴。一、道府各库提存所属银钱如系交存粮价，即分别买补还仓，并将日期咨部。如系完缴正项应存司库者，即入册候拨，随案造报，俾有稽查。"从之。

（卷29　410页）

咸丰元年（1851年）三月壬子

谕军机大臣等："琦善奏遵查马厂地界请饬勘办一折。庄浪满营马厂地面辽阔，附近民番乘闲开种，迄今历年已久。厂地必应清理，边氓亦宜抚绥，其应如何划分界址，定则升科，总未议立章程，殊非核实经久之道。著即派凉州副都统兴泰并甘凉道等亲往查勘。由琦善核明，妥议章程，会同兴泰具奏。至前此怀成奏恳查办一折，兴泰究竟因何不肯会衔，著再确查具奏。将此谕令知之。"

（卷30　423页）

咸丰元年（1851年）三月乙卯

又谕："据哈勒吉那奏青海蒙古生计维艰请免派兵驻防一折。青海各旗蒙古向设正、副盟长，原以约束巡防，借习武备。兹据哈勒吉那奏，该处王公等因屡被番贼抢劫，穷蹙日甚，恳请免派驻防兵丁，并将盟长裁撤，缴销印信。又称近年以来该盟长并未带兵亲往，亦未习练武备，似属有名无实，可否准其裁撤，以示体恤。事关更易旧章，自应详细体察。著萨迎阿于路过该处查办事件之便，察看情形，应如何酌办之处，据实具奏。原折著抄给阅看，将此谕令知之。"

（卷30　427页）

咸丰元年（1851年）四月壬戌

谕内阁："萨迎阿奏遵查知县被参各款等语。甘肃昌吉县知县尚贵前在山丹县任内，虽查无勒折粮石、馈送消弭等情，惟询以公事应对迟钝，不能清楚。于边缺难期胜任，著即撤任回省，以内地之府经历、县丞降补。知州衔张掖县知县陈镛任听幕友、门丁在署外居住，关防不能严密，虽查无别项劣迹，究于要缺不宜，著撤任留于甘肃以简缺知县补用。"

（卷31　431页）

咸丰元年（1851年）六月乙丑

谕内阁："萨迎阿奏遵查青海蒙古情形，拟裁察汉城驻防蒙古兵丁仍留盟长等官一折。另片奏蒙古郡王恳请暂居永安城外住牧等语。著派德兴会同理藩院悉心妥议具奏。"

（卷35　489页）

咸丰元年（1851年）六月丁丑

又谕："据德兴等奏，遵议裁撤察汉城驻防蒙古兵丁及蒙古郡王恭木楚克集克默特恳请暂居永安城外住牧未便率行议准一折。该郡王等暂居永安城外，业已二年有余。前据萨迎阿奏拟准再住一二年，由青海大臣察看。如生计充裕即饬令回牧。原系从权办理，惟是一二年后倘该郡王等生计仍然拮据，未能撤回原牧，又将如何办理。其驻防兵丁全数裁撤，则蒙古与汉兵声气不能相通，守望难以相助。倘被野番滋扰，该蒙古益觉进退维谷，亦恐未为尽善。著萨迎阿会同哈勒吉那通盘筹划。将如何防御野番，安插蒙古之处再行详细妥议具奏，勿贻后患。所有德兴会同理藩院议奏原折著抄给阅看。将此谕令知之。"

（卷36　501页）

咸丰元年（1851年）六月辛巳

谕内阁："琦善奏番贼复出抢掠一折。另片奏永昌县追捕贼匪情形等语。据称西宁镇总兵萨炳阿禀报，哈拉库图尔有番贼一百余人骑马持械，盘踞下硖口地方。当经该镇挑派弁兵驰往堵捕。又南川王沟尔等庄有番贼抢掠牲畜，该镇等派令署守备汪永桢等追捕，毙贼十余名。复经该镇带兵督捕，余贼始行逃窜。署守备赵国栋被伤阵亡，兵丁亦有伤亡。其撒口冰沟地方抢掠牲畜贼匪，经永昌县知县郭云青会营追捕，杀毙骑马贼三名，夺回被抢骡马并夺获贼马三匹及鸟枪、刀矛、帐房、铅弹多件，兵勇均未受伤。该处番贼甫经剿办，又复四出抢掠，甚至拒捕伤及官兵，实属目无法纪。著萨迎阿严饬镇将，跟踪剿捕，不得以贼匪远扬，稍疏防范。如有托故迁延，不肯实力查拿者，即著严参惩办。署守备赵国栋，交部照例赐恤。"

又谕："前据兵部奏，甘肃把总赵胜经总兵派委探贼被戕，该督未将总兵以下各官查参等情。当降旨交琦善确查复奏。兹据查明该弁赵胜躧探贼踪，实因轻率追捕，以致遇贼被戕。该镇萨炳阿于派委查探之时，既未详慎指示，及该弁兵被戕之后又不立即躧捕，署永安营游击朱成贵、署察汉俄博营都司张顺于界连地方潜匿贼匪，漫无觉察，迨经失事并不赶往截缉，均难辞咎。萨炳阿、朱成贵、张顺著一并交部分别议处。其被戕官兵，著该部照例核办。"

谕军机大臣等："据琦善奏，撒拉回子复聚众于卡尔冈庄，前往昂思多、黑城子、拉曲山等处，称欲修盖供拜，搬取黑城工所砖瓦，拆烧工用物件，打毁木架禁条等语。上年琦善带兵剿捕时，各庄撒回恭顺投诚，交出贼匪，何以故智复萌，于原争修建地方辄敢攘取工物，妄图修盖，殊属反复无常。著萨迎阿迅饬该镇将，将该撒回头人设法查拿惩办。一面将各庄良回妥为开导，毋令借端滋扰。原片抄给阅看，将此谕令知之。"

（卷36　504页）

咸丰元年（1851年）七月乙酉

谕内阁："萨迎阿奏，甘省营务废弛，筹议责成提镇实力整顿等语。昨据琦善奏，番贼复出抢掠，已有旨令该署督严饬镇将跟踪剿捕。野番频年肆抢，官兵前往追捕未能得力，甚至退缩不前，总由该省营务废弛已久，历任总督粉饰消弭，以致养痈成患，实堪痛恨。番匪出没深山，兵少则抗拒，兵多则逃窜。设卡巡防，严密侦探，最为要务。著即责成该提镇平日严督将弁，认真操练兵丁。饬令防守弁兵随时确探，如有野番出掠，飞速传报。该提督迅派将弁带兵赶捕。该镇即亲带弁兵驰往堵剿，必须立时加以惩创，使野番知畏，不敢轻出肆劫。并通饬地方文武查拿内地奸民，毋令勾结接应，以净根株。萨迎阿现署总督，距裕泰到任为日尚遥，恐秋间贼番复出劫掠滋事，著会同提督索文严饬各镇，随时认真防范，并将废弛积习实力整顿，不准再蹈从前欺饰故智，致干重谴。倘将弁仍前玩泄，奉行不力，即著严参惩办。"

（卷37 508页）

予甘肃阵亡把总赵胜祭葬世职。

（卷37 509页）

咸丰元年（1851年）七月壬寅

甘肃西宁镇总兵官萨炳阿缘事降补。调宁夏镇总兵官双锐为西宁镇总兵官。以四川阜和协副将武庆为甘肃宁夏镇总兵官。

（卷38 525页）

咸丰元年（1851年）七月丁未

又谕："萨迎阿奏野番抢掠戕伤弁兵请将专泛之都司革职一折。甘肃南川营都司焦士忠于野番入境之时既未侦探禀报，驰往缉捕，及至遇贼又不奋勇向前，实属怯懦无能。焦士忠著即革职。野番出没无常，全在该镇将等迅速掩捕，立时惩创，方可保卫边氓。著该署督严饬地方文武，实力侦缉，并访查内地奸匪勾串，严行究办。倘缉捕不力，致贼犯远扬，抢劫牲畜，不能追获，即将该管员弁从严参处，毋稍宽纵。"

（卷38 530页）

咸丰元年（1851年）八月丙辰

命署陕甘总督萨迎阿拨银六千九百两有奇解赴喀喇沙尔，备咸丰三年经费。

（卷39 536页）

咸丰元年（1851年）八月丁巳

予甘肃阵亡把总杜彦春祭葬世职。

（卷39　537页）

咸丰元年（1851年）八月己未

又谕："前据庄浪城守尉怀成奏，马厂地界又被番民侵占耕种，恳请查办。并据称凉州副都统兴泰给札有遽行陈奏显系文职寝阁等语。当经降旨，著琦善派员查勘，并将兴泰因何不肯会衔之处一并查奏。旋经琦善奏派兴泰并甘凉道等亲往查勘其不肯会衔一节，再行确查。兴泰自应静候查办。兹据奏参怀成不遵体制，任意率奏。折内既称事隶地方，亟应认真查办，何以与前札所称有碍文员语意相背。著萨迎阿将前后所奏各情秉公确查，据实具奏。兴泰折内所称敕书内载庄浪满营官兵系伊统辖向来遇有事件，由城守尉咨呈该副都统转行咨奏等语。著萨迎阿一并查明具奏。"

（卷39　538页）

咸丰元年（1851年）八月甲子

命署陕甘总督萨迎阿拨银一千三百两有奇解赴库车，备咸丰三年经费。

（卷39　541页）

咸丰元年（1851年）八月乙丑

谕军机大臣等："王懿德奏士民呈控番贼扰害请饬查办并节录原禀呈览一折。本年五月以来，西宁一带野番时出抢劫，节经萨迎阿奏官兵追捕情形，并将遇贼怯懦之都司焦士忠奏参革职。先后降旨，谕令该署督分饬各镇营实力操防，严守要隘。兹据王懿德奏称，西宁绅士、平番耆民等于金县途次具禀，并称曾在署总督处喊禀多次，不为查办。是否该署督前奏情形尚未详尽，抑或另有别情。现在贼番果否敛迹，地方文武如何办理，廪生李国栋等业由王懿德递交甘省，著萨迎阿确切讯明妥为查办，据实复奏。番匪屡出抢劫，事关边防民瘼，必应严饬剿捕，大加惩创，方足以卫民生而肃边圉。谅萨迎阿自能懔遵节次谕旨，认真整饬，不因暂时署事稍形宽懈，亦断不以琦善因剿办番案获咎，遂任镇将等姑息偷安，转贻后患也。原折并呈禀二件均著抄给阅看，将此谕令知之。"

（卷39　542页）

咸丰元年（1851年）八月庚午

刑部奏："甘肃番案内解京大员请派大臣会审。"得旨："著派大学士军机大臣会同刑部审讯定拟具奏。"

署陕甘总督萨迎阿奏："甘肃应拨口外兵饷经费不敷，请将司库封储喀什噶尔军需银提借六十万两，俟协饷到甘，悉数归还。"如所请行。

（卷40　550页）

咸丰元年（1851年）闰八月丙戌

又谕："萨迎阿奏审拟已革蒙古章京格窝一案，并请将前锋翼长佐领富克津泰等饬回伊犁当差等语。富克津泰等著暂留甘肃听候谕旨，所请量予鼓励之处，著俟番案会审完结后声明请旨。"

署陕甘总督萨迎阿奏甘肃皋兰等九州县被旱、被雹、被水情形。得旨："被灾较重之区勘明迅速具奏，不准耽延。"

（卷41　562页）

咸丰元年（1851年）闰八月庚寅

又谕："前据琦善保奏剿办番回出力各员，曾经降旨交萨迎阿查核。兹据复称，琦善前次攻剿番回，伊未曾目睹，所保人数较多，不能查出何员出力，措词已属含混。又称容俟留心考察另请鼓励。是于剿办番案之外，复开冒滥保举之端，尤属错谬。萨迎阿著传旨申饬。"

（卷41　566页）

咸丰元年（1851年）闰八月甲午

甘肃凉州镇总兵官万飞鹰奏报到任日期。得旨："勉力为之。"又批："勤加训练，力戒因循操守，尤为紧要。此谕须默识之不可忘。"

（卷41　569页）

咸丰元年（1851年）闰八月辛亥

谕内阁："前因王懿德奏甘肃士民呈控番贼扰害等情。当令萨迎阿妥为查办，据实复奏。兹据该署督逐层声复，其派兵前赴打坂地方，贼已窜逸，无从接仗一节。何以不行入奏，已属有心回护。且谕令呈控番匪之廪生李国栋等各安生业，并饬协同访拿。试思该绅民等累被番贼扰害，抢去牲畜，有何生业可安？且自保身家不暇，又何能协同访拿奸匪？该署督于特旨交查之案，办理如此草率，实属老悖昏庸。萨迎阿著交部议处，仍著将此案认真查办，并严饬该镇道等随时实力缉拿，毋稍疏懈，倘仍玩视捕务，即著严参惩办。"

（卷 42　585 页）

命署陕甘总督萨迎阿来京，以户部左侍郎舒兴阿署陕甘总督。

（卷 42　586 页）

咸丰元年（1851年）九月甲寅

以查办番案草率，拔署陕甘总督萨迎阿花翎。

（卷 43　591 页）

咸丰元年（1851年）九月辛未

以甘肃兰州协副将佈克慎为贵州威宁镇总兵官。

（卷 44　606 页）

咸丰元年（1851年）十月庚寅

又谕："刑部等衙门具题甘肃徽县民李金玉等殴伤胞兄李奉灏身死一案。李金玉著照拟凌迟处死。其李平儿一犯经该部声明，仅止上前拦劝，因被按情急，将李奉灏撞跌倒地，致碰一伤，并非有心干犯。夹签请旨，该犯李平儿系李奉灏胞侄，案关服制罪名出入，其是否有心干犯，著陕甘总督再将该犯亲提研鞫，务得确情，据实定拟具奏。"寻奏："复讯李平儿将李奉灏撞跌致毙，按律拟以凌迟处死，惟核其情节实非有心干犯，应仍遵例声明。"得旨："著改为斩监候秋后处决。"

（卷 45　621 页）

咸丰元年（1851年）十月甲午

命甘肃提督索文在紫禁城骑马。

（卷 45　623 页）

咸丰元年（1851年）十月丁酉

谕军机大臣等："萨迎阿奏，番贼抢掠镇羌等营地方及古娄等堡先后堵捕情形。该镇将等迁延畏葸，或不发兵接应，或带兵前往已在贼匪遁逃之后，种种贻误，殊属可恶。该省沿边一带近日番贼抢劫之案较前更多，若非该处文武平日全无布置，何以贼匪一经窜扰，如入无人之境？舒兴阿现已驰抵署任，著将该省现在贼匪情形及萨迎阿如何督饬防捕之处查明据实奏闻。舒兴阿系特简之人，务期竭尽心力，以副朕望。将此谕令知之。"

（卷45　624页）

咸丰元年（1851年）十月壬寅

谕军机大臣等："前据萨迎阿审办雍沙番子一案，现派大学士军机大臣会同刑部审讯。所有甘肃监禁之番犯十四名，著舒兴阿督同藩司黄宗汉、署臬司易棠慎选通晓番语之人亲提复讯。该番子等平素有无为匪及勾结野番伙同抢劫情事，秉公定拟具奏。萨迎阿前审此案，是否办理草率，有无偏袒意见，并伊子书绅如何干预公事，曾否与随员同坐问供，佐领富克津太如何随同审讯所觅通事几人，是何姓名，现在何处，其如何讯取供词情形，均著确切查明，据实具奏，毋稍含混。将此谕令知之。"

调陕西按察使易棠署甘肃按察使。

（卷46　629页）

咸丰元年（1851年）十月癸卯

予故陕甘总督裕泰祭葬，谥庄毅

（卷46　630页）

咸丰元年（1851年）十月甲辰

谕内阁："陆建瀛、杨以增奏请饬催各省拨款一折。此次南河兴办大工，业经户部指款，在于山东、山西、陕西、甘肃、江西、安徽、浙江等省先后按数拨给。现在挑挖引河，采办料物需用紧急，除业经解到及奏报起解并抵拨各款外，著各该督抚查照部拨银数迅即委员赶解工次，以济要需。毋得稍有迟延，致滋贻误。"

谕军机大臣等："前据琦善奏剿办番回酌保出力员弁。当降旨交萨迎阿查奏。嗣据奏称，原保人数较多，何员尤为出力未能查出确据，不敢滥保等语。琦善所剿番回不止雍沙一处，如黑城子、黄喀洼等处，岂无一二出力之员堪膺保举者？著舒兴阿再行确切访查，据实具奏，候朕酌予恩施，毋稍冒滥。所有琦善、萨迎阿原奏折片清单均著抄给阅看。其请撤察汉城蒙古防兵并右翼郡王暂居永安一节，事关边界防戍，更易旧章，必应慎重筹议，以期日久相安，著舒兴阿仍遵前旨悉心体察，不可将就目前致滋流弊。该督经朕特简边疆重任，谅能弹压抚绥，悉臻周妥也。勉之，将此谕令知之。"

（卷46　630页）

咸丰元年（1851年）十月丙午

谕军机大臣等："前据琦善奏，撒拉回子复聚众于卡尔冈庄，前往昂思多黑城子、拉曲山等处，称欲修盖礼拜寺，搬取黑城工所砖瓦，拆烧工用物件，打毁木架禁条等语。曾谕令萨迎阿饬令镇将等将撒拉回子头人查拿惩办。现在如何办理之处尚未奏到。该回子头人曾否拿获，各庄良回是否安静，著舒兴阿遵照前旨妥为筹办，毋令别滋事端。琦善原折片著抄给阅看。将此谕令知之。"

（卷46　631页）

咸丰元年（1851年）十一月丙辰

又谕："前因庄浪城守尉怀成、凉州副都统兴泰于查办马厂地界一案前后互相参奏，情节不符。降旨交萨迎阿确查。兹据查明具奏并另片声明该二员札禀内，均称差员往见琦善，曾有面谕之语，因谕令刑部堂官传询琦善，由部录取供词。据称琦善因地界不能明白，令其详查，绘具图说，向本管副都统商酌，并无城守尉有奏事之责等语。何以怀成仅凭防御德克登额捏禀之词，率行具奏，且摘叙兴泰札尾数语，意存攻讦，又不指款明参，殊属含混。兴泰折内既称事隶地方，亟应查办，何以与怀成札内又云遽行陈奏，显系文职寝阁其事，似属不宜。前后语意自相矛盾，且于奉旨查办之件并不静候，辄于数月之后具折参奏，实属冒昧。兴泰、怀成著一并交部分别议处。"

（卷47　640页）

咸丰元年（1851年）十一月甲子

谕内阁："前派大学士、军机大臣会同刑部审讯番族一案，经该大学士等将琦善供词及续经解到之已革藩臬道府等供，先后呈览并奏明该司道等。供词尚多歧异，再行研讯等情。朕复谕令舒兴阿督同藩臬两司复讯监禁番犯，取供具奏。现在应讯之已革署知州赵桂芳等，均已解到，该革员等供词与已革藩臬道府等供有无歧异，并与通事等供是否相符，仍著大学士、军机大臣会同刑部督饬章京司员等秉公审讯，悉心研究，孰是孰非，务须质对明确。毋得稍存成见，致有不实不尽。"

（卷47　644页）

咸丰元年（1851年）十一月乙丑

署陕甘总督舒兴阿奏报到任日期。得旨："已授汝为陕甘总督矣，尽心经理，以副简任。"

（卷47　644页）

咸丰元年（1851年）十一月丁卯

命吐鲁番领队大臣特克慎回京，赏降调凉州副都统兴泰二等侍卫，为吐鲁番领队大臣。以辽阳城守尉绵洵为凉州副都统。

（卷48　646页）

咸丰元年（1851年）十一月壬申

谕军机大臣等："卓秉恬等奏会审甘肃番案现讯各员及通事等供词与原奏两歧，请旨饬查一折。此案前经降旨，饬令舒兴阿督同藩臬两司提讯监禁之番犯，并查讯书绅及富克津太等取具供词具奏。兹据大学士、军机大臣会同刑部连日提讯，司道、知府、州、县各员及通事人等供词多与原奏不符，著舒兴阿仍督同藩司黄宗汉、署臬司易棠按照折内所指各情，应讯者提传确讯，应查者详细访查，一并据实具奏。卓秉恬等折一件著抄给阅看。将此谕令知之。"

（卷48　650页）

咸丰元年（1851年）十一月癸酉

又谕："前据琦善奏陈番夷及内地实在情形，将分别查询各事宜，开单呈览。曾降旨令其酌定章程具奏。琦善旋即卸任，未及议奏。舒兴阿现已补授陕甘总督，正当筹划经久之计，著即查看地方情形，应如何酌量变通办理，使奸匪无从勾串，番贼知所惩儆，不至更生枝节，妥议章程具奏。琦善原折单三件一并抄给阅看。将此谕令知之。"

缓征甘肃皋兰、宁夏、宁朔、西宁、大通、河、狄道、固原、灵、泾、崇信、灵台、镇原、碾伯十四州县暨陇西县丞所属被水、被雪、被风、被旱灾区未完新旧银粮草束。

（卷48　651页）

咸丰元年（1851年）十二月丁亥

甘总督舒兴阿奏报谢恩。得旨："以实心办公事，以慰朕望。永安城一事妥为经理，不可张皇。蒙古固宜体恤，然不可受其欺蒙。总之操纵在我，毋遽认其哀告为真也。"密之又奏筹办番务情形，批："妥筹办理，绿营积习，废弛粉饰，将不能驭兵，兵不知畏将，汝之办法尚属简易可行。第条款愈多，俾黠者益得滋其欺伪，老实者无所适从。惟有明定赏罚，惩劝兼施，责成各该员弁等毋得稍存观望推诿之心。宽其既往，观其后效。两省将领中可用者固不乏人，识之欲真，任之贵当。舒兴阿系朕特简之人，初任封疆固应虚心博采，众志成城。然断不可竟听人言，茫无主见。天下事被刚愎之人决裂者尚少，惟被委靡拘迂者废堕实多，汝可仿琦善之严，而去其偏苛。萨迎阿年衰昏愦，不足责也。"

（卷49　661页）

咸丰元年（1851年）十二月辛丑

陕甘总督舒兴阿奏："遵查甘肃歉收地方，来春无庸接济。"报闻。又批："向来满洲督抚于地方应奏事件应书写臣字，凡本人谢恩请安等事方书写奴才字样。嘉庆年间奉有谕旨，汝可仍遵旧例行。"

（卷50　673页）

咸丰二年（1852年）正月乙卯

陕甘总督舒兴阿奏："遵办甘肃保甲情形，酌议章程八条：一、稽查保甲，宜归核实。一、慎选保正，俾专责成。一、编册挨查，弗假手吏胥。一、乡间丁壮兼行团练。一、宣示教化，互相劝诫。一、有司勤惰宜明定举错。一、各境番、回宜分别种类。一、各境汉奸宜协同侦缉。"得旨："所议章程尚属妥善。汝系朕特简之人，天良具在，断不准沾染外官习气，扶同粉饰，致负委任。"又批："本境若有未获之案，而徒缉邻境盗贼，断不准奏请鼓励，至躐缉邻境盗匪尤须不露声色，不准会同邻境。"

命甘肃凉州镇总兵官万飞鹰来京，调陕西汉中镇总兵官春福为甘肃凉州镇总兵官。陕西陕安镇总兵官丰伸为甘肃伊犁镇总兵官。以山西蒲州协副将福诚为陕西陕安镇总兵官。

（卷51　684页）

咸丰二年（1852年）正月庚申

甘肃提督索文奏报到任日期，并饬所属各标挑选精壮，勤加操练，防缉番贼。得旨："务须言行相符，不可徒循故事，好好为之。文武相济，事克有成，断不准自甘愚蠢，反畏文员。武弁习气固坏，然较之不肖文吏犹为彼胜于此。默识心存，不必形于言色。营伍若有应整顿者，随时奏闻。"

（卷51 685页）

咸丰二年（1852年）正月庚午

谕内阁："广西粮台总局款目纷繁，必须细心钩稽，通盘厘定，方足以剔浮滥而归核实。现在管理总局之升任河南藩司严正基调任甘肃臬司，现署广西藩司吴鼎昌均著俟大兵凯撤后，办理军需奏销完竣，再行各赴新任。"

（卷52 695页）

咸丰二年（1852年）正月丁丑

甘肃西宁镇总兵官双锐奏报到任日期。得旨："认真操练，不可沾染习气。边陲要地，文武尤须和衷。汝之才具虽非出人者，若悉心讲究，成就有余。慎勿自暴自弃也。"

（卷52 700页）

咸丰二年（1852年）二月丙戌

以候补总兵官长寿为甘肃凉州镇总兵官。

（卷53 707页）

咸丰二年（1852年）二月辛卯

陕甘总督舒兴阿奏："署汉中镇总兵官祥瑞未能洁己率属，不洽兵情。现调省察看，另派员接署。"得旨："查明有何项劣迹即行据实奏参。"又奏甘肃省防缉番匪情形。批："办理尚为妥速，此等番案，宜严断不宜宽。"

（卷53 708页）

咸丰二年（1852年）三月丙辰

改铸甘肃河州知州、江苏溧阳县、山西山阴县各知县印信，从总督舒兴阿、巡抚杨文定、兆那苏图请也。

（卷55 731页）

咸丰二年（1852年）三月辛酉

又谕："直隶天津镇总兵长瑞、甘肃凉州镇总兵长寿先后派往广西剿办逆匪，俱能奋勇出力，屡立战功。乃因匪众奔逃，跟踪追剿，同时遇害，实堪悯恻。因思伊父塔思哈于道光年间在喀什噶尔帮办大臣任内打仗阵亡。今该镇兄弟复能为国捐躯，洵属忠贞世笃。著俟军务告竣即于殉节地方建立专祠。同时阵亡各员一并附祀，以慰忠魂。伊母现在闽省，著赏银三百两，由福建藩库发给，即著该督抚并沿途地方官妥为照料，护送回京。"

（卷56　738页）

咸丰二年（1852年）三月癸亥

赏故陕甘总督裕泰子员外郎长善二等侍卫，在大门上行走。

（卷56　743页）

咸丰二年（1852年）三月壬申

谕内阁："步军统领衙门奏，甘肃举人邹璠等呈控番贼肆抢，并开列被抢各案清单呈览。甘肃地方历年多有野番抢掠之案，近来贼胆愈张，竟至拒伤官兵，戕害人命。该举人等所控上年四五月以后，西宁等处劫案累累，沿边居民屡遭毒害，若不大加惩创，何以除凶暴而安善良。著舒兴阿按照所控各案，饬属严密查拿，务期破获究办。并著严饬各镇营整饬武备，实力操防，毋稍疏懈。

（卷57　750页）

以故陕甘总督一等侯杨遇春嫡长孙炘袭爵。

（卷57　751页）

咸丰二年（1852年）四月乙未

又谕："舒兴阿奏请将亏短仓库银粮之知县革职拿问一折。甘肃前署通谓县事候补知县张聪梓亏短正杂各款银七千九百余两，仓粮一千二百余石，显有侵蚀情弊。且接任知县马纶于清算交代之时忽报身故。该督访闻马纶死由服毒，更恐另有别情，尤应彻底根究。张聪梓著即革职拿问，交该督提同经手丁胥人等并马纶亲属严讯明确，按律惩办。该员寓所资财及原籍家产一并查抄备抵。"

（卷59　781页）

咸丰二年（1852年）四月丙午

又谕："大学士、军机大臣会同刑部具奏审明甘肃番案各员分别定拟一折。已革陕甘总督琦善办理雍沙番族并无抢劫确据，辄行调兵剿洗，已属谬妄，且并未先期奏明，尤属专擅，著发往吉林效力赎罪。其审办此案并未研究确情，率行定拟斩枭重罪之已革甘肃布政使张集馨、已革西宁道文桂、已革署兰州府知府步际桐承审此案，始终其事之已革知州赵桂芳、已革知县尹泗均著发往军台效力赎罪。已革游击冷震东非刑逼供，任性妄为，著发往新疆效力赎罪。已革知府桂昌、已革知县姜熊、刘元绩、缑评、李志学，据供承审仅止数日，并未随同定案，著暂行交旗交坊，仍由陕甘总督查明该革员等曾否取供定案，是否先期出省，咨部分别核办。参将珠克登、都司石长兴、西宁府知府铃祥讯问番案，曾取有认抢草供，并未定谳上详，著一并交部议处。番子群吉等十四名既讯抚抢劫确据，著免其治罪，仍交陕甘总督分拨不近番界之州县，严加管束，倘有不安本分，逞忿滋事等情即行从重惩办。前署陕甘总督萨迎阿于特派复讯之案并未录取各员供词，遽行拟罪，实属草率，伊子户部员外郎书绅并无审案之责，辄与司员等同坐问供，实属不知检束，萨迎阿、书绅著交部分别议处。其随同审案漏未取供之刑部郎中梁熙、员外郎觉罗奎栋、武汝清亦属不合，均著交部议处。嗣后甘肃边界地方遇有野番抢劫，并熟番及内地奸民勾引扰害之案，该督仍严饬该管文武，随时随地实力查拿，尽法惩治。不得因琦善以错谬获罪遂于应办之案，相率因循，致蹈废弛恶习，自干咎戾。”

（卷60　793页）

咸丰二年（1852年）四月丁未

以甘肃按察使吴鼎昌为广西布政使。江苏苏松粮储道倪良耀为甘肃按察使。

（卷60　796页）

咸丰二年（1852年）五月甲寅

命湖南巡抚骆秉章来京。调云南巡抚张亮基为湖南巡抚。以甘肃布政使黄宗汉为云南巡抚。陕西按察使易棠为甘肃布政使。河南河北道长臻为陕西按察使。

（卷61　804页）

咸丰二年（1852年）五月甲子

又谕：“吏部等部奏遵议办理番案各员处分一折。此案曾经讯取认抢草供之题升甘肃平罗营参将陕西黄甫营游击珠克登、题升甘肃北川营都司固原提标左营守备石长兴、西宁府知府铃祥均著降三级留任。该员等系属失入，著不准抵销。办理草率之前署陕甘总督萨迎阿著降四级留任，准其抵销。随同审案漏未取供之刑部郎中梁熙、员外郎觉罗奎栋、武汝清均著降二级留任，准其抵销。萨迎阿之子户部员外郎书绅并无承审之责，辄同司员问供，实属不知检束，著降三级调用，不准抵销。"

（卷 61　817 页）

咸丰二年（1852 年）五月己卯

又谕："舒兴阿奏番贼窜扰抢劫现在严加防堵等语。本年三月间番贼窜至永安城附近地方抢掠牲畜等物，经永安营游击吴仕珍带领弁兵追捕，据报歼毙贼匪二名，未曾割取首级，贼已远遁无踪，难保非借词掩饰。吴仕珍著交部议处，署经制外委马生福击贼受伤殒命，著该部照例议恤。番贼肆行抢劫，出没无常，全在汛卡员弁严密防守，认真巡缉，方可杜患于未萌。现在西宁虽拿获番贼才浪先木等讯办，而沙巴尔台等处番贼抢案叠出，实为地方之害。著舒兴阿督同提镇严饬弁兵，随时侦探，遇有番贼近卡窥伺，迅即捕拿，勿令远扬。并著西宁办事大臣一体严密巡防，以期绥靖边陲，毋稍疏懈。"

（卷 62　831 页）

咸丰二年（1852 年）六月甲午

谕内阁："舒兴阿奏遵旨筹议番务章程一折，并开单呈览。朕详加披阅，所称分别地界以杜推诿，不分畛域以严堵击，征调营汛，发给令旗，裁撤零卡，统归总隘，以及添派马探，增筑壕垒，各营会哨，随地搜查，番族岁赏，仍复旧例各条。筹划均属周妥，著即照所议办理。该督惟当督饬边卡文武员弁实力奉行，勿得日久生懈。其各条内尚有未尽事宜，著再行详晰酌核，分别奏咨办理。"

（卷 63　840 页）

以剿办甘肃黑城子撤回出力，赏千总温积桂等蓝翎，守备杨正才等升叙有差。

以派办甘肃蒙古番族事件出力，予知县吴春焕等升叙有差。

（卷 63　841 页）

咸丰二年（1852年）七月己巳

又谕："舒兴阿奏番贼滋扰被剿远遁现饬各营严防一折。据称甘肃凉州永昌协所属口隘突有番贼多人肆出抢夺牲畜，戕害弁兵。经提督索文、西宁镇总兵双锐、署凉州镇总兵崇保先后各派将弁带兵剿捕，叠次歼毙番贼数十人，余匪被追，远遁入山。现在逐细搜查，卡内均无贼迹等语。此次番贼出扰不过三四百人，适值该提镇会哨之时，所带弁兵自敷派委，果能认真督率，实力堵击，何难悉数歼除。署总兵崇保是否耽延贻误，其禀复该督情节与提督索文原报不符，有无捏饰，著舒兴阿确切查明，据实具奏。仍严饬该提镇等督饬将弁，随时侦探，加意严防。一遇番匪滋扰即行截剿，务须贼赃并获。断不可听其出没自由，辄以追击远遁，一禀了事也。"

予甘肃堵贼被戕把总严克选祭葬世职。

（卷67　872页）

咸丰二年（1852年）八月乙酉

又谕："舒兴阿奏凉州镇属之镇羌卡外番贼复行窜入滋扰，现派官兵剿捕一折。甘肃近年以来沿边番贼每伺官兵进退，以为出没。前值提镇会哨之期胆敢窜入永昌一带滋扰，甫经击退，复于七月间由镇羌卡外窜入松山宽沟等处，肆行劫掠，甚至阻截道路，拒伤官兵。如果该营官平日侦探的确严拿内地奸匪，杜绝勾引，何至任其纷窜抢掠，毫无顾忌。现经该督派委署凉州镇总兵崇保、署督标中军副将双来、庄浪协副将松龄、署右营参将乐善等分带官兵遏守要隘。在烟墩沟、炭窑沟等处两次击贼，歼毙甚多，并殪红衣番僧数名。该番等窜入黑茨沟藏匿，并有甘州兵在察汉俄博、金羊岭一带，西宁兵在永安大通等处遏其归路，趁此番匪腹背受敌之时，亟应痛加剿洗，以儆凶顽而靖边卡。著即责成该镇将等赶紧追捕，奋力夹攻。如卡外沿边尚有潜伏零股，即著随地歼除。并饬提督索文、西宁镇总兵双锐等一体侦探严防，总期有犯必获，毋得稍有疏纵。另片奏署沙州营参将忠泰借口兵单待援，并不及时亲往堵击，致贼饱扬，实属恇怯无能。安西协副将连英经该镇派令带兵往援，六日之久尚未启程，显系有意迁延。均著舒兴阿确查，严行参办。伤亡弁兵查明照例请恤。"

（卷68　893页）

咸丰二年（1852年）八月丙戌

释吉林效力已革陕甘总督琦善回旗。

（卷68　896页）

咸丰二年（1852年）八月丙午

又谕："前据御史丁浩奏，查文经系奏派办工大员，丰工未能合龙，应加惩处，以昭平允等语。当交怡良等查明具奏。兹据怡良奏称，查文经以臬司大员，经该督等奏调督工，虽未经手钱粮，并查无估计苛刻情事，惟大工未能堵合。总督、河督及承办各员均经议处，该员岂能辞咎？江苏按察使现调甘肃按察使查文经著交部照例议处。"

陕甘总督舒兴阿奏报剿捕番贼连获胜仗。得旨："续报情形，再行据实具奏。"

（卷70　923页）

咸丰二年（1852年）九月甲寅

又谕："舒兴阿奏官兵兜剿番贼大获胜仗，全股歼除并生擒首恶，现在撤兵归伍一折。甘肃凉州镇羌卡外番贼窜扰松山一带，纠合族番二千三百余人分股抢掠沿边牲畜四万有奇。潜匿麻黄沟内，经官兵叠次追剿，提督索文督同总兵双锐、副将双来并派护副将萧鸣章、参将乐善等各带弁兵分路堵截，合力剿捕。先将大股番贼六百余人悉数歼除，又将分窜之贼歼毙百数十人。其首恶阿里克公住复经萧鸣章督兵用炮轰伤，即时生擒，余匪逃窜者仅百余人。此股番贼纠结数千人盘踞河北柯柯乌苏地方，肆出抢掠，从未大受惩创。此次官兵冒雪冲锋，两日之间四战四捷，生擒贼首枭示，并将盈千番贼歼剿殆尽，复叠次缉获汉奸多名，分别根究惩治。该督等督办有方，洵堪嘉尚。舒兴阿、索文均著交部议叙。所有镇将备弁及兵练人等著择其尤为出力者，酌量保奏，候朕施恩。其节次阵亡弁兵一并查明请恤。惟番贼出没靡常，各属仍多零星抢劫之案，并贼目才旦朵尔吉等所带野番尚多逃匿，不得因此股番贼剿除殆尽稍涉大意，致有疏虞。仍著该督严饬该提镇等于沿边一带要隘处所随时严密搜捕，勿留余孽，以肃边境而靖闾阎。"

（卷71　931页）

咸丰二年（1852年）九月己未

调陕甘官兵三千名赴湖北剿贼。

（卷71 935页）

咸丰二年（1852年）十月辛巳

赏已革陕甘总督琦善六品顶带。

（卷73 950页）

咸丰二年（1852年）十月壬午

以凉州庄浪驻防军政年逾六十官二员精力未衰，命留任。

（卷73 951页）

咸丰二年（1852年）十月壬辰

谕内阁："昨据舒兴阿奏发遣官犯中途串匪劫夺脱逃一折。官犯陈昌言系已革甘肃岷州知州，前因诬讦该管上司，审明发往新疆充当苦差。现由该督定地饬解，胆敢商串匪徒于中途劫夺潜逃，实属目无法纪，较之寻常人犯被抢逃脱尤出情理之外。且以官犯逃走何至远扬无踪，著舒兴阿遴委干员督同失事地方员弁，并飞咨邻省将陈昌言并劫夺各匪一体严缉务获，讯明商串劫犯确情，按律从严定拟具奏。"

（卷73 957页）

咸丰二年（1852年）十一月戊午

赏已革陕甘总督琦善三品顶带，署河南巡抚。

调陕甘兵二千名，西安驻防兵一千名赴河南防剿。

（卷76 985页）

咸丰二年（1852年）十一月乙丑

又谕："琦善奏河南防堵派委需人请旨饬调等语。甘肃宁夏镇总兵新授銮仪使武庆、陕西副将锡纶、甘肃副将双来、守备常万清、马永泰并千总把总张维义、丁希凤、姜魁元、秦兆泰、杨永魁等，著舒兴阿、张祥河饬令各该员管带现调陕甘兵丁前赴河南，交琦善差遣委用。甘肃候补教职杨士履、生员杨沅著一并准其带往。

又谕："琦善奏请添调精兵以资调遣等语。著讷尔经额挑选直隶督标提标精兵各二千名，正定镇属之龙泉、倒马、固关三营精兵共一千名，大名镇标精兵一千名，舒兴阿、张祥河挑选陕西汉中、陕安二镇精兵各一千名，甘肃督标精兵一千名，迅派得力将弁管带，均交琦善调遣。现在贼由岳州窜至湖北武昌、汉阳一带地方。朕已命徐广缙督饬向荣等统领大兵飞速应援。邻近省份亦命该督抚严兵固守。著琦善迅即驰赴河南，统带新调精兵协力防剿，并著严饬带兵各员务各约束兵丁于经过地方毋得借端讹索，扰累民间。如有多用民夫，需索使费诸弊端，即按照军律惩办。沿途各督抚等著一体严查，倘州县办差丁役有借兵差名目滥派闾阎者，除将该丁役从重治罪外，并将该州县严行参处，毋稍徇隐。将此通谕知之。"

（卷76　993页）

　　又谕："据琦善奏，遵赴楚预交界督防，请饬陕甘挑选鸟枪、长矛、单刀兵丁，并调甘肃铜炮等语。著舒兴阿、张祥河专选夙习鸟枪、长矛、单刀兵丁，无须弓箭，不必按营匀派，惟择技艺精熟者逐加挑选，毋以庸劣充数。其带兵各员尤须年力精壮，方可得力。著一并遴选，不得派委怯懦将弁，倘查有吸食鸦片弁兵尤应严加斥汰，毋令滥竽。至例给余夫原借以纾兵力，著准其酌量由本处自行携带。每百名只准带余夫三十名，照例折给夫价，以免派累民夫之弊。琦善前在陕甘总督任内所制铜炮四十尊，著舒兴阿即派员运赴河南，并备带炮车、炮子、火药、修理器具，以资利用。又据御史王茂荫奏，湖北省地居腹里，自襄阳间道可直达陕西之商州，请饬预筹严防，以杜贼匪窜越之路等语。现在贼匪窜至湖北，所有邻境均须严密防堵。前已寄谕舒兴阿、张祥河于南山一带不动声色，妥为布置。著该督抚遴派明干大员前赴陕西、湖北交界地方，扼要防守，随时侦探，严查奸细，毋任贼匪偷越。至山溪僻径应如何筹防，并著相机妥办，总以镇静人心为要。御史王茂荫原折著抄给阅看。将此由六百里各谕令知之。"

（卷76　997页）

咸丰二年（1852年）十一月戊辰

　　改铸陕甘总督关防，从总督舒兴阿请也。

（卷77　1005页）

咸丰二年（1852年）十二月丁亥

缓征甘肃河、靖远、安定、静宁、泾、崇信、镇原、灵台、皋兰、狄道、渭源、固原、宁夏、宁朔、灵、中卫、平罗、西宁、大同十九州县及陇西县丞所属被旱、被水、被雹、被霜地方新旧额赋。

（卷79 1044页）

咸丰二年（1852年）十二月辛卯

以甘肃拿获盗犯出力，予知县崔国锦等升叙有差。

（卷79 1050页）

咸丰二年（1852年）十二月癸巳

举行本年军政。盛京将军所属卓异官五员，不谨官一员，才力不及官十五员，年老有疾官十一员。江宁将军所属卓异官三员，年老有疾官三员。保定等处卓异官一员，年老有疾官二员。荆州将军所属卓异官二员，年老有疾官四员。察哈尔都统所属卓异官三员，不谨官六员，年老有疾官五员。广州将军所属卓异官二员。西安将军所属卓异官二员。绥远城将军所属卓异官二员，年老有疾官一员。凉州副都统所属卓异官一员。伊犁将军所属卓异官一员。黑龙江将军所属卓异官二员。成都将军所属卓异官一员，年老有疾官四员。青州副都统所属卓异官一员。热河都统所属卓异官一员，年老有疾官一员。吉林将军所属卓异官一员，不谨官一员，年老有疾官十一员。福州将军所属不谨官一员，浮躁官一员，年老有疾官四员。京营卓异官二员，年老官二员。直隶卓异官十二员，不谨官一员，年老官一员，有疾官一员。热河卓异官二员。山东卓异官三员，罢软官一员，才力不及官四员，年老官一员。云南卓异官三员，有疾官一员。贵州卓异官三员，不谨官一员，罢软官一员，年老官二员。分别议叙处分如例。

（卷79 1054页）

咸丰二年（1852年）十二月戊戌

赏阿拉善扎萨克亲王贡桑珠尔默特黄缰。青海扎萨克贝勒罗布桑济木巴、鄂尔多斯扎萨克贝子达锡多尔济在乾清门上行走。喀尔喀扎萨克辅国公济克济特多尔济、辅国公衔二等台吉车林桑噜布、喀尔喀扎萨克头等台吉齐达尔巴拉、喀尔喀扎萨克头等台吉喇布坦多尔济、杜尔伯特扎萨克头等台吉莽达勒扎布、霍硕特扎萨克头等台吉齐默特车林、阿拉善头等台吉济克默特松噜布、翁牛特辅国公克什克阿尔必济呼、归化城土默特辅国公格木丕勒多尔济花翎。喀尔喀贝勒布彦巴达尔呼、扎鲁特扎萨克贝勒赛音济尔噶勒双眼花翎。

（卷80　1062页）

咸丰二年（1852年）十二月庚子

又谕："寄谕陕甘总督舒兴阿、陕西巡抚张祥河昨据台涌等奏，荆州防兵需饷孔急，请饬部就近筹拨，已交户部速议矣。现在武昌失守，荆州防堵万分吃紧。陕省距荆州较近，著该督抚于陕西省库存各款移缓就急，酌量协济，迅速解赴荆州以应急需，切勿迟误。陕西延绥镇总兵金万全年力若何，于防剿事宜是否可资得力。又前任江南提督尤渤告病回籍，是否尚存。前任甘州提督马腾龙闻其现在陕西汉中府，该员久历戎行，现在精力是否可用。著该督等分别查明，如堪差遣，即行派令帮同办理防堵事务。将此由六百里各谕令知之。"

（卷80　1067页）

咸丰二年（1852年）十二月辛丑

以甘肃布政使易棠为山西巡抚，未到任前以工部左侍郎哈芬署理。赏陕西延榆绥道段大章三品顶带，为甘肃布政使。

甘肃肃州镇总兵官桂龄因病解任。以甘肃永固城营副将双来为肃州镇总兵官。

（卷80　1071页）

咸丰二年（1852年）十二月乙巳

上御保和殿，筵宴朝正外藩：科尔沁、喀尔喀、乌珠穆沁、阿拉善、巴林、喀喇沁、奈曼、阿巴噶、敖汉、浩齐特、哈密、吐鲁番、扎赉特、土默特、扎鲁特、青海、阿巴哈纳尔、鄂尔多斯、郭尔罗斯、翁牛特、扎哈沁、克什克腾、苏尼特、杜尔伯特、霍硕特、察哈尔王、贝勒、贝子、公、额驸、台吉、塔布囊等及朝鲜正副使臣、土司等随文武大臣依次就坐。诸乐并作，上进酒。召左翼：科尔沁扎萨克图谢图汗亲王色登端噜布、科尔沁卓哩克图亲王巴图、科尔沁扎萨克达尔汗亲王索特纳木彭苏克、乌珠穆沁扎萨克车臣亲王彭苏克纳木济勒、科尔沁扎萨克图郡王索特纳木伦布木、科尔沁扎萨克冰图郡王林沁扎勒赞、科尔沁郡王济克默特朗布、巴林扎萨克郡王那木济勒旺楚克、喀喇沁扎萨克都楞郡王色伯克多尔济、阿巴噶扎萨克郡王阿尔塔什第、敖汉郡王布彦德勒格呼固鲁克齐、浩齐特扎萨克郡王吹精扎布、科尔沁贝勒贡葛喇布坦、扎赉特扎萨克贝勒额外侍郎喇木棍布扎布、土默特扎萨克贝勒那逊鄂勒哲依、扎鲁特扎萨克贝勒赛音济尔噶勒、喀尔喀贝勒布彦巴达尔呼、科尔沁贝子阿米果尔图、敖汉贝子达克沁、阿巴哈那尔扎萨克贝子桑斋萨喇特多布、鄂尔多斯扎萨克贝子达锡多尔济、科尔沁扎萨克郡王僧格林沁、奈曼扎萨克郡王固伦额驸德木楚克扎布、喀喇沁贝勒德木齐扎布、土默特扎萨克贝子德勒克色楞。右翼：喀尔喀图谢图汗车林多尔济、喀尔喀扎萨克亲王车林多尔济、阿拉善扎萨克亲王贡桑株尔默特、喀尔喀扎萨克郡王托克托瑚图噜、青海扎萨克贝勒罗布桑济木巴、喀尔喀扎萨克镇国公巴勒达尔多尔济、喀尔喀扎萨克辅国公济克济特多尔济、喀尔喀辅国公章达密济特、扎哈沁公敏珠尔多尔济等至御座前，赐酒成礼。

（卷80　1077页）

《清咸丰实录（二）》

咸丰三年（1853年）正月甲寅

以剿办甘肃番贼出力，赏总兵官双锐、参将乐善、游击富昌、都司张敬、守备马永泰等花翎。千总姜魁元等蓝翎，余开复处分升补有差。予阵亡都司曹正喜、守备江信、把总贾福、外委张朋、阎得英、马兴盛祭葬世职，伤亡外委魏永祥祭葬恤荫。

（卷81　17页）

咸丰三年（1853年）二月壬午

以江苏按察使倪良耀为江宁布政使。调甘肃按察使查文经为江苏按察使。以甘肃镇迪道常绩为按察使。

（卷84　87页）

咸丰三年（1853年）二月乙酉

以四川建昌道刘裕鋑为安徽布政使。甘肃兰州道清盛为云南按察使。

（卷84　94页）

咸丰三年（1853年）二月己丑

命在籍前任甘肃凉州镇总兵官杨禄之等督办直隶团练事宜。

（卷85　99页）

咸丰三年（1853年）二月癸巳

调阿勒楚喀副都统萨炳阿为金州副都统。金州副都统喀通阿为阿勒楚喀副都统。凉州副都统绵洵为江宁副都统。以前任哈密办事大臣庆昀为凉州副都统。

（卷85　109页）

咸丰三年（1853年）二月丙申

谕内阁："乐斌奏查出应行升科地亩归案征收并请将承办之员议处一折。署吐鲁番同知甘肃候补直隶州知州印房主事菩萨保从前承办开垦事务，并不将续垦地亩详细勘丈，按则升科，率以加帮名色，颟顸了事，实属咎有应得。菩萨保著先行交部议处，仍著严查该员有无侵挪情弊，并交代未清另案一并据实具奏。该都统所请查丈六工等处地亩应于咸丰二年照额起征，并归入伊拉里克案内一律办理之处。著户部查议具奏。"

（卷86　114页）

咸丰三年（1853年）三月丙午

调山西兵三千名、陕甘兵四千名赴山东剿贼。

（卷87　138页）

咸丰三年（1853年）三月壬戌

又谕："琦善、陈金绶、胜保奏分攻逆贼屡获胜仗一折。逆匪窜踞扬州，于水、陆两路负险拒守。陈金绶、胜保于三月初九日移营至帽儿墩，琦善亦于是日移营至雷塘集，距贼营均止数里。陈金绶、胜保督饬直隶山东各营将弁兵丁攻城西之贼，杀贼三百余名。琦善督饬銮仪使武庆、肃州镇总兵双来带领将备官兵攻城北之贼，焚毁贼营三处，杀贼二千余名，夺获大旗五面，并旗帜、枪械百余件。初十日琦善复督兵剿杀北路贼匪三百余名，生擒十余名。陈金绶、胜保复由西路进攻，烧毁贼营二处，杀贼一千数百名，夺获枪械、旗帜多件。统计两日斩获贼匪几及四千，连用火箭烧毁贼营五处。琦善、陈金绶、胜保等统带重兵，初次接仗，即能大挫贼锋，深堪嘉尚。琦善著赏还都统衔并发去白玉搬指一个，白汉玉烟壶一个，大荷包一对，小荷包二个，交琦善祗领。陈金绶著赏还顶带并发去四喜玉搬指一个，白玉翎管一支，大荷包一对，交陈金绶祗领。又发去四喜玉搬指一个，大荷包一对，小荷包一对，交胜保祗领。前发去赏件并著分赏出力将弁，以示奖励。"

（卷88　175页）

咸丰三年（1853年）三月丁卯

陕甘总督舒兴阿奏："陕省撤防，仍驻西安。"得旨："该督仍应移驻西安，以资镇守，俟大军凯撤后再回兰州。"

（卷89　192页）

咸丰三年（1853年）三月己巳

又谕："有人奏，陕西调办防堵兵丁到处骚扰，带兵官伊密扬阿在甘肃平凉县将知县伊常阿殴打，并未撤委。又带兵官马致远在蓝田县拦路劫抢民人焦友盛布匹，亦未究办等语。军行纪律为先，必应严加约束。伊密扬阿如果有殴打县官情事，何以该督不即扣留究办？马致远抢劫民人布匹，何以亦不查究？著该督查明据实据奏。现在陕甘官兵续经征调者尚有数千名，该督务须严饬带兵各员沿途安静行走，倘有需索强抢等情，即行严参治罪。并著地方官照例支应，亦不得借口耽延。至陕甘各路防兵仍著该督随时酌量情形，分别截撤归伍，以节糜费。原片著抄给阅看，将此由五百里谕令知之。"

（卷89　195页）

咸丰三年（1853年）三月辛未

赏哈密办事大臣崇恩四品顶带，署奉天府府尹。前任甘肃按察使明谊二等侍卫，为哈密办事大臣。

（卷89　201页）

咸丰三年（1853年）四月甲午

署陕甘总督易棠奏："团练猎户严防番贼。"得旨："诸事认真办理，如有玩泄将弁从严参办。"

（卷91　245页）

以甘肃番贼滋扰，防卡不力，署都司马成下部议处。予阵亡把总陈玉兰、外委薛廷璋祭葬世职。

（卷91　246页）

咸丰三年（1853年）四月乙未

又谕："甘肃凉庄理事通判穆翰著即交毓书差遣委用。"

（卷92　249页）

咸丰三年（1853年）五月己酉

命已革广东高州镇总兵官杨昌泗、甘肃凉州镇总兵官杨录之赴理藩院尚书恩华军营差委。

（卷93　280页）

咸丰三年（1853年）五月庚戌

谕军机大臣等："据吴必淳奏称，青海扎萨克固山贝子格勒克纳木扎勒于本年正月初三日带同属下章京蒙古等赴郡领俸办粮，事竣回牧。于二月十八日行抵都蓝果立乌素崦克地方，突有番贼百余人围抢，该贝子受伤殒命，章京蒙古等七名亦被戕害，并有带伤蒙古十三名，抢去驼马一百三十余只。该蒙古等将该贝子尸身搬回柴达木原牧，又于二月二十六日复有番贼一百五十余人将该贝子原牧家属暨属下蒙古等牲畜帐房全行抢去。该大臣现在派员前往抚恤，严缉凶贼等语。近来番贼猖獗，往往拒捕伤官，今复将该贝子戕害，罪大恶极，实堪痛恨。著舒兴阿等迅即派委将弁严密查拿，务将戕官抢劫贼犯按名弋获，尽法惩治，以儆凶顽。将此各谕令知之。"

（卷93　280页）

咸丰三年（1853年）六月丙子

又谕："毓书奏，请将随员留办矿务等语。甘肃凉庄理事通判穆翰熟悉热河地方情形，现在随同该道总办矿务，著准其留于热河，遇有口外州县缺出酌量补用，其凉庄理事通判原缺，著该部照例办理。"

（卷96　356页）

咸丰三年（1853年）六月戊戌

以銮仪卫銮仪使武庆为甘肃肃州镇总兵官。銮仪卫冠军使盛福为銮仪使。

予江南伤亡甘肃肃州镇总兵官双来祭葬世职，如提督例，谥忠毅，并赏银一千两治丧。

（卷98　418页）

咸丰三年（1853年）七月壬子

钦差大臣都统衔琦善等奏，甘肃肃州镇总兵官武庆击退浦口贼船情形。得旨："武庆在浦口防堵甚严，伊已年逾七十，犹能如是奋勇，深堪嘉尚。著传谕该镇知之。"

（卷99　451页）

咸丰三年（1853年）八月己亥

谕内阁："易棠奏查勘秋禾被灾情形一折。本年甘肃省宁朔、宁夏、灵州、平罗、中卫等州县因夏秋暴雨，山水陡发，渠流泛溢，淹没田禾、民房并乡仓分储粮石，人畜均有淹毙。复有被雹之处，情形较重，殊堪悯恻。现经该署督委员驰往会同该府县查勘，著即饬令宣泄积水，妥为抚恤。其应如何蠲缓之处著即查明，据实具奏。其被旱、被雹之皋兰等州县，被雹之洮州等厅、州、县，被旱之陇西等州县及被雹、被水、被旱之安定县或续得雨泽，或被灾较轻，并著该署督一并迅速查明，分别核办，用副朕轸念民依至意。"

（卷104　561页）

咸丰三年（1853年）九月庚申

以云南曲寻协副将明安泰为甘肃凉州镇总兵官。

予江南军营病故甘肃凉州镇总兵官马龙祭葬世职，如阵亡例。

（卷106　617页）

咸丰三年（1853年）十一月己巳

缓征甘肃皋兰、渭源、靖远、陇西、安定、会宁、平凉、静宁、隆德、固原、碾伯十一州县及陇西县丞所属被水、被旱、被霜、被雹地方旧欠额赋。河、狄道、安化、宁、宁夏、灵、中卫、平罗、崇信、镇原十州县新旧额赋。

（卷113　775页）

《清咸丰实录（三）》

咸丰四年（1854年）二月丁丑

谕军机大臣等："易棠奏番族饰词投诚，西宁办事大臣姑允所请，以致番族效尤偷渡，现在设法招抚一折。蒙古、番族游牧各有界限，历年以来野番潜住河北，屡滋事端，早应逐令回巢，以安边圉。乃该办事大臣吴必淳辄听偷渡河北之拉安族番饰词投诚，借护送堪布之名，欲在河北住坐。且有不准投诚，照旧为匪之语。情词桀骜，显系有挟而求。吴必淳毫无定见，辄允所请，实属谬妄糊涂。该督现已移咨吴必淳，饬令驻防副将及青海两翼盟长等将偷渡河北番族相机逐令回巢，自应如此办理。至吴必淳所称非稍须兵力，不足以杜边衅等语。现在该番族并未滋事，何得率请用兵。著易棠即饬令该厅营督率千百户将偷渡之都受族等番子招集回巢，并晓谕各番绝其妄念，仍饬令驻防副将及该盟长等设法驱逐，务使消患未萌，毋任别生枝节。将此由五百里谕知易棠并谕吴必淳知之。"

（卷120　62页）

咸丰四年（1854年）二月戊子

举行咸丰三年大计。奉天才力不及官二员。浙江卓异官十员，不谨官四员，才力不及官二员，年老官三员。湖南卓异官十员，不谨官五员，罢软官二员，浮躁官一员，才力不及官四员，有疾官二员，年老官四员。山西卓异官六员，才力不及官三员，有疾官三员，年老官一员。陕西卓异官七员，不谨官二员，才力不及官一员，有疾官一员，年老官三员。甘肃卓异官六员，不谨官一员，年老官二员。四川卓异官十四员，不谨官三员，才力不及官二员，有疾官三员，年老官七员。广东卓异官十二员，不谨官五员，罢软官一员，浮躁官二员，才力不及官三员，有疾官三员，年老官二员。广西卓异官九员，不谨官三员，才力不及官二员，有疾官一员，年老官四员。云南卓异官九员，不谨官二员，罢软官二员，才力不及官二员，有疾官二员，年老官一员。贵州卓异官六员，不谨官一员，浮躁官一员，才力不及官二员，有疾官一员，年老官一员。分别议叙处分如例。

（卷 121　90 页）

咸丰四年（1854年）二月戊戌

又谕："和春前派参将吉连等带陕甘官兵一千名，参将刘玉豹带山东官兵一千二百名，统归袁甲三调遣。此时该给事中折回宿州，而徐州情形更为紧要。徐州为南北要冲，既已疏防于前，致贼偷渡，若再不力遏南来贼匪，任令陆续北窜，该给事中所谓筹划全局者安在。现已有旨，派秦定三前赴徐州一带会剿。吉连、刘玉豹所带之兵皆系劲旅，著袁甲三即将所调各兵交秦定三星速驰赴徐州，会同百胜等合力堵剿，毋稍延误。厉恩官带兵一千余名驻扎宿迁，亦可就近饬令前往。将此由六百里加紧谕令知之。"

（卷 122　110 页）

咸丰四年（1854年）三月甲子

又谕："王庆云奏，潼关防务紧要，请饬总兵丰绅先赴该处，并请饬甘省派兵备调等语。本日已谕知易棠饬令丰伸迅即带兵赴潼关防御，并著易棠在甘省各营内预派兵一千名，以备征调矣。至该抚奏先赴潼关与丰伸会同筹办，俟布置就绪，再往商雒一带察看要隘，并请令文俊署副都统缺，办理旗营事件。所拟俱是，文俊即著署理西安左翼副都统，省城团练防堵事宜即饬该员与文武各员弁认真办理。其潼关防堵事务著该抚与扎拉芬先行妥筹布置，俟丰绅到后更可会同商办，务当严诘奸细，慎密设防。断不可令匪徒假冒难民乘间阑入。前据琦善奏称，逆匪竟有假扮官兵衣顶冒渡关津者，尤应加意稽查，万勿堕贼奸计。至商雒等处，并著严饬徐之铭、陈景亮等悉心防范，俟甘省兵到仍照所请，以一半分拨舒伦保行营，并陆续筹解军饷，以资接济。该抚统辖全省，责无旁贷，务当彼此兼顾，毋稍疏虞。将此由六百里加紧谕令知之。"

（卷 125　199 页）

咸丰四年（1854年）三月丙寅

调甘肃西宁镇总兵官双锐为直隶天津镇总兵官。

（卷 125　205 页）

咸丰四年（1854年）五月癸丑

又谕："赓福奏陕甘省绿营每年应补马匹向由伊犁等处调取转运，请变通办理一折。陕甘每年应补缺马一千五六百匹，向由该督移咨伊犁塔尔巴哈台调取，运至乌鲁木齐，转运至巴里坤牧放，再运至肃州赤金湖地方由口内各营派拨弁兵分领。据称道里相距五十余站之遥，带牧带解，耽延几至一年。中途经历多系沙漠戈壁，及运至赤金湖倒毙损伤者不少。领马官弁恐干赔补，往往就地变价，带回买补。辗转解送徒费盐粮兵力。而所缺马匹仍系变价买补。该都统拟将此项马匹即由伊犁塔尔巴哈台随地出变，令各营领价自行买补。自系为节省运费起见，但口外应如何变价，口内应如何买补，亟应酌立章程，无滋流弊，方为妥善。著奕山、易棠迅就该都统所奏，体察情形，妥议具奏，毋稍迟延。原折著抄给阅看。将此各谕令知之。"

（卷130　310页）

咸丰四年（1854年）五月甲寅

谕内阁："易棠奏请招募猎户堵御番贼并试采金砂以资口食一折。上年甘肃西宁一带番贼窥伺边卡，节经该督饬令各属招募猎户人等随时击退。提督索文于察汉俄博营所管之亦斯们沁地方招募猎户一千名，并令淘挖金砂，自济口食。现在边疆静谧，办理业有成效。复经该督派委镇道会同该提督详细履勘，因察汉俄博营地处卡外，南山与甘凉边界中隔一山，仅于亦斯们沁安设猎户，各隘口尚难兼顾。拟请于迤西之野牛沟，迤东之沙金城两处各招募一千名，与亦斯们沁互相堵御。并因该三处均素产金砂，令所募猎户一半淘试金砂，一半防御番匪，并筹议约束稽查及升科各章程等语。近年番贼入卡抢掠，虽经该提镇等随时拨兵剿办，往往掩捕不及，致令远扬。既据该督与该提督等查明猎户人等熟悉路径，用以协助官兵，可资得力。著即照所请，于亦斯们沁、野牛沟、沙金城等处共安置猎户三千名，责成总管、练总人等实力稽核，毋令混冒。其开采金砂发给猎户口粮外，并酌定课额年限。均著照所议办理。"

（卷130　310页）

调陕西汉中镇总兵官珠克登为甘肃西宁镇总兵官。以云南广南营参将孝顺为陕西汉中镇总兵官。

（卷130　311页）

咸丰四年（1854年）五月庚申

　　另片奏请饬索文来营助剿等语。此时甘肃调出将弁已多，边疆重地，番匪出没靡常，该提督断难远离。且道路弯远，一时恐难赶到。该大臣助剿需人即著于邻近省份提镇大员内择其夙称勇敢，为该大臣所深悉者，奏明请调数员，亦无不可。将此由六百里加紧谕令知之。"

（卷131　324页）

咸丰四年（1854年）五月壬戌

　　又谕："易棠奏陇西匪徒谋逆立时剿灭净尽，地方肃清一折。甘肃陇西县匪徒石沆应等聚众谋逆，占踞山堡，创立伪号。经告养在籍四川候补知县祁嗣唐前往晓谕解散。该逆胆敢向前擒裹，祁嗣唐忿恨斥骂，致被戳伤毙命。该府县等闻报，即商令护游击马成等带领兵勇会同该县典史许炳辉驰往剿捕。祁嗣唐之堂弟，告假在籍候补同知祁兑雇募壮丁随同前往。该逆犹踞堡抗拒，兵勇奋力直前，攻破堡墙，歼毙逆匪二百余人，生擒逆首石沆应等九名，余匪自行焚烧堡房，纷纷投火自尽。复于近村搜获余犯三十余名，地方一律肃清，办理尚属迅速。该地方文武各官于匪徒惑众谋逆，即时召募壮丁会同兵役悉数擒剿，不致蔓延，功过尚足相抵，均著免其议处。"

（卷131　328页）

　　以甘肃陇西擒获逆首出力，在籍同知祁兑下部议叙。予被戕在籍知州祁嗣唐祭葬世职。

（卷131　330页）

咸丰四年（1854年）六月丁丑

　　释已革甘肃游击冷震东发往琦善军营，差遣委用。

（卷132　356页）

咸丰四年（1854年）七月乙丑

　　赏已革陕甘总督舒兴阿二等侍卫，为喀什噶尔领队大臣。

（卷137　424页）

咸丰四年（1854年）闰七月庚辰

　　谕内阁："杨霈奏先后克复京山等州县城池一折。湖北京山县城池被贼窜踞，经安襄郧荆道罗遵殿派委员弁会同该县知县杜嘉善督率绅勇进攻，叠次杀毙贼匪千余名，擒获长发贼目等一百二十余名，于五月二十六日将县城克复。其窜踞孝感县之贼，经该县知县李殿华带勇于杨店、小河溪等处进剿，先后获胜二十六次，擒斩贼匪一千六百余名。七月初九日夜间，于河干纵火焚烧贼船数十只，贼众惊溃，随将县城收复。四川松潘镇总兵双保因天门县被匪窜扰，奉檄往剿。随督同署参将常德等于七月十九等日与贼接仗四次，焚毁贼船八十余只，杀毙贼匪四千余名，擒获二百四十余名，余匪溺水烧毙者无算。二十二日将县城攻克。孝感县知县李殿华复会同甘肃游击孙学瀛、在籍知县乔绥福于七月二十三日将黄陂县城攻克。麻城县踞城之贼经署黄州府知府许赓藻、署麻城县知县贺棨、黄冈县知县翁汝瀛督勇剿捕，焚毁贼巢数十处，遂进逼县城，贼众于夜半窜出，复被擒斩一百余名。该县城池随即收复。湖北被扰各州县，先经官文等奏报，将沔阳州克复。兹复据杨霈奏报，克复京山等县。荆襄附近地方渐可肃清，其窜逸余匪，仍著杨霈严饬各该地方官迅速搜捕，毋留余孽。甘肃瓜州营守备铁振国迎剿不力，著即革职，以示惩儆。"

（卷 139　445 页）

咸丰四年（1854年）八月甲寅

谕内阁："理藩院奏遵议谆龄奏已革诺们罕可否准回西藏一折。此案已革诺们罕、阿旺扎木巴勒楚勒齐木前因贪婪营私，种种不法，有玷黄教，发往黑龙江。释回后仍交地方官严加管束。现在虽已免罪，而所犯情节甚重，著照该衙门所议，不准仍回西藏。至该犯是否已回洮州，并有无在外逗留，为匪不法情事，著易棠查明具奏。"

（卷 142　501 页）

咸丰四年（1854年）八月辛酉

又谕："所拉芬、王庆云奏潼商防务紧要，请添调官兵以备拨防一折。陕西商南备调之甘肃官兵一千名，王庆云已酌拨六百余员名驰往襄阳，交丰伸统带。现在南北军务未竣，潼商等处设防均属紧要，著易棠即将派定之西宁、甘州兵五百名，饬委妥员即日管带赴陕，交王庆云督率操练，以备添防之用。再于陕甘两省内续派备调官兵一千名听候该将军等随时移拨，毋稍延误。将此由六百里谕令知之。"

（卷143　515页）

咸丰四年（1854年）九月丁卯

又谕："易棠奏河南省咨报归德失利之凉州镇官兵溃散阵亡，情节互异，请饬查核办一折。甘肃凉州镇官兵五百一十八员名，上年在归德府防剿，遇贼失利。先经陆应谷以该官兵等打仗溃散，仅存把总马忠等十五员名咨报。续据报称，该官兵等均属阵亡，仅存外委范铭一员，兵丁五名。现经易棠查明，此项官兵除游击马从龙已据英桂咨明阵亡外，其陆续投回归伍者实有五十名，与陆应谷先后咨报数目均不相符，请饬查办。著英桂将该官兵等究竟是溃是殁，把总马忠是否被裹投回，此外有无在预逗留尚未归伍之人，均即分别确查，咨复甘肃，以凭核办。易棠原折著抄给阅看。将此由四百里谕令知之。"

（卷144　526页）

咸丰四年（1854年）十一月乙酉

缓征甘肃皋兰、河、渭源、静宁、隆德、宁夏、灵、平罗八州县被水、被旱、被雹、被霜节年旧欠银粮，及靖远、陇西、会宁、西和、安化、宁、泾、崇信、灵台九州县新旧银粮草束。

（卷151　640页）

咸丰四年（1854年）十二月丁巳

谕军机大臣等："侍顺奏迎接呼毕勒罕请饬沿途派兵护送并酌拟变通一折。据称该副都统由西宁赴藏，行抵青海，两盟官兵均未出迎。及抵柴达木亦无玉树官兵护送，仅有青海所属之扎萨克朗观车林扎勒带兵五十名照料等语。此次迎接哲布尊丹巴呼图克图之呼毕勒罕，经过各地方自应妥为护送，俟来春事竣回牧。著易棠会同西宁办事大臣查照成案，派员带兵，直抵西宁交界之通天河驻候迎接，以备护送。其青海两盟及玉树等处官兵，既据侍顺奏称难期得力，即著毋庸拣派，该督等务当严饬各该属小心护送，毋稍疏虞。将此谕令知之。"

（卷155　683页）

咸丰五年（1855年）正月戊子

又谕："本年轮应查阅直隶、山西、陕西、甘肃、四川五省营伍之期。

直隶著即派桂良，山西著即派王庆云，陕西著即派载龄，甘肃著即派易棠，四川著即派黄宗汉逐一查阅，认真简校。如查有训练不精，军实不齐，即将废弛之将弁，据实劾参，毋得视为具文。"

（卷157　718页）

咸丰五年（1855年）正月壬辰

又谕："易棠奏酌拟变通制钱分两一折。甘肃省铜价甚贵，且须兼铸大钱。若制钱分两仍按每文重一钱二分鼓铸，非独工料过重，亦易启奸民私销、改铸之弊。所有该省宝巩局鼓铸制钱分两，著照易棠所请，酌量变通。每钱一文减为八分，每千以重五斤为率。仍著督饬局员认真经理，务期制作精良，俾轮廓字画分明，不致有漏风缺边等弊。以重圜法而便行用。将此谕令知之。"

（卷157　725页）

咸丰五年（1855年）二月丁巳

陕甘总督易棠奏："抽厘流弊滋多，甘省碍难办理。"得旨："既有窒碍，著不必行。"

（卷160　753页）

咸丰五年（1855年）三月戊寅

以追捕甘肃番贼出力，赏把总杨天兴等蓝翎，余奖叙有差。

（卷162　781页）

咸丰五年（1855年）五月壬戌

以甘肃秦州绅民捐输军饷，永广学额一名。

（卷167　838页）

咸丰五年（1855年）五月甲子

以甘肃按察使常绩为布政使。西宁道明绪为按察使。

（卷167　839页）

咸丰五年（1855年）五月辛未

又谕易棠奏："兵饷紧急请饬迅速拨解一折。据称各省应解甘饷截至去年底止共欠银六百余万两。自奏请饬催后，不特欠饷仍前推诿，即本年新拨各饷亦无报解之信。前请拨运仓粮折放兵饷，兵丁等以变卖折耗太多，纷纷争执。司库匮乏，无可筹垫，迫切情形，万难支持。请饬山西省先筹银四十万西，陕西省筹银十万两，山东、河南二省各筹银二十万两，迅速解往，以资接济等语。甘肃岁需兵饷经费约银四百万两，除口外需银一百六十余万两外，计口内共需银二百二十余万两，均应按日支放之款。现该省司库搜罗已尽，自应速筹接济。著英桂等各按所请，于山西省应解甘饷一百三十八万两内先拨银四十万两，陕西省应解甘饷五万两外，另筹银十万两，山东、河南二省于欠解协饷内各先拨银二十万两。派委妥员，克期解赴甘肃，借应急需。此因各该省奉拨款项尚多，准予通融办理，毋得再有推诿。原折著抄给阅看，将此由五百里各谕令知之。"

（卷167 848页）

咸丰五年（1855年）五月壬申

以拿获会匪出力，赏甘肃知县陈秉彝、都司赵秉鉴花翎，从九品金淮等蓝翎，余升赏有差。

（卷167 849页）

咸丰五年（1855年）五月乙亥

又谕："户部奏河南等省欠解甘饷过多，请将巡抚藩司议处等语。甘肃省癸丑、甲寅两年兵饷，河南省欠解银九十余万两，山东省欠解银二百余万两，叠经行催罔应，实属玩误。河南巡抚英桂、布政使郑敦谨，山东巡抚崇恩、布政使厉恩官均著交部议处。"

（卷167 851页）

咸丰五年（1855年）六月戊申

正黄旗汉军副都统侍顺奏："黄河迤南拉安族番人向善投诚，请饬交督臣暨西宁办事大臣办理。"得旨："著咨行易棠、东纯，令其妥为查办。"

（卷170 880页）

咸丰五年（1855年）八月己未

调甘肃巴里坤镇总兵官经文岱为凉州镇总兵官。凉州镇总兵官明安泰为巴里坤镇总兵官，未到任前仍以福珠凌阿署理。

（卷175 961页）

咸丰五年（1855年）十一月庚午

青海扎萨克贝勒那密勒大巴因病乞休，以其子拉旺多毕依袭爵。

以青海追获贼赃出力，赏左翼扎萨克台吉喇木贡策勒健勒双眼花翎，予署副将陈智和等议叙。

（卷183　1042页）

咸丰五年（1855年）十二月辛丑

命陕甘总督易棠拨银六万八千八百一十两解赴喀什噶尔，备咸丰六年经费。

（卷186　1079页）

《清咸丰实录（四）》

咸丰六年（1856年）正月辛酉

钦差大臣向荣奏："请饬甘肃提督索文赴江皖等省剿匪。"得旨："索文人尚可用，亦颇勇往。前经琦善奏调，因甘省乏人未允。现在甘肃兵少饷缺，各镇率皆署任，正资弹压，不能令其远出也。"

（卷188　4页）

咸丰六年（1856年）三月丙寅

以办理甘肃官钱局官票有效，予知州李怀庚升衔。

（卷192　76页）

咸丰六年（1856年）四月乙未

又谕："明谊等奏请拨经费一折。甘肃省应找（划）拨塔尔巴哈台咸丰四、五两年并六年经费，共银六万三千六百八十余两。前经易棠咨行该大臣以无款可筹，拟俟山陕报解到日再行拨解。甘省库项竭蹶自系实情，惟该处官兵月饷全赖此项支放。前因经费支绌，已将盐菜银两减半发给，若再不能接济，于防务殊有关系。著易棠查明甘省应行找（划）拨塔尔巴哈台经费银两，设法通融，先行拨解一半，以济要需。将此谕令知之。"

（卷195　114页）

咸丰六年（1856年）五月戊午

谕内阁："王懿德奏遵旨保举人才各等语。福建在籍前任甘肃西宁府知府即用道庄俊元、兵部员外郎庄志谦均著送部带领引见。河南在籍前任江宁布政使王庭兰、前太常寺少卿李棠阶著俟该省剿匪事竣，再行送部引见。"

（卷197　136页）

咸丰六年（1856年）五月癸未

甘肃肃州镇总兵官武庆休致。以前任云南鹤丽镇总兵官音德布为甘肃肃州镇总兵官。

（卷199　165页）

咸丰六年（1856年）六月丁酉

又谕："胜保奏，西宁、宁夏等处兵丁因请饷滋闹。兰州省城复有兵众围绕总督衙署，打碎藩司段大章、知府刘仲珣肩舆之事。并汉、回匪党于关内外抢劫，或假冒野番，或勾结番匪，行旅为之裹足，甚至饷银、奏折均被抢掠，请饬整顿等语。甘肃省地处边陲，凡约束兵丁，防范番匪，在在均关紧要。前据易棠奏称，西宁镇标兵丁因饷银改发粮石，聚众哄闹，设法解散。各州县兵丁亦多恃众要求，请发银两，抗不领粮，亦经地方官调剂息事。现据胜保所奏情形，该兵丁等尤属凶横，何以未见该督奏闻。甘肃饷银虽山西等省陆续拨解，不能足数。所有各营兵丁，易棠仍须督饬将弁设法驾驭，妥为约束，毋令习成藐玩，致生事端，尤不可苟且目前，弥缝了事。至番贼抢劫饷银、奏折，虽经易棠具奏，惟是否汉、回匪徒假冒野番，抑系勾结番贼入卡抢掠，必当严行查办，以靖地方，断不可养痈贻患，自干咎戾。著易棠据实复奏。将此谕令知之。"寻奏："本省因库款支绌，以粮抵饷，宁夏各营兵丁恳求仍发银两。经地方官解散并未滋事。又出征兵丁数十人向藩司求发恤赏银两，亦经臬司晓谕解散，尚无凶横情形。至春间玉门县地方疏失饷鞘折包之案，经提臣索文拿获随贼番子，讯明实系四川松潘厅之果洛克土番勾结肃州熟番行劫，当即移咨提臣带兵赴西宁，会同办事大臣协力剿捕。"报闻。

（卷201　177页）

咸丰六年（1856年）七月甲戌

命陕甘总督易棠拨银二万二千二百四十三两解赴塔尔巴哈台，备咸丰七年经费。

（卷204　216页）

咸丰六年（1856年）七月丙子

谕内阁："易棠奏剿捕撒拉回匪肃清地方一折。甘肃循化厅属撒拉回匪聚众滋事，盘踞河北，巴燕戎格厅属撒拉回匪亦闻风纠众肆掠。经该督派兵驰往剿捕，各匪畏惧解散，其抗拒不服之阿藏吾、具列尕录、者黑曲等三庄回匪，经官兵分路进攻，击毙首匪五十八等十一名，伙贼五十余名，逃匿麻古塘之首匪沙乙的等二十七名，均被官兵歼戮无遗。其悔罪投诚各回庄捆献各犯，亦讯明就地正法。现在地方肃清，办理尚属迅速，所有在事出力员弁兵勇，准该督择尤保奏，毋许冒滥。"

（卷204　218页）

予甘肃阵亡千总王宗训祭葬世职。

（卷204　219页）

咸丰六年（1856年）七月己丑

命陕甘总督易棠拨银六千一百七十五两解往喀喇沙尔，备咸丰七年经费。

（卷205　231页）

咸丰六年（1856年）八月戊申

以甘肃追捕番匪不力，革守备窦林职，千总蓝积珍以外委降补。

（卷206　251页）

咸丰六年（1856年）九月壬午

谕内阁："易棠奏剿除番族贼匪生擒首恶并分捕余匪一折。甘肃拉安族黑番纠结四川果落克等番族占踞青海蒙古游牧，并敢窜扰嘉峪关外，抢劫饷鞘。折报。经该提督索文亲率兵勇会同西宁办事大臣东纯驰往剿捕。八月初四日该提督带兵直抵番族插帐之雪山，奋力攻击，自卯至酉歼毙甚多，复分兵绕至山后，于初五日黎明直捣贼帐，生擒贼目达洛尖齐等二十三名。官兵大队四面环攻，共计毙贼一千余人，滚崖落涧者不计其数，搜获被抢原赃并夺获帐房、鞍马、牲畜、军械无算，立将该族番贼剿洗净尽。此次该提督等剿捕番贼，蒇事妥速。索文、东纯均著交部议叙，出力官弁兵勇准其择尤保奏。所有动支经费既由该提督等筹捐还款，著免其造册报销。捐输各员并准其奏请奖叙。"

（卷208　289页）

陕甘总督易棠因病解任。以成都将军乐斌为陕甘总督，未到任前以甘肃布政使常绩护理。赏已革直隶布政使张集馨四品顶带，署甘肃布政使。

调福州将军有凤为成都将军。以西宁办事大臣东纯为福州将军。

调陕西提督邓绍良为浙江提督，未到任前，以福建海坛镇总兵官钟宝三署理。以甘肃凉州镇总兵官经文岱为陕西提督。浙江平阳协副将特克什布为甘肃凉州镇总兵官。

（卷208　290页）

以拿获甘肃镇原匪犯，赏知县多龄花翎，余升叙有差。

（卷208　291页）

咸丰六年（1856年）十月戊子

以甘肃安西协副将朱连泰为凉州镇总兵官。

（卷209　295页）

咸丰六年（1856年）十月己亥

命陕西巡抚吴振棫、山西巡抚王庆云各拨银七万两解赴甘肃，接济伊犁官兵饷糈。

（卷209　308页）

咸丰六年（1856年）十一月丁卯

贵州布政使文谦因病解任。以云南按察使海瑛为贵州布政使。甘肃兰州道清盛为云南按察使。

青海扎萨克郡王古木楚克吉斯们因病解任，以其子济斯默特那木扎勒多尔济袭爵。

以前任陕甘总督易棠节次捐饷，永广原籍湖南善化县文、武学额各一名。

（卷212　340页）

咸丰六年（1856年）十一月甲戌

以剿捕青海番匪出力，赏正盟长郡王乌尔津扎布双眼花翎，台吉丹木正旺扎勒永隆等花翎，余奖叙有差。

（卷212　348页）

咸丰六年（1856年）十一月丙子

以剿捕甘肃番匪出力，予西宁办事大臣东纯优叙，赏布政使常绩、按察使明绪、参将索焕章、游击莫德哩、都司闵相儒、吴元诚、同知张作霖等花翎。千总张荣等蓝翎，余加衔升叙有差。

展缓甘肃皋兰、靖远、静宁、宁夏、宁朔、平罗、碾伯、泾、崇信、镇原、西宁、河、狄道、隆德、宁、武威、灵、灵台十八州县并沙泥州判所属被水、被雹、被旱灾区新旧额赋。

（卷213　350页）

咸丰六年（1856年）十二月乙巳

命护陕甘总督常绩拨银五万三千九百八十两有奇解赴叶尔羌，备咸丰八年经费。

（卷216　387页）

咸丰六年（1856年）十二月己酉

以陕西、西宁剿办回匪肃清，赏道员崇保、游击陈智和、丹金扎普等花翎，千总郝兴邦等蓝翎，余升叙有差。

停哈勒津库察采办银矿，从护陕甘总督常绩请也。

（卷216　391页）

咸丰六年（1856年）十二月癸丑

上御保和殿，筵宴朝正外藩：科尔沁、乌珠穆沁、巴林、扎赉特、喀喇沁、敖汉、土默特、鄂尔罗斯、杜尔伯特、和阗、阿克苏、喀什噶尔、叶尔羌、喀喇沙尔、伊犁、青海、察哈尔王、贝勒、伯克及朝鲜正副使等，随文武大臣依次就坐。诸乐并作，上进酒。召左翼：科尔沁卓哩克图亲王巴图、科尔沁扎萨克达尔汗亲王索特纳木彭苏克、乌珠穆沁扎萨克车臣亲王彭苏克纳木济勒、科尔沁扎萨克图郡王索特纳木伦布木、科尔沁扎萨克冰图郡王林沁扎勒赞、科尔沁郡王济克默特朗布、巴林扎萨克郡王纳木济勒旺楚克、喀喇沁扎萨克都楞郡王色伯克多尔济、敖汉郡王布彦德勒格呼固鲁克齐、扎赍特扎萨克贝勒拉木棍布扎布、科尔沁贝勒贡葛喇布坦、土默特扎萨克贝勒那逊鄂勒哲依、扎鲁特扎萨克贝勒诺尔布林沁、喀尔喀扎萨克贝勒巴彦巴图尔、乌珠穆沁扎萨克贝勒达克丹、苏尼特贝勒三达瓦拉、鄂尔多斯扎萨克贝子额尔德呢绰克图、喀尔喀贝勒沙拉布贡格、杜尔伯特扎萨克贝子贡噶绰克坦、巴林贝子索哩雅、鄂尔多斯贝子扎那吉尔迪、鄂尔多斯贝子巴达尔呼、科尔沁扎萨克博多勒噶台亲王僧格林沁、喀喇沁贝勒德木齐扎布。右翼：阿拉善亲王贡桑珠尔默特、喀尔喀扎萨克亲王车林多尔济、喀尔喀扎萨克贝勒济木丕勒多尔济、绰罗斯贝子二等侍卫伊铿额等至御座前，赐酒成礼。

（卷216　394页）

咸丰七年（1857年）正月甲戌

谕内阁："前据胜保奏乌鲁木齐满洲营兵呈控镇迪道和祥等扣饷肥己一案，当交倭什珲布、奎英查办。兹据查明具奏，俸满甘肃镇迪道调任安肃道和祥于乌鲁木齐满洲营兵饷虽无侵蚀情事，惟将道库封储银两擅给绿营兵饷至十五万两之多，并将留备兵饷之款先发廉俸，复于部定折银内再行分成发钱，又将州库应放满洲兵饷提至道库。种种错谬，咎实难辞。主事达春泰于公库存储银两，明知不应散放，并不回明阻止。又于和臣泰错领重折之处，隐而不言，实属有心掩饰。和祥、达春泰著交部分别议处。协领和臣泰于散放兵粮并不查明，率行具领。协领巴哈布随同附和，致招物议，均著交部察议。前署迪化州事吐鲁番同知英贵积欠银粮，业已补交，惟于兵食要需不知先行预备，亦属不合，著一并交部察议。"

（卷218　409页）

咸丰七年（1857年）二月丁亥

陕甘总督乐斌奏报到任日期。得旨："汝以将军调任封疆，事事务须从实，不可稍染养尊处优积习。尤不准以武职自视，惟属僚之言是听。若先存此见，是自蔽其聪，于汝无益之害小，于地方之害大也。"

（卷219　426页）

咸丰七年（1857年）二月癸巳

甘肃西宁镇总兵官珠克登年老休致。以陕西延绥协副将成明为甘肃西宁镇总兵官。

（卷219 430页）

咸丰七年（1857年）二月壬寅

举行咸丰六年大计。奉天年老官二员。山东卓异官十三员，不谨官一员，浮躁官三员，才力不及官二员，年老官二员，有疾官一员。山西卓异官十二员，不谨官一员，罢软官一员，浮躁官一员，才力不及官二员，年老官二员。湖南卓异官六员，不谨官三员，罢软官一员，浮躁官一员，才力不及官四员，年老官七员，有疾官一员。甘肃卓异官七员，年老官二员，有疾官一员。广西卓异官五员，不谨官二员，才力不及官一员，年老官四员，有疾官一员。贵州卓异官五员，不谨官一员，罢软官一员，浮躁官三员，才力不及官一员，年老官一员，有疾官一员。东河卓异官一员，年老官一员。分别议叙处分如例。

（卷220 441页）

咸丰七年（1857年）二月戊申

谕内阁："乐斌奏请将陕甘升补武职各员先行给扎开缺等语。陕甘各营将备历经调派防剿，在任实缺人员较少，不敷差委。所有该省升补各员未能遵行交卸赴部，自系实在情形。著准其先给署扎开其底缺，分别选补，以实营伍。俟调赴军营各员撤回后，再将升补各员给咨赴部，补行引见。"

（卷220 444页）

予甘肃阵亡云骑尉盛涟祭葬世职。

（卷220 446页）

咸丰七年（1857年）三月壬申

又谕："乐斌奏请酌改提标官兵领饷章程一折。陕西提标各营官兵俸饷及提属西安城守等九营俸饷，向由陕西藩库支领，惟提属固原城守等十八营俸饷银两系在甘肃藩库支领。两省支发章程未能一律，以致领项多寡不同，办理未免两歧。所有陕西提属各营官兵应领俸饷等银著照所请，统归陕西藩库支放，以昭划一。"

（卷222　468页）

咸丰七年（1857年）四月乙酉

又谕："乐斌奏湖北撤回陕甘官兵未能调赴胜保军营等语。陕西抚标提标各兵业已撤回归伍，其肃州等协官兵亦已回抵隆德，距各原营不远。且该兵丁现多患病，兼在湖北缴出器械，自应分别收伍，未能调赴河南。惟大股捻匪经胜保等击败后，复勾结粤匪，窜扰颍上、光州一带，情形亦甚吃重。英桂等所带兵勇不敷堵剿，亟应设法凑拨，以遏贼氛。前据曾望颜奏因嵩县肃清，截止宁夏镇兵四百名令其毋庸来陕。此项兵丁如果得力，堪以出调，即著乐斌饬令前赴河南交英桂、胜保调遣。将此由五百里谕令知之。"

（卷223　482页）

咸丰七年（1857年）四月戊子

又谕："福济等奏遣散老弱兵丁请另行补足换防一折。安徽原调陕甘提属营兵五百名，今仅存一百九十余名，再汰老弱，所存不过一百五十名。该抚等请饬陕甘挑补三百五十名前往庐州，以符原拨五百名之数，自为攻剿需兵起见。现在陕甘调赴他省之兵已属不少，昨复谕令将宁夏镇兵四百名调赴河南。此次福济等所请能否如数挑补，著乐斌酌量情形，不必拘定原调营分，但有兵力精壮可用者即派妥员管带前赴庐州，交福济调遣。将此由五百里谕令知之。"

（卷223　485页）

咸丰七年（1857年）五月癸亥

谕内阁："乐斌奏剿捕番匪获胜一折。上年甘肃嘉峪关外驿路时有山内果洛克贼番出伺行劫，经提督索文派兵入山剿捕，将潜匿祝鲁果贼番痛加剿除。本年四月间探有贼番在素赖地方插帐，复派兵勇前往攻击，贼番抢占雪山抗拒，枪炮对轰，昼夜环击。兵勇复由间道绕至贼后，两面夹攻，轰毙一百余名，斩获首级八十三颗，生擒番僧一名，番贼一名，跌落崖涧雪窖者不计其数，夺获牛马驴羊六千余只，立将巢穴烧毁尽净。积年凶匪全股歼擒。办理尚属认真，所有在事出力官弁兵勇著该督查明择尤保奏，候朕施恩。"

（卷225　513页）

咸丰七年（1857年）闰五月甲午

陕甘总督乐斌奏："整饬营伍，请将陕甘所属各营弁兵凡向习弓箭者，兼习鸟枪，以定去取。"得旨："枪以准为要，外省绿营难尽求架式如规，可勤加练习，愈熟愈精。著照所请办理。"

（卷227　542页）

咸丰七年（1857年）六月癸丑

又谕："前据乐斌奏，喀、英二城贼匪滋事，请饬山、陕等省筹解饷需。当经谕令王庆云、曾望颜各先筹措银十万两，并谕吴廷栋、英桂将山东、河南欠解甘饷项下各先筹解银一二十万两，一并迅解甘肃，分拨应用。本日据扎拉芬泰奏，已调伊犁及喀喇沙尔官兵四千五百名前往援应各城，库储告罄，所需盐菜口粮及行营一切支放万分支绌。喀、英二城现当大兵云集，需饷浩繁。若待他处拨解，辗转需时，深恐缓不济急。著乐斌于该省无论何项先行筹拨银两若干，就近星速解往，以济要需。其部拨各省解款行抵甘境，即著起解前进，俾得源源接济，勿误事机。另据保恒、德通奏，现在乌什调兵防堵，经费支绌，请饬陕甘赶紧筹拨等语。乌什尚属安静，惟饷需本已缺乏，现需防堵边卡，望饷尤殷。著乐斌于筹拨喀、英二城兵饷之中酌量均匀分给，毋令向隅。将此由五百里谕令知之。"

（卷229　568页）

咸丰七年（1857年）六月乙丑

谕军机大臣等："扎拉芬泰奏阿克苏安设粮台请派员总司其事。并庆英、固庆、倭什珲布奏，请饬陕甘拨饷各折片。阿克苏为南北扼要之地，现在大兵进剿回匪，自应安设粮台，以资转运。著即派海朴总司办理。现在内地军务未竣，需饷浩繁，是以欠解甘饷为数甚巨。此次回匪仓猝起事，一切支发断难照从前成案办理。著该将军即传旨令海朴撙节动用，毋许过事铺张。事竣之后即责成海朴核实报销，一手经理。现调伊犁官兵一千五百名，喀喇沙尔等处蒙古兵三千名，乌鲁木齐官兵一千五百名前往会剿，兵力已厚。著即严饬带兵各员兼程前进，迅将喀、英两城回匪痛加剿洗，以期及早蒇事。倘有迁延观望贻误事机者，即著严参惩办。至各省应解饷银，前已谕令山西、陕西、山东、河南共拨银数十万两。已据山西拨银十万两解赴甘肃。此外各省本日复降旨饬催，谅必源源接济。该将军大臣等于饷银到后，务须查看各路缓急情形，均匀分拨，不准各城任意截留。将此由五百里各谕令知之。"

又谕："前因喀什噶尔等处贼匪滋事，叠谕陕、甘、山东、河南等省筹解饷需，谅皆遵照办理。本日据倭什珲布奏，派兵赴喀什噶尔等处策应并拨兵往阿克苏防堵，其饷无款可筹。请饬陕甘总督即措银十万两解往。又据庆英等奏各路调派官兵约六月中齐集叶城，彼处兵饷自顾不暇，急需内地饷银，并请饬陕甘速解数万两等语。现在回疆需饷孔亟，刻难缓待，乐斌谅已在甘省设法筹措，先其所急。惟该省库项无存，全赖各省解到方能分拨各城。现据山西王庆云奏到，已拨银十万两起解在途。此外山东省应解银二十万两尚未据奏拨。著崇恩即饬藩司筹款陆续赶解，毋许迟延。河南省前派拨二十万，虽现办军务恐一时未能凑集，仍著英桂先行酌拨银数万两以资接济。至陕西欠解甘饷已谕曾望颜尽先筹拨银五万两解甘。此外如能酌量筹款，并著酌加拨解，毋误要需。现在回疆兵力并非不足，惟饷需久绌，征调为难。各该抚等接奉此旨，务各筹款迅速解往甘肃，以便乐斌均匀转解各城，以资支放，俾得克日蒇功。将此由五百里各谕令知之。"

（卷230　576页）

咸丰七年（1857年）七月丁亥

谕军机大臣等："本日据海朴、培成奏和阗军台被扰文报不通各一折。喀什噶尔回匪滋事，叶尔羌东路军台业经梗阻，和阗草地所设军台专通文报，关系甚重。乃该匪复敢于坡斯坎木军台肆行扰乱，以致文报不通。和阗距该台六站，兵力甚单。培成现飞咨海朴将叶尔羌前调应援后路官兵酌拨数百名，由草地驰赴和阗，顺道迎击。喀喇沙尔、乌鲁木齐派往叶尔羌应援官兵已于六月初八九等日启程，不日均可行抵阿克苏，即可酌拨前往和阗，免致由叶尔羌再行折回南路，徒费时日。该处布鲁特回匪丑类无多，不难驱逐出卡，肃清道路。并著法福礼酌量派兵协剿，以期一鼓歼除。再昨据乐斌奏，饷糈支绌，请饬迅速进剿，撙节军需等语。近年甘饷支绌，此次剿办回匪虽经饬令各省拨银，为数不下五十万，但恐一时未能凑集。前经批谕扎拉芬泰今昔情势迥异，不能动云成案，谅已遵照撙节办理。海朴现办粮台，一切俱当核实，未可令带兵员弁浮冒开销。至军务一日不了，军糈一日难停，尤在法福礼等统兵大员相机进剿，迅速奏功，以慰朕望。将此由五百里各谕令知之。"

（卷231　600页）

咸丰七年（1857年）八月庚申

谕内阁："朕思年班内外各扎萨克蒙古王、贝勒、贝子、公、台吉、额驸等或捐输驼马、银米，或捐输应得俸银，洵属出于至诚。若令按班来京未免劳苦。现届年班之科布多所属杜尔伯特、土尔扈特、青海王、贝子、台吉等业由理藩院行文，仍著照旧来京外，其内扎萨克道路较远，著免其来京，以示朕轸念蒙古世仆之意。"

（卷233　629页）

咸丰七年（1857年）九月辛卯

裁撤甘肃嘉峪关外骆驼厂西双井火烧沟防兵四百五十名，改拨肃州及安西等营兵七百名，分驻嘉峪关、安西州玉门县，每月会哨三次。并于关外青头山设猎户二百名，赤金营设猎户一百名驻守。所需口食银五千四百两除向领银一千两外，由肃州等镇营捐办及甘省、道、府、厅、州、县养廉内摊捐支发。从总督乐斌请也。

（卷235　662页）

咸丰七年（1857年）十月壬申

准截留两淮起解甘饷银三万两，备安徽军营需饷。

（卷238　696页）

咸丰七年（1857年）十月丙子

改铸甘肃布政使印信，从总督乐斌请也。

（卷238　699页）

咸丰七年（1857年）十二月戊申

缓征甘肃皋兰、靖远、陇西、西和、安化、平罗、徽、崇信、灵台、镇原、河、狄道、安定、固原、宁夏、宁朔、灵、中卫、碾伯、泾二十州县及盐茶厅、沙泥州判、陇西县丞所属被雹、被水、被旱灾区新旧银粮草束。

（卷241　725页）

咸丰八年（1858年）正月乙酉

又谕："胜保、袁甲三奏，随营兵力不敷调派，请饬于固原、甘州、西宁、河州提镇标内选拔马步精兵二千名赴皖协剿。所奏自系实在情形。该省存兵能否如数调拨，著乐斌察看情形，酌分劲旅，遴选得力将弁管带，迅赴胜保等军营，以资剿办。将此由六百里谕令知之。"

（卷243　765页）

咸丰八年（1858年）正月壬寅

以陕甘永固协副将塔思哈为甘肃肃州镇总兵官。

予安徽军营病故甘肃肃州镇总兵官音德布祭葬恤荫。

（卷244　775页）

咸丰八年（1858年）二月庚戌

谕军机大臣等："福济奏，庐州巢湖创造战船，官弁兵勇每月盐粮需费甚巨。请饬陕西按月准拨饷银二万两，以济要需。其前欠皖饷一百五十余万两，请在两淮欠解甘饷二百四十余万两内就近划抵皖省欠款，即以陕西积年欠皖之饷，拨补甘省等语。现在安徽水陆各军攻剿正当吃紧之际，军饷势难刻缓，著曾望颜按月拨银二万两解赴福济军营应用，并著何桂清即由两淮欠解甘饷内划拨一百五十余万两就近陆续解皖，以资接济。应解甘饷即以陕西积年所欠皖饷，由曾望颜就近陆续解甘作抵。其两淮现派委员何祖望领解续拨甘饷二万两，并准福济截留，亦由陕西抵拨归款。将此由五百里各谕令知之。"

（卷245　779页）

咸丰八年（1858年）三月庚子

谕内阁："乐斌奏请将延误公事之厅县并玩视地方之游击分别惩办等语。甘肃循化同知韩赐麟于撒拉回民马主麻等控案，稽至数月并未讯断，实属任意迟延。碾伯县知县谢玉润委赴循化查办韩冲等滋事之案，具禀后不候批示，辄行回任。韩赐麟、谢玉润均著交部分别议处。署循化营参将升补延绥镇标中营游击吕祥任听匪徒多人在城逗留，以致滋事拒捕，几成巨案，实属玩视地方，且年老多病，难期振作，著即革职，以示惩儆。"

又谕："乐斌奏循化厅属撒回滋事派兵查办完竣一折。甘肃循化厅属街子工撒拉回民韩尕四因族人韩冲等在城涉讼滋事被拿，辄敢起意纠抢，煽惑多人，焚毁桥道，实属目无法纪。现经官兵剿办，已将罪应拟斩之韩尕四并为从之韩木洒及在城拒捕之韩冲等一并格毙，余俱悔过投诚。地方一律肃清，办理尚为妥协。西宁道崇保捐廉归补经费，著该部查明该员子弟给与奖叙。"

（卷249　848页）

咸丰八年（1858年）五月丙子

又谕："乐斌奏缕陈番务情形请饬西宁办事大臣等详查筹办一折。甘肃西宁口外野番为患，乐斌到任以后，派令署西宁府知府那逊阿古拉派兵剿捕，随有刚咱等族野番情愿投诚，求将河北地方赏给住牧，保护蒙古边民。各旗蒙古亦愿将青海迤南戈壁地方暂行借给住牧，似此权宜办理，原期相安无事。惟野番贪残成性，移至河北后或不免欺陵蒙古，滋生事端。更恐河南各番相率效尤，恳求迁徙。自宜慎之于始，以安蒙古生计。此事著乐斌督办，即不能亲身前往，务须派委明干大员随同图伽布督饬西宁镇道确切查明，通盘筹划。应如何定立界址，设法钤束，以杜侵越，及不准再有番族过河，以期日久相安之处，妥议章程具奏。不得迁就目前，致滋后患。将此谕令知之。"

（卷253　918页）

咸丰八年（1858年）五月癸未

谕军机大臣等："托云保奏宁夏官兵困苦情形，请饬陕甘总督迅发饷银一折。宁夏满洲营饷银向由甘肃藩库按季支领。自饷银折减后，不能如期领到，官兵枵腹堪虞，其应支马干银两自上年夏季起至今分文未支，更形拮据。虽经该将军借款接济，而库款久悬，亦须归楚。所有陕甘省欠发宁夏满洲营本年春季并现届夏季饷银，米折马干银两及上年夏、秋、冬三季马干等项，著乐斌即照折减章程一并迅速支发，毋稍迟延。嗣后官兵俸饷米折马干等项务当按季支发，毋许拖欠，以恤兵力。将此由四百里谕令知之。"

（卷253　928页）

咸丰八年（1858年）五月乙未

以前任广西布政使胡兴仁为甘肃布政使。

以甘肃劝捐出力，赏同知李燕林等升叙有差。

（卷255　954页）

咸丰八年（1858年）五月甲辰

命甘肃布政使胡兴仁驰赴浙江会同前任兵部侍郎曾国藩办理军务。

（卷255　962页）

咸丰八年（1858年）六月丙午

谕军机大臣等："昨命甘肃布政使胡兴仁驰驿前往浙江，会同曾国藩办理军务。本日据胡兴仁奏，伊堂弟候选守备胡景陶曾在广西随同该藩司训练乡勇，屡经打仗，请饬令前往浙江借资差委等语。著骆秉章即饬该守备胡景陶酌带乡勇数十人随曾国藩赴浙，如曾国藩业已启程，即著饬令径赴浙江交胡兴仁差遣。将此由五百里谕令知之。"

（卷256　965页）

咸丰八年（1858年）六月己酉

改铸甘肃洮州厅土司指挥金事印信，从总督乐斌请也。

（卷256　969页）

咸丰八年（1858年）七月丙申

以甘肃循化厅回民缚献贼犯出力，赏总约马复源五品顶带蓝翎。

（卷259　1024页）

咸丰八年（1858年）七月庚子

命浙江巡抚晏端书来京。以甘肃布政使胡兴仁为浙江巡抚。调陕西布政使林扬祖为甘肃布政使。以前任浙江布政使庆廉为陕西布政使。

（卷259　1028页）

咸丰八年（1858年）七月辛丑

谕内阁："庆英、固庆奏请饬陕甘速拨经费一折。叶尔羌军饷银两拨借支放官兵盐菜现在所存无几，著陕甘总督迅速拨解。其各省欠解之款为数尚多，并著分别咨催，赶紧解运，以资接济。"

（卷259　1029页）

咸丰八年（1858年）九月丙戌

以陕甘督标中军副将龙泽厚为甘肃肃州镇总兵官。

（卷264　1098页）

咸丰八年（1858年）九月丁亥

命甘肃西宁镇总兵官成明帮办钦差大臣德兴阿军务。

（卷264　1099页）

咸丰八年（1858年）十月壬戌

以训练精勤，赏署甘肃督标中军参将成瑞花翎。

以堵剿不力革甘肃肃州镇总兵官龙泽厚等职，留营效力。

（卷267　1145页）

咸丰八年（1858年）十一月癸酉

又谕："德兴阿奏，扬营兵丁伤病甚多，请饬抽调陕甘督标兵八百名，河州镇标循化、保安、起台堡各营兵六百名，固原提标兵六百名，汉中镇属兵八百名，直隶大名、正定两营兵各四百名，以资攻剿。又据奏称，将领之人，查有陕甘署总兵副将郭相忠、署副将成瑞、游击赵秉鉴、署参将张敬、都司王礼、陈应春、署守备朱子俊均系英勇著名，堪资管带。并马匹疲瘦，难期得力，请调拨甘州孳生马厂马五百匹各等语。江北军情紧要，急须攻复六合，由东而西，进取江浦，以复旧观。该大臣所统兵将，累年征战，伤亡疲病居多，自应照数换补，以期得力。惟直隶为京畿翊卫，屡经征调，营伍空虚，未必再能多拨。著庆祺于大名、正定两营内酌抽精锐，合成四百名饬赴江北军营。陕甘亦系边陲要地，不能悉如该大臣所请，著乐斌体察情形，于所属各标营凑拨兵一千名。其所指调各该员弁能否酌调前往江北，并著该督酌量办理。至孳生马匹如能调拨三四百匹，亦著饬赴德兴阿军营，毋稍迟缓。将此由六百里各谕令知之。"

又谕："德兴阿奏，官军进攻六合获胜，并请调直隶等处官兵各折片。总兵成明督兵进攻六合，于猴子铺、孟家店一带击焚贼卡，擒斩多名，即可乘胜进攻，殄兹丑类。德兴阿现已移营五台山，扼要驻扎，著即督饬各军节节进逼，务将六合、江浦迅图克复，毋再迁延。现在江南东自江宁镇，北至采石矶，百余里一律肃清，是南岸剿办正在得手。若该逆穷极思窜，则北岸防剿情形愈为吃重。德兴阿兵勇溃散之后，马步仅止八千，且多伤病，自应量为抽换。惟直隶、陕甘、黑龙江官兵未能照数调拨，致本地空虚。本日已谕庆祺饬调直隶官兵四百名，乐斌酌调陕甘官兵一千名，奕山调黑龙江余丁一百名驰赴该大臣军营听候调遣。至请调将领、马匹，除伊犁镇总兵常英道途遥远毋庸调派外，其协领富升阿等已谕奕山、乐斌酌量派往。其甘州孳生马匹亦谕该督酌拨三四百匹迅赴扬营矣。至朱承先等兵勇前曾谕令和春酌量饬赴江北，并令将张国梁留下之兵毋庸调回。德兴阿惟当力图振作，亲督各军，自东而西，将六合、江浦之贼次第扫除，并严扼该匪纷窜之路，是为至要。将此由六百里谕令知之。"

（卷269　1157页）

咸丰八年（1858年）十一月乙亥

陕西按察使蔡宗茂因病解任。以前任甘肃按察使明绪署陕西按察使。

（卷269　1162页）

咸丰八年（1858年）十一月丙戌

谕军机大臣等："扎拉芬泰奏贴补俄商茶斤请由归化城预为采买等语。塔尔巴哈台烧毁俄夷贸易圈子一案，经扎拉芬泰等议定以武彝茶五千五百箱贴补被烧夷货。本年十月间先付二千五百箱。据该将军等奏已于征存茶税内发价置备，给发该夷清楚。其咸丰九、十两年每年应给武彝茶各一千五百箱，据称口外茶价日昂，茶税盈绌无定，诚恐届时购办不及，转滋口实。归化城为茶商总汇之区，若由该处官为采买，即在山西欠解甘饷内动款给价，较有把握等语。此项茶斤以现在塔尔巴哈台茶价而论，计需银五万四千余两。山西省积欠甘饷尚有一百三十余万，其中应解伊犁之项数亦不少。若由归化城就近购茶运解塔尔巴哈台，而于该省欠解甘饷内照数扣抵，实属一举两得。著成凯、英桂各派妥员，照依该将军等咨送茶样，陆续采买足数。由台驿递塔尔巴哈台交收。或分作两年运解，或于明年一并购运，均著酌量办理。但每年所需一千五百箱，总不得逾十月之期，以免延误，并不得霉变短少，致令别生枝节。所需运脚即以解饷运费作抵，亦无庸另行筹款也。将此各谕令知之。"

（卷269　1175页）

咸丰八年（1858年）十二月戊午

以安徽军营防剿得力，复已革陕西河州镇总兵官吉顺职。

（卷272　1211页）

咸丰八年（1858年）十二月壬戌

谕军机大臣等："乐斌奏甘饷紧要请饬迅速筹拨一折。甘肃内地及新疆各域每年饷需共计四百余万，皆赖外省协拨。自各省欠解甘饷愈多，拨解口外亦递年减少。据称本年山西省仅解银七万两，陕西省仅解银八万五千两，河南省仅解银一万七千五百两，钞钱一万五千串，山东省仅解银一万两。若非河东道解到银四十五万两，其势早已不支。现在新疆各城空乏已久，待饷迫切。甘省藩库筹垫已尽，若再迟延，不特口外俸饷无从拨解，即内地亦难以支持，自应迅速筹拨。著崇恩、英桂、恒福、曾望颜迅饬藩司盐道，破除畛域之见，即将欠解甘饷项下竭力设法筹措。各先凑解银十万两，委员迅速解赴甘肃藩库交纳，其余欠项并著随时酌拨协济，以顾西陲大局，毋稍延缓。将此由五百里各谕令知之。"

（卷272　1215页）

咸丰八年（1858年）十二月乙丑

谕军机大臣等："保恒、达绶奏请饬催甘省欠解乌什经费银两等语。据称甘肃司库欠解乌什七、八两年经费银两，本年收到上年司库拨解银二千两，此后屡催未解。嗣经户部议复，饬令陕甘总督无论何款先行拨解银数千两，迄今仍未解到。乌什需饷甚殷，现届冬令，各该官兵月支盐菜等项银两尤须随时接济。乃自七年秋季至本年冬季新旧欠解至二十个月之多，官兵实形拮据。著乐斌将司库欠解乌什七年经费银一万二千四百余两无论何款迅速筹拨起解，毋再迟延。其欠解八年经费银二万一千八百余两并应解九年经费银两，并著该督陆续筹款，源源接济，以资兵食而重边防。将此由五百里谕令知之。"

（卷272　1220页）

《清咸丰实录（五）》

咸丰九年（1859年）正月庚寅

调陕西延绥镇总兵官郭相忠为甘肃肃州镇总兵官。甘肃肃州镇总兵官龙泽厚为陕西延绥镇总兵官。

（卷274　16页）

咸丰九年（1859年）正月丙申

又谕："本年轮应查阅直隶、山西、陕西、甘肃、四川五省营伍之期。直隶著即派庆祺、山西即派英桂、陕西即派曾望颜、甘肃即派乐斌、四川即派王庆云逐一查阅，认真简校。如查有训练不精，军实不齐，即将废弛之将弁据实参奏，毋得视为具文。"

（卷274　21页）

咸丰九年（1859年）三月甲申

谕内阁："倭什珲布奏兵饷缺乏请饬速为筹拨一折。甘肃省应拨乌鲁木齐满洲营兵饷近年短解甚多，该营兵丁需饷紧要，著乐斌先行筹拨银十数万两以资散放。至山东、山西、河南、陕西应解甘饷，前经谕令该抚等各拨银十万两，著户部饬催迅速筹解。此外各省欠解甘饷并著该部查明，一并酌拨催解，以济要需。"

（卷278　86页）

咸丰九年（1859年）三月壬辰

以甘肃安西协副将庆瑞为陕西延绥镇总兵官。玛纳斯协副将福珠凌阿为喀什噶尔换防总兵官。

（卷279　93页）

咸丰九年（1859年）三月乙未

甘肃西宁镇总兵官成明因病解任。以记名总兵官冯子材为西宁镇总兵官。

（卷279　96页）

咸丰九年（1859年）四月戊午

又谕："扎拉芬泰等奏，请催各省协饷并饬甘省先将欠项银两克期带运扫数归款等语。据称甘省积欠三成俸饷，多至六十余万两。业经伊犁筹款垫发，此后挪垫已空，全赖甘饷年清年款，并将旧欠一并拨还，以资办公。甘省应完欠项既系伊犁节存羡余，自应各归各款，以免镠辖。著乐斌于各省指拨项下无论解到何款，先尽伊犁积欠银两赶紧拨解，以期源源接济，毋误边地要需。将此谕令知之。"

（卷281　119页）

咸丰九年（1859年）五月辛卯

谕内阁："乐斌奏，土尔扈特汗喀屯鄂斯库吉尔噶勒因伊孙年幼孤单，差员禀请延接喇嘛教经延寿等语。喀喇沙尔游牧之土尔扈特部落，久隶藩服，素称恭顺，著照所请。所有现回洮州卓尼寺已革诺们罕阿旺扎木巴勒楚勒齐木，著准其前赴土尔扈特，教习经典。并著伊犁将军、喀喇沙尔办事大臣随时稽查，不准出外滋事。俟教习三年后仍行解回内地，饬交该原籍地方官管束，毋任逗留。"

（卷284　154页）

咸丰九年（1859年）六月丁未

谕军机大臣等："明谊等奏请找发经费等语。甘肃省欠拨塔尔巴哈台经费共应找拨银七万四千二百余两。该城茶税抵拨欠饷实属不敷，自应赶紧找发，以资接济。著乐斌于应找塔尔巴哈台六、七、八三年并九年经费银七万四千二百余两内赶紧通融，先行借拨银二万两以应急需。其余银两并著陆续拨解，毋许迟误。将此由五百里谕令知之。"

（卷285　182页）

咸丰九年（1859年）七月壬申

又谕："固庆等奏，请饬截拨兵饷银两以济要需等语。甘省欠解喀什噶尔、英吉沙尔二城节年经费银二十余万两。本年三月间仅据拨到银四千两，又分拨备用银四千两尚未解到。现在该二城边防紧要，需饷孔殷，情形甚为急迫。著乐斌于司库项下无论何款，先为截拨银数万两，遴委妥员迅速起解，俾资接济。即或未能多解，亦须设法筹拨，毋误军需。将此谕令知之。"

（卷287　213页）

咸丰九年（1859年）七月己丑

谕内阁："乐斌奏，道员屡著劳绩请旨奖励等语。降调捐复之前任甘肃安肃道和祥，业经乐斌奏留甘肃以道员补用。兹据该督奏称，派委该员劝谕捐输，试铸大钱及办理蒙古土盐输税，拿获宁夏口外刁匪首要各犯，均属勤奋出力。该员现在赴部引见，恳恩量予鼓励等语。和祥自奏留甘肃后，叠次差委，著有微劳，著吏部于带领引见时声明请旨。候朕施恩。"

又谕："乐斌奏番匪肆扰派兵剿捕获胜，地方现已安谧一折。甘肃嘉峪关外莺觜山等处有番匪突出抢掠，经官兵击退后，总兵郭相忠探明雾拉窑洞地方尚有大股盘踞，随督率兵勇驰往该处掩捕，匪已遁去。五月十三日追至蒿尾沟，直前剿击，毙匪极众，余悉窜入弯沟藏匿。郭相忠于二十日追至该处，派令马步兵丁、猎户入山搜剿，歼擒殆尽。现在沿边各隘口已无匪踪。办理尚为得手，所有在事员弁著乐斌择其尤为出力者酌保数员，毋许冒滥，伤亡兵勇并著查明请恤。"

（卷289　235页）

谕军机大臣等："前据乐斌奏，甘饷紧要。叠经谕令崇恩、英桂、瑛棨、曾望颜各先筹拨银十万两解赴甘肃，以备支放。本日据乐斌奏，至今三月有余，山东仅解到银四万两，陕西仅解到银二万两，山西仅解到银一万二千两，河南则竟未报解。新疆需饷刻难缓待，甘省支发内地兵饷已属竭蹶，无从筹垫，情形实为紧迫。著崇恩、英桂、瑛棨、曾望颜仍遵前旨，各将应解甘肃饷银十万两赶紧设法筹措，照数凑足，解赴甘肃藩库交纳，以应急需。此外欠解甘饷并著源源拨解，勿得再有延误。将此由五百里各谕令知之。"

（卷289　236页）

咸丰九年（1859年）九月丁卯

谕内阁："福济奏番族投诚地方肃清并安插户口善后章程开单呈览一折。甘肃野番连年滋事，经该大臣亲督员弁出口查勘，开诚布公，歼厥渠魁，宽其胁从。随处核定界址，编查户口，妥为安插。统计八族共一千七百四十七户，男妇大小一万八千四百二十名口。该番族感激欢呼，交出认赔牲畜及被抢牛马羊各物，呈出承保十事及分守要隘各甘结。地方得以肃清。办理尚属妥速。所有善后事宜即照奏定章程十条妥为办理。嗣后每年巡查，禁通事之勾引，防歇家之容留，赏罚必明，奉行必力，均责成该管厅营妥为经理，以期日久相安。此次调拨兵勇所需经费俱系在事官绅捐办，著免其造册报销。除捐资人员照例请奖外，其出力各员著福济择尤酌保数员，毋许冒滥。"

（卷293　286页）

咸丰九年（1859年）九月丙戌

又谕："乐斌奏查阅陕西提标各属营伍事竣分别奖劝一折。陕西护静宁协都司靖远营千总易腾甲、署提标中营守备静宁协营千总朱殿雄、署固原城守营守备西安州汛千总马兆麒、署提标后营千总西安城守营千总牛玉林，才技较优，训练得力，均著以守备升用，以示鼓励。肃州镇靖逆营游击张国镜年力已衰，著即勒令休致。"

（卷294　312页）

咸丰九年（1859年）九月庚寅

谕军机大臣等："据文艺奏，甘肃司库节年欠解乌什经费银两请饬迅速拨解等语。甘肃司库欠解乌什节年经费银两，前经谕令乐斌迅速筹拨，新旧积欠银一万二千四百余两，其欠解八年经费银二万一千八百余两，并应解九年经费银两，一并筹款陆续接济。兹据该帮办大臣奏称，甘肃拨解各城经费，仅分拨乌什银三千两，早经散放无存。现届冬令，该官兵月支盐菜等项无款可资接济。著乐斌即将欠解乌什七、八两年经费银两无论何款迅速筹拨起解，勿再迟延。其应解九年经费银两并著该督陆续筹拨，毋误要需。将此由五百里谕令知之。"

（卷295　316页）

咸丰九年（1859年）九月壬辰

以甘肃捐输军饷，永广皋兰县学额四名，靖远县一名。

（卷295　318页）

咸丰九年（1859年）十月戊戌

又谕："兵部奏，复试不符之中式武生可否拣选，请旨遵行一折。甘肃等省中式武生李怀德等五十八名复试未能合式，呈请拣选，与例不符。惟系志殷报效，若不准其随营当差，未免向隅。李怀德等著作为中式武生由该部给与验票，令其随营学习。如果弓马可观，差操无懈，五年期满，咨部注册。由各该省督抚专以把总考拔，不得拔补千总，以示区别。其有始勤终怠，弓马生疏，差操贻误者，随时咨部斥革，以肃营规。此项人员俟下科复试合式后，仍照武举办理。"

（卷296　325页）

咸丰九年（1859年）十月丁未

以甘肃办团出力，予在籍知县李协中等加衔升擢有差。

以剿抚甘肃番族出力，赏还西宁办事大臣福济头品顶带，予左翼正盟长郡王乌尔津扎布等优叙，赏把总陈相猷等蓝翎，余加衔升擢有差。

（卷297　338页）

咸丰九年（1859年）十月乙丑

谕军机大臣等："胜保奏，随征兵丁伤亡过多请饬挑选补额等语。胜保军营原有山东兖、曹二镇兵各五百名。河南河北镇兵八百余名。历年已久，除阵亡、病故、迷失、革除外，存营者均仅百名。又原调之甘肃甘、凉、宁三镇兵一千名，除历次打仗阵亡、受伤身故外，存营者仅二百余名。经该大臣咨行各该督抚挑选补额，以期得力。著乐斌、文煜、瑛棨查明各该省存营兵额，如足敷出调，即照胜保原咨如数补调。派委得力将弁带领，于明年正月趱程赴皖，如不能如数，即量为酌减，奏明办理可也。将此由五百里各谕令知之。"

（卷298　363页）

咸丰九年（1859年）十一月癸酉

调凉州副都统库克吉泰为广州满洲副都统。

（卷299　372页）

咸丰九年（1859年）十一月丁亥

又谕："刑部等衙门具题，甘肃狄道州民人杨同居儿等共殴降服胞兄杨梅身死一案。据称杨梅身受各伤，惟后被杨同居儿殴伤右臁肋骨损为重，应以拟抵。杨同居儿合依卑幼殴本宗大功兄死者斩律，拟斩立决等语。本内既称，诘非有心致死，复称实属有心干犯，断语已属两歧。且该犯被其兄杨梅揿按脚踢，情急顺拾地上木车辐条冒殴杨梅，伤其右臁肋致毙。该犯既被杨梅揿按在地，其冒殴致死之处，是否耳目所不及，本内并未声叙明晰。案关服制罪名出入，著刑部再行悉心核议具奏。"

（卷301　390页）

又谕："乐斌奏，陕甘兵饷折发钱票中多流弊等语。据称访闻各营赴陕请领兵饷，司库按照市价折发官铺钱票，该营不能携钱，不得不将原票换银带回散放。一出一入，每银一两不过得七八钱之数，徒有流通官票之名。市侩居奇，兵丁苦累，若比照甘省支发兵饷章程，每银一两概以八钱五分折放，兵丁既多得现银，司库亦大有节省等语。陕省一切杂款均放实银，独兵饷一项以钱票折支，以致银价低昂，暗中折损，流弊实多。著谭廷襄悉心酌核，所有陕西兵饷及杂支银款，如能仿照甘省办理，即著妥议章程具奏。原片著抄给阅看，将此谕令知之。"

命陕甘总督乐斌来京陛见，以甘肃布政使林扬祖护理总督。

（卷301　391页）

咸丰九年（1859年）十一月庚寅

谕军机大臣等："本日据曾望颜奏，滇匪围攻叙郡，已将城外真武山等处占踞，攻扑府城。滇、黔逆匪分股窜入，意图合并，情形危急。请饬甘肃提督郭相忠带领提标兵一千名驰往助剿等语。川省本完善之区，现被滇、黔各匪滋扰，亟应厚集兵力痛加剿洗。惟该署督所请提标兵一千名，不如于各营分拨挑选精壮凑足一千名之数。著乐斌迅速如数派拨，即著郭相忠统带，由南站阶州等处驰赴川省，分途进剿，以期迅扫贼氛，勿致蔓延。将此由六百里谕令知之。"

又谕："有凤奏叙郡战守情形，并曾望颜奏请饬楚兵赴援，添调甘肃官兵，请简提督统带各等语。筠连等三县城池业经收复，叙州府城被围日久，虽悉力守御未致失陷，而贼党裹胁愈多，其真武、翠屏两山之贼尚各踞守险隘，必须痛加剿洗，方免蔓延。另股滇、黔各匪阑入酉秀等处边界，亦应添调精兵以资剿办。曾望颜前调陕西兵一千名，本日复照所请，谕乐斌于该省各营内挑选劲旅一千名，即派提督郭相忠统带，由南站阶州等处驰赴川省，分途攻剿。四川提督前已有旨著皂升补授，即责成该提督严饬各军迅速进剿。如各将弁有仍前畏缩者，即以军法从事，毋稍宽纵。曾望颜到省后，倘叙州军情仍复紧急，即著亲往督办。至石达开窜至永安等处，有萧启江一军由桂林跟踪追蹑。其川、黔接境之区业经骆秉章饬令田兴恕扼要防剿，石逆未必遂能由黔入川。湖南北官兵亦实难远调。川兵虽不足恃，但能申明军律，定当壁垒一新。有凤另片奏虎嵩林自愿募勇投效等语。该革员于本籍地方形势及军务情形尚能熟悉，著即饬其前赴叙郡，会同剿办滇匪。将此由六百里谕令之知。"

（卷301　395页）

咸丰九年（1859年）十二月己亥

又谕："户部奏遵议河南省应解工程及京、甘各饷银两仍应如期筹解一折。前据瑛棨奏，预省应解万年吉地工程银两，除已解过外，尚有欠解及续拨之款。现因筹解各省军饷，该省各州县本年除被扰、被歉外，其余完善地方征解无多，惟有设法先将工程要款筹解，其余京饷、甘饷等银俟来年开征再行报解等语。当交户部查核速奏。兹据奏称，河南省欠解工程银两，既据声称筹解，即应赶紧设措，务于年内解齐。其续拨银两亦应遵照奏章，依限起解。至应解各省饷银，若能按年催征，及时起解，何至积成巨款？该省额征应解及杂款带征为数甚巨，即使各属偶有水旱偏灾，被贼扰害地方，其完善之区催征拨解尽足筹济，何得借词透卸？著瑛棨按照该部所议，速将工程欠解续拨银两如期解交。其应解各路军饷，著先将安徽等省要款按月解往，并将欠解京饷、甘饷分批报解，毋得日久宕延。至被灾、被扰地方必当确切查明，核实办理。倘一州县中不过一二村庄被扰，地方官借词影射，冀免阖境钱粮，是徒饱吏胥之橐，而正赋日亏。著该抚督饬藩司详细查明，分别办理，以剔弊窦而裕供支。"

（卷302　411页）

咸丰九年（1859年）十二月庚子

谕军机大臣等："前因曾望颜奏请暂调陕西抚标等兵一千名赴川助剿，当降旨允准。嗣又以叙州被围日久，兼有另股滇、黔各匪窜入，并经谕令乐斌于甘省各营挑兵一千名交提督郭相忠带赴川省会剿。兹据乐斌奏称，陕甘两省地方紧要，存营兵数过单，曾望颜所调官兵请暂缓派往各等语。所奏系为慎重边防起见，川省兵本不少，前已谕令曾望颜先就本省之兵激励调度，不可专恃客兵。惟叙郡贼势方张，亟宜扫荡。倘迟延日久，诚恐滋蔓难图，不可不厚集兵力，以保完善之区。所有曾望颜前次奏调之陕西抚标等兵一千名仍著准其调派，并著乐斌速催文志等统带前往。其续行请调之甘肃提标兵一千名著暂停征调，俟川省军情如果实在紧急，再行斟酌派往。即著乐斌知照曾望颜无庸久待可也。将此由六百里谕令知之。"

（卷302　415页）

咸丰九年（1859年）十二月甲辰

谕军机大臣等："本日据乐斌奏，川省不靖，汉中为陕西门户，正宜加紧筹防，署汉中镇文志有查勘修筑川楚接壤地方关隘堡寨事宜，未便遽令交卸。已咨会谭廷襄查明，如文志尚未启程，其陕省官兵即改派委署西安城守协副将连庆驰往统带等语。自系为慎重边防起见。惟四川军情此时正当吃紧，倘贼匪由嘉定等处扰及省城，办理更形棘手，必须厚集兵力，于该匪未经蔓延之先迅速扑灭，庶川省完善之区不致被贼蹂躏。著乐斌仍遵前旨，速令郭相忠统带甘肃兵一千名前进，其陕西所派一千名仍令文志星速管带前往，赴川助剿，以期迅殄贼氛，毋令日久滋蔓。汉中镇总兵员缺，既属紧要，即著该督拣派妥员前往接署，以重地方。将此由六百里谕令知之。"

（卷302　423页）

展缓甘肃皋兰、河、狄道、靖远、陇西、静宁、安化、宁、宁夏、宁朔、灵、中卫、泾、崇信、灵台、镇原十六州县暨沙泥州判所属被雹、被水、被霜地方旧欠额赋。

（卷302　424页）

咸丰九年（1859年）十二月癸丑

又谕："前因刑部等衙门具题甘肃狄道州民人杨同居儿等共殴降服胞兄杨梅身死一案断语两歧，当交刑部再行悉心核议具奏。兹据奏称，杨同居儿系杨梅降服大功胞弟，被殴时并不恳求挣避，一经动手还殴，即属有心干犯。至所称诘非有心致死，系专指非故杀而言。该犯当伊兄揪按之时，辄用木车辐条上向冒殴，已属互斗，并非耳目所不及，与误伤致毙者迥异。杨同居儿仍照刑部原议，著即处斩。其该省原题勘语前后两歧，并照该部所请，嗣后各省题本务将勘语分别叙明，以免牵混。"

（卷303　434页）

咸丰九年（1859年）十二月丙辰

青海扎萨克郡王乌尔津扎布等四人，喀尔喀扎萨克镇国公巴勒达尔多尔济等十人，伊克明安辅国公乌尔图那逊，土尔扈特头等协理台吉索诺木多布济，察哈尔三等台吉索诺木达尔济等五人于神武门外瞻觐。

（卷304　440页）

咸丰九年（1859年）十二月戊午

谕军机大臣等："据瑛棨、关保奏官兵到防日久，疲病居多，请饬直隶、陕、甘照数换防，遣撤归伍等语。关保一军原系邱联恩、伊兴额统带之兵，随剿日久，致多疲病。惟防剿正当吃紧之时，自未便全行遣撤。因思河南省本设有南阳、河北两镇，现又添设归德一镇，本省官兵能否就近抽拨若干，著瑛棨、关保酌量办理。现在直隶海防紧要，陕甘官兵调往四川助剿。该二省兵力恐难抽调更换。关保军营内如实有受伤老疾各兵应行遣撤者，著瑛棨、关保查明人数，咨商恒福、林扬祖、谭延襄酌量直隶、陕、甘各营内能否如数抽调更换，再行照议办理。此项疲病兵丁撤回后恐难仍令入伍，自应募补精壮方可更换。并著恒福、林扬祖、谭廷襄妥筹核办。瑛棨等仍当就现有各兵内加以拣择，除实在疲病各兵遣撤外，其余仍须酌留应用。倘裁汰过多，该二省未必能如数拨补，转致掣肘也。将此由六百里各谕令知之。"

（卷304　442页）

咸丰九年（1859年）十二月庚申

又谕："曾望颜奏川省现办军务情形各等语。川省自贼匪分股上窜之后，附省各属州县均有土匪乘机窃发。现派文武员弁分头密捕。该署督自应仍在省城，借资坐镇。惟土匪本系良民，全在地方官办理得宜，自不致重烦兵力。现在各属土匪蜂起，著责成地方文武联络绅董，实行团练，密速搜捕，安抚良民。如各该州县中有庸懦无能或贪劣不协舆情者，即著从严参办，另委贤能之员妥为办理，不可稍涉迁就。至前调陕西兵一千名计已陆续到川，续调甘肃兵一千名，本日据乐斌奏已饬提督郭相忠统带兼程前进，不日亦可赶到。此项官兵到川后，仍归该提督管带以资得力，断不可分拨各处防剿，至令兵将不习，皂升精力就衰。现调总兵占泰帮同剿办，著曾望颜察看皂升，如难胜督兵重任即著令郭相忠统带以资得力。游击张必禄准其暂行留川，随同剿匪，俟军务完竣，饬回湖北本任。湖南休致副将何胜先现寓省城，准其由该署督差遣，如果著有劳绩，酌量奖励。所请起用之处著不准行。将此由六百里谕令知之。"

（卷304　445页）

咸丰九年（1859年）十二月癸亥

以甘肃安西协副将李世忠备饷剿贼，永广本籍河南光州学额一名，固始县二名，其部弁随同剿守出力，永广安徽滁、来安、霍邱三州县学额各一名。

（卷304　450页）

咸丰九年（1859年）十二月乙丑

上御保和殿，筵宴朝正外藩：科尔沁、乌珠穆沁、喀喇沁、敖汉、阿巴噶、苏尼特、浩齐特、四子部落、喀尔喀、茂明安、郭尔罗斯、扎鲁特、翁牛特、乌喇特、奈曼、土默特、青海、伊克明安、土尔扈特、察哈尔、绰罗斯王、贝勒、贝子、公、额驸、台吉、塔布囊等及朝鲜正副使等随文武大臣依次就坐。诸乐并作，上进酒。召左翼：科尔沁卓哩克图亲王巴图、科尔沁扎萨克达尔汗亲王索特纳木彭苏克、乌珠穆沁扎萨克车臣亲王彭苏克纳木济勒、科尔沁扎萨克图郡王索特纳木伦布木、科尔沁郡王济克默特朗布、喀喇沁扎萨克都楞郡王色伯克多尔济、敖汉郡王布彦德勒格呼固鲁克齐、阿巴噶扎萨克郡王阿尔塔什迪、苏尼特扎萨克都楞郡王布达莽噶拉、浩齐特扎萨克郡王济克登噶卫章、四子部落扎萨克达尔汗卓哩克图郡王伊什齐党、喀尔喀贝勒布彦巴达尔呼、茂明安贝勒格楚克、郭尔罗斯扎萨克镇国公扬赞巴拉、扎鲁特镇国公达瓦呢杨保、翁牛特镇国公永隆、乌喇特扎萨克镇国公贡苏隆扎布、喀喇沁扎萨克公衔头等塔布囊乌凌阿、科尔沁扎萨克博多勒噶台亲王僧格林沁、奈曼扎萨克达尔汗郡王固伦额驸德木楚克扎布、喀喇沁贝勒德木齐扎布、土默特扎萨克贝子索特那木色登、科尔沁镇国公棍楚克林沁、科尔沁公衔头等台吉和硕额驸布彦讷谟祜等。右翼：喀尔喀图谢图汗车林多尔济、青海扎萨克郡王乌勒金扎布、青海扎萨克贝勒拉旺多布济、喀尔喀扎萨克贝子德勒克多尔济、青海扎萨克贝子伊达木林沁、喀尔喀镇国公巴勒达尔多尔济、喀尔喀扎萨克辅国公旺楚克察克都尔苏伦、喀尔喀扎萨克辅国公奈当苏伦、喀尔喀辅国公车登扎布、喀尔喀辅国公贡楚克扎布、伊克明安辅国公乌尔都那逊、土尔扈特扎萨克头等台吉额尔德呢、察哈尔三等台吉索诺木达尔济、绰罗斯三等台吉蓝翎侍卫哈丰阿等至御座前，赐酒成礼。

（卷304　451页）

咸丰十年（1860年）正月癸未

以甘肃省城坝工完竣，陕甘总督乐斌等下部议叙。

以甘肃剿办野番出力，赏道员萧浚兰、文麟、瑃武，知府斌越、章桂文，同知葛以简，都司丁炳魁、柴旦，守备窦林等花翎，把总刘士贞等蓝翎，余升补加衔有差。

（卷306　468页）

咸丰十年（1860年）正月癸巳

谕内阁："乐斌奏故员领款无著，请饬历任藩司分赔等语。甘肃前任河州知州蒋立鳌于咸丰三年采办铜斤，经前任布政使段大章借发工本银钱。当时并未报部，嗣后该知州未能续交铜斤，接任布政使常绩亦未催追归款。现在蒋立鳌病故，悬款无著，所有前项借发银一千七百两零，制钱五百千零，即著四川、山西各督抚饬令段大章、常绩各半分赔，解交甘肃藩库，以清悬款。"

调甘肃巴里坤镇总兵官张玉良为肃州镇总兵官。肃州镇总兵官德明为巴里坤镇总兵官。

以甘肃办理河州等处回匪出力，副将成瑞以总兵官用。赏参将松林、知州章礼筠花翎，知府李怀庚等升叙有差。

（卷306　481页）

咸丰十年（1860年）二月己亥

谕军机大臣等："裕瑞、英蕴奏各城需饷孔殷请饬迅速筹拨一折。据称叶尔羌、巴尔楚克应需咸丰五、七、八等年经费，并抽换官兵供支一切银两，除甘肃司库拨解外，尚欠解十万九千八百八十余两，又九年份经费三万三千三百余两亦并未拨解，仅于上年三、六、七月先后解到银一万两，内除抽换官兵路行盐菜等银三千两另款支发，其经费银只余七千两，不敷三月支放。且喀什噶尔、英吉沙尔、乌什等城欠放款项有至二年者，众兵嗷嗷待哺，各城屡次咨催，叶尔羌无从筹措等语。各城欠拨银两为数甚巨，兵丁苦累，委系实在情形。著林扬祖体察各城，择其尤为瘠苦欠款较多者先行筹拨接济，俟各省续有解到之款随时酌拨，毋稍偏枯。将此谕令知之。"

（卷307　486页）

咸丰十年（1860年）二月甲寅

举行咸丰九年大计。奉天卓异官一员，才力不及官一员，年老官一员，有疾官一员。湖南卓异官六员，不谨官五员，罢软官三员，浮躁官二员，才力不及官四员，年老官二员。河南卓异官十员，不谨官四员，才力不及官一员，年老官三员。山东卓异官十二员，罢软官一员，浮躁官一员，才力不及官一员。山西卓异官十二员，不谨官三员，浮躁官二员，才力不及官一员。甘肃卓异官八员，年老官一员，有疾官一员。河南卓异官二员，年老官一员。东河卓异官一员，不谨官一员。分别议叙处分如例。

（卷308　508页）

咸丰十年（1860年）三月乙亥

又谕："工部奏捐修城工核与奏案不符查明请旨一折。前因甘肃捐修城工，将该督等交部议叙，免其造册报销。兹据工部奏称，各省捐修工程，劝办请奖，即与动款无异，岂可漫无稽察，致滋冒滥。且此项工程银数在五百两以上，未据声明保固限期，核与该部奏案不符。所有甘肃省捐修城工一案，仍著造册报销，并将陕甘总督乐斌此次议叙撤销，毋庸交部议处。"

（卷310　538页）

咸丰十年（1860年）三月丙子

又谕："据扎拉芬泰等奏请饬催甘省欠饷等语。甘肃省欠解伊犁三成俸饷不下百万之多，前经部议山西、陕西等省报解甘饷约计三十万两，行令拨给伊犁，并催各该省各拨银十数万两，限三日内凑齐，如数解甘。此项专拨银两迄今未据甘省转解，该将军屡次咨催亦无回音，是否已分拨各处，抑或尚有未到。现在浩罕使臣额尔沁等在叶尔羌滋事，被弁兵殴毙。闻浩罕业已派兵，欲往冰岭阻截官兵，难保不因此起衅。南路各城设有蠢动，所需行粮一切无可支发，贻误非轻。著林扬祖无论何款先行筹拨银数十万两派员解赴伊犁，并查明山西等省专拨伊犁饷银三十万两，如已解到，即行起解，兼程前进。并檄饬前途台站毋得刻延，以济要需。将此由五百里谕令知之。"

（卷310　540页）

命钦差大臣和春兼办浙江军务。甘肃肃州镇总兵官候补提督张玉良总统援浙诸军，专办浙江军务。

（卷310　541页）

咸丰十年（1860年）闰三月丁未

以甘肃肃州镇总兵官张玉良为广西提督，未到任前，以广东阳江镇总兵官潘庆署理。

（卷313　595页）

咸丰十年（1860年）闰三月戊申

以甘肃安西协副将李世忠为肃州镇总兵官。

（卷313　596页）

咸丰十年（1860年）闰三月辛亥

又谕："前因扎拉芬泰等奏请饬催甘省欠饷，当经谕知林扬祖无论何款先行筹拨银数十万两解赴伊犁。复据林扬祖奏称，甘肃藩库存款无多，请饬各省迅速续解，并称陕省自再设捐局以来，书捐银数已八十余万两，请借拨银十五万两解甘等语。当交户部速议具奏。兹据该部奏称，各省协济甘饷积欠已至一千数百万两，上年十一月内曾由该部查明，令先筹拨银各数十万两，于年内解赴甘省。请严饬各省仍遵该部前奉谕旨筹解等语。山东、河南、山西、陕西各省应解甘肃协饷自上年正月起至本年二月止，仅据解到七十余万两，其余积欠未解者甚多。边疆重地，待饷孔殷，似此任意延玩必致贻误要需。著文煜、英桂、庆廉、谭廷襄仍遵上年该部奏奉谕旨，筹拨银各数十万两外，迅将积欠饷银按照该部指拨各数迅行解赴甘省，毋得仍前稽延，致滋贻误。其河东应解甘省饷银据林扬祖奏称已报解五万两。该部复查明本月初三日河东又报起解银五万两，合计已及十万两。著林扬祖仍遵前旨，督饬各该藩司，无论何款先行提借，合之河东解到甘省银十万两共筹拨银数十万两先行解赴伊犁，以免延误。至陕省应拨安徽军饷一百五十余万两，曾于咸丰八年间经安徽巡抚奏请，以两淮欠解甘饷抵拨，是此项抵款陕省即应迅速筹解，何以迟延至今，报解甚少。且陕省书捐银数已有八十余万两，现在该省雨水应时，开征又早，藩库存款自应充裕。著谭廷襄即于捐输厘金各款先行借拨银十五万两作为抵拨应解之款，限于四月十五日以前解赴甘省，毋许借词延宕，致干咎戾。将此由五百里各谕令知之。"

咸丰十年（1860年）五月甲午

甘肃肃州镇总兵官李世忠奏谢授缺恩。得旨："汝自擢用以来，屡挫贼锋，实堪嘉尚。汝部下人数众多，并妥为弹压，勿致累汝声名。"

咸丰十年（1860年）六月癸亥

又谕："本日据福济奏拟撤极边冗防酌拨近口要卡一折。据称西宁边外蒙古察汉托洛亥地方于道光三年添设营堡，派将弁二十五员，兵一千名，照新疆换防例，由甘、凉、宁、肃、河州、西宁各标下调兵防守。于所调兵内拨二百名分守阿什罕水边卡。其奉调官兵于例给俸饷之外，每名日给口食，岁需银一万八千七百余两，加以每次换防，行装脚价，费尤不赀。道光二十三年复于察汉托洛亥之西南添筑将军台、会亭子二戍城，又增防兵二百名。咸丰七年经乐斌奏明，将防所拨交镇海协副将统辖，守汛之兵四百名撤归本营，募增土兵以省换防盐粮。察汉托洛亥当处尚留兵八百名，即连年协饷不继，减成缓发，每岁犹需银九千余两。无险可守，徒费口粮，请全行裁撤等语。蒙古察汉托洛亥地方当时添设防兵，原为蒙古孱弱，番旗抢劫而设。今番旗投诚，蒙古顿释夙嫌，让给海南戈壁一带牧所，业已相安无事。此项防兵日久废弛，难期得力，当此甘饷支绌之时岂能格外虚糜。著乐斌于回任后会同福济妥筹酌议，如该处设防无益，即奏明全行裁撤，并饬委西宁道督带明干员弁，分勘沿边要隘，量拨西宁本营官兵就近分守，勿庸另支盐菜银两，以归撙节。将此谕令知之。"

咸丰十年（1860年）七月乙未

又谕："本日福济奏甘省要政亟宜练兵裁冗足饷养锋以除糜费而防饥噪一折。甘肃地处穷边，额兵甲于直省，岁须各省协饷甚巨。近年拨解维艰，于咸丰五年议准饷银每两按时价折八钱五分，仍缓发二成，先发一成。兹据奏称，所发饷银实数只得一半，犹有短欠迟支，不能按季，士卒枵腹，时有出伍辞粮，阳为求饷，阴谋鼓噪之事。以致旷操违令，该管官亦无如何。设兵无以为养，多兵反足为害，若不及时裁冗，恐有尾大不掉之患。第裁之不可大骤，必须办理得法，陆续汰其老弱，留其遗缺，积之年余，可去三分之一。然后将所留二分勤操练习，悉成劲旅，庶几裁冗即以练兵，糜费可除于现在，养锋先期足饷，饥噪可防于未然。即文武各官历年添设，不少冗员亦应随时裁改，以省枉费等语。著乐斌、林扬祖即按所奏情形，悉心体察，斟酌妥议核减，务须兵能日赡，饷不虚糜，以期有备无患。另片奏甘省兵饷除地丁厘金协款外，惟仓粮尚属有余，可资搭放。如甘、凉、肃等处月放银麦各半，惟西宁仓多豌豆，陈陈相因，易致霉变。其他县亦有应存三四万石至十余万石者，该管道府县目击饥兵困苦，且恐或生觊觎，酌量准借抵放。而藩司拘于成例，责令筹议扣还，上下相持，有名无实等语。并著该督督同藩司查明各州县实储新旧仓廒，除应留各营例支本色外，其余存粮各就地方情形，于现领二成饷银之外酌量搭放，并将各兵所借之粮统俟协拨充裕，饷银全领之时再行陆续按季扣还。是否可行，有无窒碍之处一并详细查明，妥议具奏。将此谕令知之。"

（卷324　803页）

咸丰十年（1860年）七月丁未

调甘肃提督郭相忠为四川提督。以甘肃宁夏镇总兵官成瑞为提督。降补总兵官郑魁士为甘肃宁夏镇总兵官。

（卷325　829页）

咸丰十年（1860年）七月甲寅

命陕甘总督乐斌挑选猎户二千名，派员管带驰赴通州，听候调遣。

（卷326　844页）

咸丰十年（1860年）七月乙卯

又谕："本日据文兴等奏，乌什经费支绌，甘省每年只拨银一二千两，不足两月支发。请将八、九两年欠解经费银四万三千七百余两饬令甘省于年内解齐，其十年经费银二万三千五百余两亦即陆续筹解各等语。乌什地处边陲，逼近外夷，官兵巡防弹压，关系紧要。若令枵腹荷戈，实不足以资防守。该处劝捐接济亦属不敷。前谕谭廷襄于陕西捐款项下拨银十五万两解赴甘省，以济伊犁等处兵饷。著乐斌、林扬祖于此款解到时酌量拨解乌什经费，以济要需。其余各城务须一律均匀，不得专顾一处，是为至要。将此谕令知之。"

咸丰十年（1860年）七月辛酉

又谕："据曾望颜奏陕甘官兵多有患病请撤回归伍一折。前调陕甘官兵二千余员名，经提督郭相忠统带于本年二月间全数抵川，力捣贼巢，叠获胜仗。现因不服水土，日有病亡，兼之屡次打仗，伤亡甚众，所存精壮官兵无几。自应撤回归伍，以示体恤。惟郭相忠现已调任四川提督，不能带回该省。所有现存陕甘官兵著崇实另委妥员统带回省，分别归伍，将此由六百里谕令知之。"

咸丰十年（1860年）八月甲申

以已革四川提督万福为甘肃肃州镇总兵官。直隶河屯协副将牛浩然为河南河北镇总兵官。

咸丰十年（1860年）九月辛亥

谕军机大臣等："本日据乐斌奏督兵启程并请卸任西宁办事大臣暂署总督一折。据称上次续派官兵二千名，又饬派凉州等营官兵一千名，定于九月初九日统带起身等语。现在英佛两夷业经于本月十一、十二等日换给和约，抚局渐已就绪，不日即可退兵。乐斌调派之兵业经启程者，即于陕西境内扎住。其未经启程者即行截住，毋庸前来。乐斌既已起身酌带官兵迅赴京师与恭亲王等面商事件，其总督事务即著福济暂行署理。提督成瑞仍留省城帮办营务。将此由六百里加紧谕令知之。"

又谕："乐斌现在来京，陕甘总督关防现已带赴行营，福济著即借用西宁办事大臣关防以昭信守。将此谕令知之。"

咸丰十年（1860年）十月辛未

又谕："前谕直隶等省办理团练，均已次第举行。兹据侍郎梁瀚奏，甘肃地方紧要，请饬一律办团，并酌保官绅开单呈览一折。甘肃壤控西陲，地方辽阔，且与陕西、四川毗连。现在四川滇匪未靖，自应一律举办团练，以靖边陲。所有甘肃省团练事宜即著陕甘总督乐斌督办，并著甘凉道萧浚兰、丁忧刑部员外郎吴可读、江西候补道杨升帮办团练。"

（卷333　961页）

咸丰十年（1860年）十月癸酉

又谕："本日据乐斌奏酌带官兵赴京并英桂请赴行在陛见各一折。现在夷氛已退，乐斌著带兵折回甘省。英桂亦毋庸驰赴行在陛见，即回山西办理劝捐筹饷及地方各事宜。本日复据恭亲王奕䜣等会同密商西巡事宜，并酌议条款开单呈览。京师为根本重地，自不便轻议迁移，即巡幸之举亦必须筹划万全，方为妥善。夷人现虽尽退，明岁尚来驻京，能否相安，实难预定。自宜预择一巡幸之地，以期有备无患。陕西古称天府，雄据上游，与中原声息相通，人心系属，转饷亦易，诚为便宜。将来跸路经行，由山西太原、平阳等处折入潼关，尚属可行。惟事属创始，所有沿途行宫尖宿处所及慎设防守筹划经费各事宜，必须先为筹议周妥，始可举行。英桂系会同密议之员，著即将酌议条款抄录，知照乐斌、谭廷襄，即与该督等密为函商，妥议章程具奏，其中有无窒碍之处著一并详细敷陈，毋稍迁就。将此由六百里各密谕知之。"

（卷333　963页）

咸丰十年（1860年）十月丁丑

命湖南在籍前任陕甘总督易棠、内阁学士周玉麒、翰林院侍读学士丁善庆帮办团练。

（卷333　971页）

咸丰十年（1860年）十一月戊戌

谕内阁："御史高延祜奏请将浙江团练归并巡抚办理以专责成一折。前因邵灿督办浙江团练未能妥协。谕令王有龄酌保在籍公正大员接办。兹据该御史奏称，请照陕甘、四川章程，责成巡抚督办等语。所有浙江团练事宜即著王有龄督同该省绅士认真经理，以收实效。其在籍大员即著毋庸保奏。"

（卷335　992页）

咸丰十年（1860年）十一月癸丑

署陕甘总督福济奏请裁撤蒙古察汉托落亥地方防兵八百名，移设分水岭把总一员，兵四十名，日月山外委一员，兵三十名。修建卡房驻守。从之。

命山西巡抚英桂于应解甘饷银内提银四万两解京。以甘省捐款留抵山西应解甘饷。

（卷336　1007页）

咸丰十年（1860年）十二月乙酉

缓征甘肃皋兰、河、狄道、渭源、金、靖远、陇西、安定、固原、安化、宁、宁夏、平罗、灵、灵台、镇原十六州县被雹、被旱、被水灾区新旧额赋有差。

（卷339　1046页）

咸丰十年（1860年）十二月己丑

上御勤政殿，筵宴朝正外藩：科尔沁、喀喇沁、土默特、乌喇特、克什克腾、奈曼、巴林、杜尔伯特、喀尔喀、青海、察哈尔、敖汉、翁牛特、阿鲁科尔沁、阿巴哈纳尔、乌珠穆沁、霍硕特等，随文武大臣依次就坐，诸乐并作，上进酒。召左翼：科尔沁扎萨克达尔汗亲王索特纳木彭苏克、喀喇沁扎萨克都楞郡王色伯克多尔济、巴林扎萨克郡王那木济勒旺楚克、奈曼扎萨克达尔汗郡王额驸德木楚克扎布、喀喇沁贝勒德木齐扎布、科尔沁头等台吉布彦讷谟祜。右翼：杜尔伯特扎萨克亲王棍布扎布、喀尔喀扎萨克郡王托克托瑚图噜、翁牛特扎萨克都楞郡王布尔那巴达喇、敖汉郡王布彦德勒格勒固鲁克齐、青海扎萨克贝勒刚当当谆车楞、土默特扎萨克贝勒那苏库尔哲伊、阿鲁科尔沁扎萨克贝勒喇什钟奈、阿巴哈纳尔扎萨克贝子桑章萨喇特多布等至御座前，赐酒成礼。

（卷339　1049页）

咸丰十一年（1861年）正月丁酉

以甘肃甘凉道萧浚兰为四川按察使。

（卷340　1056页）

咸丰十一年（1861年）二月癸亥

命前任甘肃西宁镇总兵官成明帮办安徽钦差大臣袁甲三军务。

（卷342 1074页）

咸丰十一年（1861年）三月己丑

以营伍晓畅予甘肃副将，定安以总兵官用。

（卷345 1102页）

咸丰十一年（1861年）三月甲辰

谕内阁："乐斌奏请饬将投效军营之已革守备解赴甘省审办等语。已革守备吴元庆前因不能约束兵丁，经乐斌奏参革审，发往新疆效力赎罪。起解后辄借病迁延，乘间潜赴胜保军营，捏词投效，实属胆玩。著胜保迅即派员将吴元庆解赴甘肃交乐斌严审究办。皋兰县知县于奉发收管转解官犯并不小心防范，任令借病潜逃，并著该督查明参奏。"

（卷346 1114页）

咸丰十一年（1861年）三月丙辰

又谕："乐斌奏撒匪滋事，请饬山西、陕西迅拨久饷等语。近年甘肃协饷各省欠解过多，该省设法筹凑，已属支绌。现在西宁府属撒回滋事，兵饷更难延缓。著常绩、瑛棨速饬各该藩司将欠解甘饷先行各筹拨银十万两解赴甘肃，以资接济。其余欠解银两仍著陆续筹拨，毋稍迟误。将此由六百里各谕令知之。"

（卷347 1124页）

咸丰十一年（1861年）五月戊子

又谕："明绪等奏经费不敷，请饬迅拨一折。据称塔尔巴哈台库存经费并茶税银两及本年续征茶税，均已支发上年秋冬二季兵饷。本年春夏二季官兵应领盐菜实属无项通挪支发等语。甘肃省应行找拨塔尔巴哈台咸丰六、七、八、九、十等年并十一年经费，共银十万五千九百三十余两，著乐斌严饬藩司，无论何款先行拨银一二万两以济要需。其余银两并著陆续拨解，毋稍迟误。将此由五百里谕令知之。"

命署直隶提督成保回山海关副都统任。署山海关副都统宝山回盛京副都统任。以前甘肃西宁镇总兵官成明署直隶提督。

（卷351 1181页）

咸丰十一年（1861年）五月壬寅

谕军机大臣等："前因滇匪扰及川北梓潼、广元一带，当谕崇实拨兵交福济统带，由剑州、梓潼驰往防剿，并著骆秉章酌量分拨兵勇以防川北。兹据福济奏，遵旨驰往川北，请筹调官兵等语。蓝逆大股围攻绵州，甚为吃紧，并分股在潼川各场肆行滋扰。潼川之贼又欲分股由太和镇下窜保宁、顺庆，由葫芦溪、刘家茔直扑绵州。现在北路德阳、罗江、绵州、绵竹、安县、小北路乐至、盐亭、遂宁、太和镇地方处处有贼，非厚集兵力痛加剿洗，不足遏其凶锋。福济现须赶紧赴防，所调陕西分扎宁羌驻守之甘肃官兵五百名带赴川北尚觉兵力不敷剿办。该将军现已分咨崇实、骆秉章各拨兵勇二千名驰往援剿。现在川北情形吃紧，各路兵勇如可匀拨，即著崇实如数派赴福济军营与所调满洲官兵一千名协力防剿，以清川北一路，兼保陕西完善地方，毋任将备等借词延宕，致有贻误。骆秉章计已抵川，所带兵勇数本无多，仍著酌量川东、川北缓急情形设法兼顾，不可稍涉拘泥。福济到防后先就现有兵力节节布置，实力堵剿，力保陕南、川北地方毋任贼匪窜扰。将此由六百里各谕令知之。"

（卷352　1201页）

咸丰十一年（1861年）五月丁未

又谕："上年十二月间据谭廷襄奏，请将各营预借接济及来春饷项缓至来春给发，当经谕令托明阿等晓谕各营弁兵。本日据瑛棨奏称，陕西每年征收地丁银两支放本省兵饷及新添固原城守等十八营俸饷，已无余剩。此外拨解京饷、甘饷各省协饷等项，以及本省防堵经费，均须随时设法凑支。现在上年冬饷甫经放竣，春饷尚未开支。若将预借接济等项一并补放，短缺尤巨。除将旗绿各营春饷刻即开支，随后即放夏饷。所有前奏展缓之预借接济各项银两，请暂行停缓等语。陕西省拨款繁多，库储支绌，系属实在情形。所有前准展缓之预借接济买粮草干等项及应随夏饷借支接济各银两，均著准其暂行停缓，俟库款充裕仍复旧章。即著托明阿经文岱晓谕各营员弁兵丁，一体遵照。将此由五百里各谕令知之。"

（卷352　1209页）